O RETORNO À RAIZ

coleção de antropologia
movimentos religiosos no mundo contemporâneo

José Bizerril

O RETORNO À RAIZ

uma linhagem taoísta no Brasil

cnpq/pronex
attar editorial
2007

coleção de antropologia
MOVIMENTOS RELIGIOSOS NO MUNDO CONTEMPORÂNEO

Coordenador
José Jorge de Carvalho

Conselho Editorial
Otávio Velho
José Jorge de Carvalho
Regina Novaes
Rita Laura Segato
Ari Pedro Oro

Supervisão editorial
Sergio Rizek

Revisão
Percival de Carvalho

Diagramação e capa
Silvana Panzoldo

Dados Internacionais de Catalogação na Publicação (CIP)
(Câmara Brasileira do Livro, SP, Brasil)

Bizerril Neto, José
Retornar à raiz : tradição e experiência de uma linhagem taoísta no Brasil / José Bizerril Neto. -- São Paulo : Attar, 2007, -- (Coleção de antropologia : movimentos religiosos no mundo contemporâneo)

Apoio: CNPq, Pronex.
Bibliografia.

1. Antropologia social 2. Espiritualidade. 3. Meditação. 4. Tao. 5. Taoísmo I. Título. II. Série.

05-4288 CDD-306.6

Índices para catálogo sistemático:

1. Taoísmo : Sociologia da Religião 306.6

ATTAR EDITORIAL
rua Madre Mazzarello 336 05454-040 São Paulo - SP
fone/fax (11) 3021 2199 www.attar.com.br

"... malgrado a ficção da página em branco,
sempre escrevemos sobre algo escrito ..."
(Certeau, 1994:109)

"O mundo valoriza os livros, e acha que, assim fazendo, está valorizando o *Tao*. Mas os livros apenas contêm palavras. Apesar disso, algo mais existe que valoriza os livros. Não apenas as palavras, nem o pensamento das palavras, mas sim algo dentro do pensamento, balançando-se numa certa direção que as palavras não podem apreender. Mas são as próprias palavras que o mundo valoriza quando as transmite aos livros: e, embora o mundo as valorize, estas palavras são inúteis enquanto aquilo que lhes der valor não é honrado"
(Chuang Tzu, XIII,10 in Merton, 1965/1999:108)

Sumário

Agradecimentos

Este livro tornou-se possível graças a todos que direta e indiretamente, por palavra ou demonstração ostensiva, ensinaram-me sobre o Taoísmo, não só como tema de investigação etnográfica, mas como um saber e uma experiência de vida. Agradeço aos mestres Liu Pai Lin (*in memoriam*) e Liu Chih Ming. Mas também a todos que contribuíram com comentários, entrevistas, contatos, ensinamentos, convivência, treinamentos (em ordem alfabética): Albert, Alex, Antônio, Associação *Taiji* Pai Lin, Augusto, CEMETRAC, Cleide, Cristina, Dalva, Edna, Elza, Emi, Grupo de 3ª idade de Pinheiros, Harumi, Helena, Hélio, Inês Brando (*in memoriam*), Inês Sarti, Instituto Pai Lin de Ciência e Cultura Oriental, Janete, Jerusha, José Paulo, Lígia, Lívia, Lúcio, Luiz Antônio, Luiz Henrique, Maria Angélica, Maria Aparecida, Maria Rita, Marília, Nazareth, Nilton, Omar, Paula, Renata, Rick, Ronaldo, Rosana, Sônia Galante, Sônia Rodrigues, Soraya Vidya, Susy, Syowa, Tarcísio, Telma, Tony, Zezé etc. Minha hospedagem em São Paulo durante o segundo período de pesquisa de campo se deve à generosidade de dada Vishvajnananda avt.

O manuscrito chegou à sua forma final devido à orientação do professor José Jorge de Carvalho; ao financiamento da pesquisa por parte do CNPq; à leitura comentada de (em ordem alfabética) Antônio Moreira, Albert Hemsi, Lena Tosta, Liliana Porto, Terry Agerkop e Thelma Avianni; ao apoio de minha ex-esposa Janaína e de meus familiares e por último, mas nem de longe menos importante, ao trabalho minucioso de Sergio Rizek.

Galeria de Ancestrais da Linhagem Taoísta

Tan Lai Shen, pertencente à linhagem *Gin San*

Liao Kun, patriarca da linhagem *Gin San* e também pertencente à linhagem *Long Men*

O eremita Nan Shi Lao Ren

Liu Pei Zhong, pertencente à linhagem *Kun Lun*

Liu Pai Lin (Tianjin, 1907 - São Paulo, 2000)

Introdução:

SEGUINDO O CAMINHO

"De todas as ciências humanas, a antropologia é a mais profundamente enraizada na experiência social e subjetiva do pesquisador" (Turner, V., 1986:33).*

"... nossa compreensão dos outros só pode proceder de nossa própria experiência, e esta experiência envolve tanto personalidade e história, quanto pesquisa de campo" (Jackson, 1989:17).

"Portanto, cada um de nós tem de criar seu próprio método. Se imitar, estará errado. Você mesmo tem de criar" (Deshimaru, 1983:20).

Aprender o Tao(ísmo), assim como aprender antropologia, é encontrar o próprio caminho. E partindo de indicações de um viajante mais experiente, gerar seu próprio método, forma de expressão e compreensão. Os paralelos entre essas duas vias, como uma forma de iniciação, conduziram-me à seguinte indagação: de que maneira fazer um tipo de antropologia em que o reconhecimento e a gratidão às gerações de autores que assinalaram a trilha não se confundam com um culto aos ancestrais?

Ainda que, ao escrever, partamos de leituras anteriores, é fundamental evitar estabelecer com os clássicos uma relação mitificada, como se os autores do passado fossem os únicos sujeitos autênticos de atos criativos primordiais, condenados para sempre a serem imitados por seus pobres e decaídos descendentes, ou, em outra saga, destinados a serem imolados por seus sucessores

* Os excertos cuja bibliografia aparece citada em inglês foram por mim traduzidos ao português. (N.A.)

para que, com suas ossadas, seja criado um novo mundo. Em outras palavras, meu dilema como jovem antropólogo é reconhecer minha herança sem ser condenado, pela inércia da cultura acadêmica, a meramente repeti-la. Mais ainda, é responder questões e dar conta de anseios de minha própria geração e tempo, que não são mais os de meus ancestrais, e para isso criar instrumentos, ou muitas vezes destruí-los, para depois recriá-los.

Mais especificamente, o problema gira em torno da relação entre três termos: o lugar do antropólogo, o horizonte heteróclito a que chamamos cultura brasileira, a temática da espiritualidade. Sem optar pelo irracionalismo, ou melhor, mantendo-me à margem tanto do racionalismo quanto do irracionalismo, uma posição que pretendo evitar é o *topos* ocidental racionalista a partir do qual implicitamente se produz ciência e que tinge, ou mesmo determina, os matizes do discurso antropológico reconhecido como legítimo. Este "lugar", ou "não-lugar", pode ser caracterizado por definir o ato de conhecer em termos dualistas, como uma relação entre o sujeito – entendido como um eu reflexivo independente do corpo e da natureza (Lock, 1993) – que conhece, de uma posição (supostamente) neutra e ahistórica, um objeto passivo, cujas propriedades são conhecidas. Victor Turner resume magistralmente esta perspectiva:

> O dualismo cartesiano insistiu em separar o sujeito do objeto, o "nós" do "deles". De fato, fez do homem ocidental um *voyeur*, exagerando a visão pela macro e micro-instrumentação, para melhor dobrar as estruturas do mundo, de "olho" [aspas no original] em sua exploração. Os laços profundos entre corpo e mentalidade, pensamento inconsciente e consciente, espécie e "eu" têm sido tratados sem respeito, aparentemente impertinentes aos propósitos analíticos. (Turner, V., 1982:100)

Esta separação entre sujeito e objeto, assim como entre corpo e mente, no cerne do mesmo modelo subjacente, o cartesianismo,[1] é responsável pela objetificação dos povos estudados pelos antropólogos e também pela objetificação de nossos próprios corpos. Neste sentido, o pensamento científico ocidental está historicamente associado ao esforço da razão instrumental, visando controlar a natureza e outros seres humanos. Da mesma forma, a própria história da categoria cultura na civilização ocidental – inclusive como conceito antropológico – é caracterizada desde a Idade Média pelo tema da exclusão do corpo e sua expulsão para o domínio da natureza e, acrescentaria ainda, pela hierarquização de atividades humanas motivada pelo mesmo dualismo.

---

1. Aqui entendido como a maneira de a obra de Descartes ter sido historicamente interpretada, bem como as conseqüências epistemológicas dessa leitura.

Embora me insira de maneira problemática nesse lugar de enunciação, como antropólogo brasileiro, a emulação do modelo ocidental de conhecimento científico é imposta por minha inserção em um saber disciplinar criado por europeus e norte-americanos para entender uma parcela da humanidade à qual também pertenço. Assim, a crítica aos efeitos perversos do cartesianismo vale também para a antropologia dos países ditos periféricos, ou subalternos.

Ainda com relação aos modelos antropológicos para o estudo do corpo, destaco as questões levantadas pelo antropólogo Michael Jackson (1989) no contexto de sua proposta "empirista radical": 1) a abordagem intelectualista privilegia a prática verbal em detrimento da prática corporal, ignorando que a linguagem corporal se desenvolve anteriormente e pode transmitir mensagens que contradizem aquelas produzidas verbalmente, ao mesmo tempo que não pode ser completamente reduzida à linguagem verbal; 2) a conseqüente restrição do corpo a um meio de expressão, reduzido à condição de signo e a um mero objeto de padrões sociais, "um tipo de veículo para a expressão de uma racionalidade social reificada" (Jackson, 1989:123); 3) a noção dualista e reificada do corpo conduz à sua leitura como um meio neutro, passivo e inerte para corporificar idéias. Paul Stoller (1997) também identifica uma tendência comum à textualização em muitas das abordagens recentes sobre o corpo e critica o uso de uma linguagem desencarnada para tratar o tema da corporalidade.

Em contrapartida, Jackson (1989) propõe uma abordagem fenomenológica da prática corporal, buscando demonstrar como a experiência baseia-se no movimento do corpo dentro do ambiente material e corporal e também examinando o jogo entre padrões habituais de uso do corpo e idéias convencionais acerca do mundo. Seguindo a mesma tendência, Paul Stoller (1989a, 1995, 1997) propõe uma abordagem sensorial da prática e da escrita etnográficas, como alternativa ao viés visualista e textualista da *epistème* ocidental.

Um aspecto mais dramático e menos tematizado da permanência do dualismo cartesiano no pensamento científico e filosófico ocidental é sua influência, quase generalizada, nos modelos de formação e no modo de vida dos intelectuais profissionais: a exclusão e a objetificação de nossos próprios corpos. Ainda que não seja universal, a dificuldade de relacionar-se com a consciência do corpo próprio[2] parece ser constitutiva, por assim dizer, do *ethos* acadêmico, pelo menos nas ciências humanas. Em virtude da ideologia dualista,

2. A esse respeito ver a discussão de Yujiro Ikemi sobre a psicossomática (Deshimaru & Ikemi, 1990).

ao constituir-se, o pensamento científico e filosófico moderno situou em domínios distintos as "elevadas faculdades do espírito" e "o animal-corpo". Esta tendência à negação do corpo decorre também de hábitos adquiridos através de anos exaustivos de treinamento e atividade especializada que envolvem apenas uma pequena fração de nós mesmos – a porção relativamente pequena do cérebro, responsável pelo pensamento racional (neocórtex); as mãos como auxiliar dos olhos, para escrever, digitar, fotografar, filmar; a visão como modo de cognição privilegiado, literal e metaforicamente. Têm por efeito colateral a recusa não apenas do corpo próprio, mas também da temática do corpo como um aspecto, por assim dizer, menos nobre do ser humano.

O mundo do intelectual profissional está imbricado com o pensamento filosófico europeu, cujo componente de gênero implícito caracteriza-se pela equivalência hierarquizada entre a "mente" e a esfera masculina da razão e da cultura, enquanto o "corpo" pertence à esfera feminina das emoções e da natureza. Em seus desdobramentos, a concepção cartesiana propiciou tanto uma disjunção entre o conhecimento intelectual teórico e o conhecimento prático "corporificado" quanto a naturalização exagerada da dicotomia entre masculino e feminino (Strathern, 1996).

No Brasil, este estado problemático de dicotomia é agravado ainda mais pela herança histórica da sociedade escravagista que, no contexto da cultura erudita, contrapõe de uma forma particular a cabeça ao corpo, a atividade intelectual ao trabalho manual, bem como pela recusa do corpo no contexto das tendências ascéticas embutidas na cultura cristã. Desse modo, a recusa da corporalidade tem raízes afetivas, em certa medida inconscientes e nada científicas, com matizes políticos. Em suas implicações metodológicas mais ou menos implícitas, o cartesianismo e seus descendentes tendem a priorizar um dos pólos desta dualidade constitutiva de sua cosmologia, em detrimento do outro, produzindo modelos alternadamente idealistas ou materialistas.

Não ignoro o caráter prático e aventureiro do antropólogo como personagem mítico, nem as conseqüentes privações e riscos para a sanidade física, psíquica e social a que os pesquisadores de carne e osso estão sujeitos quando almejam viver performativamente este papel de mediação intercultural, liminaridade e ampliação dos horizontes do mundo conhecido, expresso na prática da pesquisa de campo. No entanto, na medida em que o tipo de conhecimento antropológico se baseie em metáforas visuais centradas na idéia do observador privilegiado, que lê a cultura como texto e a representa na etnografia, a antropologia permanece dentro da *epistème* cartesiana. Gera, portanto, um saber desencarnado, caracterizado por uma cisão convencional entre o texto etnográfico e a carga valorativa, afetiva e sensorial da experiência do antropólogo no campo.

Além disso, sob o verniz do relativismo, permanece o subtexto de que a forma mais completa de conhecimento depende exclusivamente de estratégias de compreensão mediadas pela razão. Proponho radicalizar a constatação de que o chamado "objeto do conhecimento" da antropologia também é um sujeito, que simultaneamente conhece. Considero preferível tratá-lo como interlocutor, em vez de reificá-lo como "informante". Algo que ainda caracteriza o "lugar" ocidental de produção do conhecimento é a suposição de que o conhecimento racional, obtido em conformidade com os postulados e métodos da ciência, é a forma superior de compreensão da realidade. Uma de suas conseqüências é a fragmentação do próprio sujeito do conhecimento, que só se engaja no ato do conhecer com uma porção diminuta de si próprio. Ou melhor, ficticiamente o sujeito deveria assumir uma posição segura: longe de seu objeto, incorpórea, invisível e desprovida de quaisquer vínculos afetivos. Meu argumento é que na etnografia tal posição só pode ser obtida por um mascaramento, por um silenciamento dos aspectos do ato de conhecer que não estejam de acordo com determinadas convenções de escrita, também chamadas de realismo etnográfico (Marcus & Clifford, 1986; Marcus & Cushman, 1992). Essas convenções pressupõem padrões de construção de si que não estão de acordo com a realidade da maioria da população brasileira e tampouco dos antropólogos brasileiros, nem com a cosmologia da maioria dos povos estudados pela antropologia.

Isso se relaciona com a definição cindida de realidade oferecida pelo cartesianismo, em que o observador assume uma posição metaforicamente externa e superior ao seu objeto, do qual apenas os aspectos visíveis são considerados concretos e passíveis de investigação. A consciência é tratada como um fenômeno imaterial divorciado do mundo sensível:

> Como Descartes considerou a alma/mente desprovida de extensão física (*res non extensa*) mas dotada da capacidade de pensar (*res cogitans*), e o corpo, com extensão física mas destituído da capacidade de pensar, é evidente que estabeleceu uma esfera do físico, ou material, que poderia ser apreendida objetivamente como uma "coisa" [aspas no original] e estudada pelas capacidades transcendentais da alma/mente. Esta última, contudo, permanece misteriosa no seu uso, porque não pode ser diretamente observada. Apenas o físico, neste sentido, torna-se ao mesmo tempo real e observável e portanto o local, propriamente, de origem da ciência. (Strathern, 1996:3)

O ato de ocupar a posição do sujeito ocidental do conhecimento depende de um poderoso trabalho de emulação desse protótipo mítico de um ente feito de pura razão e da seleção de aspectos da vida que possam pertencer ao campo intertextual da disciplina. Porém, desde que escritos de acordo com as convenções narrativas que permitem criar um efeito de totalidade e objetividade na etnografia, da qual a experiência biográfica do etnógrafo desaparece.

Estou igualmente descontente com a possibilidade alternativa de uma antropologia à brasileira de inspiração gilberto-freyreanista, baseada em um "nós" que é o sujeito oculto do discurso hegemônico e em cuja descrição transparece seu caráter homogeneizante e marcadamente ideológico. Vejamos algumas implicações dos adjetivos que o descrevem: "mestiço", oculta os conflitos, desigualdades sociais e preconceitos constitutivos das relações raciais; "cordial", constrói a sociedade brasileira como caracterizada pela ausência de conflitos; "malandro", pode corresponder a um padrão ético local, mas com pretensões infundadas de validade nacional, já que o *ethos* de vários setores da heterogênea cultura brasileira não se vêem representados conforme estas definições do que "faz do Brasil, Brasil". Assim como não é possível afirmar a homogeneidade cultural brasileira sem silenciar uma multidão de vozes discordantes, também não é mais aceitável postular a unidade de auto-representação da disciplina, a partir do momento em que membros dos grupos sociais outrora considerados "objeto" de investigação passam a ser também pesquisadores, trazendo à luz o aspecto político indissociável da prática etnográfica. Outra ruptura que inviabiliza a monologia da posição do pesquisador é a intensa fragmentação teórica da disciplina. Já não há mais consenso; a crise atinge tanto o tema da investigação quanto o investigador.[3]

Partilho com Jackson (1996) a insatisfação com o caráter do pensamento teórico, que privilegia a tradição intelectual ocidental acima de todas as outras. Por isso, meu intento é lidar com meu tema de pesquisa reconhecendo sua validade epistemológica em pé de igualdade com a antropologia, sem reduzi-lo a objeto.[4] Ou seja, reconhecer que qualquer teoria é também uma teoria nativa que, por assim dizer, "ascendeu" para além da província cultural finita que a

---

3. Essas questões são tematizadas de maneira contundente por Carvalho, 1999 e 2000.

4. A dissertação de mestrado de Lena Tosta (2000) sobre sufismo apresenta uma preocupação semelhante. Nossas conversações sobre este tema, como amigos e colegas de pós-graduação no mesmo departamento, contribuíram bastante para a elaboração de algumas questões discutidas neste livro.

gerou, de modo que a ciência ocidental em geral e a antropologia particular são também pontos de vista culturais, teorias nativas, e não "O Conhecimento" ou "A Verdade" por excelência. Isto equivale a afirmar que a filosofia taoísta é filosofia e teoria em seus próprios termos e não meramente "fala nativa" a ser "re-presentada" pelo antropólogo. Neste sentido, pretendo capitalizar o fato de o modelo da oposição binária sujeito-objeto estar em contradição não só com meu projeto etnográfico mas também com a perspectiva taoísta, de acordo com a qual compreender verdadeiramente é superar as dualidades internas e externas, é identificar-se a tal ponto com o objeto que deixa de haver essa distinção.

Considerando a afirmação de Jacques Derrida de que "a passagem para além da Filosofia não consiste em virar a página da Filosofia, (o que finalmente acaba sendo filosofar mal) mas em continuar a ler de *uma certa maneira* os filósofos" (Derrida, 1971:243), pretendo adotar uma rota paralela. Tratando a antropologia como um meio de promover o diálogo entre cadeias de enunciados heteróclitos provenientes de culturas distintas e reconhecendo a estes o mesmo estatuto de verdade que atribuímos ao conhecimento racional ocidental, da qual uma manifestação particularmente sofisticada seria a filosofia, é possível fazer esta "passagem para além da Filosofia" lendo outros filósofos, que estabeleceram suas filosofias em outros termos, por habitarem outros "mundos da vida" (*Lebenswelten*).

Ao tentar seguir este caminho levo muito a sério a advertência de Edward Hall (1976:214):

> [...] filosofias só podem ser significativas para os povos que as criaram.Se têm sentido para outros, este sentido foi para sempre alterado pela contextualização interna e externa que estes outros povos trazem consigo.

Por estranho que possa parecer, este é um risco que corro tanto ao ler alguns filósofos chineses, indianos ou japoneses, mas também – por que não dizer? – aqueles franceses, ingleses ou alemães, com o quais mais freqüentemente um intelectual brasileiro poderia ser tentado a se identificar.

Se dou crédito ao que afirmam meus interlocutores (taoístas), o trajeto a que me proponho baseia-se no reconhecimento de que o *Tao* não pode ser explicado racionalmente e só pode ser compreendido por experiência pessoal: "Quando não se conhece o *Tao*, palavras criam confusão" (*Xisheng Jing* Poema 1: linha 13 in Kohn, L., 1991:235).

Para a tradição taoísta, existe algo paradoxalmente descrito como indefinível e indescritível por meio de palavras, mas suficientemente real para que o saber acerca dos meios de conhecê-lo, bem como a própria experiência da compreensão, possam ser transmitidos através do tempo e do espaço por uma linhagem de mestres e discípulos pertencentes a um mesmo conjunto de tradições.

Posiciono-me a favor do reconhecimento dos saberes do outro como um saber sobre a vida, não apenas como mera "representação cultural", a forma mais freqüente de tratamento desta questão na antropologia, pelo menos desde Durkheim. O pressuposto da superioridade do modo ocidental de conhecimento racional como forma de compreensão reinsere a cultura européia na posição de "cultura por excelência", medida de comparação para avaliar todas as demais. A antropologia/etnologia só surgiu no momento de um descentramento, quando a cultura européia foi deslocada de seu lugar como cultura de referência[5] (Derrida, 1971). Mas, paradoxalmente, ela mantém essa posição de referência como sujeito oculto que determina nossas[6] abordagens, como terceiro que dá sentido ao discurso antropológico, aquele centro a que se faz implicitamente referência quando subrepticiamente tratamos as cosmologias de nossos pesquisados como mera representação cultural, ao passo que a ciência permanece em muitos textos antropológicos, talvez inadvertidamente, como discurso objetivo sobre a realidade. Portanto, é necessário radicalizar estrategicamente a postura relativista. O subtexto da abordagem da "representação cultural" é que, embora todos os pontos de vista culturais sejam fundamentalmente relativos, existe um ponto de vista privilegiado – aquele do próprio pesquisador, em geral a perspectiva científica – e que não é tão relativizado até as últimas conseqüências, porque, em última instância, é "mais" real. Mesmo críticos radicais do intelectualismo e da abordagem cartesiana de alguma forma defrontam-se com esta última fronteira. Jackson, uma de minhas principais referências teóricas, propõe, como alternativa à abordagem intelectualista, a noção de relativismo prático:

> [...] a suspensão da investigação quanto à verdade divina ou objetiva de costumes, crenças ou visões de mundo, de modo a explorá-las como modalidades ou momentos de experiência, para mapear suas implicações e usos. Idéias [...] são vistas como expressões aproximadas, ao invés de explanações exatas da experiência (Jackson, 1996:10).

---

5. Partindo de Derrida, Carvalho (1999) desenvolve esta questão incorporando o debate dos teóricos pós-coloniais, indicando que o ocidente imaginou-se diante das outras culturas como a única capaz de um olhar reflexivo.

6. Entendo no caso este "nós"como o problemático sujeito – social, cultural e epistemologicamente – plural da prática profissional de antropologia.

O relativismo prático associa-se a uma noção pragmática de verdade:

> Verdade [...] é o que acontece com uma crença quando ela é invocada, ativada, posta em ação e compreendida no mundo da vida (idem:11).

Assim, a realidade das coisas é dada pela maneira como estas são experienciadas. No entanto, apesar de concordar com o eixo de sua proposição, minha estratégia pessoal é dar um crédito inicial à realidade de idéias e crenças, em vez de colocar entre parênteses seu estatuto racional, ontológico ou objetivo para compreender como as pessoas as experimentam ou vivem. Em suma, defendo uma atitude de humildade (Stoller 1995, 1997), de real credibilidade ao ponto de vista nativo, tomando-o como uma perspectiva tão legítima quanto à da antropologia, sem que isso seja uma concessão que meramente mascara o sentimento de superioridade e de certeza do antropólogo com relação à objetividade de seu próprio ponto de vista cultural, nem tampouco que faça da tarefa do antropólogo uma prática menos reflexiva.

Acrescentaria ainda que é importante perceber que a realidade empírica da maioria dos povos inclui também aquelas dimensões do mundo vivido que não são normalmente acessíveis à consciência (Jackson, 1996), pelo menos em seus estados mais ordinários.

Situo meu projeto etnográfico no contexto do retorno à experiência, ao corpo, à afetividade, ao insólito. Ambos transbordam definições e categorizações, recusam o confinamento na linguagem. Convido o leitor a pôr entre parênteses o pressuposto logocêntrico de que a realidade é sempre um epifenômeno da linguagem, ou de que a realidade está restrita ao seu domínio, ao que é dito ou pensado, e também permitir-se considerar como hipótese, que o indizível também pode ser real. Reconheço que isto é particularmente difícil para o intelectual profissional, que por seus próprios hábitos (ou *habitus*) tende a relacionar-se com a vida como algo a ser analisado, interpretado, criticado e desconstruído, quase sempre reticente a cogitar a possibilidade de que possa haver alguma tradição em que a comunicação não-verbal possa ter um estatuto próprio ou um tipo de preeminência com relação à comunicação pela palavra falada e escrita.

Reconhecendo o caráter posicionado de todo enunciado, faço eco à percepção de Cynthia Novack, antropóloga e dançarina, acerca do *ethos* acadêmico, no que diz respeito à marcada ausência de "corporalidade": "Eu não podia esquecer a ausência de 'corpo' na academia, a teimosa negação do eu físico" (Novack, 1990:21). Novack relata um ilustrativo incidente ocorrido enquanto assistia às Conferências Malinowski na Universidade de New York:

> O painel foi seguido por uma recepção. Percebi, subitamente, toda a sala lotada de pessoas como se realizassem uma estranha dança. Os corpos se deslocavam no espaço e então mantinham uma relativa imobilidade, exceto pelas cabeças, que se moviam constantemente e com alguma agitação. Na medida em que eu percorria a sala, participando da dança, eu trocava as habituais saudações com colegas e professores – um rápido abraço, corpos mantidos levemente rígidos, mãos agarrando os ombros do outro tanto para mantê-lo a uma distância apropriada quanto para alcançá-lo (Novack, 1990:20).

Perturbado pelas conseqüências existenciais e epistemológicas desta situação, que conheço por experiência própria e não só pelo relato da autora, anseio por um estilo de prática antropológica que possa abarcar várias dimensões do antropólogo, seu intelecto, sua afetividade, seu corpo, seus sentidos. Um modo de fazer antropologia que nos aproxime da vida, que não mais nos oculte atrás de uma cortina analítica, que exija binóculos para interagir com um mundo ao alcance das mãos. Ao pesquisar uma tradição taoísta, meu corpo foi um espaço primário de aprendizado e conseqüentemente de compreensão etnográfica, seguindo uma pista deixada por Paul Stoller em sua pesquisa sobre a feitiçaria Songhay: "Confrontar a constituição sensual das epistemologias locais é o primeiro passo rumo a uma erudição ancorada nos sentidos"[7] (Stoller, 1997:3).

Refletindo sobre a ênfase na componente verbal da comunicação que tem dado o tom hegemônico da antropologia, deparei-me com um comentário de Edward Hall de trinta anos atrás, que continua a ser um problema recorrente

> Os antropólogos têm estudado apenas aquilo que as pessoas falariam ou poderiam falar. Como resultado, muitas coisas importantes – padrões culturais que tornam a vida significativa e realmente diferenciam um grupo de outro – passaram despercebidas ou não foram relatadas, mas deixadas de lado como triviais (Hall, 1976:14).

Esta dimensão, por assim dizer, silenciosa da cultura, está presente, no cotidiano, queiramos ou não. O antropólogo não pode ir a campo deixando em casa seu corpo, sua subjetividade, seus sentimentos. Em vez de buscar ocultá-los, proponho incorporá-los como instrumentos da pesquisa, que é, além de tudo, "uma experiência" (Dilthey apud Turner, V., 1986; Turner, V., 1982). Neste contexto, seguindo Merleau-Ponty (1994:136), reconheço o corpo "não mais como objeto do mundo, mas como meio de nossa comunicação com ele, ao mundo não mais como soma de objetos determinados, mas como horizonte de

---

7. No original, *sensuous scholarship* (N.T.)

nossa experiência, presente sem cessar, ele também, antes de todo pensamento determinante".

Estou convicto de que a sensação de estranhamento aterrador (*Umheilich*) diante de algo até então familiar é uma experiência comum a muitos antropólogos durante suas pesquisas de campo. Não somente daqueles que pesquisaram com grupos considerados "alteridades radicais" pelo senso comum disciplinar – quer dizer, pelo discurso acadêmico hegemônico que traça distinções substancializadas entre "aqui" e "lá"–, mas também dos que pesquisaram no mundo urbano temas aparentemente mais próximos do próprio ambiente cultural do pesquisador, portanto deste mítico "nós": o sujeito oculto do discurso científico.

Fica a impressão de que esta condição de autoestranhamento, de fragilidade, de desorientação até, surge dos momentos em que os sujeitos que são parte de meu tema de pesquisa se constituem também como sujeitos do conhecimento, reconhecidamente dotados de "autoridade epistemológica", e não meros "informantes". É uma conseqüência de uma atitude de abertura necessária ao estabelecimento de uma relação dialógica, na qual um "eu" e um "tu" constroem-se contextualmente, e de maneira fluida, como resultado de uma mútua interpelação e de uma posição recíproca de excedente de visão (exotopia), para utilizar uma expressão de Mikhail Bakhtin (1992) que discutirei mais adiante. O diálogo se estabelece entre sujeitos que ocupam contextualmente posições mutáveis e nem sempre idealmente igualitárias, mas que elaboram seus enunciados dentro de uma cadeia dialógica que une interlocutores próximos e distantes, presentes e ocultos.

Ao contrário do célebre "olhar distanciado", trata-se não apenas de um olhar explicitamente posicionado e próximo, mas também de uma escuta, de um olfato, de um paladar e de um tato etnográficos. Isto é, enfatizar nossa participação no mundo como constitutiva do ato de conhecer, pois o sentido de um elemento depende do mundo que este habita, e o próprio conhecedor é também um aspecto deste mundo (Merleau-Ponty, 1996). Ao recusar o valor epistemologicamente positivo da observação desencarnada e do afastamento da natureza, a questão então é capitalizar a posição do antropólogo-sujeito como instrumento para a compreensão. Para tanto, parto da noção de "compreensão empática" (*empathic understanding*) de Jackson (1989). Consiste em buscar o sentido nas interações e movimentos das pessoas e considerar as práticas corporais que surgem destas interações. E enfatiza a importância da participação corpórea do antropólogo, considerando a participação como um fim em si mesmo:

> Reconhecer o caráter corporificado de nossos seres-no-mundo é descobrir um terreno comum onde o eu e o outro são um. Pois, ao utilizar o próprio corpo do

> mesmo modo que outros, e no mesmo ambiente, achamo-nos informados por um entendimento que pode ser então interpretado de acordo com nosso próprio costume ou inclinação, mas que, ainda assim, permanece baseado no campo da atividade prática e, por meio disso, permanece consoante com a experiência daqueles entre os quais nós vivemos (Jackson, 1989:135).

John Blacking (1977:6), em seu artigo programático para uma antropologia do corpo, coloca a questão da abertura para a experiência do outro em termos similares:

> [...] por meio de meu corpo posso, às vezes, compreender mais do que sei por meio de minha sociedade ou da de outro, porque tenho mais experiência do que a sociedade pode classificar. Deveria portanto ser nossa tarefa, como antropólogos, experienciar os corpos dos outros por meio de nossos próprios corpos e aprender mais sobre alguns dos estados somáticos que podemos compreender, mas sobre os quais sabemos pouco além das descrições inadequadas de nossa sociedade.

Considerando esta descontinuidade entre experiência e classificação estrategicamente vantajosa, decidi lançar mão do corpo treinado, como resultado de minha história de vida, à maneira de ferramentas de campo. Uma prática anterior de cerca de dez anos de *Yoga*,[8] sete anos de artes marciais[9] e três anos de Contato Improvisação[10] antecedia e informava minha pesquisa de campo com o *Daogong Quan*[11] (Liu Pai Lin, s/d: apostila 3), uma das maneiras como o mestre Liu Pai Lin se refere ao *Taiji Quan*[12] ensinado da perspectiva taoísta, como forma de indicar o enfoque dado às práticas de acordo com as linhagens taoístas a que está vinculado: "Na verdade, a união de *Yin* e *Yang* é o *Tao*, e *Daogong Quan* é o próprio *Taiji Quan*; o que ressalta é que o *Daogong* visa mais ao cultivo do corpo e à realização do Grande *Tao*"(Liu Pai Lin, idem).

Selecionei este fragmento para destacar o que está em jogo na prática do *Taiji* taoísta: um projeto de cultivo do ser humano que vai além da aquisição

---

8. Pratiquei o sistema da sociedade de *Yoga* e meditação Ananda Marga entre 1988 e 2000.

9. Pratiquei as técnicas da linhagem *Shaolin* do norte sob orientação do professor Valmir Vicente, da Associação Sino-Brasileira de Kung-Fu, no Centro Olímpico da universidade de Brasília – UnB, desde 1992.

10. Aulas regulares com Giovane Aguiar e vários *workshops* com professores estrangeiros de Contato Improvisação e técnicas afins: Daniel Lepkoff, Lisa Nelson, Cathie Caraker, Angelika Oei, Ray Chung, Alito Alessi.

11. *Tao Kung Ch'uan*.

12. Grafado segundo a norma *pinyin*, o mesmo que *T'ai Chi Ch'uan*.

utilitária de uma habilidade. Assim a arte marcial não é um fim em si mesmo, mas um meio para se trabalhar simultaneamente saúde e espiritualidade. Neste sentido, a definição do *Daogong Quan* aproxima-se da noção japonesa de *Budo*, aquelas artes que possuem um caráter liberal (na concepção aristotélica) de cultivar a humanidade do praticante, isto é, a oposição entre técnica pura e simples e cultivo de si (Levine, 1995).

Acredito que, na investigação do corpo, a formação prática do investigador traz vantagens análogas à habilidade com um instrumento musical por parte de um etnomusicólogo, permitindo acesso a aspectos do tema de pesquisa que passariam desapercebidos em uma abordagem distanciada, baseada apenas na observação e na entrevista. Uma dimensão fundamental das técnicas corporais revela-se no momento da *performance*, nos estados psicofísicos e – por que não dizer? – espirituais que esta desencadeia. Além disso, pelas próprias características desta versão da tradição taoísta, a *performance* é fonte não apenas de experiências, mas local de estabelecimento de relações intersubjetivas fundamentais à boa pesquisa de campo.

Por reconhecer a necessidade de uma relação de mútua confiança entre o etnógrafo e aqueles que o introduzem em seu *mundo da vida*, uma abordagem empática da compreensão não pode se furtar a lidar com constrições éticas. Na medida em que reconheço nos taoístas com que tive contato sujeitos de um diálogo, tenho a intenção de evitar revelar informações que possam vir a ser embaraçosas e/ou problemáticas para as relações entre os membros do grupo – a não ser que sua divulgação tenha sido autorizada.

A paisagem etnográfica que escrevo é híbrida – constituída por uma edição de fragmentos de muitas vozes (incluindo a minha), composta de enunciados de várias naturezas, resultado de um encontro de horizontes que produz um outro espaço (um "terceiro espaço", como o chamaria Homi Bhabha, 1994). Este estudo não é escrito nem como um "mestre ou discípulo taoísta" o faria, nem como um "cientista" o faria. Desta posição, busco uma maneira de traçar comentários ao taoísmo e à antropologia, baseando-me em uma conversa acerca de um duplo estranhamento de campos que me deveriam ser familiares: a própria antropologia e as tradições contemplativas "orientais".

Reconheço uma convergência entre o "*ethos* taoísta" e a problemática da antropologia da experiência, inspirada pelas filosofias de Dilthey e Merleau-Ponty. A compreensão depende de um compromisso com a vida, de uma experiência transformadora, por oposição à idéia de um mundo objetivo característica da epistemologia construída metaforicamente como visão, e portanto em busca de um ponto de vista privilegiado externo e distanciado daquilo que é conhecido: "Estamos presos ao mundo e não chegamos a nos destacar dele para passar à consciência do mundo. Se nós o fizéssemos, veríamos que a qualidade nunca é experimentada imediatamente e que toda consciência é consciência de algo" (Merleau-Ponty, 1996:26).

Da perspectiva taoísta, conhecer é resultado de um engajamento, pois mesmo a não-ação (*wu-wei*) é uma modalidade de ação, que depende de prática regular, expressa ostensivamente na postura de vida que caracteriza o sábio, a serenidade e a longevidade.

Ainda que não a defina nos mesmos termos que o taoísmo, de uma perspectiva fenomenológica, a antropologia também depende de uma integração com seu "objeto" para compreendê-lo:

> Na antropologia, tais explorações são necessárias, no mínimo porque os povos que estudamos freqüentemente privilegiam modos sensoriais distintos da visão, como fundantes para o conhecimento social. Se queremos encontrar um espaço comum, temos de nos abrir a modos de vida sensorial e corporal que, embora significativos em nossas vidas pessoais, tendem a ser suprimidos de nosso discurso acadêmico (Jackson, 1989:11).

A busca pela aproximação com o tema a ser conhecido tem implicações lógicas e existenciais sobre a tarefa do etnógrafo, tanto no campo quanto na escrita. A etnografia não pode mais ser um relato transparente da experiência etnográfica, tampouco um construto absolutamente racional. Nenhum enunciado jamais está sob completo controle consciente: sempre se diz mais ou menos do que se gostaria de dizer. Como ensina Bakhtin (1992, por exemplo), são as leituras posteriores, e os diálogos que incitam, os responsáveis por desdobrar a plenitude de sentidos de um texto.

Para escapar ao redemoinho em que se encontram violentamente as correntezas da autoria e da morte do autor, uma alternativa proposta pela antropologia fenomenológica é considerar o etnógrafo como um tipo especial de narrador. Neste sentido, é oportuna a comparação de Paul Stoller (1997) entre o etnógrafo e o *griot*. O primeiro paralelo é que ambos estão implicados em um campo de relações, na condição de atores sociais. Não importando as pretensões à objetividade e à cientificidade, não há posição fora do sistema. Esta dupla vinculação à academia e ao grupo social pesquisado não pode deixar de ser problemática. Stoller extrai da reflexão sobre o papel do *griot* na sociedade Songhay caminhos para lidar com esses dilemas. A implicação não pode ser puramente intelectual, mas engajada e corporificada. Isto sugere:

(1) uma consciência crítica dos sentidos; (2) uma atenção à voz e (3) um reconhecimento das crescentes implicações políticas de nossos trabalhos – uma erudição ancorada nos sentidos[13] (Stoller, 1997:34).

Em outras palavras, a proposta de Stoller ressoa a polifonia bakhtiniana, ao identificar na prática etnográfica a criação de uma tensão dinâmica entre o poético e o político, o uso criativo das vozes discordantes passadas e presentes, incluindo a do próprio narrador, para contar histórias. A prática do narrador também sugere a sensibilidade ao contexto – a audiência e os cenários da narração, mas também o próprio tema narrado – e o reconhecimento da impossibilidade da transparência da narrativa.

O retorno à narrativa acompanha a ênfase de minha estratégia etnográfica na noção de experiência, por ser o tipo de escrita que faz justiça à experiência vivida. O próprio discurso teórico é profundamente influenciado por formas míticas e narrativas, das quais depende a própria inteligibilidade da teoria, de modo que a credibilidade da etnografia diz respeito também à forma pela qual a narrativa é organizada (Jackson, 1996). Dentro desta perspectiva, busco uma maneira de capitalizar, na escrita, a descontinuidade entre a relação com o mundo quando estamos totalmente envolvidos em viver algo e quando refletimos a respeito e analisamos. Em resumo, aderindo a um projeto etnográfico informado teoricamente pela antropologia da experiência, ambas, experiência e elaboração, devem receber igual atenção. Como diria Jackson (1996), isto significa estar em busca de uma escrita que testemunha experiências humanas que nos falam de coisas que importam.

Por fim, escrever esta etnografia como um diálogo entre taoísmo e antropologia fenomenológica pode ser mutuamente enriquecedor:

> Na cultura, a exotopia é o instrumento mais poderoso da compreensão. A cultura alheia só se revela em sua completude e em sua profundidade aos olhos de "outra" cultura (e não se entrega em toda a sua plenitude, pois virão outras culturas que verão e compreenderão ainda mais). Um sentido revela-se em sua profundidade ao encontrar e tocar outro sentido, um sentido alheio; estabelece-se entre eles como que um diálogo que supera o caráter fechado e unívoco, inerente ao sentido e à cultura considerada isoladamente. Formulamos a uma cultura alheia novas perguntas que ela mesma não se formulava. Buscamos nela uma resposta a perguntas nossas, e a cultura alheia nos responde, revelando-nos seus aspectos novos, suas profundidades novas de sentido. Se não formulamos nossas próprias perguntas, não participamos de uma compreensão ativa de tudo quanto é outro e alheio (trata-se, claro, de perguntas sérias, autênticas).

---

13. Ver nota 7.

> O encontro dialógico de duas culturas não lhes acarreta a fusão, a confusão; cada uma delas conserva sua própria unidade e sua totalidade aberta, mas se enriquecem mutuamente (Bakhtin, 1992:368).

Em resumo, assim como a prática da antropologia revela poeticamente o taoísmo ao interpelá-lo, também o modo de vida taoísta lança indagações à academia. Interroga acerca de algumas das premissas básicas do conhecimento racional e da posição do intelectual profissional.

- 1 -

ORIENTALIZAÇÕES: mapeamento de um percurso

"Todo tipo de suposição, associação e ficção parece povoar o espaço que está fora do nosso próprio." (Said, 1990:65).

Temas como meditação ou artes marciais, a que se vincula quase inevitavelmente (este estilo d)o taoísmo, evocam de imediato um adjetivo: "oriental".[14] Em geral, esta atribuição está longe de ser neutra. Uma verdadeira constelação de imagens e estereótipos está associada, implícita e automaticamente, à idéia ("ocidental") de "oriente". Assim, ao pesquisar o taoísmo se faz necessário discutir as noções mais elementares que delimitam o horizonte da compreensão. E além disso, realizar um mapeamento dos fenômenos que se entrecruzam na constituição de seu contexto. Pois todos estes fatores determinam a compreensão de maneira profunda, mas invisível.

Em outras palavras, focalizando o tema da orientalização, estou interessado em propor uma reflexão crítica sobre algumas das idéias que animam a própria noção de "oriente", "oriental" e "orientalização" e seu oposto complementar necessário, "ocidente". Acredito que o uso indiscriminado destas palavras pode trazer como subtexto idéias e valores indesejáveis tanto pelo pesquisador quanto pelos adeptos e simpatizantes das tradições espirituais ditas "orientais".

14. Utilizo os termos "oriente" e "ocidente" com letras minúsculas e entre aspas para conotar seu caráter não-natural, arbitrário, construído, como espero demonstrar ao longo deste capítulo. Os mesmos termos, sem aspas, correspondem ao seu uso corrente.

De algum modo, seu uso pressupõe um esquema interpretativo implícito que reduz o desconhecido, o novo, a algo já conhecido, eliminando o espaço do impacto do radicalmente diferente e do desconhecido na experiência pessoal e na sua interpretação. Em outras palavras, o desconhecido é prévia e automaticamente assimilado a um conjunto de estereótipos.

Repensar oriente e ocidente.

Em primeiro lugar, é preciso ter em mente que há uma interdependência fundamental entre os conceitos de "oriente" e "ocidente", que se definem reciprocamente. Já há séculos servem para estruturar e alimentar a reflexão da sociedade ocidental sobre si mesma e a sua imaginação sobre um conjunto vasto de outras sociedades/culturas. Longe de assinalarem apenas uma realidade geográfica dada, de simplesmente demarcarem lugares concretos, têm uma longa história, associada a relações (de dominação) entre Europa e Ásia, mais recentemente também entre Estados Unidos e Ásia, que condicionam a imagem que temos do "oriente" – com base em nossa posição como ex-colônia européia e nação periférica. Conseqüentemente, a definição deste par de categorias opostas é problemática. Neste sentido, a delimitação do que é leste e oeste no globo terrestre é uma divisão arbitrária, uma abstração, ainda que baseada em uma experiência histórica de longa duração. Resulta do modo como os povos da Europa ocidental representaram a si próprios com relação a determinados povos da Ásia, em particular a partir da expansão marítima européia da Idade Moderna. A isso se segue um dado que, de tão óbvio, poderia passar desapercebido: se observamos o mapa-múndi, conforme foi desenhado por cartógrafos europeus, percebemos que situaram a Europa no centro do mapa e, conseqüentemente, no centro do mundo, com as Américas a oeste e a Ásia a leste. Sabe-se, se levarmos em consideração o conhecimento acumulado tanto por antropólogos quanto por especialistas de religião comparada, que é um fenômeno comum que grupos humanos representem a si próprios como os seres humanos por excelência e como habitantes do Centro do Mundo. Assim, por exemplo, os chineses se auto-representavam como "Império do Centro" (significado literal do ideograma "China") e aos europeus como bárbaros que habitavam as distantes fronteiras do oeste do mundo. A capital do império ocupava o centro de um espaço representado por um quadrado, os pontos cardeais e seções do quadrado correspondendo às províncias (Sahlins, 1992; Granet, 1997). Num exercício de imaginação, poderíamos também desenhar o mapa do mundo com o Brasil no centro. Neste caso, a Europa estaria no "oriente" e Ásia seria nosso "ocidente". Isso pode parecer risível, mas dificilmente causa incômodo que a Europa seja representada como *axis mundi*, a tal ponto já se naturalizou esta forma de representar o mundo e o lugar periférico das nações geradas pelo colonialismo europeu.

Um histórico detalhado da constituição do "ocidente" vai um pouco além do tema deste debate, mas alguns comentários pontuais podem enriquecer a reflexão. Partamos de um recorte cronológico: apesar da longa história de intercâmbios diversos entre Europa e Ásia, a noção de "ocidente", na sua acepção atual, começou a ser elaborada apenas a partir do início da época moderna, paralelamente à constituição dos impérios coloniais de algumas das nações européias, o que pressupõe o surgimento da idéia moderna de estado-nação. A expansão colonial a partir das grandes navegações forneceu a matéria-prima para que o "ocidente" se pensasse por oposição a uma infinidade de outros povos, alguns dos quais até então desconhecidos, que foram classificados em categorias genéricas como "selvagens/primitivos" (Trouillot, 1991), por um lado, e o que me diz respeito aqui, como "orientais", por outro. Mais recentemente, constituiu-se mais uma oposição polar, entre as nações ocidentais e aquelas pertencentes ao chamado Terceiro Mundo. Estes dois conjuntos de categorias têm uma história distinta, e pretendo ficar apenas com a questão das relações entre "ocidente" e "oriente", e não com a relação entre "ocidente" e "selvagens". A este respeito, basta lembrar que a Europa Ocidental medieval se pensa como Cristandade por oposição às terras dos infiéis e pagãos, denotando as sociedades não-cristãs que conhecia.

Levando adiante o esforço de desnaturalizar os pressupostos sobre o "ocidente", valeria mencionar, neste contexto, dois exemplos da longa história de trocas e circulações entre Europa e Ásia referentes a dois símbolos da identidade ocidental: a religião cristã e a filosofia grega. O Cristianismo, elemento definidor da identidade religiosa ocidental, surgiu no que hoje se chama de Oriente Médio e em seus primórdios foi apenas mais um dentre tantos cultos "orientais" – como os cultos de Dionísio, Mitra, Cibele, Ísis etc. – a se propagar no império romano. A filosofia grega, considerada a base do pensamento racional ocidental, foi recuperada pela cristandade medieval na Baixa Idade Média. Contemporaneamente à constituição das primeiras universidades, manuscritos procedentes do Islã, de versões árabes de textos gregos, de originais gregos, acrescidos de originais árabes de caráter científico e filosófico, chegaram primeiramente, à Itália e à Espanha. Estes foram traduzidos ao latim por intelectuais cristãos, moçárabes, judeus e muçulmanos, a partir do século XII (Le Goff, 1989; ver também Sardar, 1988; Nasr, 1989).

Argumento, ainda, que o Brasil também se insere de forma problemática no "ocidente", pois, como outras ex-colônias, é uma nação periférica que vive várias relações de dependência – econômica, política, cultural, simbólica etc. – com a metrópole, entendida em seu sentido amplo como a Europa e os Estados Unidos. Carvalho (1999) indica que a questão de em que medida estas nações pertencem ao "ocidente" tem sido objeto de acirrados debates teóricos e políticos nas ciências humanas. No entanto, apesar da particularidade de sua própria condição, ou melhor, justamente devido a essa condição de dependência, a elite de nosso país é educada senão para considerar o Brasil como uma nação plenamente "ocidental", ao menos para almejar a ocidentalização. A despeito das pretensões de alguns à uniformização, com base em uma agenda modernizadora aparentemente inevitável, a cultura brasileira caracteriza-se pela pluralidade de vozes, pela "simultaneidade de presenças" (Carvalho, 1996), pela co-existência, por vezes conflitiva, de manifestações pertencentes a níveis variados de profundidade histórica e por sua hibridação. No Brasil não se vivenciou o processo de secularização e racionalização – que caracterizariam, de acordo com a sociologia clássica (Turner, B., 1995; Carvalho, 1999), a sociedade urbana industrial moderna – na mesma medida em que os países europeus e os Estados Unidos, que ocupam uma posição mais central no mundo ocidental. Neste sentido, um Brasil exclusivamente moderno ou ocidental só pode ser o resultado de um silenciamento dos modos de vida de parte significativa da população.

Resumindo, "oriente" e "ocidente" são definições relacionais, isto é, fazem referência uma à outra. Além disso, superpõem um recorte geográfico e cultural, falam simultaneamente de lugares e de visões de mundo/ mundos da vida. Assim, o "ocidente", fonte desta concepção dual, é mais do que uma entidade geográfica (centrada na Europa Ocidental e Estados Unidos), mais do que um projeto de expansão missionária (de religiões cristãs, do capitalismo, de uma ciência inaugurada no século XVIII); é também um projeto de secularização/utilitarização/ racionalização/dominação do ser humano e do mundo. Já o "oriente", além de uma localização (ou localizações, já que neste modelo há um Oriente Médio e um Extremo Oriente), é o território de um espelhamento invertido: exótico, místico, tradicional, irracional. Ao mesmo tempo, em seu aspecto positivo, aparece como um dos antídotos para o lado perverso da modernização. "Ocidente" e "oriente", porque são modelos míticos, ocultam uma pluralidade de fenômenos particulares sob uma definição genérica; escondem diferenças e especificidades.

Estaríamos falando da mesma coisa quando classificamos dois países extremamente heterogêneos do ponto de vista cultural como a Índia, que possui cerca de um bilhão de habitantes que falam mais de cem idiomas, e a China, com mais de um bilhão e duzentos milhões de habitantes e impressionante diversidade lingüística (a língua chinesa só está unificada na escrita e no ensino recente do mandarim como língua oficial) e étnica, como países "orientais"?

O fascínio acrítico pela modernização manifestado por alguns pensadores das ex-colônias – inclusive brasileiros – deveria ser objeto de apreensão por parte de quem reconhece o valor da diferença cultural e o direito à existência de uma humanidade plural. Pois, segundo a radiografia dela que nos faz Serge Latouche (1994), a ocidentalização seria um projeto "civilizatório", de expansão política, econômica, militar, técnica e cultural ocidental; visa a uniformização do mundo e se baseia no argumento ideológico da inevitabilidade da conversão à lógica utilitarista, consumista e tecnicista da sociedade ocidental, aos valores do mercado e às explicações da ciência. Já se contempla o legado dessa nova forma de colonialismo às populações conquistadas: um mundo desterritorializado, fragmentado e sem encanto.

Em contrapartida, a orientalização é um tema escorregadio: comporta, simultaneamente, algo de substantivo e algo de exotização, de imaginação sobre um outro desconhecido. Ocorre uma circulação que é o reverso complementar da ocidentalização do mundo. Concretamente, a penetração de bens, de textos culturais, de tradições, de saberes e de pessoas, dentre as quais mestres e especialistas. Por outro lado, os contatos com outros grupos humanos, no contexto da expansão colonial européia, produziram também um vasto imaginário sobre o outro. Neste sentido, parece-me mais adequado falar em orientalismo, na acepção do célebre texto de Edward Said, isto é, em invenção do "oriente" pelo "ocidente". São várias as definições de orientalismo: 1) acadêmica, uma especialização acadêmica; 2) imaginativa: "O orientalismo é um estilo de pensamento baseado em uma distinção ontológica e epistemológica feita entre o 'Oriente' e (a maior parte do tempo) o 'Ocidente' [aspas no original]" (Said, 1990:14), que serve de ponto de partida para teorias e relatos a respeito do "Oriente"; 3) político-discursiva: "o orientalismo como um estilo ocidental para dominar, reestruturar e ter autoridade sobre o Oriente [...] fundamentalmente uma empresa cultural francesa e britânica" (idem:15) até o começo do século passado e também norte-americana após a 2ª Guerra Mundial.

Incluindo nesta reflexão o momento contemporâneo, questiono-me sobre as possibilidades de termos uma visão não preconceituosa do "oriente". Por seu poder de construir a realidade do mundo em que vivemos mediante a credibilidade que é neles depositada, os meios de comunicação de massa – mídia impressa, televisão, cinema, rádio, a própria literatura – mais contribuem para o reforço de estereótipos do que para a possibilidade de novas interpretações, já que os "dados" que oferecem são estruturados conforme uma interpretação prévia segundo o modelo orientalista. Tanto obras de caráter informativo quanto outras de caráter científico ou artístico/ficcional padecem do mesmo problema: foram construídas com base em uma estrutura prévia, um modelo que concebe um "oriente" homogêneo e atemporal que se contrapõe a um "ocidente" racional e histórico. Este modelo se mantém graças ao que Said chama de atitude textual (Said, 1990), isto é, considerar a descrição de uma realidade em um texto (ampliando a definição de texto para incluir também material audiovisual e iconográfico) como a própria realidade e inclusive tentar adequar a realidade à visão resultante do texto. Que "oriente" é o que vemos? Uma paisagem ambígua que combina miséria, despotismo, guerras, fanatismo religioso, misticismo, em uma paisagem exótica e imutável. Não sei em que medida, por exemplo, um equipamento eletrônico japonês de última geração, digamos, um computador, aparelho de som, telefone celular ou *videogame*, remete semântica ou afetivamente a algo "oriental".

É um procedimento caro ao pensamento antropológico a narrativa de episódios anedóticos presenciados pelo antropólogo para ilustrar alguma questão ou iniciar uma reflexão teórica. O ponto que desejo enfatizar com esta narrativa é o fato de os estereótipos sobre o "distante oriente místico" oferecerem uma visão bidimensional e caricatural, bloqueando a possibilidade de conhecer as culturas da Ásia em sua complexidade e extrema diversidade. Presenciei essa situação no contexto de uma palestra pública em um famoso centro espírita kardecista de Brasília, alguns anos atrás. O palestrante, um senhor de uns cinqüenta e poucos anos, conhecido por sua longa experiência no trabalho mediúnico e na prática da caridade, criticava os "místicos" que, em vez de ajudarem os outros, escolhiam viver isolados em cavernas e mosteiros no Tibete. Uma pessoa na platéia, uma jovem de vinte e poucos anos, levantou-se para intervir, afirmando que a prática intensiva de meditação por estas pessoas estaria ajudando o planeta ao gerar energias espirituais positivas. Nenhum dos participantes do debate lembrou-se, no entanto, de que o Tibete era uma nação budista – ao menos antes de sua conquista pela China Popular, e que os monges, em vez de estarem totalmente isolados, estavam diretamente envolvidos na vida social da nação. Além disso, não se levou em consideração que o renunciante é uma instituição social, que sua posição externa à sociedade paradoxalmente tem um papel social. Se dermos crédito à perspectiva tibetana conforme expressa na noção budista de *boddhisattva* – aquele que tendo atingido a iluminação recusa-se a entrar no *nirvana*, para continuar no mundo e contribuir para a iluminação de todos os seres –, a meditação, mesmo quando praticada em longos períodos de isolamento, não tem por propósito benefícios meramente individuais. Guardei por anos a recordação deste evento como emblemático da postura etnocêntrica que é o cerne do orientalismo.

Acredito que há duas noções-chave para se pensar as relações entre "oriente" e "ocidente". A primeira delas, o orientalismo, foi tratada nas páginas anteriores, no intuito de demonstrar que a série já bastante cristalizada de estereótipos que opõem ontologicamente "ocidente" e "oriente", como dois termos radicalmente opostos e internamente homogêneos, impossibilita a compreensão de fenômenos heterogêneos que são agrupados e, pior ainda, definidos de antemão ao serem classificados nos termos de sua suposta "natureza oriental".

A segunda noção, a orientalização, é definida por Colin Campbell (1997:5-6) como um processo de transformação da concepção ocidental de sagrado: "o paradigma cultural ou teodicéia que tem sustentado a prática e o pensamento ocidental por cerca de dois mil anos está sofrendo um processo de substituição [...] pelo paradigma que tradicionalmente caracterizou o Oriente".

O problema desta formulação é a pertinência de uma distinção dualista ocidente-oriente, estruturada de forma esquemática com um claro perfil orientalista. Como teodicéia, identifica uma concepção transcendente e pessoal de divino ao "ocidente", atribuindo outra imanente e impessoal ao "oriente". Questionaria até que ponto pode-se afirmar categoricamente que diversas culturas que geraram uma infinidade de tradições religiosas, e que estão pressupostas no uso da categoria "oriente", têm todas uma concepção imanente e impessoal de divindade. Mais ainda, será pertinente o uso de termos da metafísica européia como "imanente" e "transcendente", apresentadas como termos mutuamente excludentes, para entender concepções tão complexas quanto, por exemplo, *Brahman* ou *Tao*?[15]

Além disso, Campbell (1997) sugere uma explicação histórica: o enfraquecimento da credibilidade da religião tradicional, em virtude do crescimento da ciência como explicação de mundo, teria aberto caminho para o estabelecimento de uma teodicéia "oriental", menos vulnerável às críticas da racionalidade

15. *Dao*, se grafado segundo a norma *pinyin*.

científica, compatível com o individualismo moderno, antidualista e relativista. A ciência é a base da explicação desencantada de mundo que é hegemônica na Europa ocidental e nos Estados Unidos. Porém, é preciso também considerar em que medida essa interpretação também teria validade para se compreender o caso brasileiro, em que este processo de "desencantamento do mundo" – tão caro aos seguidores de Max Weber – teve uma extensão muito menos ampla. Para um vasto segmento da sociedade brasileira não houve ruptura significativa com o mundo encantado.

Finalmente, questiono qual o sentido de falar em orientalização, quando o próprio Campbell (1997) afirma que essa transformação tem por base elementos e tendências nativas à cultura ocidental, tais como: a religião espiritual e mística no interior da tradição cristã; o neopaganismo, isto é, movimentos de recuperação de tradições pré-cristãs na Europa e na América do Norte, como reação ao cristianismo; os movimentos New Age, como propostas espirituais recentes inseridas no projeto individualista moderno; e algumas tendências dentre os movimentos ambientalistas, por sua formulação anti-especiecista da relação entre humanidade e natureza. O autor argumenta também que os elementos que oferecem paralelos com a teodicéia "oriental" – tais como a crença em uma divindade impessoal ou na reencarnação – podem ter configurações, sentidos e leituras distintos no contexto ocidental, e destaca a relação entre a adesão a tradições asiáticas e projetos utópicos individualistas e modernos.

Por todos esses motivos, ao falar em "orientalização", tomo um caminho distinto do proposto por esse autor, considerando sob essa denominação fenômenos ligados à introdução de saberes e especialistas de tradições espirituais "orientais", responsáveis por um diálogo crítico com o "ocidente", mas também as implicações dessa circulação e o modo como estas tradições são reinscritas nas paisagens "ocidentais". Não basta abordar o problema de modo meramente quantitativo, dado que o número de adeptos de tradições asiáticas no Brasil ainda é bastante pequeno se comparado à quantidade de adeptos das religiões tradicionais (cristãs, afro-brasileiras, espíritas), ou mesmo dos novos pentecostalismos.

Tendo introduzido o tema de uma maneira mais dispersa no tempo e no espaço, ao falar de um "oriente" genérico visto por um "ocidente" genérico, gostaria de restringir essa reflexão ao tema da espiritualidade e à época contemporânea. Mas antes vamos tratar de alguns fatores que devem ser levados em consideração quando pensamos em religiões orientais no ocidente, no Brasil e mais especificamente em suas grandes cidades.

Antecedentes da Orientalização

Em primeiro lugar, especialistas do mundo acadêmico (pertencentes ao campo dos estudos orientais, da religião comparada, da antropologia, da história, da literatura) contribuíram com seus estudos para a descoberta da diferença cultural. A ambigüidade desta descoberta é que estas pesquisas serviram ao colonialismo, oferecendo instrumentos científicos para a dominação, como demonstra Edward Said (1990), ao mesmo tempo que fomentaram uma definição mais ampla de humanidade e o respeito à diferença, revelando as limitações das definições aparentemente universais de homem, particularmente as oriundas da filosofia, que tinham por base exclusivamente os ocidentais, mais especificamente adultos, do sexo masculino e pertencentes à burguesia. A visibilidade da contribuição desses estudiosos para a difusão de tradições espirituais orientais se evidencia, por exemplo, na tradução de textos clássicos, do pensamento filosófico e das tradições místicas de diversas fontes asiáticas. Ocorrem-me as traduções do *Daodejing* e do *Yijing*,[16] feitas pelo sinólogo Richard Wilhelm, como exemplos da literatura taoísta amplamente conhecidos do público, embora freqüentemente mal compreendidos; ou *Os Analectos* de Confúcio, base do cânon confucionista. Mas há também exemplos de textos de diferentes escolas da mística indiana como o *Yoga Sutra* de Patânjali, ou o *Bhagavad Giita*; o *Dhammapada*, clássico do budismo; *Bardo Thödol*, o Livro Tibetano da Morte; coletâneas de contos zen-budistas; textos sufis, como *A Linguagem dos Pássaros*, de Farid ud-Din Attar, ou o *Fihi-ma-fihi*, de Rumi, entre outros.

Em segundo lugar, é preciso destacar o papel dos movimentos esotéricos ocidentais do século XIX – em particular da Teosofia – na difusão de tradições religiosas "orientais", principalmente o hinduísmo e o budismo. Enquanto várias versões filosóficas/acadêmicas e teológicas/religiosas da modernidade compreenderam o "desencantamento do mundo" como algo característico da condição ocidental e propuseram, alternativamente, o reconhecimento do desencantamento como condição moderna por excelência, ou estratégias para um reecantamento, o esoterismo pode ser visto como uma terceira opção, nem desencantada, nem reencantando-se, mas caracterizada pela proposta de uma intensificação da experiência religiosa (Carvalho, 1998). O esoterismo teve uma influência consideravelmente maior do que seu número de adeptos, mediante a difusão de vasta literatura acessível ao público não-especialista que despertou o interesse por esta

16. Grafia segundo a norma *piyin*, mais freqüentemente grafados como *Tao Te King* e *I Ching*.

temática, bem como favoreceu a familiarização com o vocabulário das tradições espirituais orientais e com suas práticas. Desse modo, estes movimentos como que pavimentaram o caminho para a posterior vinda de mestres e difusão de seus ensinamentos.

Resumindo, a difusão de tradições religiosas orientais na cultura religiosa brasileira já tem quase um século, datando pelo menos da introdução das tradições esotéricas no século XIX e da Teosofia, no início do século XX (Carvalho, 1994a). Contudo, parece ter se intensificado apenas após a década de 1970, com a penetração de escolas contemplativas: vários ramos de *Yoga*, mas também linhagens budistas e taoístas, entre outras. Além disso, outro fator determinante foi o fenômeno da Contracultura que a partir dos anos 60 reavivou o interesse pela espiritualidade da Ásia, no contexto de uma busca por expansão de consciência e de alternativas para os valores, idéias e modo de vida identificados ao *establishment*, isto é, à sociedade ocidental capitalista moderna e cristã.

Ressalto também a importância de um fenômeno religioso associado às camadas médias urbanas que tem sido chamado, principalmente pelos pesquisadores, de movimento Nova Era. Denominado também "nova consciência religiosa", caracteriza-se por um estilo individualista, descentrado e plural de espiritualidade, em que os fiéis transitam entre os marcos de um circuito de espaços, práticas, tradições. O significado de suas experiências resulta de uma síntese pessoal de sistemas de crença e códigos de virtude, decorrente de trajetórias individuais de busca. Em outras palavras, define-se por um estado de migração permanente do sujeito da experiência religiosa, ou seja, por um tipo de nomadismo religioso. Caracteriza-se também pela meta-revelação, isto é, a idéia da unidade de todas as revelações, a despeito de suas diferenças de formas. (Brandão, 1994; Soares, 1994; Carvalho, 1994a). Por um lado, esta perspectiva faz equivalências entre termos pertencentes a diversos sistemas nem sempre comensuráveis entre si (por exemplo, entre diversos sistemas oraculares – tarô, búzios, runas e astrologia –, conceitos cosmológicos ou filosóficos, exercícios de meditação ou técnicas terapêuticas – digamos, *asanas*[17] e *qigong*[18]); generaliza e em certa medida simplifica, despe das complexidades que constituem a especificidade de uma escola; e recria os elementos de diversas tradições, agora

17. Exercícios de *Yoga* baseados em uma combinação de posturas de torção e alongamento e de respiração rítmica e profunda.

18. Grafia de acordo com a norma *pinyin*, em geral grafado como *Ch'i kung*. Termo genérico que corresponde a várias técnicas chinesas para captação, armazenamento e circulação de energia vital.

participantes de um novo conjunto heterogêneo e dotadas de um sentido distinto daquele que possuíam em seus contextos de origem, pois o sentido de um termo depende de sua relação com os demais termos de um sistema. Assim, dentro desta perspectiva, gera-se um terreno comum a todas as tradições. Suas fronteiras históricas e culturais tornam-se mais permeáveis, passíveis de serem recortadas de maneiras particulares por trajetórias individuais de busca espiritual.

Por ser um fenômeno heterogêneo e não um movimento organizado, inclui fontes e elementos os mais diversos, tais como:

> herdeiros da contracultura com suas propostas de comunidades alternativas; o discurso do autodesenvolvimento na base das propostas terapêuticas atraídas por experiências místicas e filosóficas holistas; os curiosos do oculto, informados pelos movimentos esotéricos do século XIX; o discurso ecológico de sacralização da natureza e do encontro cósmico do sujeito com sua essência e a reinterpretação *yuppie* dessa espiritualidade centrada na perfeição interior, através dos serviços *new age* oferecidos para o treinamento de Recursos Humanos, nas empresas capitalistas. (Amaral, 1994:103)

O estilo Nova Era não é o primeiro a postular a unidade de todas as tradições. Há exemplos históricos mais antigos de um tipo de universalismo religioso, no caso de grandes expoentes da mística mundial, como Rumi, poeta persa do século XIII, fundador da ordem sufi *Mevlevi*, a dos dervixes girantes, ou sri Ramakrishna, santo hindu do século XIX que proclamou a unidade de todas religiões, confirmada pessoalmente, por repetidas experiências de *samadhi*[19] obtidas seguindo o caminho proposto por diversas tradições dentro e fora do âmbito do hinduísmo: o culto de Kali, de quem foi sacerdote; a tradição *Vaishnava*; o tantrismo; o *Advaita Vedanta*; o Islã etc. A própria Teosofia, fundada por Helena P. Blavatsky, também inspirou o estudo comparado das religiões em busca de uma verdade transreligiosa. Além disso, o perfil sincrético do catolicismo popular brasileiro oferece paralelos com esta nova configuração da busca do sagrado, mas neste contexto o trânsito limitava-se mais freqüentemente à matriz tradicional da religiosidade brasileira, afro-indígena-cristã-espírita ou pelo menos pressupunha uma vinculação permanente a alguma destas religiões tradicionais, a partir da qual se elaborava o contato com outras tradições.

Talvez o que distingua esta "nova consciência religiosa" seja a possibilidade de não pertencer nem exclusiva nem permanentemente a nenhuma tradição,

---

19. Estado de unicidade, de união entre a consciência individual e a consciência universal.

mas estar em uma condição permanente de busca, de abertura para a experimentação. Mais ainda, ela tem por pressuposto o direito à diferença, entende a religião como opção individual, em um campo em que valores e crenças são percebidos como plurais e relativos. Essa maneira de se relacionar com a experiência religiosa, característica de um segmento do público educado de classe média urbana e (pós-)moderna, baseia-se em uma concepção individualista e psicologizante de religião, que é caracterizada pelo seguinte paradoxo: postula a autonomia da experiência individual com relação às tradições religiosas pressupondo a possibilidade de alcançar uma posição supra-histórica e supracultural; simultaneamente, a experiência individual idiossincrática validaria uma verdade religiosa universal (Gómez Rodríguez, 1999).

Por fim, um elemento característico da espiritualidade Nova Era, que entendo ser mais problemático, é a inserção de determinados movimentos em circuitos locais, nacionais e mesmo transnacionais de consumo – como é o caso das feiras místicas, lojas de produtos esotéricos, pacotes turísticos –, cuja adesão tem, em determinados casos, motivações não-religiosas, como uma identificação com a modernidade, com o Primeiro Mundo etc. (Carvalho, 1994a). Neste contexto situa-se o processo de mercantilização e terapeutização de técnicas espirituais, muitas vezes desvinculadas de uma comunidade de praticantes e do tipo de genealogia de transmissão direta tão caro a estilos mais tradicionais, em que um mestre reconhecido ensinou a seu discípulo sincero aquilo que aprendeu de seu próprio mestre: um modo de ser no mundo, um estilo de vida, bem como os meios de obter por experiência pessoal uma determinada percepção da realidade. Não se trata de criticar pura e simplesmente a profissionalização de especialistas religiosos, que também nas religiões tradicionais freqüentemente recebem algum tipo de retribuição por seus serviços, como os pais e mães-de-santo afro-brasileiros ou os padres católicos, por exemplo. Mas o grande risco, por assim dizer, para a "chama do espírito" é o fim da gratuidade (tematizado por Carvalho, 1997) e a perda da noção de mérito do candidato a um conhecimento arcano. Ficando o acesso a este conhecimento determinado unicamente por critérios financeiros, o poder aquisitivo media o contato com o sagrado, em termos de mercadoria. A redução de uma tradição espiritual a um empreendimento comercial pode trazer o empobrecimento da experiência de mundo que ela poderia proporcionar a seu adepto, bem como replicar no plano religioso a exclusão sócio-econômica a que é submetida a maioria da população. Ainda que possa parecer que a inserção da busca espiritual no mercado proporcione ao indivíduo uma potencial libertação das amarras e constrições[20] das instituições religiosas, o mesmo processo traz consigo uma implicação indesejável: no regime do mercado, a subjetivação depende da exclusão social. A cidadania pelo consumo se dá sob a égide da desigualdade.

Ainda que verifiquemos que a religiosidade brasileira contemporânea caracteriza-se pela possibilidade de trânsitos e hibridações, nem todas as combinações são sempre viáveis. Como diferentes estilos de espiritualidade definem de modo particular o que é a via espiritual, utilizam técnicas e têm formas distintas de expressão da realização, há níveis de contradição entre a adoção de um ou outro caminho que colocam questões para o próprio buscador, quando pretende um mergulho mais profundo (Carvalho, 1992 e 1994). Por outro lado, inviabilizam que o pesquisador utilize os mesmos critérios de análise quando se trata de uma avaliação qualitativa dos diversos caminhos espirituais.

Meu propósito ao fazer esta breve exposição sobre a espiritualidade Nova Era é situar as tradições espirituais asiáticas em relação a este campo. Acredito que é importante distingui-las dos espaços Nova Era em sentido mais estrito. O que está em jogo não é apenas a perspectiva do pesquisador, mas como os grupos, ou seus membros, se auto-representam.

Esta questão não deixa de ser problemática. Por exemplo, mestre Liu Pai Lin sempre se apresentou como porta-voz da tradição taoísta, mesmo quando ensinou em espaços pertencentes ao circuito Nova Era, como a associação Nova Acrópole ou a Universidade Holística de Brasília – Unipaz. Mas, apesar de sua circulação por esses espaços, sua escola dedica-se exclusivamente aos saberes pertencentes a sua própria linhagem espiritual, ao contrário dos chamados "centros holísticos" (Amaral, 2000), onde é marcante a tendência à colagem de elementos provenientes de várias tradições e também a criação de novos sistemas. Mas, por outro lado, os espaços institucionais taoístas que visitei organizam-se de modo empresarial, adotando formas modernas de transmissão do conhecimento, dividindo uma totalidade de saberes integrados em cursos temáticos específicos, organizando palestras, *workshops* e seminários. Talvez como estratégia de sobrevivência em um ambiente cada vez mais regido pela lógica do mercado? Se, por um lado, a organização empresarial é característica da espiritualidade Nova Era (Amaral, idem) ou "neo-esotérica" (Magnani, 1999),

---

20. Este horror aos compromissos e limitações comunitárias, em nome da liberdade, acompanhado da necessidade de segurança e estabilidade que somente a comunidade poderia oferecer, é descrito por Zygmund Bauman (2003) como um dos dilemas da condição contemporânea, por ele denominada "modernidade líquida".

os espaços taoístas são especializados, têm características próprias voltadas ao ensino exclusivo de seu sistema articulado de práticas e filosofia e ao estudo e exercício de uma versão da medicina tradicional chinesa. Não os colocaria de modo algum no mesmo nível de mercantilização das "feiras místicas" de *shopping center*, ou até mesmo dos "centros holísticos", que por vezes apresentam também suas próprias versões, terapeutizadas, dos saberes da espiritualidade chinesa – por exemplo, do *Taiji Quan* (Amaral, 1994).

Uma forma de perceber essa relação é imaginar os espaços físicos, em que ocorre a transmissão dessas tradições, como entroncamentos em um circuito por onde transita um público diversificado, cujo perfil inclui também um estilo New Age de relacionar-se com a experiência religiosa. Quer dizer, por um lado, as lideranças e membros mais permanentes de tradições "orientais" no "ocidente" recomendam uma adesão mais exclusiva a um sistema de práticas, remetem-se aos seus modelos tradicionais de espiritualidade, que variam de acordo com o estilo de cada grupo, e mantêm a ligação com uma linhagem de mestres que denota a profundidade de suas raízes no espaço e no tempo, buscando a preservação dos princípios fundamentais de suas práticas como índice de legitimidade de seu conhecimento. De outro, uma parcela de seu público adere simultaneamente, ou consecutivamente, a mais de uma escola, no contexto de uma experimentação pessoal, de uma busca de autoconhecimento e transformação, quando as motivações para estas adesões têm critérios religiosos. Isto equivale a dizer que há formas diferenciadas de adesão a uma determinada tradição, algumas das quais não implicam uma mudança total de estilo de vida ou um tipo exclusivo de lealdade ao grupo, como referência central para um "caminho de vida". Do encontro destas duas abordagens abre-se um leque complexo de formas de vinculação, exclusiva ou múltipla, potencialmente diferenciadas pelo nível de imersão no saber, no estilo de vida a ele relacionado e pela profundidade do mergulho no tipo de experiência que ele oferece.

Na medida em que a via que escolhi foi a de um estudo etnográfico sobre uma escola taoísta, com uma abordagem centrada na participação em seu aspecto prático, evitei deliberadamente perder-me nos inúmeros atalhos e meandros que me conduziriam inconclusivamente através do complexo universo Nova Era, para longe de meus objetivos de pesquisa. Mais produtivo para meu estudo é reconhecer que o fenômeno da "nova consciência religiosa", combinado ao estilo sincrético que caracteriza a matriz religiosa brasileira mais tradicional, constitui uma espécie de atmosfera cultural urbana contemporânea no Brasil.

Hibridações e Trânsitos

Fazendo uma referência à minha própria pesquisa de campo, tenho exemplos destes dois pólos. Uma paciente do mestre Liu Pai Lin que encontrei nas consultas que ele realizava no Espaço Luz, sede da Associação *Taiji* Pai Lin,[21] nas manhãs de sexta-feira, interessava-se por tarô, pretendia fazer um curso de Reiki, freqüentava um grupo espiritual universalista que recebe mensagens do mestre Saint German, estudava na Associação de Massagem Oriental (AMOR)[22] e praticava *qigong* em uma outra escola (possivelmente a Associação Vida em Harmonia, coordenada por uma ex-discípula do mestre Liu, L. L..). Na breve conversa que tivemos antes de sua consulta médica (18/09/1998), apresentei-me como antropólogo pesquisando o taoísmo. Ela me falou do fim do milênio, das transformações globais e da vinda de uma "nova era de consciência".

Outro interlocutor, chamado L., que coordena a Associação juntamente com J.C., me disse que "embora algumas pessoas que freqüentam o espaço tenham outras práticas, nós aqui só ensinamos as práticas transmitidas pelo mestre". Isto é, eu acrescentaria: *Taiji Quan*, meditação "Sentar na Calma", massagem *Tui Ná*.[23] Nos últimos anos, tem havido uma preocupação inclusive com a padronização da transmissão desses saberes nos cursos ministrados na Associação, mas também nos seminários mensais organizados até 99 com a presença do mestre Liu Pai Lin e atualmente coordenados por J.C..

Uma terceira possibilidade de relação com a tradição dentro dessa mesma escola, que talvez seja a maneira mais comum de se relacionar com a experiência espiritual no Brasil, é o modo sincrético que caracteriza a matriz religiosa brasileira tradicional, constituída pelo universo afro-católico-espírita. Neste sentido, gostaria de comparar dois casos de trânsito entre o kardecismo e o taoísmo para exemplificar esse tipo de relação. Certamente há no grupo também muitos praticantes com *background* católico, inclusive alguns que continuam vinculados ao catolicismo após terem se tornado taoístas, ou que não entendem as práticas taoístas como constitutivas de uma adesão religiosa.

---

21. Espaço Luz, rua Fradique Coutinho, 1434, Vila Madalena, São Paulo capital.

22. Situada na rua Harmonia, próxima apenas a alguns quarteirões do Espaço Luz.

23. Entre o segundo semestre de 1998 e o primeiro de 1999, período em que ocorreu minha pesquisa de campo mais intensiva em São Paulo, não havia na Associação aulas regulares de espada (embora alguns praticantes mais antigos treinassem nas sextas-feiras). Havia apenas uma aula mensal de *Ba Gua Zhang*, coincidindo com os encontros de São Roque, para atrair estudantes de outras localidades que vinham participar dos seminários com o mestre Pai Lin.

Conheci H.K. em um dos treinos livres que ocorrem nas sextas-feiras na Associação, congregando praticantes mais antigos que aprenderam as práticas em um outro momento da história da escola. Em 1998, quando a entrevistei, costumava vir de carro de seu sítio em Itapecerica da Serra quase todas as semanas, pela oportunidade de manter o contato com o mestre. Discípula do mestre Liu Pai Lin há muitos anos, uma dentre os discípulos antigos que tiveram uma cerimônia formal de iniciação, H.K. já era kardecista quando teve seu primeiro contato com o mestre em razão de um grave problema de saúde, e continuou com suas atividades como médium.

Nas entrevistas que realizamos (29/09 e 02/10/1998) e nas conversas que mantivemos no treino dos associados e na visita que fiz a seu sítio, H.K. explicou-me de que forma o taoísmo e o espiritismo se combinavam em sua experiência pessoal. Um primeiro aspecto que identifiquei é a ênfase na experiência pessoal como fonte de conhecimento, como se nota neste fragmento que selecionei da longa exposição que me fez da doutrina espírita:

> **H.K.**: "E o que a gente acredita é por experiência. Por experiência, por exemplo, quem tem faculdades paranormais, e enxerga os ditos mortos, que não estão mortos, vê que eles continuam com sensações, com pensamentos e com desejos, e com aprendizado. E se a morte não muda ninguém, não transforma em santo, nem em demônio, ele continua, parte daí para diante".

Mais adiante em nossa conversa, indaguei como se dava a junção entre taoísmo e espiritismo:

> **H.K.**: "Ah! Junta bem. Primeiro, porque o mestre já teve experiências pessoais de que existe um corpo invisível, que eu chamo de perispírito,[24] e ele chama de corpo invisível.

Em uma palestra de 13/03/1999 em São Roque, antes da prática de meditação "Sentar na Calma", o mestre comentou um caso pessoal daquilo que na literatura parapsicológica foi chamado de "experiência extracorpórea". Durante a Segunda Guerra Mundial, enquanto estava com suas tropas em um abrigo antiáreo na montanha Tung Shao, o mestre foi dado como morto e teve uma experiência de dissociação de "alma" e corpo.[25] Sua consciência viajou até o topo

24. De acordo com a classificação do espiritismo, o duplo que permanece após a morte com as mesmas características e aparência da pessoa em vida.

25. Ao contrário do que a leitura deste fragmento isolado possa sugerir, uma concepção dualista radical de corpo e mente, como a que caracteriza o pensamento cartesiano, não está de acordo com a cosmologia taoísta, que tende a tratar o ser humano como uma unidade. Ver os capítulos "Corpos Taoístas" e "Estilo de Espiritualidade Taoísta".

da montanha, onde ele avistou uma marcação, de número 55, indicando a altitude de mil metros e o nome da montanha. Retornou à consciência a tempo de impedir o próprio funeral. Como general, decidido a averiguar a veracidade de sua experiência, designou cem soldados, que escalaram a montanha e encontraram a placa exatamente onde ele a tinha visto e contendo as mesmas informações. O mestre costumava narrar esse episódio como argumento da sobrevivência da consciência à morte do corpo físico e como recomendação da necessidade da prática dos treinamentos internos para garantir o destino nesta vida e no pós-morte.

> **H.K.**: "Mas, ele diz que é preciso treinar o corpo invisível, que é o que permanece. Segundo, porque o *Taiji* me ajuda na concentração, das minhas atividades espíritas, relacionadas ao passe e à mediunidade. Em terceiro, porque a idéia de *Tao*, é uma idéia de infinito [assim como a idéia de Deus do espiritismo no entendimento de H.K.], o *Tao* nunca é definido por coisas que defina[m] e limite[m]. Então o mestre sempre diz que o *Tao* é indefinível. Porque, diria nas minhas palavras que são indefinidas, nós não captamos ainda de forma total, completa, o infinito. Embora procure a solução e limites, a gente aceita que sim" ...

Um outro aspecto em que o *Tao* e o espiritismo se encontram é na impessoalidade da ação mediúnica e na vacuidade interior que caracteriza a ação espontânea do ser realizado, ainda que o médium deva ser transparente para que um outro se expresse por ele, enquanto o mestre taoísta esvaziou-se, pela meditação, de seus pensamentos e emoções e assim reencontrou sua própria integridade e espontaneidade originais:

> **H.K.**: "Transmito o que recebo de cima, mais que eu, porque não sou nada. Só quero ser um canal desobstruído e mais nada. Um vidro que deixe passar luz e quanto mais o vidro for transparente, mais luz deixa passar. A humildade é isso."

H.K. pareceu combinar as duas tradições reconhecendo-lhes atribuições distintas:

> **Etnógrafo**: "Quando conheceu o *Taiji*, você já era espírita?

> **H.K.**: "Já. Mas não me curei no espiritismo. Me curei no *Taiji*. [...] Tive um aviso antes. Eu era espírita e senti que ia conhecer alguma coisa oriental e aquilo ia ser tão forte na minha vida. Pensei: 'Pô, será que vou deixar de ser espírita?' Fiquei com medo. Aí, tempo depois, conheci e não houve medo nenhum. As duas coisas juntaram. E se juntavam no meu desejo de harmonia com o Universo. Mas tive umas visões, que ia conhecer alguma coisa oriental, e ia ser muito fundamental na minha vida. [...] Eles se complementam. Agora, para saúde física e mental, recomendo o *Taiji*. O espiritismo é para quem procura, realmente, uma explicação. É dotado de certas faculdades, ele precisa de um caminho que

não seja nem superstição, nem proibição, nem feitiçaria e nem dogmas e nem cristalização. Que seja abertura e liberdade. Porque Jesus falou: Conhecereis a verdade e a verdade vós libertará." (29/09/1998).

Uma outra entrevista exemplifica um caso de trânsito do espiritismo para o taoísmo. S.G.[26] praticava *Taiji* na Associação já há dois anos quando fizemos a entrevista.

S.G.: "Já freqüentei espiritismo, Alan Kardec, mesa branca. Vim de uma família tradicional. Meu avô foi o fundador André Luís.[27] Ele morreu em Araraquara, onde o primeiro centro espírita foi dele. [...] Mas acho que o *Taiji*, com essa filosofia da natureza, completou a parte espiritual."

Mesmo sem elaborar discursivamente as diferenças entre estas duas tendências, S.G. deixou clara sua opção pelo taoísmo devido à identificação pessoal com seu estilo de espiritualidade:

S.G.: "Pois é, [...] para mim é difícil falar nisso. [...] nunca estudei muito, porque acho que não tem muito a ver comigo. Sou mais essa parte da natureza, de olhar, isso da arte, exatamente, da música, dos movimentos. Isso tudo pra mim no espiritismo é abstrato, eu não gosto de coisas abstratas, entendeu? [...] E já a natureza me fala, tenho uma resposta com a natureza, então o espiritismo fica vago pra mim."

Tendo em mente a história de H.K., perguntei a S.G. se ela continuava freqüentando o espiritismo. A resposta foi negativa:

S.G.: "Não, não continuo, porque cheguei no meu limite [...] tive essa resposta, com o *Taiji* me completei. [...] Aqui encontro as respostas, entendeu? Tem tudo a ver com a vida do dia-a-dia, se você acorda agitado, se a vida ocidental te cobra, você já serena e consegue dominar isso. Então você vai um pouquinho pra parte oriental que vale a pena."

Um elemento principal de sua opção foi a associação entre sua experiência como médium espírita e uma situação de sofrimento, por oposição à cura e ao equilíbrio encontrados na prática do *Taiji*:

S.G.: "[...] o espiritismo te faz sofrer, ele vê esse outro lado, pra mim é um sofrimento. E se no caso curasse, as pessoas [outras senhoras espíritas, praticantes de *Taiji*, pacientes de massagem e das consultas do mestre Liu na Associação e colegas de treinamento de S.G.] não estavam encontrando a cura através do *Taiji* [...] Eu saía pesada cada vez que ia lá [às sessões mediúnicas], em vez de

---

26. Não confundir S.G., aluna na Associação *Taiji* Pai Lin, com S. R., professora de *Taiji* e discípula do mestre Liu Pai Lin.

27. Seria o mesmo espírito André Luís psicografado por Chico Xavier?

deixar as coisas lá [...] Voltava dolorida e com sérios problemas, de desencontro em casa, não conseguia dialogar com as minhas filhas. Um problema meio sério, então deixei, porque coisa que você vai e vê que não tem o *feeling* [...] e não está sendo bom, você deixa realmente. E aqui não, chego tranqüila [...] Estou passando isso pras pessoas."

Como H.K., S.G. trabalhou como médium:

S.G.: "Trabalhei. Recebi inclusive a mamãe. [...] E ela falou através do meu corpo que estava muito feliz por ter ali uma pessoa, um ente querido muito próxima dela, só que é a tal história, sou consciente e aquilo me fez sofrer. [...] Sou consciente, então quando tive essa consciência, que falaram que era médium consciente e ela incorporou, e deu a mensagem, sofri muito, porque fiquei em pânico. Quer dizer, a minha mãe veio, falou, se comunicou, e eu não queria isso. [...] por isso que falo que o espiritismo é sofrer. Pra mim é sofrer, e não me encontrei por causa disso" (13/04/1999).

Mas além de sua recusa da mediunidade, Sônia identificou-se com o *Taiji* graças às suas experiências como paciente de massagem *Tui Ná*, responsável, segundo ela, pela cura de uma hérnia de disco, e aos treinamentos, que contribuíram para a correção de uma disfunção do fígado.

Transplantes Culturais

A "orientalização" refere-se também a um tipo particular de migração, ou melhor, ao movimento de especialistas asiáticos para o Ocidente, na corrente global das migrações. Esta questão tem dois aspectos. Por um lado, determinados mestres circulam no interior de comunidades étnicas de migrantes. Por outro, temos também casos de transplante de uma tradição, com um personagem concreto a encarnar seus saberes, técnicas e tipo específico de realização para um público de uma outra região geográfica e cultura, um novo modelo de sábio "oriental" que viaja para o "ocidente" e lhe interpela de uma forma que um sábio nativo talvez não o faria, em virtude de sua condição de exotopia, isto é, de sua posição externa à cultura ocidental que proporciona uma outra perspectiva. Uma outra possibilidade é um caso intermediário de trânsito entre as duas situações delineadas acima, partindo dos vínculos com uma comunidade étnica para uma expansão de caráter universalista, proposta a um público mais diverso.

No primeiro caso, que poderíamos chamar de espiritualidade étnica, podemos pensar, por exemplo, na introdução do budismo no Brasil. Em um primeiro momento esteve relacionada à migração japonesa e teve seu público praticamente restrito a esta comunidade. Ao que parece, o primeiro mestre Zen a vir à América Latina, mais precisamente ao Brasil, chegou há mais de quarenta anos. No entanto, a difusão do Zen entre o público brasileiro é muito mais recente, datando das últimas duas décadas; nela teve papel importante o mestre Tokuda, fundador do mosteiro Pico de Raio, em Ouro Preto (MG), e atualmente residente em Paris.[28]

No segundo caso, que chamarei de migração como missão espiritual, poderíamos pensar na presença pioneira de Swami Vivekananda, discípulo de um dos maiores místicos do século XIX, sri Ramakrishna. Vivekananda participou do primeiro Parlamento Mundial de Religiões, realizado em Chicago em 1993, e neste evento criticou duramente o ocidente e a ocidentalização (Carvalho, 1996). Outro exemplo, o mestre de *Kriya Yoga* Paramahansa Yogananda, fundador da *Self-realization Fellowship*, também viajou aos Estados Unidos para participar do Congresso Internacional de Religiões Liberais (Boston, 1920), a partir do qual surgiram oportunidades para a realização de conferências em várias cidades da América do Norte. Foi o primeiro mestre indiano a permanecer lá mais de 30 anos. Várias passagens de sua autobiografia assinalam o caráter de missão que teve sua viagem, dando indícios de que fora planejada pelo mestre do mestre de seu mestre, antes mesmo de Yogananda ter recebido sua iniciação (Yogananda, 1981).[29] Ainda no campo da espiritualidade indiana, é digno de menção swami Bhaktivedanta Prabhupada, fundador da ISKCON (Sociedade Internacional para Consciência de Krishna), nos anos 60.

Quanto à terceira possibilidade, de um mestre que migra por fatores circunstanciais, insere-se na comunidade de mesma origem étnica e depois transita entre um público mais amplo, tenho em mente o caso do mestre taoísta Liu Pai Lin, recentemente falecido (em 02/02/2000), famoso em todo o país por seu trabalho de divulgação do *Taiji Quan*. Mestre Liu chegou ao Brasil nos anos 70, já em idade avançada, para visitar uma filha[30] e acabou permanecendo no país e naturalizando-se brasileiro. Conforme entrevistas que realizei com seus discípu-

---

28. Comunicação pessoal de Patrícia, monja Zen formada por mestre Tokuda e entrevistada em 29/03/2000.

29. De acordo com a nota 32, na página 453, provavelmente acrescida pelo tradutor, as primeiras iniciações em *Kriya Yoga* ocorreram no Brasil em 1º e 3 de janeiro de 1956 em São Paulo e no Rio de Janeiro respectivamente, por intermédio de um discípulo direto de Yogananda, proveniente do México (Yogananda, 1981).

30. A.H., comunicação pessoal.

los, inicialmente o mestre freqüentava a comunidade chinesa de São Paulo, instruindo uns poucos discípulos na floricultura de seu filho. Dava palestras no bairro da Liberdade, posteriormente no salão paroquial da Missão Católica Chinesa, já com uma porcentagem significativa de discípulos brasileiros, que, com o passar dos anos, passaram a constituir a maioria dos adeptos de sua escola.

Obviamente os exemplos citados acima não esgotam a imensa diversidade de mestres, escolas e tradições que passaram a pertencer também ao universo religioso brasileiro. Por exemplo, em Brasília tive notícia da presença de representantes das seguintes escolas indianas: Ananda Marga, Hare Krishna, Brahma Kumaris, Missão Ramakrishna, *Kriya Yoga*, *Sahaja Yoga*, *Maha Yoga*, Meditação Transcendental, Osho/Rajneesh, Sai Baba, Jnana Mandiram, entre outras. Sem falar de escolas de *Yoga* fundadas no ocidente, como: GFU, Rede GFU e *Swasthya Yoga*. Além disso, há também duas linhas distintas de Soto Zen, uma escola taoísta já citada, centros das linhagens Kagyupa e Nyingmapa de budismo tibetano, um templo do Budismo da Terra Pura, etc. Todo um outro campo se abre ao mencionarmos também as artes marciais, que em suas culturas de origem têm freqüentemente uma dimensão filosófica e espiritual.

Mas, em geral, trata-se de um sábio "oriental" que personifica uma filosofia e um modo de vida e é porta-voz de um contradiscurso da modernidade, criticando seus aspectos distópicos, em especial o materialismo. Este tipo de diálogo intercultural pode ser mutuamente enriquecedor e tem paralelos com a experiência etnográfica ao formular ao outro questões que ele/ela jamais se faria. Por essa razão, pode-se dizer que o diálogo com a alteridade é um dos mais poderosos instrumentos da compreensão.

Orientalizações e Orientalismos

Em suma, considero que "orientalização" compreende tanto versões mais radicais quanto versões mais difusas, tanto formas de integração de tradições orientais e de estabelecimento de suas formas específicas de expressão, quanto formas de apropriação seletiva de vários aspectos de tradições orientais no universo religioso brasileiro. Oferecem elementos para novas sínteses e trânsitos, seja no contexto da religiosidade brasileira mais tradicional, seja no das colagens da "nova consciência religiosa", como alternativas à crise das religiosidades tradicionais vivida por alguns segmentos de nossa sociedade, principalmente certos setores da classe média das grandes cidades.

Curiosamente, mesmo nas adesões mais profundas, noções de "oriente" e "ocidente" continuam a povoar também o imaginário dos próprios praticantes destas tradições, como ficou sugerido neste fragmento de entrevista com um discípulo paulista do mestre Liu, assim como nos fragmentos citados anteriormente:

> **J.P.**: "Pra mim foi fantástico o que a postura[31] nos mostra através do Vazio. Então procurei com isso me orientar, deixar a idéia do ocidente, ter essa idéia do oriente, uma vez que se a gente fica com aquela idéia ocidental a gente bloqueia. Não tem aquela determinação neste sentido, então buscando assim uma visão oriental, uma postura oriental. Seria assim, quando em filme a gente vê aqueles discípulos querendo adentrar ao templo o *Shaolin*, eles ficam lá, faça chuva, faça sol, faça tempestade, faça neve. Mostram aquela determinação, ficam de joelho, ou numa outra postura, querendo adentrar aquele caminho. Aquela determinação faz com que o monge veja uma grande força de vontade naquele discípulo, então o céu vê essa determinação. O ocidente não considera a visão oriental, é mais relaxado com essas posturas. E quanto à determinação, então é necessário, desde o começo, [...] uma vez que a gente está aqui no ocidente, [...] mudar também essa mentalidade, essa forma de encarar, de pensar e aí o caminho fica mais acessível" (02/04/2000).[32]

Com relação à matriz religiosa brasileira mais tradicional, há indícios de um tipo mais difuso de "orientalização". Por exemplo, nas últimas décadas têm surgido linhas de espíritos "orientais" tanto na Umbanda,[33] quanto no espiritismo.[34] Ou ainda, a inclusão de práticas do *Yoga* ou do budismo por parte de alguns setores da igreja católica.[35] Encontro também uma penetração mais difusa da espiritualidade "oriental" no campo religioso brasileiro, como nos anúncios de

---

31. J.P. comenta o efeito do treino da "Postura da Árvore", exercício meditativo em pé, cuja eficácia depende de uma prática diária de imobilidade, por um tempo relativamente longo.

32. Tratar os filmes de artes marciais chinesas como uma referência quase mítica, parece ser um ponto comum ao universo dos praticantes de outras artes marciais. Encontrei atitudes semelhantes entre praticantes de *Shaolin*, mas também em outros estilos de *Gongfu*.

33. Por exemplo, conforme comentário da platéia, no evento em que apresentei uma versão preliminar do texto que deu origem a este a capítulo, em abril de 2000, a Ordem Mística Irmão Judas Tadeu, centro de umbanda localizado em Brasília, trabalha apenas com entidades "orientais".

34. Em linhas menos ortodoxas, por exemplo, o espírito Ramatís, mentor espiritual da Fraternidade do Triângulo, da Rosa e da Cruz.

35. Por exemplo, o centro cultural jesuíta em Brasília organiza sessões semanais de *Zazen*.

alguns especialistas ligados ao mundo espírita/afro-brasileiro, sediados em Brasília. O panfleto de Dona Dayane,[36] por exemplo, traz no cabeçalho o título "Centro Místico Oriental" ao lado de uma pequena ilustração representando uma mulher, de turbante, vestindo um quimono e sentada em posição de lótus diante de uma bola de cristal. O texto anuncia uma série de serviços semelhantes aos oferecidos por tantas "espíritas videntes", médiuns, cartomantes e mães-de-santo da cidade: consultas oraculares com búzios e/ou tarô, resolução de problemas afetivos, familiares, profissionais e de saúde, "limpeza de corpo", "banho de descarrego", rezas etc. O anúncio de outro desses profissionais tem características semelhantes: abaixo da ilustração de um homem sentado em posição de lótus, trajando apenas uma tanga e um turbante, lê-se uma oferta de serviços do Professor Custódio, de conteúdo semelhante ao citado anteriormente. Em ambos os casos, não se trata do uso de técnicas ou saberes estranhos ao universo da religiosidade brasileira mais tradicional. As imagens apenas assinalam a presença difusa e meramente evocada do "oriente", associando estereótipos sobre espiritualidade "oriental" ao conhecimento e poder de um especialista, que se destinam a ser aplicados na resolução dos problemas mundanos de seus clientes, possivelmente como estratégia para atrair público de classe média que constitui a clientela de espaços "holísticos" e terapias alternativas no contexto da espiritualidade Nova Era.[37] Talvez como uma maneira criativa de "desafricanizar", em vez do branqueamento previsível dos centros de umbanda branca, eles "orientalizam" a tradição afro com imagens (estereotipadas) associadas às religiões asiáticas, portadoras de maior prestígio do que a África.[38]

Falar em "orientalização" remete também a uma versão de orientalismo mais benigna do que a forma imperialista que nos apresenta Said (1990). Esta versão também impede a compreensão do que quer que seja o oriente real, e se expressa no fascínio por um "oriente" mítico, ou místico, que é apenas um aspecto de uma realidade extremamente complexa. Este interesse por outras culturas/perspectivas pode oferecer alternativas para a crise de sentido, para o desencanto que afeta alguns setores do mundo contemporâneo em resultado da falência das promessas de felicidade que estavam associadas à modernidade

36. Depois de ter escrito este capítulo, recebi na Universidade de Brasília um outro panfleto de outra profissional de conteúdo quase idêntico!

37. Destaco que valeria a pena uma análise comparada das motivações deste público e dos freqüentadores de terreiros de umbanda e igrejas pentecostais.

38. Agradeço a esta sugestão de José Jorge de Carvalho, comunicação pessoal.

e que foram frustradas pelos altos custos de exclusão social e de dessacralização do mundo, decorrentes da própria modernização. Talvez seja este segmento da população brasileira urbana, principalmente das camadas médias, relativamente minoritário com relação à proporção da população vinculada à matriz mais tradicional da religiosidade brasileira, que constitua a maior parte do público dos estilos contemplativos de espiritualidade. Se por um lado o caráter minoritário desse fenômeno não diminui em nada a relevância de sua investigação, por outro, quando tentamos compreender o campo religioso brasileiro, é preciso estar atento à utilização acrítica de um modelo de mundo desencantado construída por teóricos europeus com base em uma experiência empírica européia, que não necessariamente dá conta da situação da maioria de nossa população.

A outra face desse encanto pelas coisas do "oriente" é o risco de que as tradições espirituais "orientais" sejam canibalizadas pelo espírito do capitalismo. De fonte de inspiração para alternativas aos dilemas da modernidade e da pós-modernidade, cujo lado bárbaro é, como afirmara Benjamin (1985), o empobrecimento da experiência humana, essas tradições são ameaçadas pela domesticação; um tipo perverso de institucionalização em que, desprovidas de seu potencial crítico e dialógico, as diversas formas de espiritualidade asiática, bem como seus representantes, podem ver-se reduzidas a meras mercadorias e serviços em um imenso mercado de bens simbólicos, terapias, sistemas oraculares e técnicas espirituais.

* * *

Refletir sobre a própria noção de oriente-ocidente é o ponto de partida para a discussão nos próximos capítulos sobre a inserção do taoísmo em um conjunto de tradições espirituais cujo elemento definidor são as técnicas de meditação, assim como para o reconhecimento das particularidades que o distingue de outros representantes deste gênero.

Em meu interesse por estas tradições, deparei-me com um problema de método. A maioria dos estilos meditativos enfatiza, devido ao seu caráter experiencial e prático, que o mero conhecimento intelectual da meditação, qualquer que seja a definição particular deste termo, não é um conhecimento completo, nem sequer legítimo, pois postula que há aspectos da realidade que não estão acessíveis à razão, ao mesmo tempo que são absolutamente objetivos e acessíveis à experiência. Mais ainda, vários mestres taoístas, *zen* e iogues afirmam que o estado de dualidade entre o sujeito do conhecimento e o universo que o rodeia é um obstáculo ao conhecer e não sua condição necessária. Pelo contrário, nestes mundos da vida, conhecer demanda participação e identificação com aquilo que é conhecido. Ao dar verdadeiro crédito a meus interlocutores, dispus-me a um tipo de aventura do conhecimento que se define por uma imersão profunda dos sentidos, da subjetividade, do intelecto, do corpo no ato da compreensão, por oposição a uma epistemologia antiempática, distanciada, baseada na noção do sujeito do conhecimento como observador externo e imparcial. Esta estratégia demanda uma atitude de humildade, de abertura ao aprendizado de um outro modo de vida, cujo requisito é despir-se da convicção dogmática segundo a qual aquilo que não pode ser conhecido racionalmente não tem existência real.

Um efeito das pesquisas de antropologia da religião na cidade é a desestruturação de um dos *tropos* das etnografias clássicas. Não há mais uma "alteridade radical" essencializada a que se referir. O próprio "nós" do discurso científico torna-se problemático, tantas são as tendências teóricas e os vínculos identitários conflitantes dentro da disciplina no momento contemporâneo. Os interlocutores do etnógrafo podem ser semelhantes lingüística, étnica e socialmente e ao mesmo tempo profundamente diferentes. Em certos contextos, confundem-se pesquisador e tema de pesquisa. Em outras palavras, um estilo mais tradicional do fazer antropológico delimitava claramente as fronteiras entre o sujeito do conhecimento – o antropólogo branco, ocidental, do sexo masculino, agnóstico ou quando muito filiado a um dos cristianismos históricos em uma versão católica ou protestante – e o seu tema de pesquisa – sociedades humanas distantes espacial e culturalmente de sua sociedade de origem, consideradas como alteridade radical. Entretanto, pesquisar no campo religioso brasileiro, no mundo urbano, é dialogar com pessoas que podem ter vários pontos em comum com o pesquisador e cujos grupos possuem fronteiras porosas, oferecendo o "risco" da sedução de "tornar-se nativo" Em resumo, a situação de campo desfaz a ilusão da dicotomia fácil que separa "eles" e "nós".

- 2 -

INSTANTÂNEOS E MONTAGENS

"... histórias de vida podem e devem ser contadas, na condição de nos lembrar que o sentido toma corpo nas formas transitórias, múltiplas e fenomênicas de vidas particulares" (Jackson, 1996:23).

"Ver não é sempre ver de algum lugar?" (Merleau-Ponty, 1945/1996:103).

Como qualquer contador de estórias bem sabe, toda história é recriada no momento da narração, dependendo da relação entre as posições sempre parciais ocupadas por quem conta e por quem ouve. Nenhuma narrativa permanece em uma forma definitiva, pois outros contextos exigirão que seja recontada, escutada, relembrada e esquecida de muitas maneiras diferentes. A percepção particular da história desta linhagem taoísta no Brasil, tendo a vida do mestre Liu Pai Lin como eixo, é um emaranhado de biografias que tento desvendar com base em um arranjo de fragmentos de experiências de campo, conversações e entrevistas. Este capítulo é um quadro geral para contextualizar as considerações acerca da tradição taoísta, em outros capítulos, ao procurar desvendar o caráter corpóreo do taoísmo como cultura, constituído por seu sistema de técnicas psicofísicas.

Esta pesquisa começou em meados de 1997, como resultado de um interesse acadêmico e pessoal em três temas distintos: poética, artes marciais e espiritualidade contemplativa. Meu primeiro contato com a escola do mestre Liu Pai Lin se deu por intermédio de E.R. em Brasília, no mesmo ano. Em novembro, conheci J. C., assistente e tradutora do mestre, vinda à cidade para um encontro de um fim de semana na Fundação Cidade da Paz, a quem apresentei meu propósito de fazer uma pesquisa de campo em São Paulo. J.C. me recomendou que começasse a praticar com E.R., já que, em sua opinião, o aspecto prático seria fundamental à minha compreensão do taoísmo. A ênfase na participação esteve presente desde o princípio, por influência da antropologia da experiência e, como já disse antes, de minha formação anterior em certo número de técnicas corporais.

No inicio de 1998, comecei a praticar as técnicas da escola e a fazer os primeiros registros no diário de campo. Em setembro do mesmo ano, viajei para São Paulo pela primeira vez, por aproximadamente um mês. Hospedei-me em um hotel[39] na rua Fradique Coutinho, onde também se situa o Espaço Luz / Associação *Taiji* Pai Lin. Neste primeiro período de pesquisa, freqüentei majoritariamente as atividades da Associação, mas participei também de aulas de *Tui Sou*[40] no Ibirapuera e de *Bagua*[41] no Instituto Pai Lin da Vila Mariana e de um seminário com o mestre Liu Pai Lin em São Roque, cidade do interior do estado, próxima à capital. Inicialmente tive uma visão muito restrita do âmbito da escola. Acreditei à primeira vista que se resumia ao que chamo de seus espaços institucionais, quer dizer, a Associação e os dois Institutos, um dedicado às atividades didáticas, aulas e palestras, o outro à prática da medicina tradicional chinesa e, naquela época, residência do mestre.

À medida que a pesquisa de campo se desenvolveu, minha compreensão do grupo se transformou. Percebi suas fronteiras porosas, seus contornos fluidos, as redes que vão do mestre a seus discípulos e a outros aprendizes, com extensões em outras cidades e pelo menos em mais três outros países. Familiarizei-me também, progressivamente, com os meus percursos na cidade de São Paulo, parte da rotina diária para chegar aos cenários das atividades dos "companheiros do *Tao*".

---

39. Meus amigos paulistanos disfarçavam o riso quando lhes contava o meu endereço provisório, conhecido no bairro da Vila Madalena como um motel de baixa categoria, o que me foi assinalado pelo espelho no teto e pela falta de espaço para acondicionar a bagagem, em um quarto de proporções já exíguas, isso sem falar das pulgas, ou outro tipo de pequeno parasita com quem tive que dividir minha cama. Apesar de sua função local, hospeda, por curtos períodos, um público composto, ao que me pareceu, por pequenos empresários ou comerciantes, de passagem por São Paulo, homens de terno e gravata e pastas executivas que eu encontrava no saguão. Possivelmente fui um hóspede de permanência inusualmente longa.

40. Para a descrição das técnicas corporais ver capítulo "Corpos Taoístas". A prática do *Tui Sou* e do *Taiji Quan* são discutidas em mais detalhes em "Mímesis: Poética do Movimento".

41. Grafia conforme a norma *pinyin*. Também grafado como *Pa Kua*.

As primeiras impressões de campo em São Paulo tiveram por efeito desconstruir a dualidade básica que estrutura as etnografias clássicas: "lá", o território da pesquisa de campo, e "aqui", o mundo a que o pesquisador pertence. O espaço urbano plural combina de formas imprevisíveis diferença e afinidade. Imagine-se, o leitor, um pesquisador de antropologia investigando uma tradição antiga e estrangeira, mas inserida no meio urbano de sua própria cultura. Imagine-se nativo de uma cidade planejada, com menos de dois milhões de habitantes, morando em um bairro central, arborizado e com baixo nível de poluição, acostumado a orientar-se neste espaço pela previsibilidade do planejamento urbano e por códigos alfanuméricos à guisa de endereços. Então, imagine-se chegando não de canoa a uma praia deserta ou cheia de nativos, mas de avião, em um vôo doméstico, a uma cidade vinte vezes maior, uma das maiores metrópoles do planeta. O primeiro demarcador clássico da diferença entre o etnógrafo e o grupo que pesquisa, a língua, só se fez visível na relação com o mestre chinês, mediada por um intérprete. Imagine-se tentando encontrar seu caminho através de ruas que possuem nomes próprios, com base em indicações sumárias de linhas de ônibus e trajetos de metrô, com pontos de referência desconhecidos. Vendo sem orientar-se, circundado por um nível excessivo de ruído, se comparado com sua paisagem acústica habitual, o ar saturado dos odores do monóxido de carbono e dos metais pesados no ar denso da avenida. Progressivamente sincronizando-se ao fluxo extremamente acelerado da cidade, à espera do primeiro ônibus. Lendo a tensão do cotidiano atribulado da cidade inscrita nos corpos dos transeuntes: nas expressões faciais, na postura, no ritmo de seus movimentos.

Quase duas horas depois, já na rua Fradique Coutinho, caminhei mais dois quarteirões antes de perceber já ter ultrapassado meu destino. Passei desapercebido pela discreta porta de garagem negra com um cartaz do tamanho de uma folha de papel ofício, plastificado, contendo um círculo e em seu interior "Associação Taiji Pai Lin", e acima "1434 Espaço Luz". Passado o portão, um trecho de cerca de dez metros de comprimento por dois metros de largura, a céu aberto, conduzindo até uma porta de madeira pintada de cinza com um portal vermelho, que depois descobri ter sido feito propositalmente na forma do ideograma *men* (porta, em chinês). No alto do portal, um "talismã" dourado, coberto de ideogramas, cujo sentido ninguém – estranhamente, nem os falantes de chinês – conseguia se lembrar... Logo após a entrada, duas poltronas, um mural na parede, com anúncios de atividades da escola, um pequeno mostruário de vidro, com camisetas, vídeos e apostilas. À direita de quem entra, um balcão de cimento, com uma garrafa térmica – normalmente abastecida com algum chá de ervas –, panfletos, listas de presença nas aulas. Atrás do balcão, a secretaria e a copa, onde convivi pelos meses que se seguiram com o secretário da parte da manhã, L.H., a primeira pessoa com quem tive contato no local. Ao fundo, atrás da porta vermelha, uma sala de massagem, também utilizada como consultório do mestre Liu às sextas-feiras pela manhã. Após uma pequena ponte de madeira, o salão, de paredes e chão de tijolos, com pé direito alto e telhado semi-transparente, recoberto por lã de vidro, onde ocorrem as aulas de todas as práticas de segunda a sexta, bem como os treinos livres dos associados às sextas-feiras. Nas laterais do salão, dois ventiladores, algumas cadeiras metálicas dobráveis (para palestras) e um cavalete com o símbolo da escola: o *Taiji* circundado pela configuração pré-natal do *Bagua*, e atravessado por uma espada no sentido dos trigramas Vento e Trovão, denotando energia verdadeira (*zhen qi*), resultante da integração de *Yin* e *Yang* (J.C., 06/10/1998). Vistos do salão, sobre a secretaria há um mezanino com armários e mais duas salas de massagem. Próximos à escada em caracol, banheiros no térreo e no mezanino.

A paisagem acústica também contrasta gradativamente com o ambiente exterior. Risos e conversa informal na secretaria, frente ao balcão. Conversas em voz baixa e silêncio no salão e nas salas de massagem. As poucas instruções verbais durante as aulas ditas em voz tão baixa que fica difícil acompanhá-las quando se está mais afastado do professor. Algumas entrevistas quase sussurradas para o gravador, beirando o indecifrável. O silêncio é de tal forma a regra que a presença de um paciente de massagem menos sereno, mais falante e de voz potente é um evento disruptivo para o funcionamento de todas as demais atividades, como pude registrar certo número de vezes durante as aulas matinais.

No que diz respeito às características das edificações que os abrigam e às formas de divisão e uso do espaço, tanto a Associação quanto o Instituto Pai Lin (atual Shiao Lin) da Vila Mariana seguem o padrão característico de outros "espaços especializados" da cidade, segundo a descrição de Magnani (1999). Apresentam o mesmo tipo de edificação e uma divisão análoga do espaço interno.

O Espaço Luz funciona como escola e em menor escala como clínica. As atividades compreendem unicamente o ensino de técnicas transmitidas pelo mestre,[42] ou seja, principalmente *Taiji Quan*, meditação "Sentar na Calma" e

42. Mais recentemente, pelo que posso depreender do material de divulgação produzido pelo próprio espaço, seus organizadores têm aberto também turmas de técnicas menos divulgadas como *Ba Gua Zhang*, *Tui Sou*, *Taiji Quan* de 108 movimentos e espada *Taiji*.

massagem *Tui Ná*, mas também atendimento com massagistas e ainda, uma vez por semana, consultas com o mestre, que prescrevia os pontos a serem utilizados na massagem. O local era anteriormente uma oficina mecânica, adquirida em 1997, e ainda em reformas quando comecei a pesquisa em 1998, com base em projeto de autoria do próprio administrador do espaço, L. A primeira sede da Associação situava-se na rua Fidalga, paralela ao endereço atual, quc foi escolhido ao que parece por um motivo pragmático: a proximidade da residência dos coordenadores do espaço, J.C. e L..

No ano de 1999, foram colocadas na entrada armações de metal para sustentar plantas ornamentais, dando ao trecho fronteiriço entre o interior e a rua um aspecto mais aconchegante. O portão da garagem foi substituído por outro, de madeira. Ao entrar pela primeira vez no Espaço Luz, o estresse característico do ritmo normal da vida na metrópole, a que se está exposto simplesmente por andar pelas ruas, causou-me um lampejo imediato de compreensão dos motivos para se buscar práticas como o *Taiji Quan* em uma grande cidade.

Não me refiro a estas reminiscências de minha chegada para legitimar minha autoridade e credibilidade etnográficas. Afinal, este foi o argumento básico da crítica da antropologia pós-moderna dos anos 80 às cenas de chegada, como a da clássica narrativa de Malinowski (1978) na introdução de seu célebre *Argonautas do Pacífico Ocidental*. Mas considero que essas experiências iniciais imprimem uma marca qualitativa sobre as experiências de campo subseqüentes (Kohn, T., 1994; Hervik, 1994) e conseqüentemente sobre a etnografia.

Retornei em 1999, para um novo período de campo, de aproximadamente três meses. Desta vez hospedei-me com um amigo indiano[43] em Santana, reduzindo assim os custos da pesquisa e ficando mais livre para visitar mais freqüentemente o Instituto da Vila Mariana e outros espaços em que professores da escola davam aulas de práticas taoístas, além de continuar a ir à Associação. Assisti a todas as palestras quinzenais do mestre Pai Lin na Vila Mariana e um encontro de São Roque. Abriu-se uma porta para um outro universo que também pertencia à escola, até então insuspeito. Quase todos os professores costumam ter pelo menos mais de um local em que dão aulas. Dentre estes visitei, por exemplo, grupos voltados para um público de terceira idade no centro comunitário de Sumaré[44] e na Igreja Presbiteriana de Pinheiros,[45] ligado a

43. Dada V. Avadutha, renunciante de uma escola indiana de *Yoga*.

44. L.H., também secretário do Espaço Luz.

45. E.A., praticante de meditação no Espaço Luz.

um programa do posto de saúde local; um grupo na rua Harmonia e outro na Associação do Hospital das Clínicas coordenados pelo mesmo professor.[46] Pratiquei também no Parque Ibirapuera e, no Instituto, tive meu primeiro contato com a espada *Taiji*.[47]

Percebi com isso que o grupo é muito maior do que parecera à primeira vista, a partir de seu centro. Ao longo de seus mais de vinte anos de existência, a escola disseminou-se pela grande São Paulo e pelo interior do estado, chegou a outras capitais – Rio de Janeiro, Belo Horizonte, Vitória, Curitiba, Salvador, Brasília, Goiânia, Florianópolis – e ao exterior – Cidade do México, Buenos Aires, Caracas. Encontrei praticantes de outras localidades, mas a pesquisa de campo em sentido estrito inclui apenas São Paulo, sede da escola e local de residência do mestre, e Brasília, onde a maior proporção de praticantes relaciona-se aos cursos de formação ministrados pelo mestre na Cidade da Paz.

Na medida em que o grupo encontra-se disperso em um espaço multicentrado, diluído pela cidade, o pesquisador defronta-se com a dificuldade da ausência de equivalentes da mítica comunidade ou aldeia das etnografias clássicas. A atividade desses núcleos descontínuos concentra-se na transmissão da tradição por meio dos treinamentos das técnicas e do ensinamento de seus aspectos mais filosóficos. As situações de treinamento foram os momentos privilegiados para minha inscrição no campo – por um lado, por oferecerem oportunidades de interação intersubjetiva e de engajamento no aprendizado de suas técnicas corporais, cuja base é um tipo de linguagem corporal silenciosa; por outro, uma vez que ser taoísta se define por uma forma característica de relacionar-se com a corporalidade, por serem a via de participação em seu modo corporificado de ser no mundo. O grupo se constitui virtualmente pela adesão a um conjunto de práticas (que criam um tempo-espaço específico) e a um estilo de vida, com níveis de inserção e comprometimento que variam desde a prática esporádica do *Taiji* como técnica corporal até o vínculo com o mestre como aquele que ensina um "Caminho de Vida". A partilha de um conjunto de saberes e técnicas corporais, uma linguagem, uma história comum e uma proposta de estilo de vida constitui em certa medida uma "comunidade de experiência". Concretamente, o grupo se constitui nos momentos de treino, de palestra ou encontro com o mestre, embora alguns de seus membros mantenham vínculos independentes desses espaços. Meu próprio acesso a meus interlocutores

46. L.A. que atende também como massagista no Espaço Luz.

47. R.F..

ocorreu na maior parte do tempo nos espaços de prática e aprendizado: em São Paulo, principalmente na Associação *Taiji* Pai Lin (Vila Madalena) e no Instituto Pai Lin (atual Shiao Lin, na Vila Mariana), e com menor freqüência no parque do Ibirapuera e na residência de alguns de meus entrevistados.

Em resumo, contrariando a primeira impressão, o campo de ação dos taoístas é muito maior que seus núcleos institucionais, sugestivamente localizados dentre os bairros de classe média e classe média alta que concentram a maior parte dos espaços do "circuito neo-esotérico" da cidade de São Paulo, conforme a definição de Magnani (1999). Os espaços de prática incluem parques públicos, academias, clubes desportivos, centros comunitários, salões paroquiais de igrejas católicas ou protestantes, residências. Alguns professores, além disso, ensinam em seus próprios espaços.[48] A difusão da transmissão estrutura-se como uma emanação que parte de seu centro, a figura do mestre, e espalha-se por reação em cadeia pelos discípulos.

Silhuetas e Perfis

A tentativa de traçar um perfil do grupo baseia-se em uma amostragem qualitativa e em certa medida aleatória, dependente de fatores circunstanciais que predispuseram determinados membros do grupo a serem entrevistados. Procurei abarcar com as entrevistas os pontos de vista de praticantes de todos os níveis, com tipos diversos de vinculação à escola e vários motivos de inserção: o próprio mestre, seus discípulos (alguns dos quais professores das técnicas taoístas), alunos de *Taiji Quan* (principalmente da Associação). Nem todos os praticantes vêem o mestre como um líder espiritual ou aderem ao taoísmo como tradição espiritual. Contudo, ao que parece, a maior proximidade com relação ao mestre parece convergir com a antiguidade do pertencimento ao grupo[49] e com a adesão ao *Tao* como um modo de vida. A tese de doutorado de Albert Hemsi (2000) discute a trajetória de nove desses discípulos, pertencentes, por assim dizer, à primeira geração brasileira da linhagem, alguns dos quais contribuíram também para esta pesquisa.

---

48. Por exemplo, a tese de Albert Hemsi (2000) fala de um espaço coordenado por H.N. – que eu conhecera apenas como massagista na Associação – e por seu marido.

49. Esse aspecto sugere que, em momentos anteriores da história da escola, o mestre tenha sido mais acessível.

Em linhas gerais, no conjunto das entrevistas, que incluem majoritariamente praticantes de São Paulo, em menor escala de Brasília e um praticante de Buenos Aires, mas também por minha participação intensiva nas práticas, identifico alguns pontos em comumentre as circunstâncias que levaram os praticantes a tomar contato com a escola e com as práticas: 1) um caso de doença crônica grave ou crise de vida; 2) profissionais da área de psicologia e de ciências da saúde, interessados em terapia corporal e no aspecto filosófico da prática; 3) artistas: principalmente dançarinos, músicos e atores, isto é, envolvidos com as questões de ritmo, presença e movimento; 4) praticantes de outros estilos de *Taiji*, outras artes marciais ou outras técnicas de movimento, interessados nos aspectos estéticos e filosóficos do *Taiji*; 5) descendentes de imigrantes em busca de suas raízes culturais; 6) encontrei também dois casos em que o primeiro contato com a prática foi a obtenção de um emprego na secretaria de um espaço institucional da escola. Não é assunto simples determinar a motivação para uma opção de vida. Diferentes questões se combinam na história de um mesmo praticante de maneira complexa e nem sempre consciente, de modo que tentativas de classificação só servem para dar uma idéia aproximada. Mas, a despeito da diversidade de motivações, o impacto da pessoa do mestre Liu ou de algum professor em particular é determinante no processo de permanecer na prática. O modo de aprendizado no taoísmo depende fundamentalmente da relação pessoal entre aprendiz e instrutor, em que este último serve de exemplo das experiências decorrentes da prática.

Curiosamente, o perfil que encontrei no fim dos anos noventa parece manter alguma relação de continuidade com o núcleo original da escola, apesar das muitas transformações sofridas em sua configuração como instituição. A tese de Hemsi (2000) também menciona artistas, psicólogos e pessoas interessadas nos aspectos filosóficos e terapêuticos da prática, constituindo o primeiro público do mestre Liu, no início de sua trajetória no Brasil.

Dentre os freqüentadores da escola há, ainda, aqueles que a incluem em seus trajetos pessoais pelo circuito urbano de espaços "neo-esotéricos" (Magnani, 1999). Assim, duas massagistas formadas pelo espaço A.M.O.R. (Associação de Massagem Oriental), citadas como exemplo na mesma obra, freqüentam cursos no Instituto Pai Lin da Vila Mariana (atual Shiao Lin) e no CEMETRAC,[50] na Liberdade.

---

50. Ver mais adiante.

Porta-retratos

Selecionei algumas entrevistas, cujos fragmentos apresento a seguir, com o intuito de dar ao leitor uma idéia das características heterogêneas do grupo. A idade dos praticantes refere-se à data das entrevistas, entre parênteses.

1) Entre a vida e a morte:

De acordo com minhas próprias observações, com as declarações dos entrevistados e com a avaliação de J.C. (08/10/1998), a busca da grande maioria dos praticantes foi desencadeada por problemas de saúde, ou, em um sentido mais amplo, crises de vida. O próprio mestre Liu Pai Lin, general aposentado e experiente praticante de artes marciais, voltou-se mais profundamente para o aspecto terapêutico e espiritual das práticas após sofrer uma séria lesão de guerra que quase levou à amputação de suas pernas.

Muitos pacientes do mestre ou apenas dos massagistas acabam sendo encaminhados para a prática do *Taiji Quan* como forma de medicina preventiva, pois faz parte do próprio sistema taoísta de medicina que a terapêutica seja complementada pelo treinamento:

> **L.S.T.**: "Ele [mestre Liu Pai Lin] diz que o bom médico é aquele que cuida do coração, e que o bom terapeuta é aquele que ensina a pessoa a se cuidar. Então, uma coisa sem a outra é bem parcial. Bem, você a ajuda, a pessoa tem um tempo, mas se não fizer alguma coisa dela, ela volta. Ele cansa de falar, [a massagem] é uma ajuda temporária, enquanto isso você tem que ir preparando para que ela assuma a responsabilidade que tem sobre a sua própria saúde, sua duração de vida, sua qualidade de vida" (06/04/1999).

Na Associação, em particular, grande parte dos alunos teve alguma passagem pelo consultório ou veio por motivos de saúde. Enquanto alguns mantêm uma freqüência esporádica de prática, restrita às duas ou três aulas semanais, para outros esta é apenas uma etapa inicial em um mergulho mais profundo na tradição. Com relação a esta, por assim dizer, "doença iniciática" de alguns dos praticantes, o pesquisador de religião comparada não vai deixar de notar que em certa medida há um paralelo entre o taoísmo e as tradições xamânicas eurasiáticas (interpretadas no clássico de Eliade, 1968), mas também entre cultos de possessão, como os cultos Ndembu (estudados por Victor Turner, por exemplo, 1967, 1982, 1985, 1992, 1994, e Edith Turner, 1992), os cultos Songhay (estudados por Stoller, 1989a, 1989b, 1995, 1997) ou as religiões afrobrasileiras.

L.,[51] arquiteto, professor de *Taiji* e administrador do Espaço Luz, tinha sérios problemas de nervo ciático desde a adolescência, que se agravaram, chegando ao enrijecimento da coluna vertebral, espondilose, doença incurável pela medicina convencional. Na época, o único tratamento era medicação para controle da dor, a que ele não recorreu. L. tentou práticas físicas (judô, karatê do estilo *Shorin-ryu*, Aikido, esportes), diferentes tipos de dieta vegetariana (macrobiótica, lacto-ovo-vegetariana, adventista), vários sistemas de massagem (dentre os quais a quiroprática) até fazer uma consulta, em 1981, com Liu Chih Ming, que lhe recomendou que fosse praticar com seu pai:

> **L.**: "Tentei tudo. Aí me indicaram o filho do mestre, Liu Chih Ming, que é acupunturista e [...] tinha uma amiga minha que já tinha feito acupuntura e morava perto de casa [...] ele falou: 'bom, no caso aí, [...] vai resolver [...] então me deu um primeiro livrinho, os exercícios das dobras e órgãos,[52] que comprei e que neste tempo já era editado aqui na igreja [...] Ele me indicou, o filho dele, que acha melhor que 'você vá treinar com meu pai, tratar com exercício, têm pessoas que chegam lá com bengala e depois já saem andando' [...] Quando voltava da aula de *Taiji*, no caso, os meus familiares me achavam bem melhor, alegre e contente do treinamento. Diferentemente das outras práticas, de que eu vinha cansado, sempre voltava melhor" (23/09/1998).

Embora tenha algumas limitações de mobilidade, L. deteve o progresso da doença através dos treinamentos. Atualmente ensina *Taiji* e administra o Espaço Luz. Com J.C., organizava os seminários do mestre Liu em São Roque.

* * *

H.K.,[53] aposentada, filha de pai militar, médium espírita kardecista, começou a fazer aula com A.L., o primeiro discípulo do mestre, mas inicialmente teve dificuldades com o aprendizado:

> **H.K.**: "[...] me senti perdida. Não gostei, pensei: 'uai, quero um negócio fácil, não um negócio difícil como esse, que não aprendo'. Mas houve uma experiência com o A.L., na hora da meditação, ele dizia: 'agora vamos parar de pensar, para ser como uma xícara vazia onde possa caber alguma coisa'. Eu que gostava mui-

---

51. Estimo sua idade em cerca de 50 anos, na época das entrevistas.

52. Exercícios para a Flexibilização das Nove Dobras e Exercícios para o Fortalecimento dos Órgãos Internos, este última série também chamada de "Os Oito Panos de Seda".

53. Na casa dos 60 anos.

to de pensar, pensei comigo: 'imagina, nunca vou conseguir parar de pensar'. Parei, consegui instantaneamente. Mas como o A.L. viu que eu chegava depois e não acompanhava os jovens que estavam fazendo aula, ele me indicou a Igreja e falou bem assim: 'lá tem bastante senhora'. Fui, cheguei lá e vi de longe o mestre, na porta sabia que era o mestre. O mestre, todo mundo olha e sabe que ele é o mestre. Há algo também que não se vê, em torno dele, e a gente sabe que ele é o mestre" (29/09/1998).

H.K. estava muito doente, com um sério problema renal, que foi revertido pela prática:

H.K.: "Comecei a ter aula com a L.L. e no primeiro dia cheguei em casa e falei pro meu marido: 'não vou morrer, eu vou viver'. Mas, depois dessa certeza, durante um tempo, foi muito difícil, todo dia eu dizia pra mim: 'não vou voltar, porque não consigo aprender isso'. Mas eu voltava, porque sou muito perseverante. [...] só que depois de dois meses, [...] no estado em que eu estava, ainda não tinha conseguido aprender quase nada, mas de repente notei que meu braço, que estava inchadíssimo, não doía mais e estava desinchando e que, antes de aprender, comecei a sarar. Então percebi que não é o problema de decorar "X" gestos, aliás o mestre sempre falou isso" (29/09/1998).

H.K. já morou em uma parte mais central da cidade, mas mudou-se com o marido para uma chácara em Itapecerica da Serra, grande São Paulo. E retornava à Associação Pai Lin nas sextas-feiras pela manhã, para o treino dos associados, como uma forma de manter contato com o mestre, que dava consultas médicas a partir das dez da manhã. H.K. mantém um grupo de terceira idade, formado por mulheres de sua comunidade, e continua com seus treinamentos:

H.K.: "[...] continuo porque é o preço da minha vida, porque tenho artrose, tenho uma porção de coisas que estão nos meus ossos. Essa doença está em mim, não se desenvolve. Aliás, o mestre disse que tem três tipos de médico: o médico que cura doença depois de ela se instalar é o médico de nível mais baixo. O médico que trabalha com a prevenção, com o saneamento básico, tudo, é um médico superior, de nível médio. O médico que impede totalmente qualquer doença, que a doença jamais chegará, é o médico de nível superior. Ele fala que o *Taiji* é o médico de nível superior, no sentido de que o aprendizado e a perseverança, não quantitativamente, mas em aprofundamento, realmente nos levam à prevenção da moléstia. Não só físico como problema, por exemplo, nervoso, depressão, tudo. Eu, por exemplo, sou uma pessoa dada à ansiedade, depressão, nervosa e tudo. Só agüentei as pontas, só agüento as pontas por causa do *Taiji*" (29/09/1998).

* * *

D.F., 44 anos, dona-de-casa e terapeuta de *Tui Ná*, residente em Brasília, começou com a prática do *Taiji Quan*, fez tratamento e formação com o dr. M.F., participou também do curso de formação da Unipaz (1995-1997), dos encontros taoístas de São Roque (1998-1999), de cursos de *Tui Ná* com os professores H. M. e P.K. Participamos juntos de alguns encontros organizados pelo mestre Liu Chih Ming (2000 e 2003).

> **D.F.**: "Conheci o *Taiji* através do L.H. [mais conhecido em Brasília como R.], eu estava num momento de vida, assim, meio complicado, por problema de saúde. Daí vi um chamado do R. na minha caixa de correspondência, de onde moro. Foi aqui no parque da 104,[54] fui e fui ficando, ficando, ficando. Logo de início não tive uma resposta boa, muito positiva para aquilo que eu estava realmente procurando, mas insisti porque eu sabia que ali eu ia encontrar alguma coisa. Fiquei. Através do R., conheci o M.F.. Posso dizer que hoje sou uma criação do M.F. e que o M.F. me fez. Melhorei em tudo, tudo, tudo, com o M.F.. Com as práticas, com o *Tui Ná*, fiz terapia com ele. E o *core*[55] que ele aplica, bioenergética. E o *Tui Ná* aprendi mesmo, aprendi muita coisa com o M.F." (03/09/1999).

Durante quase 20 anos, D.F. foi atendida pela medicina convencional sem que diagnosticassem o seu problema. Em 1993, devido a fortes dores abdominais, havia procurado inicialmente o doutor Gu, médico acupunturista chinês famoso em Brasília, mas decidiu buscar outro terapeuta por problemas de comunicação, já que o dr. Gu, então recém-chegado ao Brasil, não era muito fluente em português. Apenas em 1994 foi diagnosticada uma inflamação do útero, endometriose:

> **D.F.**: "É uma inflamação que dá no endométrio. O endométrio sai do útero, vai espalhando, pega intestino, pega pulmão. E [...] na época que a gente vai menstruar, [...] tem sangramento pelo nariz, nas fezes, é uma coisa horrível. E na época não tinha, o tratamento seria através de hormônio [e da remoção cirúrgica do útero, como explicou mais adiante na entrevista], seria de seis meses, um tratamento muito violento pra saúde e fiquei: "Faço! Não faço! Faço! Não faço!" – Aí fui atrás do mestre Liu. O mestre Liu disse que pela minha idade eu tinha 80% de chance de me curar através da medicina natural, com os treinos [...] eu tomava chá [compostos fitoterápicos chineses], fazia o *Tui Ná* com o M.F. [...] menstruava dez dias e entrava em sofrimento, começava a ter dores horríveis, dez dias antes da menstruação, pré-menstrual. Aí o M.F. me aplicava uma acupuntura, eu chegava em casa já estava menstruada, ok! Aí passava, não tinha dor. Isso a gente foi fazendo até através dos treinos eu conseguir [me] livrar e graças

54. Brasília, parque público na entrequadra da SQS 104/105.

55. Ou *corenergetics*: terapia corporal criada pelo psiquiatra John Pierrakos.

> a Deus hoje estou curada, não sinto absolutamente nada, não tomo nenhuma outra medicação, nada, nada. [...] O mestre, como eu fazia formação, ele não me disse assim [...]: "Faz isso!" E foi dando e foi dizendo o que que era legal, que que era bom pra gente fazer, o que era muito bom e tal. Quando eu voltei nele, ainda tinha dores. [...] Aí ele falou: "Se você não fez a respiração de raiz, pode esquecer. [...] Respiração de raiz,[56] lembro bem, a respiração de raiz e automassagem,[57] foi o que ele disse pra eu fazer. [...] E foi a respiração de raiz que me salvou [...], que me devolveu a minha saúde [...] fui ficando. E aí fui crescendo, quer dizer, crescendo assim, no sentido de ir compreendendo os valores das práticas [...] porque a minha busca era muito pessoal, era pra mim mesmo, queria era me salvar, tinha que fazer alguma coisa por mim [...] E veio então essa idéia da massagem, falei: "já sei tanta [coisa], posso assim, de repente [estar] lá ajudando pessoas". E já estou tendo resultados incríveis. Peguei uma pessoa com endometriose [...] A pessoa veio aqui, fez a massagem e melhorou só com *Tui Ná* e com os treinos ..." (03/09/1999).

O resultado do tratamento de sua paciente foi confirmado por exame médico, após sete sessões de massagem.

Concluída sua formação, D.F. estagiou durante um ano na clínica de uma colega antes de trabalhar de maneira autônoma.

* * *

J.P., 36 anos, funcionário da Secretaria de Saúde da prefeitura de São Paulo, professor de *Taiji*. Proveniente "de uma classe social não abastada" (J.P., 02/04/1999), ficou órfão aos 6 anos e foi criado por um tio até os 18 anos.

> **J. P.**: "Dei muito trabalho para ele, com aquela idade de jovem, adolescente, dei muito trabalho, então ele casou e: "agora você está maior de idade, já chegou a sua maioridade, 18 anos, 18 ou 19 anos, agora você vai cuidar da sua vida". Então isso foi um choque muito grande pra mim. Comecei a morar com um colega, e aí aconteceram situações na vida que abateram a minha saúde" (02/04/1999).

Foi no contexto de uma série crise de vida e um problema físico que procurou uma atividade que trabalhasse o corpo e a "parte energética":

> **J.P.**: "Estava entre a vida e a morte assim, no sentido de ver tudo escuro pra mim, então falei: 'não, não é esse caminho o que quero', pensei comigo, 'tenho muito que produzir, ainda, sou muito novo'. Falei: 'não, tem que reverter esse quadro, aí foi quando me foi indicado assim, internamente, o *Taiji*... Ah! teve uma, uma doença de pele. Falei: 'não, não posso me deixar abater por esse meu problema'.

56. Ver a descrição desta prática no capítulo "Corpos Taoístas".

57. Nove formas de automassagem para restaurar a vitalidade.

> [Por]que parecia que o mundo ia desabar pra mim, uma vez que a gente ia assim... não tinha um parente, pra [estar] desabafando, pra estar recorrendo no momento. Tinha esse meu tio, mas que ele tinha a sua vida" (02/04/1999).

Inicialmente, durante dois anos, praticava aos domingos no parque da Aclimação, com um grupo do estilo Yang. Posteriormente ouviu falar do mestre mediante um colega de trabalho na prefeitura e começou a praticar no Instituto.[58] Na época da pesquisa, freqüentava a Associação nas sextas-feiras, as palestras do mestre, as aulas de espada *Taiji* e *Bagua Zhang* na Vila Mariana e os encontros em São Roque.

2) Psicologia:

Uma outra parcela significativa tem formação na área de psicologia. Em alguns casos foi ainda na faculdade a primeira referência ao *Taiji Quan*, por meio da bioenergética e de outras terapias corporais.

S.Y., 53 anos, casada, psicóloga aposentada, descendente de imigrantes japoneses, professora de *Taiji* na Associação:

> **S.Y.**: "Comecei o *Taiji* na época de solteira. [...] quando eu estava terminando o curso de psicologia, conheci uma pessoa, um psicólogo, chama Pethö Sandor. Fui fazer terapia com ele, sabe, e ele é o dono da calatonia, [...] um tipo de relaxamento com toques sutis, sabe? E aí já nessa terapia que ele falou para mim do *Taiji*, desta prática" (23/09/1998).

Praticou com dois outros professores de dois outros estilos, mestre Li e mestre Wong, antes de conhecer o mestre Liu Pai Lin:

> **S.Y.**: "E aí um dia fui [assistir] a uma apresentação de várias técnicas corporais lá no SESC Pompéia e a L.L. estava apresentando o *Taiji*, sabe? E a partir da L.L. é que cheguei ao mestre Liu" (23/09/1998).

S.Y. começou a praticar nas aulas matinais da Missão Católica:

> **S.Y.**: "Missão Católica Chinesa, era lá, no pátio da igreja. Ele dava a prática toda manhã, acho que às 6h30. E naquela época ele começou também com um grupo pequeno a dar aulas de *Tui Ná*, sabe? Inclusive na Teodoro [Sampaio], quer dizer, na Pedroso [de Morais] ele começou a dar aula, *Tui Ná* ou essa parte mais filosófica. Mas comecei a freqüentar, a ouvir mais, porque na Missão Católica Chinesa a gente praticava e sempre tinha um tempinho em que o mestre falava, explicava o treinamento interior, falava sobre Laozi,[59] o Grande *Tao*, o *Taiji*. Então, percebi

---

58. Discuto o primeiro contato de J.P. com o mestre em "Bifurcações no Caminho".

59. Grafia segundo a norma *pinyin*, escreve-se tanto Lao Tzu como Lao Tsé.

que era uma coisa tão profunda que ele passava, que [...] não tive dúvidas de que ali estava realmente tudo que eu sempre [...] E depois de um certo tempo, acho que não foi muito tempo, ele começou a formar grupos, acho que o pessoal solicitava bastante, como ele era tão profundo, rico, então ele começou a dar aula de *Tui Ná* [...], taoísmo [...] Mas falava mais do taoísmo. E a partir daí comecei a acompanhá-lo, todos os cursos que ele dava eu fazia" (23/09/1998).

* * *

J.M.,[60] descendente de imigrantes japoneses, psicóloga clínica, cursando uma especialização em psicologia junguiana ligada a terapias corporais, aluna de *Taiji* no Espaço Luz, trabalhou anteriormente na área de recursos humanos:

J.M.: "Faço trabalho em clínicas, tenho consultório e faço trabalho corporal. Trabalho muito com relaxamento. Quem trabalha com o corpo dos outros, precisa se trabalhar. Então, na minha história pessoal, sempre fiz algum trabalho corporal e já alguns anos estava sem fazer nada e sentindo os reflexos do não trabalho e aí comecei a partir de setembro do ano passado a vir aqui. [...] Estou fazendo especialização em Jung, ligado a técnicas corporais. [...] Existe uma linha dos seguidores de Jung, que estão fazendo essa junção com o corpo. Essa dicotomia do corpo e do espírito, da cabeça e do corpo, na verdade acho que já se ultrapassou. Então, muita coisa a gente está fazendo nesse nível do corpo, do corpo como um todo. Daí a importância do exercício desse corpo. Por exemplo, a gente trabalha com memória corporal, o quanto o corpo, na sua história de vida, foi armazenando tudo que te aconteceu. Então, se você fizer trabalho corporal, de repente, muitos acontecimentos que as pessoas passaram e que às vezes num nível verbal, fazendo uma terapia verbal, não aparecem, se você fizer trabalho corporal de repente num exercício aparece e a pessoa começa a sentir, começa a vir e aí ela consegue verbalizar. E a verbalização veio como uma conseqüência. Então, a gente tem trabalhado assim com o corpo direto e acho que fica cada vez mais necessário, principalmente pro homem moderno, que vive na cidade grande, que está em pouco contato com a natureza. Quer dizer, você tem que fazer esse trabalho, numa linha do resgate da origem mesmo, do homem. E assim, vamos localizar no Brasil de hoje como é que estão as pessoas. A tensão que elas vivem, a luta pela sobrevivência, como é que isso vai sendo marcado durante a vida das pessoas e que você tem que fazer um trabalho de eliminar, de resgatar, de transformar, essas coisas. Essa é linha que eu trabalho. E aqui estou fazendo trabalho para mim mesma [risos], para o meu auto-conhecimento, para o meu crescimento" (25/03/1999).

---

60. Idade na casa dos 40.

3) Arte:

No caso dos artistas, o interesse pelo *Taiji* tende a surgir por uma afinidade estética, ou por outro lado como parte de sua formação profissional.

A., ex-analista de sistemas, com formação profissional como ator e formação amadora como músico, trabalha no Espaço Luz e em outros locais como professor de *Taiji* e terapeuta corporal:

> A.: "A primeira vez que ouvi falar em *Taiji* [...] foi em 81, [...] eu não sabia o que era [...], mas me veio em uma letra de música, um bolero bem romântico por sinal! E fiquei com aquilo, *Taiji Quan*, o que é? E eu tinha uma vaga referência e fui procurar para ver o que era. Aí descobri que era uma arte marcial chinesa e tal. [...] dois anos depois, [...] em 83/84 comecei a fazer teatro [...], aí pratiquei alguma coisa de *Taiji*, na formação teatral, onde dava[m] técnicas orientais para preparação de ator [...] tinha inclusive técnicas de *Taiji Quan*, uma técnica japonesa de *Aikido*, técnicas de teatro *Nô*. [...] Pra falar a verdade, não lembro exatamente como fui parar lá no Instituto do mestre Liu, assim como também não lembro como fui parar lá no Antunes Filho [seu professor de teatro]. Foram coisas acontecendo, quando vi eu estava. Com o mestre Liu especificamente, quando comecei [...] a fazer aula, trabalhava com informática e fazia [...] aula à noite, até que uma vez conheci uma pessoa que fazia *Taiji Quan* há algum tempo e me ensinou aquela respiração da manhã que a gente fez outro dia.[61] E foi quando senti um impacto grande, muito forte. Então comecei a fazer aula pela manhã, e aí conheci o mestre, que só dava aula pela manhã. Nessa época, ele estava dizendo que ia se recolher, ia parar de dar aula. Então comecei a fazer aula todo dia, assistia as palestras todos dias" (29/09/98).

4) Movimento

Um certo número de praticantes aproximou-se do *Taiji* por um fascínio pelas práticas de movimento, seja por sua dimensão estética, seja por seu aspecto filosófico. Em geral os praticantes com este perfil possuem previsivelmente um maior nível de consciência corporal e enfrentam menos dificuldades no aprendizado.

---

61. A respiração completa da tartaruga, treino de captação da energia do sol pelas palmas das mãos, combinada a uma respiração pulmonar de troca, para eliminação de toxinas e energias nocivas, e com o "Abraço do *Taiji*".

R.F., 42 anos, professor de *Taiji*, espada *Taiji* e *Gongfu*[62] do estilo do louva-a-deus (*Tang-Lang*), massagista e acupunturista, residente em São Caetano, no ABC paulista. Como também sou praticante de *Gongfu*, senti uma afinidade imediata com seu estilo de execução das práticas de movimento. R.F. possui movimentos amplos e postura baixa, gestos artisticamente elaborados,[63] de uma maneira que lhe é muito própria e em certo sentido não muito característica do *ethos* da escola Pai Lin.[64] Desvinculado da Associação, atuava como professor de espada no então Instituto Pai Lin da Vila Mariana e ensinava *Taiji* e *Gongfu* em vários locais de São Paulo. Mais recentemente ensinou a espada também em Ribeirão Preto (SP) e Brasília. Atualmente ensina também no CEMETRAC, clínica de medicina tradicional chinesa e escola de Liu Chih Ming.

Quando conheceu o *Taiji* em Guaratinguetá, com a professora I.S. (R.F., 27/04/1999; R., 26/05/1999), até o ano de 2006 residente em Brasília, R.F. já praticava natação e karatê *Shorin-ryu*. Conheceu o estilo do louva-a-deus anos mais tarde, quando se mudou para São Paulo.

> **R.F.**: "[...] a arte marcial sempre me chamou a atenção, especialmente pelo aspecto filosófico, é bem interessante. Depois me envolvi bastante pelo movimento. Mas, era uma coisa que sempre me atraiu desde criança, aquela coisa do mestre, cabelo branco, falando com o discípulo algumas parábolas.[65] E aquelas coisas que a gente não vê quando a gente entra, que é coisa de filme, de certa forma. Mas você acaba entrando em contato com esse conhecimento por outras vias que não com esse mestre de cabelo branco e bastão na mão" (27/04/1999).

---

62. Grafia na norma *pinyin*, o mesmo que *kung fu*

63. Costuma referir-se à ornamentação dos movimentos como "floreios" que devem surgir como uma manifestação estética espontânea da qualidade do treino, não um acréscimo artificial ao movimento de elementos desnecessários (comunicação pessoal, curso de espada *Taiji*, Brasília, 2000).

64. Obviamente por sua formação corporal anterior, mas também por uma questão de genealogia da transmissão. R.F. foi aluno do professor M.S., discípulo do mestre, atualmente afastado das atividades da escola centradas na Associação. Continua atuando independentemente como professor de *Taiji* e massagista. M.S.tem reputação de profundo conhecimento e grande habilidade com as práticas taoístas. Pelo que pude inferir por conversas com R.F. e N.K., M.S. também possui um *background* em artes marciais.

65. Esta fala evoca em minha memória o seriado de TV dos anos setenta, *Kung Fu*, escrito por Bruce Lee, além dos *tropos* comuns aos filmes chineses de artes marciais com ambientação de época.

O exemplo do professor e a forma do ensinamento foram determinantes em suas opções:

> **R.F.**: "Na verdade, uma coisa que sempre me direcionou neste sentido foi de quem vem a transmissão. Como é passada? Não simplesmente o que é. [...] Aquela questão do equilíbrio por trás da pessoa que ensina" (27/04/1999).

O encontro com o taoísmo veio de uma combinação entre anseio estético – "tenho alma de artista" (R.F., 27/04/1999), como gosta de dizer –, uma afinidade filosófica e o desejo de aprender para ensinar:

> **R.F.**: "E comecei a praticar. Me senti, assim, como se estivesse em casa. Logo, logo, as correspondências taoístas entraram muito facilmente. Condisseram com meu espírito. Não procurei por uma questão de saúde, nada disso. Mais pela beleza. Quando vi, achei muito bonito e harmonioso. E a questão do trabalho com o corpo foi uma coisa que sempre me disse muito respeito, é uma coisa [em] que sempre me baseio muito. Se é bonito, se é plástico, se é agradável praticar também, estou indo. Vi isso no *Taiji*. E a partir daí comecei a praticar e foi um aprendizado muito especial. Porque, apesar de não ter sido com o mestre, depois fiquei sabendo que ela [a professora I.S.] era discípula do mestre Liu Pai Lin"[66] (27/04/1999).

* * *

A.H., 46 anos, educador com formação em cinema, ouviu falar do *Taiji* em 1976:

> **A.H.**: "Estava em Londres, numa escola de dança e estava esperando uma pessoa, sentado nas escadas desta escola. Lá tem umas portas, com janelinhas de vidro e eu estava sentado bem de frente a uma porta e tinha uma pessoa, uma moça, treinando *Taiji*. Vi o *Taiji* por essa porta de vidro. E ela passava, saía, entrava em quadro, saía de quadro. E foi a primeira vez que vi o *Taiji*. Isso me deixou muito impactado, porque ela fazia muito bem. Ela conseguia fazer um *Taiji* [...] que criava um outro tempo, acho que a beleza era essa, ela dava outra sintonia. Então, fiquei com essa imagem do *Taiji* de uma coisa encantada" (06/05/1999).

De volta ao Brasil, fazendo tese de mestrado na USP, em 1978, começou a praticar com o mestre, por meio de um anúncio:

> **A.H.**: "[...] *Taiji* tal, tinha uma foto do mestre, uma foto com um velhinho chinês, não estava fazendo nada, só com a cara dele, tinha um curso e um endereço, telefone da antiga Nova Acrópole, atual Palas Athena, na rua Leôncio Carvalho" (06/05/1999).

66. Discuto o sentido deste episódio no capítulo 7, "Dois unidos sobre a Terra: experiências do Tão".

Foi também praticante de capoeira, de teatro, (a partir de 1980) da dança educativa moderna criada por Laban, que lhe auxiliou a compreender a dinâmica do movimento do *Taiji*, e também (desde 1985) de *Vajramushti*, arte marcial indiana baseada no movimento dos animais,[67] que contribuiu para sua compreensão da dimensão marcial do *Taiji*.[68] A.H. percebeu que a prática induzia estados psicossomáticos especiais.

> A.H.: "Percebi que o *Taiji* era um treinamento que colocava as pessoas num estado especial [...] de percepção. Acho que o *Taiji*, bem feito, muda um pouco a percepção das pessoas. Como o mestre falou, na semana passada:[69] o *Taiji* é um treinamento de eletricidade.[70] Eletricidade, no sentindo que você vai se ligar [...]. É muito difícil entender essa ligação como uma coisa física, porque ela passa pelo físico, mas passa pela consciência. O que senti do *Taiji* é [que] aqueles movimentos lentos [...] deveriam ser lentos o suficiente, acredito eu, a ponto de que você tivesse consciência de você fazer os seus movimentos. Que isso operava, dava um estado de percepção alterada. Acho que isso pra mim é o grande segredo do *Taiji*" (06/05/1999).

5) Raízes

Atualmente a proporção de praticantes descendentes de imigrantes chineses ou japoneses, motivados pela busca de suas origens culturais, é presença minoritária na escola. A maioria do público é de brasileiros.

J.C., 43 anos, pais chineses, a primeira filha de uma família de cinco filhos. Professora de *Taiji*, discípula, assistente e intérprete do mestre por mais de vinte anos. Formada em arquitetura, com especialização em paisagismo, profissão que buscou como forma de solucionar "o conflito entre a educação chinesa em casa e a educação ocidental fora", como meio de integrar sua busca existencial, "um lado material, um lado espiritual, um lado assim mais artístico,

---

67. Mais conhecida como *Kempô*, por meio do trabalho de seu divulgador no Brasil, embora não tenha relação com a arte marcial japonesa de mesmo nome, *Shorenji Kempô*.

68. As informações da entrevista foram complementadas posteriormente por correspondência eletrônica.

69. Conversação entre o mestre e A.H. que aconteceu no Espaço Luz/ Associação *Taiji* Pai Lin, 30/04/1999, a que estive presente.

70. Literalmente, *Qigong*. *Qi* é mais freqüentemente traduzido por energia; às vezes é também traduzido por eletricidade.

um lado mais científico", de buscar suas raízes "culturais e como ser humano" (J.C., 08/10/1998). Funcionária da prefeitura e coordenadora do Espaço Luz/ Associação *Taiji* Pai Lin. J.C. iniciou a prática do *Taiji Quan* pelo estilo Yang, em 1975, com o pai e o irmão mais velho, na Missão Católica Chinesa, local em que também conheceu L.L. (J.C., 06/10/1998). Em 1977, J.C. terminava seu curso de arquitetura, com um projeto de diplomação de um centro terapêutico, combinando seus conhecimentos de paisagismo a estudos de psicologia junguiana (por influência do irmão mais velho) e de *Fong suei*, em busca de "um espaço ideal, no sentido de um espaço que integra o interior e o exterior" (J.C., 08/10/1998), quando ela e L.L. conheceram o mestre, que ensinava a uns poucos praticantes[71] na floricultura de seu filho,[72] tornando-se primeiro suas alunas e depois suas discípulas, por meio de uma cerimônia formal de reverência.

> **J.C.**: "[...] nesse ano conheci o mestre [...] então comecei realmente a ter toda uma iniciação à filosofia oriental. Aí, tem muitas dificuldades [risos], várias ligações, várias relações. Então, para eu chegar nesse trabalho final, e acho que eu juntei tudo mesmo, [...] essa busca da natureza. Acho que já fui encaminhando pra essa área de paisagismo. O encontro da natureza marca muitos conflitos, conflitos internos meus, esses conflitos culturais, raciais, inclusive, eram como que resolvidos. Na natureza, de repente, não tem essa diferenciação. Então, dentro da proposta do Centro Terapêutico, a busca de uma coisa universal, do conteúdo universal do ser, da alma humana e da relação com a natureza. Isso é muito *Taiji*. Depois, no taoísmo, vi que é exatamente isso: o homem é um microcosmo, o homem é uma réplica da natureza, por isso ele pode estar integrado, por isso o homem originalmente está integrado na natureza, e aí que ele pode, realmente, se manter inteiro, quer dizer, é lá que ele se encontra" (08/10/1998).

No ano seguinte, 1978, já formada, fez um concurso para a prefeitura e, enquanto aguardava ser chamada, passou a acompanhar o mestre, como intérprete, atividade que desempenhou nos vinte anos seguintes de atividades da escola.

> **J.C.**: "A China começou a ficar muito próxima para mim. Batalhei um emprego. O Centro de Línguas Estrangeiras de Pequim estava precisando de professor de português. [risos] Então fui pra Brasília várias vezes à Embaixada, por causa deste trabalho. Também fui durante este ano. Quando foi no final do ano, que fui aprovada e poderia ficar dois anos lá, trabalhando como professora, resolvi

---

71. De acordo com a entrevista de J.C., em sua época, o grupo era formado por A.L., C., dois irmãos chineses, a filha de mestre Hu, famoso mestre de *Taiji Quan* residente no Rio de Janeiro, J.C. e L.L.. Já Hemsi (comunicação pessoal) comenta que, de acordo com a entrevista que fez com A.L., C. ainda não pertencia ao grupo, mas sim um praticante chinês, S.K.M..

72. Mais adiante neste capítulo discuto a história da escola em mais detalhes.

> ficar. Estava já muito motivada com o mestre, com o *Taiji*, com tudo isso que aprendi e chegando à conclusão de que a China que eu buscava estava por aqui mesmo. [...] Acho que era isso mesmo, procurei estar junto das minhas raízes, essa busca existencial no final dava isso. Digo, assim, até como intérprete dele, uma grande satisfação interior foi me sentir como uma ponte [...], encontrei uma função aí" (08/10/1998).

* * *

N.K., descendente de imigrantes japoneses, psicólogo e professor de *Taiji*, atualmente um pouco afastado das atividades do grupo, pertence já a uma outra geração de discípulos do Instituto Pai Lin da rua Padre Machado. Como J.C., sua busca de raízes culturais e sentido filosófico por meio do taoísmo também se combinou ao interesse pela psicologia junguiana, que atualmente exerce profissionalmente como psicoterapeuta e professor em uma faculdade particular:

> **N.K.**: "Que eu me lembre, o interesse é desde criança, criança, aí tem a questão histórica da família [...] No começo da faculdade, eu estava estudando, estudando assim, lendo mais a respeito da filosofia oriental, me voltando mais para isso. Descobri Jung e aí pra mim foi fantástico, isso. Porque havia uma questão interna, que era unir a ciência ocidental e a ciência oriental. Ciência oriental, por causa das minhas raízes, que achei que era um caminho, e ciência ocidental, porque estou no ocidente e sou ocidental também e estava lá na faculdade. Achei Jung, e o primeiro contato foi com o livro chamado *O Segredo da Flor de Ouro*. Tem um grande prefácio de Jung e de Richard Wilhelm, onde se fala das técnicas taoístas para se atingir a iluminação, técnicas de meditação. Então ali estavam se juntando as duas coisas, a ciência ocidental e a ciência oriental. A partir daí, vi que era possível, fiquei muito contente. [...] Mais ou menos nesta época, eu estava fazendo estágio no Instituto do Coração, aí peguei um jornal lá no hospital e vi uma matéria sobre o mestre Liu, Liu Pai Lin. Se não me engano, foi na Folha de S.Paulo, muito tempo atrás, foi em 89, 86, nessa época, alguma coisa assim. E eu estava pensando em fazer *Taiji*. Vi algo sobre *Taiji* de relance, alguma propaganda, algum documentário, e fiquei fascinado [...] E vi o *Taiji Quan*, de relance, acabei me deparando com o jornal. E no jornal tinha uma matéria sobre o mestre Liu e uma relação de escolas, no Brasil. Se não me engano, no Brasil ou em São Paulo. E aí escolhi pela proximidade a escola e era exatamente a escola do mestre Liu, ficava na Vila Mariana. Fui lá assistir a algumas aulas. Assisti a algumas aulas, entrei num grupo, entrei no grupo do M.S..[73] O M.S.estava mais ativo, na época, no Instituto. O M.S. faz parte da segunda geração e aí achei

73. Cf. nota 64.

fantástico, porque existia uma outra coisa que eu tinha descoberto também, além da possibilidade de juntar a ciência ocidental e oriental, esses dois mundos, existia além da forma, além dos treinos externos, uma filosofia por trás do *Taiji*, isso eu achei fantástico [...] Conhecer o *Taiji* foi a melhor alegria, porque vi que era possível juntar o treinamento de arte marcial, treinamento de corpo, com uma outra idéia, a energia, medicina, a filosofia, treinamento interior, conhecimento interior" (15/10/1999).

J.C. e N.K. estavam em busca de um caminho de vida, o que nos leva a uma questão básica que atravessa todo este estudo: o taoísmo é um tipo de cultura que se aprende com as práticas psicofísicas, e como tal está sedimentada nos corpos e é por eles expressa. Trata-se de um conhecimento prático (*praktognosis*),[74] vivido.

6) Secretaria:

L.S.T., 53 anos, terapeuta de *Tui Ná* no Espaço Luz, começou o aprendizado em 1983, por intermédio de J.C. que lhe ofereceu um emprego de secretária do mestre na Missão Católica Chinesa. L.S.T. percebeu uma certa desorganização, uma lacuna que ela foi chamada na época a preencher (L.S.T., 06/04/1999).

L.S.T.: "Quando entrei lá na Santa Justina, conforme ele [o mestre] disse, precisava fazer *Taiji*, eu estava já meio, como ele diz, mais pra lá do que pra cá [quer dizer, meio homem, meio fantasma]. Não era nada que se percebesse olhando, ele sim, mas eu já tinha [...] várias doencinhas armadas, pelo próprio desequilíbrio energético [em] que eu estava. Quando comecei a trabalhar, é lógico, ele me pagava. Então eu chegava lá, sentava, armava a minha barraquinha lá, a minha mesa e tal, as fichas dentro do que o salão, enorme como aquele, com um palco, permitia que a gente fizesse. Era uma coisa assim, que nem camelô, armava e desarmava, porque o salão era alugado pra outras pessoas também. E ele lá na frente, você imagina, seis horas da manhã, fazendo ginástica, puxando ginástica, todo o dia, e ele olhava pra trás, onde eu estava, e eu lá assim, compenetrada de que eu estava ali no meu posto. Quer dizer, entrasse quem entrasse, eu ia atender, eu ia falar [...] Aí ele me mandou um recado, ele disse que preferia me ver fazendo ginástica de manhã do que me ver trabalhando. Pôxa, uma pessoa que está te pagando pra você trabalhar e manda um recado desse?! [risos] [...] Então isso daí também me deixou muito desconsertada, entendeu? Quer dizer, realmente aquela pessoa tinha uma outra visão. Então ele comentava que eu já estava mudando, ele acompanhou tudo" (06/04/1999).

74. Ver capítulo "Corpos Taoístas".

Seguindo o conselho do mestre, L.S.T. começou a praticar as técnicas. Mais tarde tornou-se professora de *Taiji* e, após um caso grave de doença na família, terapeuta de *Tui Ná*, atividade que desempenha no Espaço Luz/ Associação *Taiji* Pai Lin:

> **L.S.T.**: "Tratei de uma pessoa durante cinco anos, na minha casa, uma tia, e através dela tive que mudar de pato pra ganso, começar a freqüentar ao invés do *Taiji*, Hospital das Clínicas, o centro de radioterapia [risos]. Uma sala com quarenta pessoas com câncer, todo mundo esperando sua vez de entrar, tudo isso assim, uma piração na minha cabeça. Foi mais um avanço, se bem que foi muito doloroso pra mim, porque eu tinha que estar um pouco afastada do pessoal com quem eu dava risada, com quem eu brincava, com quem eu ia tomar café, os meus irmãos do *Taiji*. E estava lá no meio de pessoas, todas com problema grave. Aquilo despertou em mim uma coisa chamada compaixão. Eu queria muito [...] algum instrumento, alguma coisa que pudesse minorar um pouco, e às vezes eu não conseguia ter nem a palavra, de tão chocada que fiquei. Mas como aquilo foi a longo prazo tive que superar isso de não ter coragem, isso de ficar de mão gelada, me lembrava das coisas que o mestre Liu falava de energia lá. Num grupo por exemplo, assim, tantas pessoas, carentes. Você sente esse negócio da energia, você vê como ela se distribui, como um corpo doente pode realmente sugar de você. [...] porque só de ficar numa sala você sente, e não era só eu que sentia, todos os acompanhantes de pessoas que iam lá pra radioterapia tinha dias que a gente estava, a gente falava "daquele jeito". Era mão fria, uma sensação de frio, aqui toda nessa região... é uma sensação de que algumas coisas saíam por baixo, certo? A energia mesmo, você sentia assim meio no ar, e não era falta de comida, era uma coisa energética, e quando a gente conseguia se safar de lá a gente chegava em casa um lixo, você precisava dormir um pouco assim como o doente, precisava dormir um pouco, para poder se restaurar" (06/04/1999).

* * *

Decidi deter-me em uma única entrevista mais detalhadamente.[75] Conheci A.M., 45 anos, especialista em *Yijing* e professor de *Taiji*, um de meus maiores colaboradores nesta pesquisa, em uma aula de *Tui Sou* do professor A.L., que ocorrem aos sábados pela manhã no parque Ibirapuera.[76] Depois tornei a encontrá-lo nas práticas de meditação "Sentar na Calma", que ocorriam nas

75. Um artigo (Bizerril, 2003b), com outro foco, inclui uma versão da história de vida de A.M. .

76. Próximo ao viveiro Manequinho Lopes.

segundas-feiras à noite no Espaço Luz. A.M. era também freqüentador assíduo das palestras do mestre. Sua trajetória ressoa em alguma medida a descrição pioneira de uma "nova consciência religiosa" (Soares, 1994), mas sem se reduzir a ela. Em sua entrevista, A.M. preferiu começar a narrar como conheceu o mestre, para depois articular outros elementos de seu passado, estratégia que também utilizarei.

O primeiro contato de A.M. com a linhagem surgiu por uma combinação de dois fatores, problemas de saúde e sua paixão pelo *Yijing*. A.M. estudara o seu uso oracular desde 1973.

> **A.M.**: "Conheci o mestre no inicio de 86. Fui fazer uma consulta médica com ele, [...] com a orientação de várias pessoas que me falaram dele, [...] três pessoas amigas [...] Um era um amigo muito antigo já, meu compadre, inclusive que tinha feito um tratamento com ele, que achou muito interessante. Tinha uma outra amiga de muito tempo antes até desse outro cara, que também tinha feito tratamento com ele e eram coisas assim, complicadas que ninguém acertava e ele [o mestre] acertava. Fui ficando com aquilo na cabeça, que era uma pessoa interessante, e uma outra pessoa, que era a responsável por um grupo de *Yoga*[77] de que eu participava aqui em São Paulo [...] me falou do mestre, dizendo assim: 'Se você está interessado no *Yijing*, você tem que conhecer o mestre Liu'" (08/10/1998).

Na entrevista que me deu no ano seguinte, A.M. recontou com mais detalhes o mesmo episódio. A coordenadora do grupo de *Yoga* em São Paulo fizera um curso de *Yijing* de três anos de duração, com o mestre Liu. Havia também praticado *Taiji* por cinco anos:

> **A.M.**: "Aquilo ficou assim meio que ressoando na minha cabeça. Falei: 'bom, tem profissionais aqui que eu deveria conhecer'. Mas não fui de imediato. Uma amiga, que era uma pessoa de anos antes, com quem eu tinha militado no partido de esquerda, me contou [...] do outro lado, da medicina, que ela tinha feito tratamento com ele, que era uma coisa complicadíssima e que ele [...] foi a única pessoa que conseguiu ajudá-la, era um problema de ossos, pescoço. Ela tinha dores horríveis, ninguém sabia nada, ninguém entendia de nada. E depois um amigo meu, que era de um outro círculo completamente diferente, contou também uma história assim, que ele começou a perder muito cabelo e não tinha nenhuma resposta, nenhuma medicina, menos na medicina chinesa, que ele ouviu falar que tinha uma perspectiva, então foi fazer um tratamento com o mestre Liu e então deteve a queda de cabelo. Já vi que ele era um personagem realmente interessante por essas razões todas. Aí houve um momento que me

---

77. A.M. o descreve como mais dedicado à meditação, ao canto de mantras e ao estudo das escrituras do que ao corpo (08/10/1998). A pedido do entrevistado, o grupo não será identificado.

senti complicado de saúde, foi quando fui consultá-lo. Eu tinha decidido mudar para o litoral, [...] na encosta da Serra do Mar, pertinho da praia, aluguei uma casinha lá e pretendia ficar por lá. Era um tipo dum retiro, um mato. Mas fiquei fazendo as práticas de *Yoga* intensivamente. E me deu uma descompensação. Eu estava meditando muito, estava cantando bastante, e nadava, andava, fazia *Hatha Yoga* na época, mas me deu uma descompensação. Então, eu tinha sempre uma tendência pra prisão de ventre, entrei num quadro de prisão de ventre terrível e uma dor de cabeça que nunca tinha tido na vida, radical. Para a medicina chinesa é uma síndrome muito clara. Então, a parte aqui dos intestinos, toda a parte de baixo do corpo, ficou sem a vitalidade necessária pra funcionar e a energia veio pra cabeça e fez a cabeça explodir. "Por coincidência" (entre aspas), ainda tinha um acupunturista na praia vizinha que fiquei sabendo, fui vê-lo e ele deu este quadro, o diagnóstico dele. E que depois vi que era isso, o mestre falou a mesma coisa. Ele me aliviou muito com a acupuntura, mas a coisa não saía, voltava e voltava. Aí vi que era profundo, me toquei e falei: 'não, eu acho que vou procurar esse senhor'. [...] quando cheguei lá, pra ser consultado, conversando com as pessoas, preenchi a ficha dizendo que eu era *Ichinólogo* [...] me falaram, que tinha uma aula com *Dao Yin*,[78] na qual ele falava sempre sobre o *Yijing*. Fui nessa aula de *Dao Yin* e [...] o gancho dele foi muito interessante. Ele deu um treinamento que era pra conduzir a energia da cabeça, pela coluna, até o cóccix e voltar. Quando chegou a energia no pescoço, na nuca pra descer, me deu uma dor terrível, muito muito forte, mas muito muito mesmo. Muito impressionante, fiquei impressionadíssimo. E aí insisti, insisti, insisti, e consegui fazer a energia passar, mas era pouquinho, como se fosse um resto, um bloqueio bárbaro aqui. Aí depois que acabou esse treino, que ele mandou todo mundo fazer junto, falei isso: "– ah, aconteceu assim, assim e assim". E ele fez um sermão sobre a morte. Falando que eu estava com o pescoço enrijecido e que aquilo era o início da morte, aquele era o ponto da menopausa [VG 14] e que o pescoço endurece, [...] a morte começa pelo pescoço [...] Toda aquela história do pescoço, e fez um terrorismo tal, que ele terminou falando que você tem que fazer *Taiji*, urgente [risos]" (29/04/1999).

Nos três anos anteriores, A.M. havia morado no México, onde conhecera o *Yoga*, sua "primeira iniciação espiritual mais clara" desde o rompimento com o catolicismo na adolescência (A.M., 08/10/1998).

No início dos anos 70, A.M. organizara uma república/comunidade com amigos de faculdade, no espírito de experimentação da contracultura. Mas não suportando a falta de individualidade ali reinante, abandonou a comunidade após poucos meses. Em busca de uma reestruturação pessoal, A.M. passou dois

78. Na grafia da norma *pinyin*, também se escreve *Tao In*, inclusive no material escrito da escola.

anos viajando pelo mundo. Após visitar o Peru e a Bolívia, foi visitar uma tia por três meses na Califórnia. Lá teve seu primeiro contato com o *Yijing*, em uma comunidade *yogi* rural, no ano de 1973. Descobriu o uso oracular do clássico por intermédio de um colega de quarto, com quem fez sua primeira consulta. "Na verdade foi o *Yijing* que me trouxe de volta pra o chão, de volta a uma vida coerente, de trabalho [...] em todos os sentidos" (A.M., 08/10/1998). Duas semanas depois, de volta à cidade, adquiriu a tradução inglesa de Wilhelm.

> **A.M.**: "Vi que era muito profundo, que era super sério e [...] eu intuía a profundidade dele, me deu orientação concreta, mas eu percebia que era muito mais do que o que eu estava conseguindo entender. Nos dois anos seguintes, depois disso, fiquei consultando o *Yijing* direto, todo dia ou quase todo os dias, às vezes até várias vezes por dia, sobre, por exemplo (fazia uma lista de temas que eu queria esclarecer), assuntos que eu queria entender, assuntos pessoais, assuntos de outras pessoas ligadas a mim, que tinham ficado aqui [em São Paulo], por exemplo, nessa comunidade, ou questões de conhecimento da realidade; por exemplo, perguntava sobre personagens históricos que eu queria conhecer [...] Eu perguntava essas coisas pro *Yijing*" (08/10/1998).

Inicialmente restrito ao conhecimento oracular, o estudo intensivo de A.M. levou-o inclusive a memorizar passagens inteiras do livro. Com o *Yijing* como companheiro de viagem:

> **A.M.**: "Da Califórnia, fui para o México, depois fui para Inglaterra, depois para África. Viajei vários países da África; no penúltimo país da África em que eu estava viajando, fui preso, porque entrei nesse país sem visto. Claro, Moçambique tinha acabado de se tornar independente. Cheguei em Moçambique, e fui pra o país vizinho que era a Tanzânia, e que era um dos países que tinha ajudado Moçambique na guerra de guerrilhas contra Portugal. Aqui todos são amigos, todo mundo apoiou Moçambique [...] Mas a burocracia governamental não queria saber muito disso e achou que eu era agente da CIA, qualquer bobagem assim. Fiquei um mês como preso político numa colônia penal agrícola, que ficava perto da fronteira, onde eu entrei. E em isolamento, quer dizer, totalmente isolado, de cela só pra mim, e eu só saía no pátio dessa ala separada, segregada da prisão, que era dos presos políticos, [...] nos horários em que os outros não estavam. Então nesse isolamento todo, a única coisa que eu tinha pra me entreter era o que eu me lembrava do *Yijing*. Então fiquei um mês decorando o que eu já tinha visto. Eu ficava lembrando dos nomes, das figuras, do texto das figuras e quando que tinha saído pra mim, resposta pra que, e aí foi quando construí uma visão geral de todos os hexagramas, que eu não tinha até então. Quer dizer, eu estava consultando, consultando, consultando, mas eu desenhava na terra do chão da prisão umas figuras e me envolvi tremendamente nesse mês. Foi assim, intensivíssimo, dormia e acordava com *Yijing*, era o tempo inteiro. [...] depois de

um mês, vi que não iam me tirar tão cedo dali, até fiz uma consulta, pra saber se eu ia fazer greve de fome ou não. [...] Eu não tinha o livro, mas consegui uns feijões, porque era uma colônia penal agrícola [...]. Então, com três feijões vermelhos e três feijões pretos, fiz como se fossem três moedas com dois lados. Fiz uma consulta pra saber se eu ia fazer greve de fome ou não. E foi muito difícil interpretar porque eu estava sem o livro, tinha que usar só a memória pra conseguir interpretar aquilo e era uma coisa muito grave, que eu podia morrer de fome, ninguém nem ia ficar sabendo. [...] Nesse meio tempo chegou lá uma oportunidade de conseguir indulto presidencial, em uma data do ano que eles davam indulto ou você escrevia para o Presidente e pedia. Eu escrevi e pedi, argumentei lá a meu favor, mas o que me deram foi o direito de ser julgado. Aí fui julgado e absolvido" (08/10/1998).

A.M. seguiu viagem para o Quênia, onde teve notícia da reestruturação do movimento estudantil na USP, e decidiu voltar ao Brasil. Fez um novo vestibular para ciências sociais e voltou à militância em um partido de esquerda (A.M., 08/10/1998). Em um ambiente desfavorável, ficou por algum tempo afastado do *Yijing*, "porque todo mundo era contra, todo mundo achava que aquilo era misticismo etc." (A.M., 08/10/1998).

A fase de militância entrou em declínio. Em crise com sua atividade política e vida pessoal, A.M. retornou ao uso do *Yijing*. Em 1982, de volta ao México, ainda militando, suas inquietações existenciais o conduziram a uma terapia reichiana:

> **A.M.**: "Era um terapeuta reichiano lá na cidade do México. Fui fazer um trabalho que eles chamavam de comunidade terapêutica, um *workshop* de uma semana em uma montanha lá do México, que era muito interessante, muito forte. E aí o terapeuta toda noite lia umas histórias, umas coisas, e eu me irritava vendo as histórias porque eu não entendia [risos], então em vez de pedir para alguém me explicar, eu ficava bravo [...] Não gostava. Aí ele um dia falou: 'Bom, já que você não gosta das histórias, então hoje à noite vamos fazer outra coisa diferente: você vai fazer uma consulta de *Yijing* pra cada um. É porque ele sabia que eu consultava pra mim, há muito tempo e que tinha uma relação séria com o livro. E vendo a minha interpretação para os clientes dele [...] que estavam ali naquele grupo, ele gostou tanto que falou: 'você devia trabalhar com isso'. Depois de um tempo, comecei a contemplar aquilo que ele tinha falado e realmente acabei botando lá um cartazinho. Aliás, o primeiro cartaz foi até no instituto dele que eu coloquei, porque queria fazer uma propaganda dessas consultas e aulas do *Yijing*. E aí começou, depois quando voltei pro Brasil aconteceu isso que já tinha falado, que tinha a pessoa do grupo de *Yoga* que coordenava esse grupo, me falou que, e se eu tava interessando no *Yijing*, eu tinha que conhecer o mestre" (A.M., 08/10/1998).

Assim, o círculo se fecha. Mas há mais. Oscilando entre a Índia e a China, com um pé em cada tradição, A.M. voltou a viajar à cidade do México em busca da mestra indiana, em 1987, no mesmo momento em que o mestre Liu visitou a cidade a convite de um praticante com o objetivo de dar um seminário curto.[79] Seguiu também para a Índia, lá permanecendo em um *ashram*, pela primeira vez por cerca de um mês e meio, no final de 1986, retornando em 1993 por um ano e meio, após novo encontro com a mestra indiana nos Estados Unidos, em 1992. Paralelamente, freqüentou intensivamente as atividades da escola do mestre Pai Lin enquanto estava em São Paulo. Atualmente, A.M. exerce profissionalmente atividades relacionadas ao *Yijing*: consultas oraculares e cursos sobre seu aspecto tanto divinatório quanto filosófico.

Mas levou anos para resolver seu duplo vínculo ao *Yoga* e ao taoísmo, decidindo-se finalmente pelo último, após muitos dilemas, muitos conflitos entre os aspectos mutuamente contraditórios do *ethos* das duas tradições:

> **A.M.**: "Na tradição indiana, sempre eu percebia uma coisa muito grande de fazer coisas acontecerem, fazer as coisas acontecerem [repetição enfática], então todo mundo trabalha muito, [...] festivais, comemorações, celebrações. Você vê que tem muito trabalho envolvido, muito esforço. Então, muita gente dorme tarde fazendo serviço, muita gente dorme muito pouco e aí deixa de meditar e deixa de comer e por aí a fora. Isso é considerado normal, inclusive é considerado saudável espiritualmente. Uma prática, por exemplo, nesse caminho que eu seguia, se chamava *tapasya*, austeridade. Na tradição taoísta, no nosso grupo, não existe isso. Você chama de dispersão. É um crime, você está se lesando. Então, [risos] meu dilema, por exemplo, de vários momentos quando eu estava com um pé em cada tradição. Houve certos momentos em que eu me metia em atividades [do grupo de *Yoga*], aceitava as responsabilidades e aí depois que as coisas estavam andando, no meio do bonde andando, já, eu falava: 'Ops! Espera um pouco'. E começava a tirar o corpo fora de certas coisas, inclusive coisas de que tinha assumido responsabilidade, que eu percebia claramente que estavam me lesando. Era muito, aquilo, que não era pra fazer. E aí dava as maiores confusões, eu ficava queimado, porque eu estava me furtando a fazer coisas que eu tinha me comprometido a fazer. Mas eu percebia que eu já tinha um olho aberto do outro lado. Já estava ouvindo o mestre, já fazia anos"[80] (29/04/1999).

O que ficou claro para A.M. (29/04/1999) é que o aprofundamento no caminho proposto por uma tradição era incompatível com o trânsito entre as

79. Detalho esse episódio no capítulo 7, "Dois unidos sobre a Terra: experiências do Tão".

80. Não só ouvindo, mas também praticando os treinamentos taoístas, inclusive nos períodos em que esteve no *ashram* na Índia.

duas, que surgiam dilemas em virtude de orientações e atitudes de vida contraditórias, sobretudo na questão do equilíbrio entre sacrifício, enfatizado pela tradição indiana, e preservação da energia, enfatizado pelo taoísmo como base da saúde e da longevidade.

Laços de muitas cores

Na maioria das entrevistas, o interesse pelo taoísmo como tradição espiritual surge após a prática ter se iniciado, devido a um outro tipo de motivação. Decerto, a diversidade de tipos de praticantes os predispõe a tensões acerca das múltiplas leituras possíveis dos ensinamentos do mestre. Dois temas em particular são mais polêmicos: a necessidade de estar em contato constante com o mestre e o lugar do aspecto marcial das práticas do *Taiji*. Em resumo, pode-se distinguir os praticantes pela motivação original que os levou a vincular-se à escola, bem pelo tipo de relação que possuem atualmente com o mestre, que pode não ser o mesmo que os levou ao encontro inicial com a escola. Percebo um contraste entre duas categorias básicas: os praticantes de *Taiji* e os discípulos do mestre taoísta Liu Pai Lin. Comparando as entrevistas, percebo também uma tendência a maior dedicação aos treinamentos por parte dos discípulos. Enquanto a maioria dos alunos se limita a duas aulas semanais, com pouca prática eventual fora da aula, os discípulos praticam todos os dias, às vezes por várias horas. Membros destas duas categorias podem, ou não, ser também associados à Associação *Taiji* Pai Lin, fundada originalmente como uma entidade jurídica formada pelos praticantes com a finalidade de transmitir e preservar os ensinamentos do mestre. Ou ainda, de apresentar, ou não, vínculos com o Instituto Pai Lin (atual Shiao Lin) ou com o CEMETRAC.[81]

Ambas são condições entre as quais se pode transitar conforme o tipo de relação que se tem com a prática e com o mestre. Essa relação é fluida o suficiente para permitir que seja possível inclusive tornar-se professor de *Taiji* sem necessariamente adotar-se explicitamente o taoísmo como tradição espiritual. Em linhas gerais, ser discípulo implica o reconhecimento de um tipo de relação pessoal com o mestre (L., 23/09/1998). Essa relação não depende necessariamente de um ritual formal de iniciação. I.B., 41 anos, por exemplo, me disse a seu respeito e de sua amiga S.R., 40 anos, ambas professoras de *Taiji* e discípulas do mestre Liu Pai Lin:

---

81. Espaço coordenado pelo filho de Liu Pai Lin, mestre Liu Chih Ming.

> **I.B.**: "O mestre considera a gente discípula, mas a gente não fez reverência, não fez ritual.[82] [...] Ele disse: 'Vocês são realmente minhas discípulas!' [...] Acho que discípulo dele não é bem quem ele escolhe. Eu acho que é quem se escolhe. Quem se dedica mesmo, ele acolhe!" (11/10/1998).

De fato, S.R. e I.B. tinham uma relação especial com o mestre, assistiam-no em suas palestras, organizando o material didático, traziam-lhe cestas de frutas para suas refeições em São Roque e tinham um acesso direto ao mestre que não era comum à maioria dos membros da escola.

No início de sua trajetória no Brasil, o mestre realizara uma cerimônia formal de reverência à linhagem, que nem sempre garantiu a permanência dos discípulos na escola. Apesar disso, havia ainda uma forma mais simplificada de assinalar o vínculo de um aprendiz com a linhagem. Em suas palestras, o mestre concedia aos interessados um certificado contendo instruções detalhadas acerca do Treinamento Interior e um outro documento contendo a Oração da Rede Celeste:[83]

> **I.B.**: "Aquilo é tão aberto, mesmo [...] muita gente viu o mestre só uma vez, tem aquele certificado. O que precisa é que a pessoa receba diretamente dele, o treinamento. Não é um controle muito rígido" (11/10/1998).

Por outro lado, ser discípulo depende do reconhecimento desta condição pelo mestre, que inclusive diz respeito ao acesso a determinados saberes taoístas. Uma anotação de campo pode ilustrar esse aspecto. No curso ministrado por mestre Liu Chih Ming em outubro de 2003, em Brasília, surgiram perguntas relacionadas a certas práticas do taoísmo, relacionadas ao controle da ejaculação e da menstruação, e sua resposta foi: "este treinamento só pode ser ensinado a discípulos da linhagem", pois a transmissão irresponsável pode trazer problemas para a sociedade, sugerindo que se tratava de conhecimentos aos quais não se dá acesso público a todo e qualquer interessado, embora alguns dos autores das perguntas fossem praticantes já há algum tempo..

---

82. I.B. e S.R. participaram da cerimônia de iniciação em 1999, juntamente com A.M. e T., um discípulo chinês..

83. Um preço simbólico de R$ 10,00 e R$ 5,00 era cobrado por esses dois documentos. Possivelmente, a atribuição de valor monetário a um ensinamento nesse caso não tem mais relação com a reciprocidade obrigatória da dádiva do que com a lógica do "mercado de bens simbólicos" da espiritualidade *New Age*. Ressalto que o mestre sempre se apresentou como representante da tradição taoísta. Seu ensinamento não possui as características de colagem heteróclita que caracterizam o movimento Nova Era.

Anotações na oficina do historiador

Em linhas gerais, as fases da história da escola associam-se à biografia do mestre Liu como verdadeira encarnação dos saberes taoístas, de modo que são exemplares não apenas os seus ensinamentos, mas suas atitudes, posturas e estilo particular de expressão ao executar as técnicas corporais, modo de vestir, estilo de vida e treinamentos preferidos. Transmissão e vida estão estreitamente imbricadas. Ao longo de seus mais de vinte anos de permanência no Brasil, o mestre Liu Pai Lin transmitiu a seus discípulos um grande número de treinamentos, provenientes das várias linhagens taoístas com que teve contato. Também introduziu modificações ao longo do tempo, em razão dos desdobramentos de sua própria experiência prática.

* * *

A partir da comparação entre as entrevistas e a leitura da tese de Hemsi (2000), organizei um relato sintético das etapas da história da escola, correlacionando-as, quando possível, à história de vida do mestre. Liu Pai Lin chegou ao Brasil em 1975 (J.C., 06/10/1998), em visita a uma filha residente em São Paulo e proprietária de uma floricultura na av. Domingos de Moraes, na Vila Mariana. A filha migrou para os Estados Unidos e deixou a floricultura para o irmão.[84] Neste local o mestre conheceu seu primeiro discípulo, A.L. (H.K., 29/09/1998; Hemsi, 2000). Entre os anos de 1975 e 77 o mestre instruía uns poucos discípulos, na maioria chineses (A.M., 29/04/1999; J.C., 06/10/1998), na floricultura e dava palestras, tanto lá mesmo quanto em um local no Bairro da Liberdade e posteriormente (aproximadamente em 1979/80), durante um curto espaço de tempo, na residência de uma filha, no bairro do Belém, também para um público majoritariamente chinês (J.C., 06/10/1998; A.H., comunicação pessoal). J.C. e L.L., que viriam a se tornar assistentes e intérpretes, conheceram o mestre neste período (1977). Neste primeiro momento, mestre Liu ensinava mais o treinamento interior, *Tui Sou* e filosofia taoísta, de uma maneira assistemática (J.C., 06/10/1998).

Em 1978, o professor Hao, que ensinara *Shaolin* a A.L., e *Taiji* a J.C. e L.L. (Hemsi, 2000), responsável pelo ensino de *Taiji Quan* na Missão Católica Chine-

---

84. A.H., comunicação pessoal. Na maioria das entrevistas, a referência à floricultura está associada já ao filho do mestre.

sa[85] (A.M., 08/10/1998), emigrou para os Estados Unidos, deixando o espaço, já com alguns alunos brasileiros, para o mestre Liu (J.C., 06/10/1998), seu amigo.

> A.M.: "[...] a sala inteira era envidraçada dos dois lados. No fundo era um palco e na frente era a fachada da igreja e não tinha vidro nem nada. Mas, dos dois lados era vidraça, [...] e as vidraças [...] eram de correr, tipo portas (...) As janelas de correr de vidro, altas, tinham grades por trás e de um lado. Isto dava para o teto de uma escola, que era um colégio que também tinha a escola chinesa no domingo, onde [...] as crianças aprendem chinês, e onde tinha também artes marciais" (29/04/1999).

De segunda a domingo, começando entre seis e seis e meia da manhã,[86] as aulas seguiam o método tradicional taoísta, isto é, o mestre, à frente, conduzia uma prática após a outra, sem instruções verbais (A.M., 29/04/1999; J.C., 06/10/1998; N.K., 15/10/1999). Depois as turmas eram divididas entre os professores para o ensino da forma do *Taiji Quan* (idem; I.S., 27/09/1999). No final da aula, o mestre dava palestras informais (H.K., 29/09/1998; J.C., 06/10/1998; L., 23/09/1998; I.S., 27/09/1999; L.A., comunicação pessoal) sobre temas relacionados à filosofia taoísta e aos aspectos teóricos das técnicas, principalmente dos treinos interiores. Durante a semana, a maioria do público era de brasileiros, enquanto aos domingos compareciam também anciãos da comunidade chinesa. A convivência com o mestre continuava, para alguns, no café da manhã após a aula (A.M., 29/04/1999; L.S.T., 06/04/1999). Desde o princípio, o aprendizado não se resumia ao momento mais formal das aulas; incluía a prática individual diária e o relacionamento com o mestre e com outros praticantes. Com o aumento do público, abriu-se mais uma turma, começando às 8h00. A escola utilizou o espaço da igreja até o ano de 1990. Nos dois últimos anos, o mestre deixou estas aulas sob a responsabilidade de J.C..

Paralelamente ao início das atividades na Missão Católica Chinesa, o mestre também ensinou em outros locais. Por exemplo, A.H. (06/05/1999; Hemsi, 2000) participou de um curso na Nova Acrópole[87] em 1978, durante dois períodos de três meses, nas sextas-feiras à noite, com tradução de L.L., em que foram ensinados o treinamento interior do *Taiji* e os Exercícios para a Saúde dos Órgãos Internos (*Ba Duan Djin*). O mestre convidou os participantes deste

---

85. Localizada na rua Santa Justina, 290, Vila Olímpia.

86. As entrevistas e a tese de Hemsi (2000) divergem: o horário era às 6h00, para alguns, 6h15 para outros, ou mesmo 6h30. Aos domingos as aulas começavam às 7h00 ou às 7h30.

87. Escola esotérica internacional de origem argentina, atual Palas Athena.

curso a irem treinar na Missão Católica Chinesa. Em fevereiro de 1979, começou um novo curso aos sábados pela manhã com tradução de J.C.. Ainda neste período, o mestre organizou palestras sobre o treinamento interior, com freqüência semanal às sextas à noite, no salão de festas da residência de um senhor chinês (A.H., 06/05/1999).[88]

Em 1979, Liu Chih Ming, o único filho do mestre que se dedicou em profundidade ao aprendizado dos saberes taoístas (N.K., 15/10/1999), chegou ao Brasil e passou a ensinar outras técnicas, o *Bagua Zhang*, a espada *Taiji* e a espada dupla *Bagua*, nas quartas e domingos pela manhã (Hemsi, 2000). Aprendeu com o mestre desde a infância e seguiu não apenas os ensinamentos das mesmas linhagens, mas teve contato com outras linhagens taoístas e budistas. Além de mestre taoísta, é médico acupunturista.

Em 1980, o mestre alugou um apartamento em Pinheiros, na rua Pedroso de Morais, funcionando como clínica para consultas e atendimento com massagem *Tui Ná* (L.S.T., 06/04/1999; Hemsi, 2000).[89]

Ao longo do desenvolvimento da escola, foram se transformando as práticas e o método de ensino (A.M., 29/04/199; J.C., 06/10/1998; A.H., 06/05/1999; I.S., 27/09/1999). Na Igreja, entre 1978 e 80, a prática consistia na forma de 108 movimentos do *Taiji Quan*, nas Doze Formas de *Qigong*, nas ginásticas das Nove Dobras e dos Órgãos Internos, *Tui Sou* e aplicações dos movimentos da seqüência, e o Treinamento Interior do *Taiji*. Por dificuldades com o método chinês e a complexidade da forma longa, havia um nível alto de desistência dos praticantes (J.C., 06/10/1998; S.R., 11/10/1998). Este problema foi sendo resolvido, por um lado com a formação de professores e a divisão em grupos para o aprendizado das diversas partes da seqüência do *Taiji Quan*, por outro com a introdução da seqüência curta, de 37 movimentos, no início da década de 1980.

Há uma divergência nas entrevistas sobre as origens da forma curta. Enquanto J.C. (06/10/1998) afirma que ela já existia, ao que me parece preocupada com a legitimidade da prática baseada na tradição, A.H.[90] declarou que foi uma criação do mestre por ele testemunhada:

---

88. Em sua tese (Hemsi, 2000), cita a entrevista de L. L., em que ela refere-se à residência do sr. Chen, na av. República do Líbano. Ao ler uma versão prévia deste capítulo, Hemsi fez comentários mais precisos sobre a freqüência e o dia das palestras.

89. Foi neste período que S.Y. (23/09/1998) avistou-o pela primeira vez, caminhando casualmente por Pinheiros.

90. A. (29/09/1998) também declarou acreditar que a forma fora composta pelo mestre, embora recomendou que verificasse a informação com J.C..

> Acho que um, dois anos era só o Longo, depois criou o *Taiji* Curto, porque achou que as pessoas demoravam muito pra aprender o Longo. [...] o *Daogong* só tinha a forma grande. O mestre criou a forma curta e eu acompanhei toda a criação, como é que foi, quem deu palpite, como é que montou. Foi muito interessante. Depois o mestre ficou praticamente fazendo o Curto e o Longo. E depois ele ficou mais com o Curto (06/05/1999).

Acrescento que o fato de determinada seqüência ter sido desenvolvida contemporaneamente por um mestre não é contraditório com o seu caráter tradicional, pois não só deve ser elaborada de acordo com os princípios do estilo, baseada na forma longa, mas também é um procedimento tradicional que um mestre reconhecido tenha a prerrogativa de reformular as técnicas e introduzir inovações para mantê-las adaptadas ao momento presente, como "tradição viva". Todos os grandes estilos de *Taiji Quan* possuem formas curtas baseadas nas formas longas tradicionais como maneira de tornar a prática mais acessível ao iniciante. Um indício de que a forma foi criada pelo mestre é a sua maior flexibilidade com relação à introdução de modificações. Em 1999, ao que parece a conselho de um amigo chinês[91] também mestre de *Taiji*, alterou a forma-padrão de 37 movimentos, incluindo duas repetições do movimento "Moça Graciosa Trabalhando na Laçadeira" de modo que abarcasse as quatro direções diagonais, como no movimento executado na seqüência longa.

Nos anos seguintes à introdução da nova técnica, a prática diária incorporou o *Taiji* Curto, e o Longo passou a ser praticado durante as aulas apenas aos domingos, quando a prática era mais completa, incluindo todas as técnicas: ginásticas, meditações, formas do *Bagua* e *Taiji*, espada, palestras de membros sênior da colônia chinesa etc (A.H. (06/05/1999).

Em 1982, o mestre inaugurou a sua escola (A.H., 06/05/1999; Hemsi, 2000), *Taiji* Pai Lin, no salão da igreja chinesa com uma comemoração no dia 9 de abril, aniversário do mestre Zhang Sanfeng, monge taoísta a quem se atribui a criação do *Taiji Quan*. No segundo semestre, promoveu a fundação de outra sede na sua casa, em um salão nos fundos de sua nova residência, na rua Gama Cerqueira (Hemsi, 2000), no Cambuci. O espaço oferecia aulas com o mestre e também com seu filho; aos domingos à tarde, eventos com a presença dos anciãos da colônia chinesa; mensalmente, uma reunião dos "Companheiros do *Tao*" (A.H., 06/05/1999). Neste endereço, o mestre começou a dar cursos sobre a filosofia do *Yijing* (J.C., 06/10/1998). H.N., atualmente

---

91. Essa foi a versão que ouvi informalmente, mas A.H. comentou ter ouvido falar que foi devido a uma observação de seu filho, Liu Chih Ming.

massagista na Associação, morou com o mestre durante esse período (H.K., 29/09/1998). No ano seguinte, o mestre iniciou suas viagens a Buenos Aires, que se seguiram por vários anos, de 1983 a 87 (O.C., 16/03/1999). Algumas de suas palestras foram editadas e posteriormente publicadas. A capital argentina possui atualmente uma Associação *Taiji* Pai Lin. Há uma divergência entre a tese de Hemsi (2000), que situa sua fundação no ano de 1993 (juntamente com o núcleo da cidade do México), e a entrevista que fiz com um discípulo argentino (O.C., 16/03/1999), que estima ter sido no ano de 1991. Hemsi (comunicação pessoal) baseou-se em uma entrevista de D.B. (fundador da Associação argentina) para a revista argentina *Uno Mismo* (1994, nº 132). Também em 1987 (A.M., 08/10/1998) o mestre esteve na cidade do México para dar um seminário, aonde retornou em outros anos.[92]

A fundação do Instituto Pai Lin de Cultura e Ciência Oriental – oferecendo cursos de conhecimentos taoístas e atendimento baseado em terapias da medicina tradicional chinesa –, em 1984, é pouco posterior ao segundo casamento do mestre – que viera da China viúvo – com Dona G. C.,[93] uma senhora da comunidade chinesa (J.C., 06/10/1998; Hemsi, 2000). Após o casamento, dona G.C. montou o Instituto (L., 23/09/1998), sediado em uma casa de propriedade do genro do mestre na av. Ipiranga (H.K., 29/09/1998), e passou a cuidar da parte administrativa. J.C., então casada com um filho do mestre vindo da China (H.K., 29/09/1998), mudou-se para o Cambuci e ficou responsável por esse espaço. A tese de Hemsi (2000) afirma que H.N. já residia no Cambuci com o mestre, casou-se com um afilhado do mestre e posteriormente abriram um espaço próprio. Contudo, J.C. (06/10/1998) afirma que residiu com a família na casa do Cambuci e continuou cuidando da escola quando o mestre se mudou deste endereço, após a criação do Instituto.

Inicialmente o Instituto da av. Ipiranga funcionava como clínica (I.S., 27/09/1999), enquanto as aulas permaneciam nos locais já em funcionamento anteriormente, ao que parece porque o novo salão estava em reformas (Hemsi, comunicação pessoal). Na av. Ipiranga, o mestre dava aulas (ou palestras?) sobre os treinos interiores e o aspecto meditativo da prática, *Dao Yin*, e também de massagem *Tui Ná* (I.S., 27/09/1999). Talvez fosse semelhante às palestras no Instituto da Vila Mariana, que acompanhei durante a pesquisa de campo.

---

92. A publicação *Saúde Longevidade*, do Espaço Luz (1998:11), traz uma foto do mestre ao lado de J.C. durante um seminário realizado no México em 1993.

93. A mesma publicação situa o casamento do mestre no ano de 1983.

O Instituto mudou várias vezes de endereço. Em 1985, o espaço da av. Ipiranga foi fechado (Hemsi, 2000); funcionou temporariamente na rua Marquês de Itu (J.C., 6/10/1998).[94] Em 1987, o mestre abriu o Instituto na rua Padre Machado, Vila Mariana (A.M., 29/04/1999; Hemsi, 2000). Antes de restringir suas atividades apenas às palestras e consultas, o mestre ensinou pessoalmente a espada *Taiji*[95] e o *Bagua* Curto (A.M., 29/04/1999; S.R. e I.B., 10/10/1998).

> **A.M.**: "Era um local bonito. O salão era inferior ao que existe hoje [na rua Madre Cabrini], mas era um local onde o mestre colocou algo da alma chinesa, digamos. Ainda na frente tinha um muro de elemento vazado chinês, representando dragões e fênix. [...] Eram grandes círculos pintados com cores vivas, vermelho, verde e tal. E aí cada círculo, todo em elemento vazado, representava um dragão e uma fênix. Eram grandes esses círculos, e altos. Tinha telhados em cima. Era um lugar que tinha um certo charme, apesar de que tinha alguns defeitos de construção" (29/04/1999).

Neste mesmo ano, L.L. produziu o vídeo didático sobre o *Taiji Quan* de 37 movimentos. Além disso, o mestre viajou à cidade do México para dar um seminário, a convite de um discípulo (A.M., 08/10/1998), em companhia de J.C. e mais uma discípula.

No ano de 1989, o mestre deixou as atividades da Missão Católica Chinesa a cargo de alguns discípulos, que se transferiram para o espaço Colméia, no Jardim Paulistano, em 1990 (Hemsi, 2000; J.C., 06/10/1998; L.S.T., 06/04/1999). No mesmo ano, o mestre recebeu título de Cidadão Paulistano, pela Câmara Municipal de São Paulo.[96] No início dos anos noventa, com a intensificação de suas atividades, o mestre deixou de dar aulas das técnicas corporais, delegando-as a seus discípulos (A., 29/09/1998).

Em 1991, começou a se formar o embrião da Associação em resultado da expansão da escola, da articulação dos discípulos e da necessidade de maior autonomia e flexibilidade com relação ao Instituto no trabalho de divulgação do *Taiji* Pai Lin (A.M., 29/04/1999; N.K., 15/10/1998). A Associação neste primeiro momento é uma entidade jurídica formada por praticantes da escola – "então, uma associação é de todos" (N.K., 15/10/1998) – para divulgar e preservar os

---

94. A tese de Hemsi (2000) fala em rua Baronesa de Itu.

95. A primeira forma de espada *Taiji* que R.F. aprendeu com N.K. no Instituto da rua Padre Machado foi a do mestre Liu Pai Lin (R.F., 27/04/1999).

96. *Saúde Longevidade* (Espaço Luz, 1998).

ensinamentos do mestre, mas que no mais apresentam um perfil e expectativas bastante diversas, o que necessariamente tende a tensões interpessoais.

> **L.**: "[...] a Associação significa sempre uma arena, não é, um plano difícil [...] Porque a Associação, o que é que é? É uma reunião de pessoas que tem um objetivo comum, *do ponto de vista legal* [grifo meu]" (23/09/1998).

Sobretudo por uma contradição entre a informalidade e a mutabilidade que caracterizam o *Tao* (L., 23/09/1998) e o problema da hierarquia, a centralização dos rumos do projeto nas mãos de alguns membros mais antigos – o que desmotivou alguns participantes mais envolvidos no trabalho (N.K., 15/10/1998) –, mas em posição politicamente subalterna. Inicialmente foi alugado um espaço em Pinheiros e as despesas foram divididas entre os associados.

Como funcionária da prefeitura, J.C. organizou durante a gestão Erundina (1992-1995) um programa que considero a grande iniciativa de tornar a prática realmente acessível a todas as camadas da população: a formação de cerca de 50 agentes multiplicadores no Campo Limpo e na Lapa (J.C., 11/10/1998; Hemsi, 2000), com a finalidade de divulgar o *Taiji* nos postos de saúde e nos centros comunitários como prática de medicina alternativa de caráter preventivo. Naquele ano registrou-se a presença de 500 praticantes no Campo Limpo. Paralelamente, a prefeitura (R.F., comunicação pessoal; N.K., 10/10/1998) custeou o trabalho de professores de *Taiji Pai Lin*, oferecendo aulas gratuitas à população. Essa iniciativa foi abandonada pela gestão seguinte.[97]

Em 1992, vieram ao Brasil duas médicas chinesas, as doutoras Hu, filhas de um irmão de treinamento do mestre (J.C., 06/10/1998; L.H., 20/09/1998; N.K., 15/10/1998) que permaneceram durante um ano e ensinaram, no espaço alugado pela Associação,[98] uma técnica de *Wuji Qigong* e *Taiji* Espontâneo:

> **J.C.**: "uma movimentação espontânea, que surge a partir de quando você tem toda uma base de treinamento de energia interna. E a partir daí os movimentos dessa base, os movimentos tendem a fluir, devem fluir daí naturalmente. É uma prática que elas herdaram do pai delas. O pai delas foi um irmão de treinamento do mestre Liu" (06/10/1998).

---

97. Conforme comentário de J.C. em um seminário realizado recentemente em Brasília (02/2005), uma nova iniciativa de divulgação do *Taiji Pai Lin* ocorre no contexto do programa "Agita São Paulo", com práticas de medicina preventiva taoísta nos parques e outros espaços públicos.

98. Há uma divergência entre a entrevista de J.C., (11/10/1998), que afirma que o curso foi dado na rua Fidalga, na Vila Madalena, e a tese de Hemsi (2000), que data a sede da rua Fidalga de 1994-1997.

No mesmo ano, foi promovida uma grande demonstração pública no Vale do Anhangabaú (Hemsi, 2000) cujo cartaz encontra-se afixado em uma parede do Espaço Luz. Teve a presença do mestre, de seu filho Liu Chih Ming, das doutoras Hu, de professores/discípulos e de funcionários da prefeitura formados no programa implementado por J.C..

No ano de 1994, L.L. produziu um vídeo sobre a espada *Taiji* com Liu Chih Ming, que voltou a ensinar a espada, após muitos anos, em curso no Instituto da rua Padre Machado (A.H., 06/05/1999).[99]

A partir de 1994, o mestre iniciou cursos de formação taoísta em saúde e longevidade por meio da Unipaz, inicialmente em Brasília (R. 26/05/1999; I.S. 27/09/1999; L., 23/09/1998) e posteriormente expandindo-se para o Rio de Janeiro e Salvador (Hemsi, 2000). O primeiro seminário do mestre em Brasília ocorreu no contexto do programa de formação holística da Unipaz, por sugestão de uma participante, R.G., anteriormente vinculada à escola em São Paulo (I. S., 27/09/1999). L.H. (R.),[100] professor de *Taiji Quan* e massagista, havia estado presente a este seminário, no qual teve o seu primeiro contato com o mestre. Recorda que havia imaginado um projeto de *Taiji Quan* para a Unipaz quando reencontrou o mestre:

> **R.**: "Botei no papel algumas coisas e fui pra Cidade da Paz no dia seguinte. Coincidência ou não, eu entrei [...] na sala do presidente [Pierre Weil], fui falar com ele, conversar, explicar o que era. Aí ficou aquela coisa decidida, nada resolvida, e levantamos [...] Quando o presidente abriu a porta, do outro lado estava o mestre Liu, a I.S. e a J.C.. Os três entraram [...], o Pierre Weil começou a falar da proposta que eu tinha levado, começamos a conversar sobre *Taiji* [...] lembro que até o mestre Liu falou que eu não sabia nada de *Taiji*. Concordei porque eu realmente estava aprendendo. E ali ele me convidou, que eu fosse coordenar esse curso [...], esses dois cursos de formação. [...] nesse dia reverenciei ele [...] comecei a praticar o *Taiji* Pai Lin, aprender com ele o *Taiji* Pai Lin. E comecei a fazer o trabalho de divulgação em Brasília" (26/05/1999).

A formação da primeira turma durou três anos. Uma segunda turma iniciou-se a partir do ano seguinte, com uma formação de 2 anos. Anteriormente aos cursos na Unipaz, já havia duas discípulas do mestre provenientes de SP, que também trabalharam na coordenação do projeto de formação, I.S. e R.G.

---

99. Na entrevista ouve-se 1984, mas nesta época o Instituto ainda não se situava neste endereço.

100. Não confundir com o personagem homônimo, secretário do Espaço Luz/ Associação em São Paulo, cujas entrevistas são citadas em outros capítulos. Para evitar confusões refiro-me ao professor de Brásília utilizando o nome pelo qual é mais conhecido na cidade, R..

(I.S., 27/09/1999; R. 26/05/1999). Os dois cursos formaram cerca de 80 pessoas cada, das quais pelo menos 12 (R., 26/05/1999) tornaram-se professores e/ou terapeutas, mais diretamente ligadas às atividades da escola em Brasília. Além disso, o mestre realizou também consultas durante a formação. Uma parte deste público passou a freqüentar os seminários do mestre em São Roque.

Em seu conteúdo, a formação reflete o enfoque cada vez maior do mestre nos treinamentos interiores e na transmissão de práticas mais simples e sintéticas que favoreçam o aprendizado do iniciante. Esse repertório – que também foi incorporado ao ensino ministrado na Associação e em São Roque – difere, ao menos na ênfase, do conteúdo das práticas aprendidas pelos discípulos mais antigos em São Paulo. Um índice desta mudança de orientação transparece no fato de que um número significativo de praticantes destes cursos da Unipaz não se aprofundou no domínio da seqüência do *Taiji Quan* de 37 movimentos. Há um número ainda menor de praticantes do *Bagua Zhang*. A espada *Taiji* chegou a Brasília por causa dos praticantes nos seminários em São Roque em 1998, em que o professor R.F. – que ministrou também em Brasília um curso com encontros mensais, iniciado no ano 2000 – ofereceu aulas mensais.

Sem a presença aglutinadora do mestre em caráter permanente, o grupo de Brasília é numeroso porém disperso. Embora até o falecimento de Liu Pai Lin ter havido formalmente uma representação na Unipaz, o Instituto Tao de Saúde e Longevidade, promovendo algumas atividades (I.S., 27/09/1999; Z., 20/09/1999) (como cursos de massagem *Tui Ná*, ou o plano de ter um treinamento mensal congregando os participantes dos cursos de formação) e organizando seminários com a participação do mestre e de J.C., até meados de 2005 não havia ainda uma sede oficial, muito menos com a representatividade ou a força política e institucional que o Instituto ou a Associação possuem em São Paulo. Atualmente, há apenas um espaço dedicado integralmente às atividades da escola, Néctar,[101] criado e mantido por iniciativa pessoal do professor R.. Os demais professores ensinam em parques públicos,[102] em academias,[103] em igrejas,[104]

101. Terapias Naturais e Holísticas, situado na av. W3 norte, SCRN 702/3 bloco A entrada 13 sobreloja. O sugestivo nome aponta o tipo de público do espaço, que, ao contrário de outros tantos espaços "holísticos", promoveu até data recente unicamente atividades ligadas à transmissão taoísta, quando ampliou seu leque de opções de aulas e atendimentos.

102. S.

103. E.R..

104. R.R., que também ensinou na instituição de ensino superior em que estuda.

em empresas,[105] na própria universidade de Brasília[106] e em espaços pertencentes a outras instituições, como a Ordem Rosacruz – AMORC, que abrigava as atividades de pelos menos três professoras.[107] Há também certo número de terapeutas de *Tui Ná* atendendo em clínicas, a domicílio ou em salas alugadas. Em agosto de 2002, um grupo de professoras[108] da cidade formou o Núcleo de Estudos, Pesquisas e Práticas Taoístas – NEPPT.[109]

Graças à iniciativa de alguns discípulos do mestre que passaram pela formação na Unipaz, a cidade possui um projeto de prática do *Taiji* nos postos de saúde, associada ao *Lian Gong*, ginástica terapêutica chinesa trazida ao Brasil por L.L., e à automassagem (a partir do trabalho de Juracy Cançado[110] e do dr. M.F.[111]), vinculados ao então Serviço de Medicina Natural e Terapêuticas de Integração da Secretaria de Saúde do Distrito Federal – SEMENTI, atual NUMENATI.[112] Numa iniciativa análoga à do projeto dos agentes multiplicadores em São Paulo, a prática é gratuita, aberta à comunidade, voltada aos pacientes e alguns casos também aos funcionários dos postos de saúde.[113] A automassagem

105. R. e H.F. ensinaram *Taiji* e meditação taoísta para funcionários da Eletronorte, durante o ano de 1999.

106. Z. deu aulas para a comunidade universitária. Um dos seus alunos na Faculdade de Educação Física ensinou também na disciplina prática desportiva.

107. I.S., H. F. e Z.

108. I.S., C.L., S., M.O. etc.

109. Como me informaram estas professoras, a obtenção de um espaço para sediar o núcleo deveria ocorrer ainda no ano de 2005. Até a conclusão desse livro, o NEPPT organizava práticas coletivas do Taiji Pai Lin e promovia seminários com professores provenientes de São Paulo, como J.C., cuja vinda mais recente estava prevista para setembro de 2007, mas não dispunha de uma sede com instalações amplas o suficiente para a prática coletiva regular dos treinamentos taoístas.

110. Pioneiro da divulgação da massagem *Do-In* no Brasil.

111. Médico, acupunturista, com livros publicados sobre massagem chinesa, discípulo de Liu Pai Lin.

112. Núcleo de Medicina Natural e Terapêuticas de Integração, criado em 2000, em substituição ao SEMENTI.

113. A investigação desse tema mereceria uma pesquisa à parte, no sentido de compreender qual a receptividade deste tipo de práticas entre as classes populares, qual o seu significado, a que demandas atendem, e quais as relações entre a comunidade e os seus "facilitadores", já que as terapias corporais chinesas, com outras técnicas psicofísicas de origem asiática, são

foi a primeira a ser introduzida, inicialmente no Instituto de Saúde Mental, localizado na Granja do Riacho Fundo, e em Planaltina, na unidade de saúde integral (S.V., 01/10/1999) do hospital regional, durante a gestão do ex-governador José Aparecido, a mesma que criou a Unipaz, portanto ainda antes dos cursos do mestre em Brasília.

Atualmente, o programa de terapias corporais da Fundação Hospitalar expandiu-se para vários centros de saúde e uns poucos hospitais,[114] em Brasília e nas cidades-satélite. Quando entrevistei S.V. (01/10/1999), nutricionista, 40 anos, funcionária da Fundação Hospitalar há 15 anos, só havia a prática especificamente do *Taiji* Pai Lin em seu local de trabalho, o DESAT,[115] contando com o trabalho voluntário de vários professores. Durante o ano de 2000, o SEMENTI[116] organizou um curso de formação destinado a funcionários da fundação hospitalar no intuito de difundir mais a prática.

Além dos seminários com o mestre, J.C. também veio sozinha à Unipaz, ministrando cursos curtos, de um fim de semana (1997-2000). Em 2003, o espaço Néctar promoveu a primeira vinda do mestre Liu Chih Ming para um breve seminário sobre *Qigong* e *Daoyin*, seguido por outros referentes à fitoterapia na medicina chinesa.. E o NEPPT foi responsável, entre outras atividades, pela vinda de A.M., para um curso sobre o *Yijing* taoísta (2003), e pela organização de um curso de formação com J.C. (2004-2005).

As motivações dos praticantes de Brasília aparentemente são semelhantes às do público de São Paulo. Contudo, um fator particular é que esta fase tardia da trajetória do mestre foi marcada também pelo aumento do custo dos

---

praticadas por um público majoritariamente de classe média. como a prática vem sendo difundida pelo aparato institucional do serviço de saúde pública, também valeria a pena compará-la à prática da medicina (chamada) convencional no que diz respeito ao exercício do que se poderia chamar, em termos foucauldianos, de poder médico. Entre os praticantes de *Taiji* que encontrei durante a pesquisa de campo, emergia em alguns momentos a dimensão política da adesão às práticas taoístas como forma de resistência ao poder médico, chamado jocosamente por um dos entrevistados de "indústria da doença".

114. O hospital Materno Infantil, no plano piloto; Hospital Regional de Taguatinga; Hospital Regional de Planaltina.

115. Departamento de Saúde do Trabalhador, ligado à Secretária de Saúde e localizado no SEPS 712/912, asa sul.

116. Atual NUMENATI.

cursos e por uma mudança no perfil dos ensinamentos.[117] A questão financeira e a localização do curso na Unipaz em alguma medida selecionaram o público, em sua maioria de classe média, do sexo feminino e com mais de 30 anos, de modo similar ao público da história tardia da escola em SP. Além disso, o local também predispõe a uma maior proporção de público com um perfil sociológico característico da espiritualidade Nova Era.[118]

No sentido de sua relação de dependência relativa à fonte da tradição em São Paulo, Brasília assemelha-se a Buenos Aires. As duas cidades foram marcadas pela presença temporária do mestre. Isto fica claro nesta entrevista com O.C., 41 anos, violonista profissional e professor de *Taiji* na Associação argentina:

> **O.C.**: "De todas maneras, la relación entre el maestro y la Asociación en Buenos Aires se mantiene viva, se mantiene viva decididamente porque no es el maestro, también nosotros venimos periódicamente a São Paulo. Para la Asociación *Taiji* argentina es absolutamente indispensable venir a São Paulo, a ver el maestro. Es fundamental, por esto que te comentaba anteriormente que no podemos sustentar la Asociación, no podemos construir nostra Asociación si no es en un contacto fluido con el maestro. Y, por supuesto, con los discípulos del maestro en San Paulo. Te voy dar un ejemplo muy elemental, muy simple. Te va parecer casi un ejemplo ingenuo. Cuando yo entro en la Asociación aquí en San Paulo, observo todo. Observo la secretaria, observo los baños, observo la cartelera, [...] donde se pregan las notas, los periódicos, observo absolutamente todo. No para imitar, no copiar, porque no se trata de eso. Se trata de aprender permanentemente porque aquí está la fuente.
>
> [...] llegamos en Buenos Aires con un, como se dice en portugués, con un vaso, una "garrafa" que cargamos. Y cargamos este conocimiento de la fuente. La fuente está cá y la llevamos para Buenos Aires. Cada uno tiene una "garrafa" de diferente tamaño. Cuando viene D.B., discípulo del maestro, viene con una gran "garrafa". Cuando viene cualquier integrante de la Asociación en Buenos Aires a San Pablo con la intención de tomar este conocimiento y llevarlo, es una riqueza invalorable. Y así, así se va armando la Asociación en Buenos Aires, desta manera, en permanente contacto. Nos estamos muy cerca, estamos muy cerca. Buenos Aires y San Paulo no están tan lejos en distancia física. Y mi sensación es que espiritualmente estamos absolutamente juntos. Es muy importante esto que me decís. Esto que me estás comentando es parte de una permanente búsqueda que tenemos. Es

---

117. Explico mais adiante.

118. Por exemplo, nas entrevistas de Z. (20/09/1999) e de S.V. (01/10/1999), ambas participantes da formação na Unipaz, transparece a temática da visão "holística" e da busca espiritual como síntese pessoal de várias tradições e terapias.

inevitable. Yo te cuento mi propia experiencia. Hoy a la noche, hoy mismo a la noche, yo tengo que dar una clase en Buenos Aires. Imaginas! Voy a hacer exactamente lo mismo que aquí. Estoy seguro. Pero también con el paso de los días uno va acomodando lo que ve aquí, lo que sucede aquí. Entonces las practicas ahí tienen su propia personalidad también. Porque por otra parte, D.B. tiene su propia personalidad, y todos trabajamos con ello en Buenos Aires. Pero tu imaginas también que la esencia de las practicas es la misma. Varían algunas cosas, inclusive que tienen que ver con la personalidad de un argentino. Esto que hablábamos antes, cuando te comentaba que en Argentina somos mucho más introvertidos, de manera que las clases también son de la manera argentina. Pero estamos hablando del externo, en lo interno es exactamente igual. Te diria que en lo externo los entrenamientos que hacemos son también los mismos. Varia quiçás la forma, a veces de abordarlos, de realizarlos. Es muy interessante porque demuestra, me parece que lo verdadero es una cosa y está eso verdadero, lo formal seguramente puede variar. Lo externo puede moverse. Pero lo esencial, el entrenamiento de la unión de la energia es el mismo" (16/03/1999).

* * *

Em 1995, atendendo a reivindicações de praticantes de São Paulo, o mestre, em parceria com a Associação, iniciou a programação de encontros taoístas de um fim de semana com periodicidade mensal, no Seminário do Marmeleiro, em São Roque (SP) (L., 23/09/1998). Ainda este ano, dois membros da escola – o professor R.F. e um de seus alunos – ganharam prêmios com apresentações da espada *Taiji* e do *Taiji Quan* de 37 movimentos em um torneio mundial de *Gongfu* em Córdoba, Espanha.[119] Liu Chih Ming iniciou as atividades em seu espaço, o CEMETRAC,[120] com cursos de acupuntura, massagem *Tui Ná*, *Qigong*, e *Fong Suei* etc., tendo como secretário C.O., um

---

119. A apostila 4 da série *Os Treinamentos Secretos para a Longevidade dos Seres Iluminados Taoístas*, publicada por mestre Liu Chih Ming, traz na capa uma reprodução da fotografia com R.F. e seu aluno de pé com as medalhas e títulos, ao lado dos mestres Liu Chih Ming e seu pai e mestre Liu Pai Lin. A fotografia foi tirada no dia da comemoração e encontra-se no mural do Centro de Medicina Tradicional Chinesa – CEMETRAC, espaço dirigido pelo mestre Liu Chih Ming. Mestre Pai Lin comentou esse episódio e várias de suas palestras a que estive presente, como forma de indicar a qualidade da seqüência e elogiar o alto nível técnico destes dois praticantes.

120. Rua Pirapitingüi, 156, Liberdade.

praticante antigo, da época da Missão Católica Chinesa[121] (Hemsi, 2000; A.H. 06/05/1999). Assim como dona G.C. no caso do mestre Liu, sua esposa L. L.P.J. é a responsável pela administração do espaço. O material de divulgação do CEMETRAC, de janeiro de 2001, inclui além das atividades já mencionadas, aulas de *Taiji Quan*, uma série de ginástica/*Qigong*, desenvolvida por Liu Chih Ming com base em uma seleção de várias técnicas chamada "exercícios para a longevidade e o emagrecimento" e "respiração taoísta"). O Instituto da rua Padre Machado foi fechado (Hemsi, 2000), e o mestre mudou-se para a rua Manoel da Nóbrega, em frente ao parque Ibirapuera, onde ainda funciona a clínica, com atendimento de acupuntura, massagem e fitoterapia chinesa. A partir de 1995, mestre Liu Pai Lin começou a dar mais atenção em suas palestras a aspectos mais palpáveis do *Yijing*, inclusive com relação às técnicas oraculares (A.M., 08/10/1998), que do ponto de vista taoísta são consideradas uma parte secundária deste clássico.

Apenas em 1997 (Hemsi, 2000) a outra sede do Instituto, destinada a aulas e palestras,[122] foi aberta na rua Madre Cabrini, 54, Vila Mariana. Neste mesmo ano, a Associação transferiu-se para seu endereço atual na rua Fradique Coutinho, Vila Madalena. Contudo, a nova sede, o Espaço Luz, pertencente a J.C. e L., de alguma maneira abriga a Associação como entidade jurídica,[123] mas funciona com outra estrutura, como escola e clínica, não como local exclusivo para as atividades dos associados. De acordo com a estimativa de L. (23/09/1998), havia em 1998 cerca de 120 praticantes de *Taiji* Pai Lin apenas no Espaço Luz, e aproximadamente a mesma quantidade no Instituto Pai Lin da Vila Mariana.

Neste ano ainda, o mestre recebeu o título de Cidadão Honorário de Brasília, outorgado pela Câmara Distrital; no anos subseqüentes, viajou por ocasião do aniversário da cidade, participando de uma prática pública de *Taiji*

---

121. Atualmente alguns de seus principais colaboradores são discípulos de seu pai, o mestre Liu Pai Lin, mas que aprenderam dele a forma longa do *Ba Gua Zhang*, a espada dupla *Ba Gua*. O tradutor da série de apostilas do mestre *O Segredo da Longevidade Taoísta*, publicadas pelo Instituto, traduziu também as apostilas de Liu Chih Ming.

122. Durante o período da pesquisa de campo o Instituto oferecia várias turmas de *Taiji Quan*, duas de *Ba Gua Zhang*, uma de *Tui Sou*, uma de espada *Taiji* e outra de espada *Ba Gua*, além de cursos de *Qigong*, *Tui Ná* e das palestras quinzenais do mestre Liu Pai Lin nos fins de semana.

123. A.H., em comunicação pessoal, comenta que no estatuto estavam previstas assembléias e trocas de diretoria, que não têm ocorrido mais.

Quan[124] na Praça dos Três Poderes e dando palestras, também públicas. Além disso, o professor H.M. esteve em Brasília duas vezes ministrando um curso de massagem *Tui Ná* (D.F., 03/09/1999; Z., 20/09/1999).

As atividades do mestre, relativas à divulgação da dimensão espiritual da tradição e ao tratamento com a medicina taoísta, intensificaram-se ao longo dos anos: palestras quinzenais no Instituto da Vila Mariana nas manhãs de sábado e domingo,[125] consultas no Instituto do Ibirapuera e às sextas-feiras, na Associação, seminários em São Roque e em outras partes do país, sobretudo os cursos de formação ligados à Unipaz.

Os seminários do mestre continuaram até um último evento em janeiro de 2000, em Atibaia (SP). O mestre Liu Pai Lin faleceu em dois de fevereiro deste mesmo ano. Os relatos acerca de sua morte assemelham-se em muitos aspectos ao de outros mestres taoístas, em particular no sentido de terem previsto ou decidido o momento de sua morte. Pelo menos desde o ano de 1999, testemunhei o mestre anunciando em suas palestras que desejava partir deste mundo e que não lhe restava muito tempo. Conforme depoimentos informais de discípulos em Brasília que compareceram ao funeral, o corpo foi encontrado em postura de meditação.

Após o falecimento do mestre Liu Pai Lin, e o período de 49 dias de luto, Liu Chih Ming veio a público apresentar-se como herdeiro e mestre de transmissão da linhagem por desejo de seu pai, em março de 2000.[126] De fato, em vida o mestre empenhou-se em divulgar a público que Liu Chih Ming era seu filho e insistir que participasse mais das atividades da escola (N.K., 15/10/1998). Na capa da apostila 12 da série *O Segredo da Longevidade Taoísta*, publicada em 1999, o mestre incluiu uma reprodução de uma fotografia em que Liu Chih Ming aparece atrás do mestre taoísta Liu Pei Zhong. A ilustração é seguida de um comentário que explicita sua intenção claramente legitimadora: Liu Chih Ming recebeu deste mestre a transmissão direta dos conhecimentos sobre *Taiji Quan*, espada, medicina e o caminho da iluminação.

---

124. No ano 2000, um evento de caráter semelhante foi organizado pelos praticantes de Brasília em homenagem ao mestre, com a presença do público em geral e de praticantes de outros estilos de *Taiji Quan* e apoio da Unipaz e da Secretaria de Turismo.

125. Teoricamente sobre *Tui Ná* e *Yijing*, mas na prática abrangendo diversos aspectos da filosofia taoísta.

126. Conforme vim a saber, por intermédio de praticantes de Brasília recém-chegados de São Paulo, ao comparecer a uma pequena cerimônia memorial dos 49 dias de falecimento do mestre Liu Pai Lin.

Simultaneamente, J.C. continuou a transmissão dos ensinamentos do mestre, como sua discípula mais próxima, tradutora e assistente durante mais de 20 anos. Assim, atualmente, a comunidade se organiza em torno de três núcleos principais independentes: a Associação, o CEMETRAC e os Institutos. Durante o ano de 2000, ambos os núcleos continuaram com suas atividades regulares. A Associação organizou seminários mensais coordenados por J.C., com a participação de A.M., responsável pelas palestras sobre o *Yijing*, e H.M., sobre a massagem *Tui Ná*. A maioria dos encontros ocorreu em São Roque, dando continuidade ao trabalho iniciado pelo mestre Pai Lin. O CEMETRAC também organizou seminários coordenados pelo mestre Liu Chih Ming, o primeiro dos quais em São Roque, demarcando simbolicamente a conexão com a herança de seu pai, e os demais no Colégio S. Luís.[127] No ano de 2001, ambos os espaços prosseguiram com sua programação regular e com os seminários. A Associação transferiu o seu encontro para a cidade de Atibaia (SP), local onde o mestre Liu havia organizado seu último seminário. Os Institutos mantiveram as aulas e o atendimento de medicina tradicional chinesa.

Mutações

Coerente com a idéia de uma transmissão viva, "o mestre sempre mudou" (A.H., 6/5/1999), embora alguns treinamentos considerados mais centrais tenham permanecido. À medida que a escola se expandiu, as atividades de divulgação da filosofia taoísta se intensificaram e o mestre envelhecia, os treinamentos também se transformaram, adequando-se ao seu momento de vida e remodelando o ensinamento da escola conforme aprofundamento das experiências com as práticas de serenidade[128] e da diminuição do tempo disponível para seus treinamentos pessoais devido ao aumento dos encargos com a instrução dos discípulos, divulgação da filosofia taoísta e atendimento de medicina tradicional.

A primeira diminuição ocorreu em relação ao aspecto marcial. O treinamento do *Tui Sou* reduziu-se drasticamente, permanecendo o primeiro discí-

127. Centro Pastoral Santa Fé, na via Anhangüera.

128. Por exemplo, no seminário a que assisti em São Roque, em 08-10/10/1998, o mestre comentou durante uma palestra uma de suas experiências contemplativas em uma meditação que durou quatro horas.

pulo do mestre, A.L., como grande especialista da técnica. As formas longas das artes marciais internas passaram a ser cada vez menos ensinadas.

À primeira vista, pareceria que o abandono do aspecto marcial no *Taiji Pai Lin* acompanhou a trajetória biográfica do mestre, isto é, à medida que ele envelhecia concentrava-se mais nos treinamentos interiores em sua prática pessoal, e a maioria dos discípulos seguiu esta tendência. Embora o mestre considerasse superada a prática do *Taiji Quan* com finalidade marcial, a forma tem uma origem nas técnicas de autodefesa, e o conhecimento de seu sentido é determinante para a qualidade da execução da forma, pois determina a direção da imaginação criadora, da intenção (*Yi*), durante a prática.

> **H.K.**: "Então o fato de que a parte marcial não é preponderante não significa que ela não seja colocada, [que] ficou zero por cento. E ela tem que ter uma porcentagem dentro do *Taiji*. Você na verdade não precisa aprender a bater, mas se você não souber os princípios da luta os gestos não serão colocados corretamente" (29/09/1998).

Esta escola nunca teve na prática marcial um fim em si mesmo. Já em 1982, em entrevista concedida à revista Transe[129] (nº 10:55), o mestre, traduzido por L.L., já afirmara:

> O *Taiji* pode ser uma luta. Mas ele visa principalmente ajudar a pessoa que quer alcançar as estrelas e ir bem longe, e nesse caminho ela saberá se defender de ataques. Ao querer isso, sem colocar sua atenção basicamente numa luta física, ele saberá se defender. O Taiji é um treinamento integrado desse corpo físico e do corpo sutil, aquele corpo invisível e que permeia o corpo físico. Quando se treina, também se fortalece esses corpos. Daí, fortalecendo esses dois, surge na pessoa um *Gongfu* diferente – que não significa apenas "luta dura", mas é também uma coisa, uma experiência conquistada através do esforço e tempo de dedicação. Então, ao fazer isso a pessoa tem um *Gongfu* natural e muito mais poderoso, e que vai realmente protegê-la. A maioria das pessoas que fazem treinamento de uma luta dura, precisam parar ou se aposentar ainda jovens, porque elas já sentem seus efeitos internamente, se machucam e não vivem muito tempo. Ao passo que no *Taiji*, quanto mais idade tem, melhor fica, vai ficando mais ágil, mais forte.

A redução do repertório de técnicas mais praticadas ocorreu, portanto, em virtude de um movimento em busca da dimensão essencial da prática (S. Y., 23/09/1998).

> **J.C.**: "Então, lentamente ele [o mestre] foi sentindo, foi chegando à conclusão de que o treino é essencial para a saúde e vida longa. O objetivo principal do *Taiji* é

---

129. Agradeço a Albert Hemsi por ter mencionado a entrevista e fornecido uma fotocópia.

saúde e vida longa. Ele fala que o nosso mestre supremo, Zhang Sanfeng, fala que o aspecto marcial é secundário, um aspecto pequeno da prática" (06/20/2998).

O mestre começou a enfatizar os treinos essenciais e a ensinar técnicas mais sintéticas que pudessem substituir algumas das técnicas ensinadas anteriormente (J.C., 06/10/1998). Por exemplo, a introdução das "Oito formas para o alongamento de tendões" e do "Balanço" em alguma medida substituiu as ginásticas das "Dobras" e dos "Órgãos Internos". As "Doze Formas de *Qigong*" foram substituídas por uma forma mais completa da "Respiração da Tartaruga". Da série dos "Órgãos Internos", passaram a ser enfatizadas apenas as duas formas finais, os exercícios da "Tartaruga" e do "Grou", para a flexibilização da coluna vertebral, fundamentais para o crescente público de meia-idade. Além disso, por causa dos seminários curtos fora da cidade de São Paulo, "achou importante contemplar treinamentos simples, pra que as pessoas pudessem aprender em pouco tempo" (J.C., 06/10/1998). Por outro lado, com relação às palestras, o mestre continuou a transmitir práticas já conhecidas dos discípulos mais antigos, ao mesmo tempo que introduzia alguns treinamentos mais aprofundados (I.S., 27/09/1999).[130]

A escola, internamente diversa, segue seu rumo, tendo como referência à memória dos passos do mestre, agora pertencente à galeria dos prestigiosos e sábios ancestrais da linhagem taoísta.

Montagens

Construir esta narrativa etnográfica como montagem com base em fragmentos de histórias de vida do antropólogo e seus nativos implica o diálogo como mútua inscrição do entrevistador e dos entrevistados. Como narrador, passo a fazer parte da cadeia dialógica da tradição.

Concluo este capítulo expressando uma dádiva de gratidão. Esta pesquisa resultou da cooperação ativa de meus interlocutores, de suas sugestões acerca de eventos a serem observados, locais a freqüentar, outros possíveis entrevistados, de sua generosidade no ensino das práticas e da filosofia taoísta, permitindo-me dialogar com o seu mundo por meio de minha mente e meu próprio corpo.

130. Documentados na série *O Segredo da Longevidade Taoísta*, publicada originalmente pelo Instituto Pai Lin da Vila Mariana, e atualmente pelo CEMETRAC, para circulação interna.

- 3 -

O ESTILO DE ESPIRITUALIDADE TAOÍSTA: uma antropologia da meditação.

"As palavras corretas parecem contrárias."
(*Daodejing*, poema 78).[131]

"Como todas as coisas são uma, que lugar há para o discurso?
Mas como eu já falei do um, isso já não é discurso?"
(Zhuangzi[132] in Fung Yu-Lan [trad. e sel.], 1989:49).

"... deve-se buscar a orientação de um professor verdadeiro"
(Chang Po-tuan & Liu I-ming, 1986:55).

Se cada cultura pode ser compreendida por meio da investigação de seu tipo particular de expressão privilegiada, não se pode entender o taoísmo sem apreciar o valor de suas técnicas corporais, ou melhor, somatopsíquicas/psicossomáticas, na falta de um termo técnico mais adequado para expressar a concepção taoísta da relação de continuidade entre corpo e consciência que é o fundamento de suas técnicas. A via que me conduz a uma antropologia da meditação tem características fenomenológicas. O foco na experiência e em

131. Para citação deste clássico, adotei a tradução do sacerdote taoísta Wu Jyh Cherng, diretamente do chinês, apesar da sensação de estranhamento que pode produzir no leitor não-familiarizado com o tema. A versão para o português da tradução clássica de Wilhelm (1991) não me parece corresponder plenamente à perspectiva da tradição oral taoísta.

132. Grafia segundo a norma *pinyin*, o mesmo que Chuang Tzu ou Chuang-tsé.

seus sentidos conduz a uma abordagem baseada na participação. Assim, etnografo este sistema de meditação por meio de sua prática, como forma de tomar contato com seus propósitos e efeitos, respeitando um de seus pressupostos básicos: os enunciados verbais são insuficientes para comunicar o cerne da experiência meditativa. Mais do que simples estratégia retórica, este enunciado baseia-se na aceitação de que as tradições meditativas dispõem de mecanismos comunicativos sofisticados de natureza não-verbal, que dependem de alterações da cognição e da percepção, cuja gramática e eficácia são apreendidas com a prática. Além disso, a prática também é o espaço privilegiado onde se estabelecem as bases para relações dialógicas verbais com meus interlocutores, por meio da partilha de um mesmo mundo da vida (*Lebenswelt*).

Ao praticar como forma de conhecer, reconheço que o taoísmo tem algo a me ensinar sobre a vida e o conhecimento ao distinguir-se dos saberes acadêmicos por seu caráter fundamentalmente "corporificado".

> Enrijecido pelo longo sono da formação acadêmica, o corpo do erudito anseia por exercitar seus músculos. Sonolento devido à longa inatividade, sofre para restaurar suas sensibilidades. À deriva em um mar de meias-vidas, quer respirar os odores pungentes da vida social, passar as mãos sobre a superfície irregular da vida social, escutar as sinfonias maravilhosas da experiência social, ver as formas e cores atrativas que preenchem as janelas da consciência. Quer despertar a imaginação e trazer a erudição de volta às "coisas em si mesmas" (Stoller, 1997: xi-xii).

Tendo já situado minha temática, em um capítulo anterior, contra o pano de fundo problemático do "oriente", e na paisagem de uma comunidade específica, um terceiro momento neste trajeto é situar o sistema de meditação taoísta e comentar seus critérios próprios sobre a natureza da realização espiritual.

A Montanha Taoísta na Paisagem Meditativa

Investigar o taoísmo combina a compreensão daquilo que lhe é próprio como tradição única com o reconhecimento de sua afinidade com outras tradições, dotadas de definições similares do caminho espiritual e de sua realização, das técnicas e dos modos de expressão da experiência mística, isto é, pertencentes a um mesmo "estilo de espiritualidade". O núcleo desta noção, conforme definida por Carvalho (1994a), é a interpretação qualitativa de uma tradição espiritual com base em seus próprios critérios internos de avaliação. Neste contexto, meu primeiro passo é situar o taoísmo com relação a seu estilo. Mas antes é preciso distinguir entre três conceitos básicos: "religião", entendida como sistema articulado de crenças e de visão de mundo; "espiritualidade", entendida como internalização individual deste modelo de relação entre o ser humano e o sagrado, e "experiência mística", entendida como realização plena do caminho, mesmo que momentânea – cuja própria definição implica a possibilidade de alcançar um estado de consciência que ofereça uma experiência totalizante do mundo, supra-racional (Carvalho, 1994a) ou de consciência cósmica, conforme tratado pela psicologia transpessoal (por exemplo, Weil, 1982; Prince, Osis et al., 1978; Weil, Deikman, Ring, 1978; Weil, Sutich, Tart et al., 1978).

Partindo de seus elementos preponderantes, o taoísmo poderia ser entendido como uma variação do "estilo meditativo oriental" do modelo de Carvalho, em que o fundamental são

> as técnicas de controle da mente que possibilitem alcançar um estado superior de consciência humana" [...] A ênfase está, portanto, nesse desvelamento das capacidades superiores da consciência e o mestre ensina o discípulo a alcançar o estado de consciência que ele próprio alcançou e que seu mestre, por sua vez, também alcançou. Cria-se, assim, uma genealogia que transmite esses estados de superconsciência (Carvalho, 1994a:88-89).

Estes estados estão associados à experiência da não-dualidade, isto é, da unidade entre eu e cosmos, entre sujeito e objeto, de integração de elementos contrários, de relativa transcendência das limitações de tempo e espaço,[133] associada a sentimentos de beatitude. No entanto, uma investigação comparada mais aprofundada certamente identificaria distinções nas classificações nativas destes estados supraconscientes, mas também em seu sentido e valor, de acordo com o enfoque de cada tradição – e possivelmente até mesmo nos tipos de estados induzidos por suas técnicas meditativas específicas.

Em razão do *ethos* experiencial dos estilos meditativos, prática e compreensão se superpõem, de modo que a sabedoria é mais uma expressão existencial das experiências contemplativas do que um conhecimento formal. Assim: "Quem sabe não é abrangente/Quem é abrangente não sabe" (*Daodejing*, poema 81I).

Ou ainda:

> A realização através dos estudos é
> expandir dia após dia
> A realização através do Caminho é
> Simplificar dia após dia

---

133. *A Autobiografia de um Yogue* (Yogananda, 1981), por exemplo, está repleta deste tipo de experiências. (Ver os relatos das páginas 144, 200, 263-264.)

Simplificando, e simplificando mais
Até alcançar a não-ação (*Daodejing*, Poema 48).

Considerando que no taoísmo as práticas meditativas incluem também técnicas cinestésicas, e que "cada postura é uma manifestação da consciência" (Wu Jyh Cherng,[134] 1998:19), o que se percebe ao acompanhar as transformações de longo prazo na qualidade dos movimentos dos praticantes é uma curiosa analogia entre o movimento da consciência, de diminuição em direção à não-ação, e a passagem da "forma" para a "não-forma". Quer dizer, enquanto o iniciante vive as dificuldades de compreender e reproduzir a mecânica dos movimentos, visando atingir a perfeição da forma, a tendência de longa duração que caracteriza o mestre é interiorizar a forma e reduzi-la a uma intenção, diminuindo cada vez mais sua visibilidade. O movimento deve se reduzir ao seu princípio essencial, diminuído cada vez mais o uso desnecessário da força e mesmo sua manifestação externa:[135]

> À medida que formos desenvolvendo a prática do *TAIJI QUAN*, mais iremos nos aproximando de um estado de abstração: enquanto o espírito vai se tornando mais brando, o corpo vai se tornando mais maleável e as posturas mais diluídas [...].
>
> Os gestos amadurecidos são abstraídos a um estado que se assemelha ao "acaso da perfeição". Aos olhos dos outros, fica difícil determinar cada postura, ao mesmo tempo em que é possível sentir e perceber uma perfeita angulação, um posicionamento e um peso físico bem uniformizados e harmoniosos sob um aparente caos de movimento. Assim, no caminho da Arte do *TAIJI QUAN*, devemos iniciar nas técnicas organizadas de forma metódica, para posteriormente chegarmos à arte não metódica. Este é o caminho do RETORNO, da Forma à Não-Forma, das fases incontáveis do Universo ao Um, do Princípio, e do Um, mergulhar no ZERO do ABSOLUTO [maiúsculas no original] (Wu Jyh Cherng, 1998:103).

Quer dizer, o *Taiji* é neste sentido uma arte marcial "velada", [136] caracterizada por uma "estética da opacidade" (Carvalho, 1993b). Há uma tendência a que, quanto mais velho e experiente for um mestre, menos perceptível – menos explícita, mais sutil, mais sugerida – seja sua forma. Essa tendência aparece também no *Budo* japonês, sob influência do *zen*, no ideal da "técnica da não-

---

134. Nascido em Taiwan e residente na cidade do Rio de Janeiro, mestre Wu Jyh Cherng (1958-2004) presidiu a Sociedade Taoísta do Brasil. Filho de Wu Chao-Hsiang, mestre de *Taiji Quan* famoso no Rio de Janeiro. Foi sacerdote taoísta da Ordem Ortodoxa Unitária, uma linhagem distinta da do mestre Pai Lin.

135. Conforme L., entrevista de 23/09/1998.

136. Agradeço a R.F. (comunicação pessoal) por essa definição.

técnica" e da "forma da não-forma" (ver o artigo de Levine, 1995), mais adaptável às situações reais. A diluição da forma e a invisibilidade da intenção são índices de maturidade da técnica que não se confundem com a mera indefinição do principiante. A arte de ler a intenção do outro e alterar sua própria é uma das habilidades centrais do treinamento marcial do *Taiji* (por exemplo, na prática do *Tui Sou*). Destaco que, assim como no caso do *Budo*, para os taoístas a arte marcial não é um fim utilitário em si mesmo, mas um meio para o cultivo da humanidade do praticante, um instrumento de desenvolvimento integrado de seus potenciais.

* * *

Na filosofia de Laozi[137] e Zhuangzi,[138] o sábio é uma encarnação humana do Caminho (*Tao*)[139] (Izutsu, 1983). Define-se não por um acúmulo de conhecimentos, mas pela maestria com que domina as técnicas meditativas e as transmite e pela profundidade da experiência transformadora decorrente de sua prática, a qual faz o mundo ordenado pelo intelecto discriminatório revelar-se como ilusório – mais do que isso, por sua unidade com a prática, que passa a fazer parte da sua pessoa. A experiência se manifesta de forma ostensiva, espontânea.

Um pressuposto básico comum aos diversos representantes deste estilo, portanto, é a existência de modos de consciência além da esfera de atuação da razão e da linguagem. Estes podem ser conhecidos por experiência direta, mas não podem ser compreendidos apenas racionalmente, embora transbordem para o cotidiano. Além disso, ainda que evocada poeticamente em palavras, esta experiência permanece incompreensível, vaga, misteriosa e inacessível até que seja vivida:

> Minha palavra é bastante fácil de compreender
> Bastante fácil de praticar
> Mas, sob o céu, ninguém consegue
> compreendê-la
> Ninguém consegue praticá-la.

---

137. A transliteração das palavras em chinês para o alfabeto latino possui diversas variações, dependendo do sistema adotado. Sempre que possível, utilizei a norma *pinyin* da República Popular da China. Laozi (Lao Tzu ou Lao-Tsé são outras formas possíveis de transliteração) é o autor do *Daodejing*, o mais importante dos clássicos taoístas.

138. Ver a nota anterior. O mesmo que Chuang Tzu ou ChuangTsé.

139. *Dao*, segundo a norma *pinyin*.

> Palavras têm uma origem.
> Os atos têm um regente.
> E somente através da não-compreensão
> Não se tem a compreensão do ego" (*Daodejing*, poema 70).

Além da expressão poética, a condição superconsciente pode ser evocada e expressa por narrativas paradoxais, como no caso dos contos *zen* sobre mestres famosos, das anedotas *sufi* sobre o *mulla* Nasrudin, ou dos *koans* também zen-budistas, mas também por atitudes não-convencionais por parte de um mestre. No taoísmo, fala-se de espontaneidade como expressão da realização.

Acrescento ainda que não há uma separação radical entre corpo e mente, ou melhor, nas cosmologias que pertencem a este estilo de espiritualidade há uma relação de continuidade entre (o que na filosofia ocidental se definiu como) corpo e mente. Sendo assim, tais técnicas de expansão da consciência são também técnicas corporais no sentido clássico do termo: "as maneiras como os homens, de sociedade a sociedade, de uma forma tradicional, sabem servir-se de seu corpo" (Mauss, 1968:365). Mais especificamente, são técnicas "respiratórias", posturas e padrões de movimento, associados a imagens, idéias e sons localizados no e expressos pelo corpo e que catalizam estados psicossomáticos. O projeto de transformação pela experiência, postulado por essa tradição, incluiria a totalidade do ser.

A despeito da pertinência de um estudo comparado sistemático dos sistemas de meditação com a finalidade de perceber suas especificidades quanto ao tipo de estados superconscientes que propiciam, levo em consideração também o argumento de Cláudio Naranjo acerca da unidade subjacente a todos os sistemas de meditação, a despeito dos meios pelos quais esta se realiza, com base em uma semelhança de "atitude":

> A meditação se ocupa de desenvolver uma *presença* [itálicos no original], uma modalidade do ser que pode ser expressa e expandida em qualquer situação em que o indivíduo se encontre (Naranjo, 1991:20).

Isso remete à idéia de que a meditação sugira um conjunto de atitudes diante de si mesmo e da totalidade da vida, ou seja, uma "arte de fazer" na acepção de Michel de Certeau (1994), revelando também um repertório de estratégias para a prática, um posicionamento nas situações diárias. A experiência da realização do *Tao*, entendido como unidade entre o ser do meditador e o mundo – e o mesmo poderia ser dito da meta do *Yoga*, o *samadhi*, ou da iluminação dos budistas –, deve expressar-se ostensivamente nas ações, ou no *wu-wei* (não-ação),[140] como um estilo particular de ação: "fazer e não-fazer", "estar e não estar", nas palavras do mestre Liu Pai Lin.

Devido à correspondência estrutural entre micro e macrocosmo, entre humanidade e natureza, que se espelham mutuamente, meditação é conhecer a si mesmo e compreender o universo; na filosofia de Laozi e Zhuangzi, é iluminação (*ming*) (Izutsu, 1983). A indiferenciação primordial que é a origem de todas as coisas é acessível à experiência direta por meio da meditação:

> Sem sair da porta
> Pode-se conhecer o mundo
> Sem ver através da janela
> Pode-se conhecer o Caminho do Céu
> Quanto mais longe saímos
> Tanto menos conhecemos
>
> Por isso, o homem sagrado
> Conhece sem caminhar
> Reconhece sem ver
> Realiza sem agir" (*Daodejing*, poema 47).

Mestre Liu Pai Lin comenta:

> Somente na serenidade podemos descobrir os segredos da natureza: como é a natureza, suas configurações, suas forças, suas mutações (1987:67).

Para entender esta afirmação, lembremos que para o taoísmo o universo é conhecido contemplativamente por identificação, não por separação, e que tanto pensamento como emoções funcionam em um nível da realidade caracterizado por um dualismo constitutivo, entre eu e mundo, eu e tu. No taoísmo, conhecer é um engajamento prático, é identificar-se mimeticamente; em certo sentido, é esvaziar-se, esquecer-se de si mesmo.

O modelo proposto por Naranjo (1991) sugere a divisão dos sistemas de meditação em três estilos, de acordo com seus aspectos predominantes:

a. absortivo ou concentrativo: constitui um exercício de atenção, uma prática de centrar-se, de conhecer-se a si mesmo, a partir da utilização de símbolos relacionados aos temas da centralidade, da ordem e da

---

140. No sentido de ação não-intencional: "Não-ação significa, em suma, que o homem abandone todo esforço artificial, não-natural, para fazer algo, e se identifique completamente com a atividade da Natureza que não é nada mais do que a manifestação espontânea do Caminho, mesmo além do nível da 'não-atividade'. E sendo um com a Natureza, dê um passo adiante rumo ao próprio núcleo do Caminho" (Sekida, 1983:309, nota 24).

resolução das oposições. Estes símbolos tanto podem ser imagens ou idéias, mas também sua expressão física, em objetos, sons, movimentos ou posturas. "A centralidade dos objetos de meditação é a expressão direta de sua função de recordar o centro do indivíduo, o núcleo de seu ser" (Naranjo, 1991:33). Mas este núcleo é insubstancial, vazio. Nele o ego se dissolve, pondo fim a toda dualidade constitutiva da experiência ordinária da realidade: a distinção entre sujeito e objeto, entre eu e tu. Neste sentido, em resultado da concentração, conhecer é identificar-se com "a absorção do estado meditativo não só faz que o indivíduo se transforme em outro, mas o faz chegar à essência do outro, que é a essência de todas as coisas" (idem:42).

b. negativo: aparentemente o oposto dos outros dois caminhos, por meio do esvaziamento de si mesmo, busca livrar dos condicionamentos, preconceitos, desejos, mecanismos do ego que impedem a conquista de um estado de atenção, desapego e espontaneidade, o qual equivale, no taoísmo, à prática da "não-ação" (*wu-wei*) e à condição de "harmonia com a natureza", ou "retorno à origem". As técnicas se baseiam na obtenção da "atenção correta", na apreensão direta dos processos psíquicos pela própria mente.[141]

c. expressivo ou de entrega: caracterizado por "uma atitude de respeito ao impulso espontâneo do momento" (Naranjo, 1991:99), isto é, uma abertura para "a contemplação de aspectos individuais da realidade [...] seja em símbolo, seja em experiência direta" (idem:100). Esse caminho favorece a experiência visionária, que no caminho negativo é considerada um fenômeno ilusório. Em ambos os casos, "tanto o desapego quanto a entrega representam uma condição de *abrir-se à experiência*" [itálicos no original] (idem:103). Diferem, porém, na importância atribuída ao conteúdo, que neste último estilo é o próprio objetivo da busca. No transe, o sujeito desaparece para ser um canal de manifestação para forças ou entidades espirituais. Mas sua experiência é qualitativa, o transe é distinguido em termos de suas qualidades e da natureza das entidades manifestas.

---

141. Sekida resume essa perspectiva do ponto de vista do zen-budismo: "Zen não é, em meu ponto de vista, filosofia ou misticismo. É simplesmente uma prática de reajustamento da atividade nervosa, ou seja, restaura o funcionamento normal ao sistema nervoso distorcido" (Sekida, 1977:211).

Se comparamos este modelo ao esboço de uma teoria dos estilos de espiritualidade de Carvalho (1994a), o terceiro caminho de Naranjo (1991) seria mais semelhante aos estilos de "possessão ritualizada", ou até mesmo ao espiritismo, do que ao "estilo meditativo oriental". Embora considere o ensaio de Naranjo uma das abordagens psicológicas mais sensíveis à temática da meditação, faço objeção à sua leitura psiquiátrica – ainda que positiva – dos fenômenos de possessão, assimilados pelo autor a processos psicóticos. Percebo aí um ruído na operação de tradução para o campo do discurso médico. Suas categorias tendem, em sua forma hegemônica, a desautorizar este tipo de experiência religiosa, pois aspectos centrais que a constituem – a existência de estados de consciência supra-racionais, de planos de existência invisíveis, de entidades espirituais – são incompatíveis com uma concepção racionalista e materialista de ciência.

Naranjo (1991) considera os três tipos do modelo como três direções complementares do espírito: "o êxito na meditação requer uma simultaneidade de empenho, espontaneidade e desapego" (Naranjo, 1991:141). A tradução brasileira é complementada com uma atualização do ensaio original, em que o autor reelabora este modelo, partindo de uma passagem da classificação tripla já mencionada para uma classificação quádrupla, com duas dimensões bipolares que, contraditórias do ponto de vista lógico, complementam-se no plano experiencial: 1) o pólo da ação, um contínuo que vai do não-fazer ao deixar fazer; 2) o pólo cognitivo, um contínuo que vai da atenção plena do momento presente à absorção em um objeto simbólico de concentração. Assim, a prática da meditação abriga simultaneamente todos esses aspectos em proporções variáveis em cada sistema particular. Posteriormente, o autor acrescenta: 3) um pólo afetivo, que vai do amor ao desapego. E por fim, soma um eixo vertical que vai da gnose ao não-ego – dois objetivos das práticas espirituais.

Ao tratar esta versão da alquimia interna taoísta como uma descrição de seu sistema de meditação e de seus critérios próprios de realização espiritual, refiro-me preferencialmente a experiências de campo, comentários orais ou escritos de meus intelorcutores, restringindo meu uso dos textos clássicos ao mínimo, fundamentalmente ao *Neijing*, ao *Yijing* e ao *Daodejing*. Comentarei alguns aspectos da meditação taoísta com base em informações obtidas em situações de aprendizado: aulas de práticas taoístas e palestras dos mestres Liu Pai Lin e Liu Chih Ming.

As práticas com que tive contato durante minha pesquisa de campo articulam em todos os planos dois elementos complementares: a serenidade e o movimento. De acordo com a concepção taoísta, da imobilidade total surge o movimento verdadeiro:

> Após permanecer imóvel no Sentar na Calma por um determinado tempo, desligando-se de si mesmo e de todas as coisas, adentrando neste Vazio total, neste estado que Laozi chama de vislumbrar o Mistério, de vislumbrar as Maravilhas, surge este movimento repentino, involuntário, a que Laozi se refere como sendo a Mãe de todo o universo. O Céu e a Terra geraram todos os seres vivos por terem tido este momento (Liu Pai Lin, s/d: apostila 15).

O movimento verdadeiro, *Yang*, é gerado pela serenidade absoluta, *Yin*, de acordo com o princípio da alternância, que faz com que um fenômeno transforme-se no seu contrário após atingir sua manifestação máxima. Dessa forma, o *Tao* opera como um regulador cósmico:

> O Caminho do Céu é como o retesar do arco
> A parte superior abaixa, a parte inferior sobe
> A parte que possui sobra é diminuída
> A parte não-suficiente é completada" (*Daodejing*, poema 77).

Se o pólo da serenidade consiste numa combinação de absorção na contemplação e subseqüente esvaziamento, o pólo do movimento corresponde tanto a gestos, a padrões cinestésicos, quanto a circulações internas cujo trajeto corresponde a localizações determinadas no corpo do praticante, simultaneamente literais e simbólicas. Cada uma, um campo de experiência, ou aspecto da psiquê. Nas palavras do mestre Liu: "Através da serenidade treina-se o coração;[142] através do movimento treina-se a flexibilidade do corpo" (Chang e Leal [eds.], 1998:5). A tranqüilidade da mente e a flexibilidade são pré-requisitos para a saúde, já que a agitação mental e emocional e as tensões e bloqueios físicos comprometem o equilíbrio dinâmico da unidade físico-energético-psíquico-espiritual que constitui o ser humano A relação entre serenidade e movimento é ainda mais complexa: pode também haver serenidade interna em um exercício de movimento e movimento interno em um exercício de serenidade.

Movimento e serenidade combinam-se a atenção e esquecimento. A consciência se mantém no presente da ação até que, unida a seu objeto de contemplação, "esquece-se de si mesma", da mente e do eu corpóreo. Em certo sentido, as práticas de movimento tendem para a atenção total no fluxo da atividade, ao passo que as práticas de serenidade, em especial a meditação sentada, tendem para o esquecimento, pelo silêncio da mente e dos sentidos.

---

142. O conceito chinês *Xin* às vezes se traduz também por mente. Refere-se simultaneamente a processos ligados ao pensamento e à emoção.

As práticas organizam-se recorrentemente em termos de símbolos de centralidade – o círculo, o eixo vertical que liga Céu e Terra, os diagramas do *Taiji* e do *Bagua* – que evocam unidade e integração dos contrários. Nas seqüências de movimento isso se manifesta no padrão básico segundo o qual todo o corpo deve mover-se como uma unidade a partir do movimento de seu eixo central interno, mas também na forma de ocupar o espaço e deslocar-se em função de um eixo externo. No *Taiji Quan*, o praticante orienta seus movimentos pelas direções virtuais dos pontos cardeais. No *Bagua Zhang*, o praticante segue uma trajetória circular como se percorresse um diagrama do *Bagua*, traçado sob os seus pés. Mas em todas as práticas, de movimento ou serenidade, o próprio centro gravitacional e simbólico do corpo do praticante, a "raiz da origem fetal" (*Tai Yuan*), tem conotações cósmicas; o "umbigo do mundo", na terminologia das religiões comparadas, é uma imagem corpórea literal. Contém o diagrama do *Bagua*[143] (o símbolo do *Taiji* com os dois peixes Y*in* e Ya*ng* entrelaçados, circundados pelos oito trigramas)[144] (Figura 1) e também os cinco elementos, dispostos em 5 regiões no interior de uma esfera, conforme a relação entre direções e elementos correspondentes à representação macrocósmica do espaço quadrado, adaptada pelo mestre ao hemisfério sul: o fogo-vermelho acima, a água-azul abaixo, o metal-branco à direita e a madeira-verde à esquerda, ocupando a terra-amarela o centro.[145] Esta estruturação das cinco energias da natureza replica-se também em outras estruturas corporais, como no sistema de órgãos e vísceras (*zang-fu*) da medicina tradicional chinesa. Os dedos das mãos correspondem também cada um a uma das cinco energias: polegar-terra; indicador-madeira, médio-fogo, anular-metal, mínimo-água.[146] Os oito ossos do punho (carpo) correspondem aos oito trigramas, e os cinco ossos da palma (metacarpo) aos cinco elementos. Servem para a captação de energia da natureza

---

143. Ou *Pa Kua*.

144. Enquanto o símbolo da escola do mestre Liu Pai Lin ostenta a configuração pré-natal do *Bagua*, ou arranjo do Céu Anterior, associa-se ao ser humano não iluminado a configuração pós-natal, ou arranjo do Céu Posterior, que também corresponde ao ciclo temporal do dia e das estações do ano.

145. Conforme entrada no meu diário de campo referente à palestra do mestre realizada em 21/04/1998. Este arranjo corresponde ao número cinco central no diagrama do Hetu, formado por cinco círculos brancos em forma de cruz com as hastes de tamanho igual.

146. Essa descrição diverge da oferecida por Despeux (1994), que, na p.100, atribui o fogo ao indicador e a madeira ao médio.

e para sua emanação com finalidades terapêuticas (Liu Pai Lin, entrevista de 2/4/1999 e s/d: apostila 3). Essas relações cosmológicas atualizam-se diariamente na prática do *Qigong*, do *Taiji Quan*, da massagem *Tui Ná* ou da meditação "Sentar na Calma". No plano microcósmico, as cinco energias correspondem a aspectos parciais do ser e da psiquê, já que a cada elemento corresponde um tipo particular de estado emocional e de funções fisiológicas. Tal identificação não é apenas um exercício imaginativo, mas uma experiência corpórea, realizada por meio do gesto, pela identificação a determinadas imagens – principalmente naturais, como por exemplo determinados animais: a tartaruga, o tigre, o grou, a serpente, o macaco, o dragão, a fênix – e ao próprio mestre como modelo do estado a ser alcançado. As técnicas de meditação propriamente ditas fazem parte de um sistema completo de práticas que inclui técnicas para o cultivo da saúde e da longevidade, artes marciais da chamada "escola interna" e medicina tradicional chinesa.

Figura 1.
Configuração pré-natal do *Pa Kua*

Na "raiz" se enlaçam os dois princípios indissociáveis, que constituem os dois pólos básicos da existência, *Yin* e *Yang*. A prática do "recolhimento na raiz" (ou do "retorno à origem") refaz a ligação das eletricidades de polaridade oposta que, de acordo com a teoria taoísta, são dissociadas pelo processo de maturação física, a partir da puberdade, e pelas tensões e agitação da vida cotidiana. O sistema de meditação, portanto, trata de unificar os termos complementares que constituem o ser humano e que se encontram separados em razão da condição generalizada de dicotomia, característica da maior parte da humanidade. As metáforas do "casamento entre o Céu e a Terra", da "união do fogo e da água", de "esvaziar a cabeça e o coração" e "encher a barriga" são todas descrições deste mesmo processo.

Isto é sugerido pela expressão chinesa que designa a meditação, "Sentar na Calma". É escrita com três ideogramas: 1) "frescor primaveril", formado pela sobreposição vertical de dois ideogramas mais simples, um representando a "união céu-terra-ser humano" e o outro "sol e lua reunidos"; 2) "aplicar-se para obter"; 3) "dois sentados sobre a terra".[147] Ouvi também sobre uma versão mais simples, escrita com dois ideogramas, o primeiro representando "dois sentados sobre a terra" e o segundo "serenidade".[148] Os "dois" poderiam denotar a natureza coletiva da prática. Por uma lógica semelhante, a palavra "floresta" é escrita em chinês pela repetição do ideograma madeira (*mu*), assim dois pictogramas de árvores representam uma floresta. No entanto, entre as recomendações para a prática da meditação, o mestre Liu Pai Lin (s/d: apostila 10) inclui o seguinte:

> O treino ideal consiste na prática individual ou em dupla, num pequeno ambiente, para atingir mais facilmente a serenidade. As práticas coletivas como as realizadas pelos Budistas, praticantes de *Yoga* etc., não são recomendadas pela linhagem Taoísta.

Quer dizer, apesar de que a transmissão ocorre em um contexto coletivo, da aula de meditação, este é mais uma contingência do que um aspecto fundamental da prática. Assim, mais precisamente, os "dois" que podem ser replicados pela prática em dupla são termos complementares de uma unidade constituída pelo próprio praticante entendido como microcosmo: o corpo e o espírito, *Yin* e *Yang*, água e fogo. Mais precisamente, energia (*Qi*) e espírito (*Shen*) (Liu Pai Lin, s/d, apostila 1, nova edição). A terra, por sua vez, corresponde à posição central no contexto de uma representação quadrada do espaço, operada pela cosmologia chinesa, na qual cada uma das cinco energias corresponde a uma direção. No ser humano, a terra também corresponde ao centro, a região em torno do umbigo, a "raiz". A essa união dos dois na terra, por sua vez, corresponde um gesto simples: superpor a mão direita sobre a esquerda na região do umbigo, formando "o abraço do Taiji", a prática mais básica e fundamental para este sistema de meditação.

Assim, o elemento central desta técnica de meditação é um retorno à origem, simultaneamente metafórico e literal, por meio de uma metáfora antropomórfica. O treinamento visa a recuperação deste estado de unidade original, que significa ao mesmo tempo saúde, vitalidade plena e serenidade. Eliade (s/d b: 95-96) acrescenta que o retorno buscado pela alquimia interna taoísta é o "desenvolvimento de uma concepção mais antiga e mais difundida, já atestada nos níveis arcaicos de cultura: a cura pela através da reatualização da cosmogonia", que

---

147. A.M., comunicação pessoal, a partir da explicação de J.C. em 08/07/2000, São Roque (SP).

148. Anotações de campo com base nas aulas de J.C. na Associação *Taiji* Pai Lin.

equivale neste caso ao estado de indiferenciação original, o Vazio (*Wuji*) anterior à manifestação do universo constituído de contrários.

> Alcançando o extremo vazio e
> permanecendo na quietude da extrema quietude
> Os dez mil seres se manifestam simultaneamente
> E. através disso, contemplamos o seu retorno[149]
> Apesar da diversidade dos seres,
> Cada um deles pode retornar a sua raiz
> O regresso à raiz se chama quietude
> Quietude se chama retornar a viver
> Retornar a viver se chama constância
> Conhecer a constância se chama iluminação (*Daodejing*, poema 16).

Gostaria de complementar a versão acima, também taoísta, com a interpretação do mestre Liu Pai Lin (s/d: apostila 10) do mesmo poema, mais pontual no que diz respeito à meditação:

> Para inverter o processo que leva à morte é preciso entrar no estado de extremo vazio, mantendo a serenidade e, assim, atingindo o retorno à raiz (*Guei Yuan*) e o retorno à vida (*Fu Ming*).

Este outro fragmento remete à prática da meditação como silenciamento da mente, recolhimento dos sentidos. Indica também a incapacidade de capturar o sentido desta experiência apenas pela linguagem, um tema caro a este estilo de espiritualidade, pois a própria faculdade racional da mente é suspensa durante a meditação:

> O que é da compreensão não é a palavra
> O que é da palavra não é a compreensão
>
> Fechando a boca
> Trancando a porta[150]
> Cegando o corte
> Desatando o nó
> Harmonizando-se à luz
> Igualando-se à poeira
> Isso se chama o Mistério Comum"[151] (*Daodejing*, poema 56).

---

149. O tradutor, Wu Jyh Cherng (2003:45, nota 23), incluiu o seguinte comentário: "FU: Retorno – Hexagrama do *Yijing*, representa, no auge da quietude, o nascimento da atividade.

150. Esta passagem sugere um paralelo com a prática de *Pratyahara*, do *Astaunga Yoga* de Patânjali. A introversão dos sentidos necessária à prática da meditação sentada.

151. Wu Jyh Cherng (2003:103 nota 39) inclui o seguinte comentário: "Shuen Ton: O Mistério Comum, significa a união com o Todo".

Diferentes segmentos ou localizações específicas no corpo visível assim como no invisível são caracterizados como *Yin ou Yang* e agrupados em pares complementares. Por exemplo, a cabeça, *Yang*, relaciona-se ao baixo-ventre, *Yin*, assim como o céu se relaciona à terra. As mãos são *Yang* em relação aos pés, *Yin*. O lado esquerdo é *Yang*, o lado direito, *Yin*. Mas o rim direito é *Yang*, enquanto o rim esquerdo é *Yin*. O sistema taoísta refere-se tanto a pontos no sistema de meridianos ordinários e de vasos extraordinários conforme a tradição médica chinesa quanto a centros análogos, em concepção, ao sistema de *chakras* no *Yoga* indiano, ou no budismo tântrico tibetano. No entanto, em vez de estarem dispostos em um eixo vertical ascendente em que as localizações espacialmente superiores também o são do ponto de vista hierárquico, os centros estão dispostos em uma trajetória aproximadamente circular, formada pela união de três caminhos: do vento, da água e do fogo. O primeiro corresponde a uma trajetória ascendente da base da coluna ao crânio, ao longo respectivamente da medula posterior e anterior; o segundo corresponde a uma linha central que atravessa o interior do corpo ligando os genitais internos, o sistema renal, e chega até o centro da cabeça; o terceiro, a uma trajetória descendente, do crânio ao púbis, passando pela parte anterior do tronco. Os caminhos do vento e do fogo correspondem, grosso modo, à trajetória dos meridianos *Du* (vaso governador) e *Ren* (vaso da concepção). Ao longo do trajeto do "Pequeno Universo" ou da "Roda d'Água", localizam-se os Seis Centros (*Liou Shen*), localizações simultaneamente corporais, energéticas e simbólicas: 1) *Yin Qiao*, centro *Yin*, em cor azul esverdeada, situado acima do períneo, nos genitais internos; 2) *Shien Gu*, centro do osso sacro, na cor amarelo-dourada, na base da coluna vertebral; 3) *Yi Qiao*, centro da intenção, cor vinho, situado entre os rins; 4) *Shin Qiao*, raiz da rede nervosa, de cor roxa, situado próximo do corpo quadrigêmeo; 5) *Lin Tai*, Olho Celestial ou centro *Yang*, em cor branca, no centro da cabeça, situado próximo do terceiro ventrículo, entre a hipófise e a pineal; 6) *Yuan Sen*, Centro do Coração, na cor rosa (Figura 2). Entre eles existe também uma relação de polaridade *Yin-Yang*, resumida pela correspondência entre *Yin Qiao* e *Lin Tai* como equivalentes humanos da relação macrocósmica entre Céu e Terra. Mas as correspondências se replicam nas relações entre outros centros. O centro 1 é *Yin*, o centro 2 é *Yang*. O centro 3 relaciona-se ao centro 6. O centro 4 é *Yin* com relação ao centro 5, *Yang*.

A diferença entre a simbólica do eixo vertical ascendente e a simbólica do círculo poderiam expressar diferenças de atitude existencial entre essas tradições

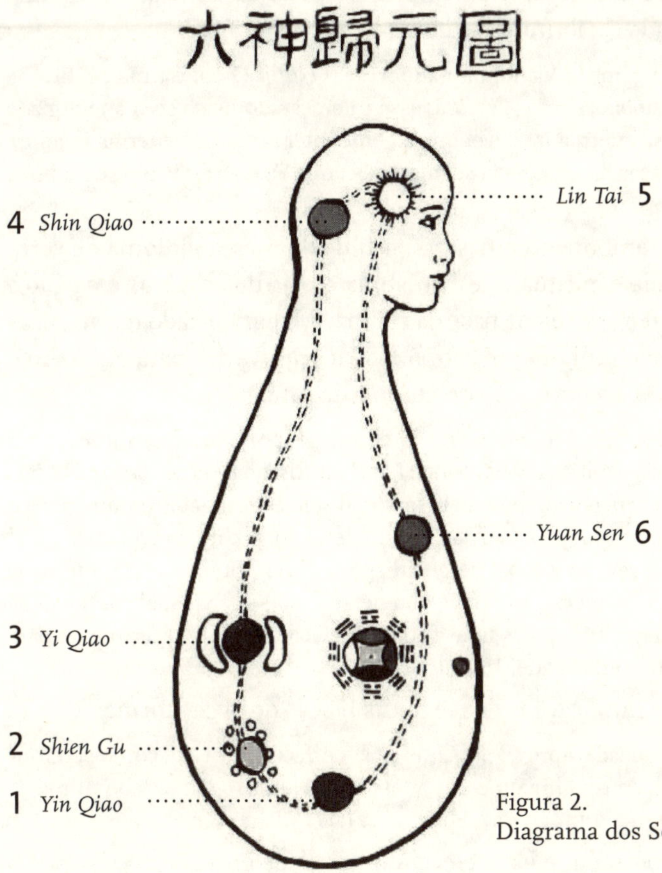

Figura 2.
Diagrama dos Seis Centros (*Liou Shen*)

contemplativas.[152] Enquanto a meta na maioria dos estilos de espiritualidade indiana é a transcendência e a liberação definitiva do mundo fenomênico, de seu ciclo de morte e renascimento, priorizando a realização espiritual (*moksa, mukti*) em detrimento da longevidade e por isso assumindo, em algumas de suas versões, uma atitude ascética em relação ao corpo, o taoísmo complementa o movimento ascendente rumo à transcendência e o movimento descendente da energia da

152. O mestre Liu Pai Lin costumava referir-se ao budismo como forma de contrapor estas duas abordagens. Seu filho Liu Chih Ming, no entanto, teve também mestres budistas e portanto não estabelece esta distinção.

natureza em direção ao microcosmo para nutrir a existência, almejando simultaneamente a longevidade e a iluminação:[153]

> Este corpo físico vem do Vazio, da não-forma. O *Taiji Quan* é uma prática de interação da Existência com o Vazio. É essa interação do físico com a energia, e é através da nossa energia invisível que a gente interage com a energia criadora da natureza. Através da existência se interage com o Vazio e do Vazio se traz esta energia para suprir a existência.[154]

Por outro lado, embora o tantrismo partilhe do mesmo idioma de verticalidade da experiência espiritual – expresso na teoria dos *chakras* e da força espiritual *kundalini*, adormecida na base da coluna, e experienciado nas técnicas meditativas – apresenta, juntamente com o *Hatha Yoga*, vários paralelos com o taoísmo em em relação à valorização do corpo e da saúde:

> El cuerpo humano adquiere en el tantrismo una importancia que nunca antes logró en la historia espiritual de la India. [...] el tantrismo lleva hasta sus últimas consecuencias la concepción de que la santidad sólo es realizable en un "cuerpo divino". [...] el cuerpo deja de ser la "fuente del dolor", para convertir-se en el instrumento más seguro y cabal de que dispone el hombre para "conquistar la muerte". Y ya que la liberación puede obtenerse desde esta vida, el cuerpo debe conservarse el mayor tiempo posible y en un perfecto estado, precisamente para facilitar la meditación. (Eliade, 1991:170-171)

Examinando as implicações das técnicas físicas do *Yoga*, afirma:

> Sin embargo, lo que siempre se persigue es la perfección, y ésta, como veremos enseguida, no es de tipo higiênico ni atlético. El HathaYoga no debe ni puede confundirse con una gimnástica. (Eliade, 1991:171)

Mais adiante, prossegue estabelecendo paralelos entre o tantrismo e o *Hatha Yoga*:

> Los refranes: "destruye la vejez y la muerte", "conquista la muerte" (*mrtyum jayati*) ilustran el verdadero sentido y la orientación final de todas estas técnicas. (Eliade, 1991:172)

As semelhanças entre as duas cosmologias não terminam aí: "el objectivo del *sâdhana* tântrico es la reunión de los dos principios polares en el alma y

---

153. Uma primeira reflexão sobre este tema surgiu de conversações com A.M. durante a pesquisa de campo. Nosso passado comum como praticantes de *Yoga* foi terreno fértil para comparações com o taoísmo.

154. Liu Pai Lin em vídeo dirigido por Elza Ramalho (1996). O texto narrado durante o vídeo consiste em uma edição das falas do mestre em uma entrevista filmada em Brasília, com tradução de sua assistente, J.C..

el cuerpo mismo del discípulo" (Eliade, 1991:154). Em ambas, trata-se da Unidade Absoluta (*Wuji*, na terminologia taoísta) que se distingue em dois princípios polares complementares e inseparáveis (*Yin-Yang*, no taoísmo; *Shiva-Shakti* ou *Purusa-Prakrti*, no tantrismo hindu). Seus exercícios espirituais visam a reintegração destes princípios e o retorno à condição "original" de não-dualidade.

* * *

Ainda que seus caracteres predominantes apontem para o estilo meditativo, o taoísmo tem também aspectos da "grande mística letrada" (Carvalho, 1994a). Pois a experiência espiritual não é apenas traduzida pelo corpo, nem somente pela conquista de um estado expandido de consciência, mas encontra também uma expressão textual, ainda que secundária, por meio de "ensaios, poesias, relatos autobiográficos, tratados (idem:83)". Esta, contudo, não possui existência autônoma completa, sempre submetida à exegese oral por parte de um mestre reconhecido que a relaciona a um sistema de práticas. É importante ressaltar, ainda assim, a preponderância dos aspectos contemplativos e não-verbais.[155] A ênfase na comunicação silenciosa é característica de outras escolas filosóficas chinesas: "nas escolas onde floresceu o pensamento mais profundo, pôde-se propor como ideal do ensino verdadeiro e concreto um ensino sem palavras" (Granet, 1997:61).

Teoria e prática são inseparáveis, já que se está transmitido não apenas um ensinamento de ordem intelectual ou ética, mas um certo tipo de experiência vivida da qual depende a compreensão. E, como bem observa o sinólogo Marcel Granet (1997:19-20), cada mestre possui uma receita própria de sabedoria, de eficácia geral, ensinada "*por meio de* um sistema de práticas", de modo que uma doutrina rege atitudes: "todas as Seitas ou Escolas se propuseram realizar um arranjo da vida e das atividades humanas, tomadas em sua totalidade: ou seja, na totalidade de seus prolongamentos, não apenas sociais, mas cósmicos" (idem:20). Uma diferença entre o caso brasileiro e as formas tradicionais chinesas descritas por Granet encontra-se na possibilidade de formas múltiplas de vinculação à tradição taoísta, em um contínuo que vai do mero praticante de *Taiji Quan* ou paciente de massagem *Tui Ná* ao discípulo da linhagem taoísta, que considera as práticas como parte de um "caminho de vida" transmitido por um mestre espiritual.[156]

---

155. Desenvolvo este aspecto em "Bifurcações no Caminho".

156. Sobre as formas de vinculação ao universo taoísta ver "Instantâneos e Montagens".

A Silhueta do Sábio

Seguindo as pistas para uma leitura relativista do campo religioso brasileiro, visando "perceber os movimentos a partir de suas qualidades e de seus estilos próprios" (Carvalho, 1994a:79) e "extrair os critérios nativos que me permitam distinguir as grandes expressões de um estilo espiritual de sua expressão medíocre" (idem:80), discuto a seguir as características principais d(esta versão d)o estilo taoísta. .

A particularidade mais visível do taoísmo é a convergência entre longevidade e sabedoria, referida em várias passagens do *Neijing*, principal clássico da medicina tradicional chinesa. Por exemplo:

> Os sábios seguiam as leis [da natureza] e portanto seus corpos estavam livres de doenças estranhas; eles não perdiam nada (que tivessem recebido da natureza) e seu espírito de vida nunca se exauria (*Neijing*, Livro I, Veith [trad.], 1972:105).

Ou:

> Contudo se diz: aqueles que possuem a verdadeira sabedoria permanecem fortes, enquanto aqueles que não possuem nenhum conhecimento e sabedoria envelhecem e enfraquecem (*Neijing*, Livro II, Veith [trad.], 1972::121).

Neste sentido, é revelador dos valores do estilo taoísta que a longevidade e saúde do mestre Liu Pai Lin tenham sido índices de sua sabedoria, o que talvez remeta à idéia, na civilização chinesa, da imortalidade como metáfora ou epíteto da alma realizada. Entretanto, a longevidade não é apenas um fim em si mesmo, mas uma condição para o pleno desenvolvimento das potencialidades humanas, como fica claro nos fragmentos abaixo:

> **I.B.**: "Inclusive, quando conheci o mestre, ele falava em vida longa, vida longa, eu pensava: 'meu Deus, que vida longa o quê'! E aí fui entendendo aos poucos que é para dar tempo para que você possa realmente desenvolver todos os potenciais. Cada época da vida tem uma coisa [...] para você descobrir. [...] E quando chega essa época da vida é que você começa a entender um pouquinho melhor, você começa a ficar doente, como diz o mestre, aí você passa o resto do tempo fazendo exames, certamente, você não tem tempo porque você está nessa e vai murchando. Você não desenvolve até o final" (11/10/1998).

> **A.M**: "O taoísmo fala que quanto mais tempo você viver, mais rápido você fica livre, porque você já tem mais experiências acumuladas, você já superou mais as ilusões da juventude, a sexualidade já está mais fraca, então é tudo mais fácil. Então você acelera a sua realização se você vive vidas mais longas" (29/04/1999).

> **H.K.**: "Ele fala muito na longevidade, mas a longevidade dele não é assim, como

o pessoal fala: 'viver muito pra quê, me arrastando pelo mundo, sendo um peso para os outros?' A longevidade dele [...] é viver muito com saúde e aproveitar a experiência da idade para usar em benefício da comunidade. Uma experiência que se tem com a idade, que se tem até quando já se mudou do serviço comum braçal, serviço de ganhar dinheiro e já se pode usar de energia [...] ensinando. [...] Mas a longevidade tem um significado muito maior do que apenas viver muitos anos, tanto que a gente vai ficando mais respeitável com a idade [...] impregnada dessa filosofia, quando completei 50 anos, eu me pavoneei: 'completei meio século'. Naturalmente, depois dos 60 a gente começa a ficar melhor, mas a gente começa a ficar respeitável só depois dos 70. Com 80 é que está bem na comunidade; agora, depois dos 90 é a glória. O mestre com mais de 90 tem mais flexibilidade e saúde do que nós" (29/09/1998).

Liu Pai Lin: "Para que uma vida longa? Para que toda a potencialidade do ser humano possa se desenvolver física e espiritualmente. O valor da vida deve ser expresso; o seu brilho só é visto quanto se reflete nos outros. A ajuda ao próximo é a sua própria alegria, o sentido de sua vida" (Chang e Leal [eds.], 1998: 5).[157]

O taoísmo combina o cultivo do corpo físico com o do espírito.[158] Saúde e longevidade são portanto ao mesmo tempo algumas das manifestações da realização espiritual, da iluminação, e suas condições propiciatórias. Ambas dependem de um estado de integração microcósmica das grandes polaridades macrocósmicas, *Yin* e *Yang*, que é o tema principal da prática da meditação. A condição de integração ou de divisão caracterizam uma distinção ao mesmo tempo ontológica e epistemológica entre "verdadeiro e falso", de alguma maneira análoga à distinção entre *vidya* e *avidya* na filosofia indiana.[159]

J.C.: "É ser falso no sentido taoísta de estado de diferenciação,[160] porque consideram

157. Texto distribuído no Anhangabaú, 1992, e republicado em *Saúde longevidade.*

158. "Isso caracteriza o taoísmo frente a outras religiões e filosofias de vida, porque fala da manutenção do corpo físico e do fortalecimento do espírito, ou seja, o praticante usufrui tanto da vida terrena quanto da espiritual" (Liu Pai Lin, 17/10/1992, mimeo).

159. Diz respeito também à natureza ilusória da realidade ordinária conforme é percebida pelo intelecto. Este aspecto é mais explícito por exemplo na famosa anedota do sonho da borboleta de Zhuangzi (citada por Izutsu, 1983; Fung Yu-Lan [trad. & sel.], 1989).

160. Na filosofia de Zhuangzi, o "ego", ou melhor, a mente (*xin*), como entidade auto-subsistente dotada de independência ontológica absoluta, é a raiz do estado ilusório de diferenciação do mundo em opostos. Aparece no nível intelectual como a razão. Experimentado como absoluto e autônomo, é algo relativo a seu mundo e dependente do *Tao*. Em Laozi, aparece como o estado fixo da mente que perdeu sua flexibilidade natural (Cf. Izutsu, 1983; Zhuangzi in Fung Yu-Lan [trad. & sel.], 1989).

> [que] os seres que [...] não têm a vida segura são falsos, neste sentido, porque [...] não têm o domínio sobre a sua vida. Seres verdadeiros, digamos, não estão sujeitos mais à determinação da natureza, porque eles têm essa força interior [...] eles tem uma força até para estar captando, roubando da energia da natureza também. Não ficam sujeitos a que a natureza tire da sua energia. Como a lua também, a lua cheia. A lua cheia puxa energia da terra [...] E esses seres verdadeiros que fazem a prática de meditação conseguiram uma força interior de forma que não se deixam privar dessa energia. [...] Eles têm uma força para se proteger e também para fazer movimento contrário, para estar captando daquela energia" (06/10/1998).

Mestre Liu Pai Lin associa a condição de "ser falso" ao estado patológico de dicotomia, de dissociação das duas energias que constituem o universo e sua réplica, o ser humano:

> Acima do coração tudo é fogo. O fogo tem uma natureza ascendente e nas pessoas comuns o fogo do corpo sobe cada vez mais para cima e a água, cuja natureza é descendente, tende cada vez mais para baixo, havendo desta maneira uma dissociação e uma dispersão de energias. Daí a morte. As pessoas comuns são chamadas de seres falsos, pois duram pouco tempo (Liu Pai Lin, 1987:67).

Então, do ponto de vista ontológico, a condição de "ser verdadeiro" é definida, em um sentido, pelo tipo de relação que se estabelece entre um ser humano particular e a natureza. Fundamentalmente ambivalente, a natureza nutre a quem adere a seus princípios e priva quem é ignorante de seus segredos. Como vimos antes, trata-se de uma conjunção entre longevidade e saúde, obtida pelo conhecimento prático das formas de integrar-se à dinâmica cósmica de circulação da força vital, que anima todos os seres. Isto não quer dizer que quem vive muito é automaticamente considerado ético ou iluminado, já que a duração da vida e a saúde também são condicionadas hereditariamente – os taoístas falam de energia ancestral, recebida dos progenitores no momento da concepção.

Em outro sentido, "ser verdadeiro" remete a uma condição da consciência, cuja principal característica é a serenidade.

O restabelecimento da condição "verdadeira" do ser decorre do aspecto prático da tradição, isto é, dos treinamentos:

> **S.Y.**: "O mestre costuma dizer que a prática desenvolve três aspectos: tem a parte da saúde, é uma medicina, não só preventiva como curativa; tem um lado do treino da energia, assim, marcial; e tem essa filosofia [...] Então realmente essa é uma prática que ajuda a despertar o espírito, é uma prática que leva à serenidade".
>
> **Etnógrafo**: "Como é que a prática faz isso? Como é que isso acontece?"

S.Y.: "Porque você treina o Vazio, sabe? Quando você esvazia, quando você serena a tua mente e o teu coração, começa a manifestar em você aquilo que é verdadeiro, que é o teu espírito, porque os pensamentos e as emoções são falsos. Os taoístas falam que a mente e o coração são falsos".

Etnógrafo: "Como assim, falso?"

S.Y.: "Falso, porque vem do aspecto mais superficial do ser, da personalidade [...] Agora, o que é verdadeiro dentro de você é o espírito. E quando você então aquieta a tua mente e o coração, o espírito vai despertar".

Etnógrafo: "E o espírito é o Vazio?"

S.Y.: "O ser interno é o ser verdadeiro. Então dá possibilidade de você realmente entrar em contato com este ser interno, com esse ser verdadeiro. Realmente não é fácil de entender isso, achar que o que você sente é falso, que o que você pensa é falso [...]" (23/09/1998).

S.Y. aconselhou-me que lesse os textos mais profundos sobre espiritualidade para conferir seu comentário. De fato, vários clássicos taoístas estabelecem esta distinção entre o ser original, primordial, pré-natal, e o ser condicionado, temporal, pós-natal; entre o primeiro, ontologicamente verdadeiro, e o segundo, falso; entre o "homem verdadeiro" ou "sábio" e as pessoas ordinárias. O "ser verdadeiro" opera, portanto, uma conjunção entre integração com a natureza e esvaziamento da mente, nas palavras do mestre Liu: "esvaziar-se e abrir-se para a energia da natureza".[161] Mas essa abertura é estratégica, implica saber captar e preservar a força da natureza, ao invés de ser exaurido por ela. Como conhecer é identificar-se, não é demais insistir que a integração com a natureza não é meramente um ideal ou uma crença, mas sim uma experiência decorrente dos treinamentos:

R.: "Vejo que estes treinamentos vão levando a isso. De tanto você observar a natureza, de tanto você estar se ligando, você é como se você fosse a própria natureza. Mas não é isso pela mente, pelo corpo você vai vendo que está interagindo com ela. [...] chega a ser físico aquela energia penetrando no corpo" (26/05/1999).

Dando continuidade a este tema gostaria de citar mais um fragmento, em que o mestre comenta a passagem do ser verdadeiro para o falso, através do treinamento:

O trabalho é fazer a água subir e o fogo descer, trocando energias, unindo o fogo e a água, concentrando a energia vital. O ferro cru, se não é forjado, não dá para produzir nada com ele. É só cair no chão que se rompe. Agora, se este ferro cru

---

161. Palestra realizada no auditório do BrB por ocasião do aniversário de Brasília no ano de 1998 e registrada em diário de campo.

é trabalhado com água e fogo, o fogo golpeia a água e vice-versa. O metal fica roxo com o fogo. Depois de ter passado por este processo, o metal torna-se um aço flexível e firme, não se rompe facilmente. Se não se conhece estes treinamentos de energia, não se sabe como trabalhar a água e o fogo em nosso corpo.

Entendendo bem os princípios do *Yijing*, treinando sua água e seu fogo em seu corpo através de práticas taoístas, pode-se tornar um ser verdadeiro. Entendendo-se bem os princípios, tudo se desbloqueia facilmente. Ensinar formas mortas de treinamento não adianta nada. É preciso a compreensão dos princípios. Mas também não adianta só ouvir. Somente na prática dá para evoluir neste caminho. Conforme você vai subindo a montanha, você poderá ver paisagens diferentes. Se não existe a prática, as palavras do ensinamento se tornam vazias. O conhecimento taoísta é um conhecimento que tem de ser praticado (Liu Pai Lin, 1987:68).

* * *

Certamente, o mínimo que se pode dizer é que S.Y. está certa ao considerar que não é fácil entender a partir da posição do antropólogo, como parte da constelação que compõe, por assim dizer, o "lugar" epistemológico e psicológico ocidental, porque a razão e a emoção são falsas. Mas assim como para outras versões de tradições contemplativas, como o sufismo, o *Yoga*, ou o Zen-budismo, nesta linhagem do taoísmo a via privilegiada para a compreensão não é nem racional nem sentimental, mas passa por técnicas para a transformação da consciência.

A própria noção de *eu* em que estão embutidas estas faculdades humanas – o sujeito pensante como na concepção iluminista, ou o sujeito sensível da concepção romântica, tão caras à cultura ocidental – é também ilusória para este estilo de espiritualidade. Em sua análise do *Xisheng jing*, texto taoísta posterior ao *Daodejing*, mas também atribuído a Laozi, Livia Kohn (1991:99) assinala a distinção entre o corpo físico – ou melhor, "corpo cósmico que é parte da criação" – e o eu, o senso individual de identidade – entendido como "corpo pessoal que é parte do mundo feito pelo homem e portanto oposto ao *Tao*". Esta distinção pode ser útil à compreensão do fragmento abaixo:

O que quer dizer "a nobreza e a grande preocupação situam-se no corpo"?
A razão de eu ter esta "grande preocupação" é ter um corpo
Se não tivesse um corpo
com que teria que me preocupar?

Por isso
Nobre é aquele que entrega o corpo ao mundo
A este o mundo pode se entregar

Quem ama faz do mundo o seu corpo
Neste o mundo pode confiar (*Daodejing*, poema 13).

Em uma linha de raciocínio compatível, Naranjo descreve o ego como "soma de nossos condicionamentos e [...] a parte mecânica de nossa natureza que habitualmente identificamos com nossa maneira de proceder, ser e dar-se conta" (Naranjo, 1991:150). Mas também, como pequena parcela da psiquê que pretende controlar a totalidade, como inconsciência ativa e como perda de valor (idem), é o grande obstáculo à experiência espiritual. E isto é um pressuposto generalizado do estilo meditativo de espiritualidade.

Essa afirmação revela uma descontinuidade fundamental entre as tendências teóricas hegemônicas da antropologia – sobretudo as de inspiração estruturalista e lingüística – e o taoísmo – que utiliza formas artísticas como a poesia, a pintura ou as próprias artes marciais para a expressão do indizível. Ao passo que, neste tipo de perspectiva antropológica pretende-se que os resultados da experiência só são relevantes se transformados em discurso racional, do ponto de vista taoísta a conquista de um estado de ser pode ser expressa por uma demonstração ostensiva de determinadas qualidades. Por exemplo, pela simples observação de um grupo de pessoas executando uma técnica corporal, é possível reconhecer o mestre e os iniciantes por uma diferença no seu modo de instalar-se corporeamente no mundo. Esta descontinuidade funda-se sobre uma diferença de noção de pessoa que subjaz a estas duas *epistèmes*.

O espanto, o estranhamento, o ceticismo diante de semelhantes afirmações decorre do fato de ser o pensamento a forma primordial pela qual os intelectuais profissionais, acadêmicos, relacionam-se com o mundo. Aceitá-las é suspeitar do próprio fundamento de nossa autoridade profissional e da crença, mesmo que não declarada, na superioridade da cultura ocidental e seu instrumento, a ciência. Mas não seria parte da atitude antropológica dar crédito ao ponto de vista nativo e a outros modos de experiência do mundo não baseados nos mesmos pressupostos de nossas formas habituais de conhecer e perceber?

* * *

Em suma, há uma conjunção entre realização espiritual, longevidade, integração à natureza e espontaneidade:

> Esses Seres Iluminados revelaram para as pessoas que através do treinamento o nosso corpo espiritual pode atingir a longevidade, podendo ir além disso, chegar a uma existência duradoura, e, no nível máximo, conseguir uma vida eterna, que não se estraga e não envelhece; o nosso espírito pode permanecer eterno, nunca acabar (Liu Pai Lin, s/d: apostila 1, nova edição).

Um mestre reconhecido idealmente deve conjugar estas qualidades e ser capaz de ensiná-las combinando técnicas de cultivo da vida e expansão da consciência com habilidade exegética do *corpus* textual clássico. No taoísmo, a noção de conhecimento está diretamente ligada à experiência anterior do mestre e à possibilidade de sua atualização pelo discípulo. Sua caução baseia-se em dois pilares. Um é a transmissão pessoal de um ensinamento tradicional vivo, por um mestre que é um elo em uma cadeia de ancestrais. Isto é, o mestre personifica a tradição, é um exemplo de seus ensinamentos, tem uma relação genealógica com a tradição. Neste contexto, os próprios textos literários dependem da tradição interpretativa oral. O outro pilar é a vivência pessoal dos efeitos de um treinamento, tanto seus resultados mais palpáveis e imediatos – uma impressão sensorial ou uma manifestação energética, um *insight* – quanto aqueles mais duradouros – por exemplo, a cura de uma doença crônica ou uma experiência mística. Conhecer é explorar, pela prática, paisagens sensoriais e extra-sensoriais contíguas, pois o *ethos* taoísta é fundamentalmente "experiencial". Em resumo, um ensinamento tem valor porque foi transmitido por mestres reconhecidos ou porque é a narração de uma experiência pessoal de resultados exemplares, por parte de uma pessoa cuja realização é reconhecida.[162] O fragmento abaixo ilustra essas considerações:

> **L.H.**: "Não posso falar para você sobre Vazio primordial, se não tive uma vivência totalmente transformadora dentro da minha vida do Vazio primordial. [...] primeiro que não é conhecimento. Isso é uma vivência, é uma vivência do vazio, então não tem nada a ver com conhecimento, tem a ver com essa vivência. Existem dificuldades? Existem. A dificuldade primordial que sinto é em relação ao fazer. As pessoas pensam e todo mundo está aqui fazendo *Taiji*, fazendo meditação, mas o vazio tem a ver com o não-fazer. Então é um grande paradoxo e a dificuldade está nesse paradoxo do não-fazer. O grande jogo, o grande dilema é justamente se aprofundar dentro desse não-fazer, de uma forma que seja espontâneo, seja ser natural. Como que você pode ser natural, espontâneo, se você está construindo esse fazer? [...] O mais difícil dessa profundidade da meditação seria essa questão" (23/03/1999).

Então, o aparente paradoxo é que para se chegar a esta condição é preciso uma técnica. O que é impossível de decidir é se o paradoxo é constituído dentro do próprio taoísmo e da civilização chinesa, ou se surge com a percepção do problema a partir da oposição natureza/cultura, que, segundo Lock (1993), é produto da metafísica ocidental. Tornar-se espontâneo é resultado de um triunfo da cultura, já que é algo aprendido, transmitido. No entanto, o que se

162. Desenvolvo este ponto no capítulo "Bifurcações no Caminho".

aprende é uma recusa dos condicionamentos, da repetição mecânica das convenções sociais e dos padrões habituais de pensamento, que são percebidas pelo taoísmo, pelo sufismo e por outros representantes do estilo meditativo como um obstáculo à experiência espiritual.

> Quando se perde o Grande Caminho,
> aparecem a bondade e a justiça.
> Quando aparece a inteligência
> Surge a grande hipocrisia
> Quando os seis parentes não estão em paz
> Surgem o amor filial e o amor paternal
> Quando há desordem e confusão no reino
> Surge o patriota (*Daodejing*, poema 18).[163]

A indagação sobre as relações entre ação e não-ação, técnica e espontaneidade, surgiu também em uma entrevista anterior:

> **LH**: "Algumas pessoas buscam muito o *Taiji* pela forma, pela saúde, pessoas que estão querendo também se curar, mas o mais importante não é a forma, o mais importante não é o *Taiji*, é o que ele esconde. É como se fosse uma ostra, ele está escondendo alguma coisa, e é essa pérola que as pessoas precisam descobrir. [...] É uma busca do ser humano, do Grande Mistério, mistério dos mistérios. Qual que é esse mistério de Deus, que é como você entra para o caminho dos seres iluminados que o mestre fala. E esse caminho é a pérola do *Taiji*. Bem, é uma coisa pessoal também. Cada um tem uma necessidade, um estágio de busca pessoal, mas para quem se aprofunda neste caminho o *Taiji* vai ser [...] tanto a forma vai ser uma beleza, porque vem de dentro. É difícil você ir em busca do natural de uma forma artificial, porque aparentemente o *Taiji* seria uma coisa artificial. É perigoso até falar nisto, quer dizer, é um artifício pra você chegar a ser mais natural [...] Como você pode ter uma técnica que te leva a ser natural?" (20/09/1998).

Este é um dilema constitutivo não apenas do taoísmo, mas de outros representantes do estilo de meditativo de espiritualidade, como o *Yoga* ou o budismo *Zen*. Para se alcançar a liberdade é necessário estar imbuído de uma profunda disciplina. Ao mesmo tempo, o que se almeja é a conquista de um estado de integração, análogo à espontaneidade e à naturalidade, como a condição de um recém-nascido (*Daodejing*, poema 56) ou a simplicidade de uma pedra (*Daodejing*, poema 39).

---

163. O fragmento acima é, muito provavelmente, uma crítica ao confucionismo. "De fato, há um certo número de passagens no *Daodejing* que não podem ser adequadamente compreendidas, a não ser que as coloquemos contra o pano de fundo de uma filosofia confuciana já estabelecida sobre uma base muito firme" (Izutsu, 1983:289).

Percebido em termos da simbólica da diminuição e do retorno, lança mão de um sistema de técnicas para esta finalidade, ou seja, um método baseado na faculdade mimética. Fundamentalmente, um número reduzido de princípios básicos se repete nas diversas técnicas – sejam artes marciais, terapias, exercícios contemplativos –, abstraídos da observação da natureza: padrões circulares de movimento lento e suave, ordenados em torno de um centro/eixo estável, alternância constante acompanhando as próprias mutações da natureza. Nesse contexto, pode-se falar de duas ordens de mestres: um mestre humano, inserido em uma série genealógica de transmissão da tradição, simultaneamente pessoa e modelo de perfeição (ou do estado a ser alcançado), que serve de mediador entre o discípulo e a própria natureza, o mestre de segunda ordem. A emulação dos princípios da natureza equivale a uma mudança de ritmo de vida: atrasar o relógio da duração de vida, considerando que a longevidade e a alta velocidade metropolitana são termos contraditórios; regular o tempo biológico e pessoal em função do ciclo diário e sazonal da natureza.

Na busca da lentidão, do simples, do natural, do movimento sem esforço nem desgaste, da recusa da disputa, o taoísmo inscreve no corpo o antídoto contra os males da ocidentalização, com um estilo de prática corporal que é o oposto da ideologia capitalista da competição e da produtividade, expressa em formas norte-americanas de cultivo do corpo como a musculação e a ginástica aeróbica, cujo lema é, sugestivamente: *no pain, no gain* ("sem dor, sem ganho").

A espontaneidade é emular a natureza. Por outro lado, é também um estilo de conduta e uma atitude interpessoal que caracteriza um mestre na relação com seus discípulos:

> **I.B.**: "Acho que o mestre [...] é muito verdadeiro, muito ligado no coração, quer dizer, uma coisa me impressionou demais, e é essa. Demorei a aprender a isso, que o mestre não se utiliza nunca de um comportamento formal, jamais. [...] por exemplo, você conhece uma pessoa e no outro dia você fala bom-dia e vai repetindo esse padrão, um padrão social, normal. O mestre não utiliza isso. [...] É só de verdade. Se ele não quer te ver, não te vê, você pode entrar na frente, chamar, gritar, puxar o mestre, que ele passa, como se tivesse uma parede do lado dele. Porque a relação dele é na verdade, pelo menos com a gente, que está lá pra aprender com ele, ele sempre está ensinando mesmo. Tem alguma coisa que ele está te apontando. [...] Quando ele faz tudo, quando agrada, quando brinca, quando conta uma estória. [...] Quando ele não fala, quando não olha de jeito nenhum, pra você. [...] se você tiver atenção e perceber, você vai ver que ele está te falando o tempo todo, vai acompanhando o processo" (11/10/1998).

Dessa forma, toda atitude do mestre é também um enunciado, no contexto de uma relação de instrução. Sua biografia evidencia um modelo de dialogia. Seu próprio corpo é uma expressão da experiência coletiva (*Erfahrung*), no sentido benjaminiano, que representa. Longevidade e sabedoria andam juntas no caminho do *Tao*.

Por fim, acrescento que a despeito de suas possíveis apropriações contemporâneas pelo mercado ocidental de bens simbólicos, o *ethos* taoísta é fundamentalmente antiutilitarista. Em maio de 1999, no meu último dia antes de partir de São Paulo, após um trabalho de campo de três meses, ouvi pela primeira vez a estória da árvore velha e frondosa, porque inútil. A.M. narrou-a, a caminho da estação de metrô, com o intuito performático de me dar um conselho. Encontrei três outras versões[164] desta verdadeira lição de atitude taoísta em Zhuangzi.

Na primeira, a árvore é a própria sabedoria do *Tao*:

> Huizi[165] disse a Zhuangzi:[166] / tenho uma grande árvore, / que se chama "malcheirosa" / Seu tronco, tão torto, / é tão cheio de nós/ que ninguém pode dele tirar uma só tábua. Os galhos são tão retorcidos / que você não consegue cortá-los/ de modo que sejam úteis. / Lá está ela à beira da estrada. / Carpinteiro nenhum a olhará. /Eis o seu ensinamento / grande e inútil./ Respondeu-lhe Zhuangzi: [...] Assim, a sua árvore inútil. Inútil? / Plante-a então no terreno baldio / sozinha / e caminhe a esmo, em torno dela, / descanse à sua sombra; / nenhum machado ou decreto proclamará o seu fim. / Ninguém jamais a abaterá. / Inútil? Que me importa? (Merton [trad.], 1999:49-50)[167]

Na segunda, mais próxima da versão narrada por A.M., a inutilidade é uma estratégia de sobrevivência:

> Um mestre carpinteiro, chamado Shih, a caminho de Chi, veio a Chu Yuan. Lá ele avistou um carvalho, que era utilizado como altar.[168] A árvore era tão grande

164. Exceto pelos nomes de Huizi e Zhuangzi, mantive a grafia dos nomes próprios – de pessoas e lugares – citados nos textos.

165. No original, grafado segundo o sistema inglês de transliteração, como Hui Tzu. Outro tradutor do mesmo fragmento de Zhuangzi para o inglês, Fung Yu-lan (1989), acrescenta que se trata de um nome importante da Escola dos Lógicos.

166. O mesmo que Chuang Tzu, transliteração segundo o sistema inglês de grafia dos termos em chinês.

167. A tradução de Watson (1992) é muito semelhante.

168. Sobre as práticas religiosas populares chinesas, ver o segundo capítulo do trabalho de Schipper (1997).

que um touro parado atrás dela não poderia ser visto. Media uma centena de palmos de circunferência, e erguia-se a oitenta cúbitos sobre a colina, antes de projetar quaisquer galhos. Dos galhos, há dez ou mais, dos quais uma canoa poderia ser escavada. Multidões de pessoas vinham vê-la, como em uma feira. Mas o mestre mecânico nem olhou para ela e continuou sem se deter. Seus discípulos, contudo, olharam-na até se cansar. Então correram para o mestre e lhe disseram: "Desde que o seguimos com nossos machados e serras, nunca vimos madeira tão boa quanto esta. Por que, senhor, não olhaste para ela? Ao invés disso, continuaste sem se deter!"

– "Parem!", disse o mestre carpinteiro. "Aquela madeira é inútil. O barco feito dela afundaria, um caixão ou baú rapidamente apodreceria, uma peça de mobília logo se despedaçaria, uma porta ficaria coberta de resina, um pilar seria infestado por insetos. Ela é inútil e imprestável. Por isso chegou a tal idade."

Quando o mestre carpinteiro tinha voltado, a árvore do altar apareceu em seu sonho, dizendo: "Com que outras árvores vais me comparar? Vais me comparar com árvores ornamentais? Há pirliteiros, pereiras, laranjeiras, toranjeiras, cabaceiros e outros. Os frutos são derrubados quando maduros e as árvores sofrem abusos. O galhos grandes são quebrados e os pequenos, arrancados. A vida destas plantas é sofrida, devido à sua habilidade produtiva. Elas, portanto, não podem completar sua duração natural de vida, mas chegam a um fim prematuro no meio de suas vidas, e atraem para si o tratamento destrutivo da sociedade. É assim com todas as coisas. Por um longo tempo eu aprendi a ser inútil. Houve várias ocasiões em que quase fui destruída. Agora tenho sucesso em ser inútil, o que é de grande utilidade para mim. Se eu fosse útil, poderia ter me tornado tão grande?". (Fung yu-lan (sel. & trad.), 1989:73-74)

A terceira história é uma variante mais breve da segunda:

Tzu-ch'i de Nan-po perambulava pela Colina de Shang quando viu lá uma árvore enorme, diferente de todas as demais. Um milhar de parelhas de cavalos encontraria abrigo debaixo dela e sua sombra cobriria a eles todos. Disse Tzu-ch'i: "Que árvore é esta? Deve ter certamente, uma extraordinária utilidade!" Olhando para o alto, porém, percebeu que os ramos menores eram retorcidos e nodosos, impróprios para vigas e caibros; e, olhando para baixo, viu que o tronco estava esburacado e apodrecido, e não poderia ser utilizado em caixões. Lambeu uma das folhas, e sua boca empolou-se e ardeu. Aspirou-lhe o cheiro, e era bastante para embebedar um homem por três dias. "Isto vem a ser uma árvore totalmente imprestável", disse Tzu-ch'i, "é por isso que foi capaz de crescer tanto. Ahá! – esta é a imprestabilidade de que o Homem Santo faz uso!". (Watson [sel. e trad.], 1992:67)[169]

---

169. O mesmo texto possui também uma versão em inglês, traduzido do chinês por Fung Yu-lan (1989).

- 4 -

CORPOS TAOÍSTAS

"... cada objeto é o espelho de todos os outros"
(Merleau-Ponty, 1996:105).

"A questão do corpo requer mais do que reconciliar-se com a prática.
Traz consigo a dificuldade de que as pessoas, ao mesmo tempo, são e têm corpos"
(Lock, 1993:136).

O maior obstáculo para a compreensão do "mundo da vida" (*Lebenswelt*) taoísta decorre de sua incompatibilidade com o modelo dualista que permeia tanto o senso comum quanto o pensamento filosófico ocidental: a insistência inconsciente por parte do intérprete na dicotomia corpo-espírito. Nas diversas versões da cosmologia taoísta, essa distinção dualista radical não ocorre, nem entre corpo e espírito, tampouco entre o ser humano e a natureza. Todos esses termos podem ser tratados como instâncias de uma definição ampla de ser humano, que abrange o visível e o invisível sob a forma de um contínuo. Dedico este capítulo às relações entre corpo e mundo, revelando suas analogias e conexões e introduzindo o leitor a um vocabulário básico para reflexão posterior sobre o taoísmo, um repertório de princípios e categorias que atravessa seus vários domínios contíguos – artes marciais, medicina, espiritualidade, filosofia, cosmografia. Sigo por um caminho que é contrário à estratégia concreta de aprendizado característica do taoísmo, por reconhecer que a maioria dos leitores sentirá necessidade de uma introdução ao tema estruturada de maneira mais abstrata. Proponho promover um diálogo entre os corpos taoístas e a antropologia do corpo.

Um enfoque para compreender os corpos taoístas mais de acordo com o *ethos* experiencial e prático desta tradição deve levar em conta sua experiência motora e sensorial. As relações entre o *Tao* e as noções de saúde, doença, iluminação e imortalidade configuram-se no contexto de uma situação prática de transmissão, em que o próprio corpo é o veículo da compreensão. No entanto, em razão das constrições da etnografia como gênero de discurso, como expressão textual de uma interpretação em alguma medida, racional da alteridade, estou condenado neste capítulo a um exercício de tradução não só de categorias e enunciados, mas também, indiretamente, de padrões de experiência. Em reflexo da relação de continuidade entre corpo e espírito, para o taoísmo não há separação entre teoria e prática.

Descrever o que se vive com o corpo, no corpo, é um desafio aos limites da linguagem.

Na medida do possível, tentando manter a cor "local" do meu relato, procurarei ter por referência a exegese oral desta versão do taoísmo, com que tive contato em minha pesquisa de campo.

O Mundo do Corpo

O vasto campo da antropologia do corpo abarca diversas temáticas: a pioneira noção maussiana de técnicas corporais (Mauss, 1968); o corpo humano como símbolo da estrutura social (Douglas, 1971 in Polhemus [org.], 1978); a antropologia das emoções (Lock, 1993; Leavitt, 1996; Strathern, A., 1996); a biopolítica, de inspiração foucauldiana (Turner, B., 1995; Lock, 1993) etc. Meu propósito não é cobrir todo este universo. Pretendo elaborar apenas um mapeamento dos aspectos que são pertinentes a este estudo em particular. Para uma apreciação mais global do campo, sugiro a leitura dos artigos de Brian Turner (1995), de Margareth Lock (1993) e do livro de Andrew Strathern (1996).

Uma questão que perpassa os debates da última década é a busca de alternativas ao modelo cartesiano. Trata-se não apenas de enfatizar o corpo como tema – o que, em última instância, seria apenas enfatizar o termo oposto do mesmo modelo dualista –, mas, principalmente, de superar a própria distinção entre natureza e cultura, paralela à oposição entre corpo e mente. É neste contexto que faz sentido o uso de conceitos como o de corporificação. Do contrário, ao falar de corpo, corre-se o risco de cair no mesmo essencialismo com que o pensamento ocidental já tratou a noção de alma (Derrida, 1995).

No campo da antropologia das emoções, uma das soluções mais recentes contra o reducionismo das perspectivas unilateralmente construcionistas – que supõem que a emoção é simplesmente uma classificação – ou naturalistas – que supõem a universalidade das emoções básicas em função da unidade biológica da espécie humana – é considerar que as emoções são simultaneamente experiências vividas corporalmente e classificações culturais (Strathern, 1996; Leavitt, 1996). De acordo com essa concepção, o corpo é simultaneamente físico e social (Strathern, 1996; Leavitt, 1996), envolvendo experiência e representação. Neste sentido, a prática corporal pode ser compreendida como espaço de interseção entre estas duas instâncias que nos constituem como seres humanos concretos.

O horizonte que desejo visitar é o da interseção entre técnicas corporais e cosmologia n(esta versão d)a tradição taoísta. Isto toca diretamente um tema central para a antropologia do corpo: a relação entre teoria e prática (Margareth Lock, 1993). Percebo esta questão no contexto das implicações teóricas e políticas de um encontro entre a tradição taoísta, em que os dois termos se configuram como aspectos contíguos de um mesmo universo, e a prática etnográfica, que estabelece uma cesura entre o campo e o texto publicável. Minha entrada no debate acerca da antropologia do corpo é informada pela demanda de uma estratégia corporificada (*embodied*) de investigação do taoísmo, inspirada em uma leitura fenomenológica da antropologia do corpo.

Situo nos limites mais amplos de meu horizonte teórico os estudos de proximística (*proxemics*) de Edward Hall (1966; 1982; 1976; 1984), exemplificando uma das principais descobertas da antropologia do corpo: corporalidade e cultura não são duas esferas distintas. Há um nível pré-verbal da cultura que orienta as relações dos seres humanos com o espaço, o tempo e o outro, expressas em movimento e ritmo, que permanece inconsciente mas que nem por isso é menos palpável. Uma porcentagem significativa da cultura é expressa e vivida mais por meio de ações do que de palavras (Hastrup, 1994). Isso diz respeito não só a molduras (*frames*) que circunscrevem situações excepcionais de *performance*, mas também às atividades cotidianas mais ordinárias.

Uma maneira de aproximar-se do conceito de cultura é considerá-lo como horizonte de uma paisagem sensorial e de movimento:

> A cultura é corporificada. Um meio primário de compreender, de conhecer e de dar sentido ao mundo surge de concepções compartilhadas de nossos corpos e eus e também de experiências de movimento que a sociedade nos oferece. O movimento constitui uma realidade sempre presente da qual participamos constantemente. Fazemos, inventamos, interpretamos e reinterpretamos movimento, nos níveis consciente e inconsciente. Nestas ações, participamos de nossa

cultura, reforçamo-la, bem como a criamos. A tal ponto que, se podemos captar a natureza de nossas experiências de movimento, tanto o próprio movimento quanto os contextos em que ele ocorre, aprendemos mais sobre o que somos e sobre as possibilidades de conscientemente moldar nossas vidas (Novack, 1990:8).

Pesquisas específicas, como a etnografia de Cynthia Novack sobre o Contato Improvisação (1989) e os experimentos pedagógicos de Donald Levine com o aprendizado conjunto de Ciências Sociais e *Aikido* (1995), apontam para o aspecto "experiencial" central de minha problemática: a dimensão formativa e transformativa que está embutida na prática regular de uma técnica corporal. Assim, as técnicas corporais, ao proporcionar novas experiências, são um caminho para reorientações existenciais globais. Pois, como afirma Merleau-Ponty (1996:122): "O corpo é o veículo do ser no mundo, e ter um corpo é, para um ser vivo, juntar-se a um meio definido, confundir-se com certos projetos, e empenhar-se continuamente neles."

No debate entre as perspectivas inspiradas por modelos lingüísticos, em especial estruturalistas, e aquelas de inspiração fenomenológica, o ponto em discussão é o da precedência de experiência ou discurso. Para a perspectiva fenomenológica, e em concordância com os estilos contemplativos de espiritualidade, conjunto a que pertence o taoísmo, não é necessária uma explicação prévia nem uma expressão verbal posterior para que uma experiência possa ser vivida:

> Se, como argumentam os fenomenólogos,[170] o conhecimento da mente não é nem ontologicamente anterior, nem superior ao conhecimento do corpo, então temos que aceitar que a atividade pode ser significativa mesmo quando não está colocada em palavras, explicada em conceitos, ou sujeita a reflexão. Em outras palavras, nossos gestos, atos e modos de comportamento não dependem invariavelmente de uma compreensão cognitiva *a priori*. Habilidades práticas, saber-fazer, um senso do que fazer, são irredutíveis. O sentido do conhecimento prático jaz no que é alcançado por meio dele, não no que se possa dizer de uma ordem conceitual que lhe precede ou subjaz (Jackson, 1996:34).

O sentido da atividade prática pode ser buscado, portanto, na própria atividade, sem necessidade de reduzi-la a um texto que remete a uma outra dimensão da cultura. Não é portanto, uma simples replicação redundante da fala, mas um domínio em seus próprios termos. O corpo se comunica sensorial

170. Por exemplo, Merleau-Ponty (1996:14): "O mundo não é aquilo que eu penso, mas aquilo que eu vivo; eu estou aberto ao mundo, comunico-me indubitavelmente com ele, mas não o possuo, ele é inesgotável".

e cinestesicamente; pode ser considerado como um canal relativamente independente da fala, produzindo e recebendo mensagens implícitas, percebidas conscientemente mais por seu efeito afetivo do que por um conteúdo racionalizável (Hall, E., 1976). Neste sentido, parece-me um pouco ingênuo o pressuposto, de Mary Douglas, da congruência entre comunicação verbal e não-verbal:

> Minha primeira suposição é que normalmente o canal físico apóia e concorda com o canal falado. Quando os canais se contradizem mutuamente é um caso especial, para comunicar sentidos especiais de zombaria, ironia, desconfiança, etc. (Douglas, 1978:298).

Esta suposição baseia-se em uma concepção não-problemática de sujeito, transparente para si mesmo e para os outros, característico de uma formulação iluminista. Ignora a possibilidade, freqüente, da disjunção entre pensamento, palavra e ação. Desconsidera a constatação psicanalítica da opacidade do sujeito, a partir da descoberta do inconsciente. E minimiza mesmo um dado antropologicamente evidente, o caráter restritivo da etiqueta sobre a ação.

Em certo sentido, a perspectiva da textualidade irrevogável e primordial do corpo constitui-se como uma forma de imperialismo cognitivo, estruturada em torno das metáforas visuais do ato de conhecer e do dualismo constitutivo do pensamento filosófico europeu, pelo menos a partir das leituras mais canônicas da obra de Descartes. Acredito que se pode falar de atitude teórica imperialista, pois trata-se de universalizar a principal metáfora epistêmica ocidental, muitas vezes incompatível com as metáforas dominantes em outras culturas. Em alguns contextos, a visualidade e a textualidade do conhecimento, em sua versão ocidental hegemônica, falseiam a tradução cultural ao ignorar as metáforas corporais locais e suas relações com o ato de conhecer: "Mas não é problemático usar o corpo como metáfora do texto em sociedades nas quais o corpo é sentido e não lido?" (Stoller, 1997:5-6). Além disso, a atitude derivada do enfoque cartesiano separa aspectos da experiência que estão diretamente relacionados (Novack, 1990). É necessário considerar a interdependência entre corpo, cultura e o "eu".

Em resumo, o retorno ao corpo como tema, como *locus* de conhecimento e instrumento de pesquisa de campo, implica uma recusa da metáfora do "olhar clínico" – que inspeciona o corpo morto no ambiente asséptico do laboratório, com sua separação conseqüente entre corpo e mente, conhecimento teórico e conhecimento prático (Hastrup, 1994), interpretação e vida. Logo, implica também a recusa da objetificação do outro e do corpo. No entanto, a imagem do cientista como mente/olho é tão persistente que mesmo críticas ao cartesianismo o reforçam inadvertidamente. Kirsten Hastrup, por exemplo, afirma o caráter culturalmente mediado da presença corporal, ao mesmo tempo que universaliza uma condição que me parece ser específica do pensador profissional (ocidental), a ausência do corpo:

> O que partilhamos transculturalmente é a ausência do corpo. No estado relativamente sem emoções da reflexão racional, o corpo tende a desaparecer experiencialmente (Hastrup, 1994:232).

Mas será que a atividade reflexiva se constitui das mesmas maneiras transculturalmente? Será que a própria separação entre racionalidade e afetividade poderia ser assim generalizada?[171] Se as emoções são simultaneamente uma experiência e uma classificação, é bem razoável supor que o mesmo se dê com o pensamento. Além disso, é possível que a própria ausência do corpo seja culturalmente mediada conforme sua constituição histórica e de seu sentido em uma cultura. No caso, a recusa do corpo no pensamento filosófico ocidental relaciona-se às tendências ascéticas na tradição cristã e às leituras cristãs do pensamento platônico.

* * *

No contexto do questionamento à arbitrariedade da dicotomia corpo/mente, a fenomenologia da corporificação (*embodiment*) aparece como forma de conter o empreendimento de interpretar a experiência incorporada em termos de modelos lingüísticos ou cognitivos, que a reduzem a um mero signo e o corpo a um meio passivo (Lock, 1993; Jackson, 1989; Stoller, 1997). Ao mesmo tempo, contrapõe-se à definição de pessoa em termos meramente psicológicos ou legais (Strathern, A., 1996). Situada nesta estratégia, a temática das ações habituais é central, pois permite compreender interpretação e ação, texto e corpo. Uma estratégia corporificada sugere envolvimento/participação do próprio corpo do investigador como parte da pesquisa, particularmente durante a pesquisa de campo. Pois conhecer uma cultura não é conhecer estruturas e taxonomias em abstrato, mas saber comunicar-se, agir contextualmente e aplicá-las criativamente. É estar familiarizado com os padrões habituais e muitas vezes informais que orientam a ação: "Nada pode ser mais prático do que estar consciente da relevância das diferenças culturais" (Hall, E., 1976:164).

---

171. Por exemplo, no pensamento clássico chinês, a noção de mente ou coração (*Xin*) refere-se simultaneamente a processos emocionais e do pensamento racional.

Conseqüentemente, um conceito central a este estilo de investigação é a noção de *habitus*, cuja primeira referência aparece em um ensaio tardio de Marcel Mauss (1971). Em poucas palavras, o *habitus* seria "a corporificação da diferença cultural codificada na educação" (Strathern, A., 1996:12). Os padrões das técnicas corporais habituais são sociais. Como parte da socialização, primeiro o *habitus* é aprendido para só depois tornar-se uma parte inconsciente das rotinas do corpo.

Anos mais tarde, Bourdieu recuperou a noção maussiana, sem deixar muito clara a fonte, definindo o *habitus* como "o sistema dos esquemas interiorizados que permitem engendrar todos os pensamentos, percepções e as ações características de uma cultura" (Bourdieu, 1992:349). Em um artigo sobre a percussão como conhecimento prático, Shawn Lindsay (1996) critica a versão estruturalista de Bourdieu do *habitus*, como "apropriação pelo mundo de um corpo assim capacitado a apropriar o mundo" (Bourdieu, 1977:89 apud Lindsay in Jackson [org.], 1996:199), por não ter espaço para o papel da agência humana. O *habitus* na acepção bourdiana é fortemente predeterminado pela estrutura, recusando o caráter da atividade como algo em movimento por meio da experiência. Lindsay contra-argumenta que, como é uma tendência a tipos ou modos de ação e não a atos particulares, o hábito não se define necessariamente por repetição, mas depende da intencionalidade do conhecimento prático:

> A repetição, como uma capacidade do hábito, pode ser ativamente praticada e adquirida, uma estratégia *bona fide* [latim no original] em si mesma. Onde a repetição não é almejada, pode (ser) mais útil falar de reiteração, reajustamento, retrabalhar e assim por diante (Linsay in Jackson [org.], 1996:200).

Ao final de seu artigo, redefine o *habitus* com base em uma leitura fenomenológica da prática da percussão:

> O *habitus*, portanto, pode ser conceitualizado como a expressão cultural da possibilidade de o "eu" se revelar por meio de uma reciprocidade de gestos, coerente com a estrutura do ser no mundo. [...] É na capacidade do ser comprometido com o mundo, que é possível a revelação do ser como aberto ao mundo (Lindsay, 1996:211).

No sentido de incluir a intencionalidade e reconhecer o estado de constante recriação dos padrões habituais, alguns autores ligados à antropologia da experiência – como Jackson, Lindsay ou Stoller, por exemplo – têm retornado à fenomenologia de Merleau-Ponty, que oferece bases filosóficas para considerar não apenas a continuidade, mas também a mudança, no contexto dos estudos de corpo. Pois, para Merleau-Ponty, o corpo é dotado de uma intencionalidade gestual criativa que contribui para a agência da pessoa humana (Strathern, A., 1996). Trata-se de duas noções distintas de intencionalidade:

> a) "intencionalidade do ato, que é aquela de nossos juízos e de nossas tomadas de posição voluntárias [...]; b) intencionalidade operante [...], aquela que forma a unidade natural e antipredicativa do mundo e de nossa vida, que aparece em nossos desejos, nossas avaliações, nossa paisagem, mais claramente do que no conhecimento objetivo, e fornece o texto do qual nossos conhecimentos procuram ser a tradução em linguagem exata" (Merleau-Ponty, 1996:16).

No conhecimento prático (*praktognosis*), o acesso ao mundo é dado pela experiência motora do corpo (Merleau-Ponty, 1996). Se o esquema corporal é um sistema de equivalências, "uma experiência de meu corpo no mundo" (idem:196), a motricidade é a esfera que dá sentido ao espaço. O próprio hábito, então, seria o remanejamento e renovação do esquema corporal. Neste sentido, se a consciência se define originariamente por seu potencial para ação e não por sua capacidade racional, a aquisição de novos hábitos é um instrumento da transformação da consciência: "O hábito exprime o poder que temos de dilatar nosso ser no mundo ou de mudar de existência anexando a nós mesmos novos instrumentos" (idem:199).

Merleau-Ponty argumenta em defesa do corpo como esfera específica de significação: "A aquisição do hábito é sim a apreensão de uma significação, mas é a apreensão motora de uma significação motora" (1996:198). Assim, pode-se falar de compreensão do corpo:

> [...] na aquisição de hábito é o corpo que "compreende". [...] Compreender é experimentar o acordo entre aquilo que visamos e aquilo que é dado, entre a intenção e a efetivação, e o corpo é nosso ancoradouro em um mundo (idem:200).

Este novo hábito é, simultaneamente perceptivo e motor: "Diz-se que o corpo compreende e o hábito está adquirido quando ele se deixou penetrar por uma significação nova, quando assimilou a si um novo núcleo significativo" (idem:203).

O corpo é dotado de duas camadas, uma atual e uma habitual (Merleau-Ponty, 1996), simultaneamente resultado de sua história e centro da experiência do presente. "Assim como está necessariamente 'aqui', o corpo existe necessariamente 'agora'" (idem:194). Como se fossem leitores ou fonte de inspiração deste fragmento, também os mestres de algumas tradições meditativas – *Yoga, Zen / Ch'an*, taoísmo – compreenderam que o movimento dispersivo da consciência, as divagações do pensamento, podem ser detidos por meio de técnicas corporais. Por determinadas posturas e padrões respiratórios a consciência pode ser induzida a se focar completamente no fluxo presente da ação.[172] Pois, a atenção sensorial pode ser mantida por mais tempo do que a atenção abstrata (Sekida, 1977).

O passado está sedimentado no corpo pela memória-hábito, passível de ser rememorado pela ação performática em gesto, postura e movimento. Correlato da noção de corpo habitual em Merleau-Ponty, o conceito de memória-hábito, formulado por Connerton (apud Stoller, 1995; Strathern, 1996), é a habilidade de reproduzir uma *performance* (Stoller, 1997). Andrew Strathern (1996) destaca que o hábito, em Connerton, é mais do que simples habilidades técnicas, já que é produto da inclinação pessoal e do desejo. Mais do que uma disposição, como o *habitus* bourdiano, é o próprio ato. Não é apenas um signo, como em concepções decorrentes de um "mentalismo" imperialista. O corpo não é apenas construído como objeto de conhecimento ou discurso, mas modelado culturalmente em suas práticas e comportamento. Strathern (1996) identifica a diferença entre as perspectivas de Bourdieu e de Connerton na distinção sutil entre hábito (obra realizada), categoria descritiva, e *habitus* (como modo de operação), construto teórico.

Em sua leitura de Connerton, Stoller (1995:29-30) refere-se a dois tipos de sedimentação:

> O processo de sedimentação ocorre por meio de dois tipos de práticas: inscrição e incorporação. Práticas de inscrição referem-se ao armazenamento e recuperação de textos em fotografias, livros, fitas de áudio, fitas de vídeo e cinema. Práticas de incorporação referem-se a posturas corporais, gestos, expressões faciais, movimentos corporais, maneiras à mesa .

Estes dois tipos de práticas podem ser entendidos como dois tipos de culturas, que utilizam dispositivos técnicos ou o corpo para armazenar informação (Strathern, 1996). Daí a necessidade de a etnografia justapor corpo e texto, atividade interpretativa como prática em um contexto particular e como objeto de reflexão. Em particular, na "contra-memória" como discurso subalterno, contra-hegemônico e subversivo, os corpos, as narrativas orais e os objetos armazenam a memória mais do que os textos.

Na constituição de sua memória, a tradição taoísta utiliza tanto práticas de inscrição quanto de incorporação. Como veremos no próximo capítulo, os corpos taoístas habitam tanto o mundo do texto quanto o mundo do corpo.

---

172. Ver o conceito de fluxo (*flow*) no capítulo "Bifurcações no Caminho".

O Corpo do Mundo

Uma estratégia mais clássica de aproximação às concepções de corpo na cosmologia taoísta possivelmente partiria de um estudo aprofundado de seus sistemas de classificação. Talvez estivesse mais próxima do empreendimento estruturalista de uma "ciência do concreto" (Lévi-Strauss, 1997), já que a cosmologia tradicional chinesa constrói classificações totalizantes a partir das propriedades sensíveis das coisas, tais como: características do tempo, direções do espaço, cores, estações do ano, elementos, emoções, sons, sabores, órgãos do corpo humano, animais etc. (Granet, 1997).

Entretanto, acredito que uma investigação nesses moldes tenderia a uma leitura muito mais abstrata e textual do taoísmo, e considero que, neste tipo de empreendimento, melhores resultados seriam obtidos por um pesquisador com formação filológica e sinológica[173] que permitisse um estudo comparado dos clássicos em chinês. Por esse motivo, optei por um outro caminho: perceber de que forma os corpos taoístas são um projeto que articula teoria e prática na experiência corpórea (*embodied*) do praticante. Conseqüentemente, reduzirei a referência a classificações abstratas ao mínimo, examinando apenas alguns conjuntos de conceitos-chave.

A distinção mais elementar na cosmologia tradicional chinesa refere-se ao par *Yin-Yang*.[174] A referência constante a pares de termos complementares em sua cosmologia poderia sugerir erroneamente que o taoísmo é dualista. No entanto, a própria representação gráfica do símbolo do *Taiji* (Figura 1) indica que *Yin* e *Yang* constituem dois aspectos de uma unidade e não duas coisas opostas. Além disso, trata-se de uma distinção polar e relacional que faz referência a aspectos situacionais concretos.[175] Mais do que qualidades fixas, trata-se de atributos dinâmicos em uma relação, relativos, sujeitos a mútua transmutação.

---

173. Remeto o leitor ao texto clássico de Granet (1997), ao próprio *Neijing*, ao Livro II da tradução de Wilhelm (1991) do *Yijing*, bem como aos tratados de medicina tradicional chinesa e *Taiji Quan* citados na bibliografia.

174. Originalmente referem-se respectivamente às vertentes sombria e iluminada de uma montanha ou de um rio (Granet, 1997: ver nota 171).

175. "As palavras *Yin* e *Yang* expressam aspectos antitéticos e concretos do Tempo. Expressam também aspectos antitéticos e concretos do Espaço" (Granet, 1997:84). Mais adiante o autor prossegue: "O *Yin* e o *Yang* não podem ser definidos nem como puras entidades lógicas, nem como simples princípios cosmogônicos. Não são nem substâncias, nem forças, nem gêneros. São tudo isso, indistintamente [...]" (idem).

Quando os seres sob o céu reconhecem o belo como belo
Então isso já se tornou um mal
E reconhecendo o bem como o bem
Então já não seria um bem
a existência e a inexistência geram-se uma pela outra
O difícil e o fácil complementam-se um ao outro
O longo e o curto estabelecem-se um pelo outro
O alto e o baixo inclinam-se um pelo outro
O som e o tom são juntos um com o outro.
O antes e o depois seguem-se um ao outro"
(*Daodejing*, poema 2).

O mundo da dualidade é o mundo relativo da experiência cotidiana, condicionada pela mente (*Xin*). Neste sentido, pelo menos se a compreendemos com base em uma leitura de Zhuangzi, na cosmologia taoísta os opostos não são em última instância opostos, porque nada possui uma essência firmemente estabelecida em um núcleo ontológico (Izutsu, 1983).

A série cosmogônica é uma seqüência de emanações ou desdobramentos que vai do *Tao* aos "Dez Mil Seres":[176]

"O Caminho gera o um
O um gera o dois
O dois gera o três
O três gera os dez mil seres"
(*Daodejing*, poema 42).

Do Vazio (*Wuji*) à Unidade Primordial (*Taiji*), que se divide nas duas polaridades básicas (*Yin-Yang*). Estas, por sua interação, geram os oito trigramas (*Bagua* – Figura 1) que, em seus arranjos e mutações, são a base de todos os fenômenos do universo, descritos de maneira sintética nos 64 hexagramas (Figura 3) do *Yijing*.

Tanto as "Cinco Energias" quanto os "Oito Trigramas" são produto da interação de *Yin* e *Yang* (Liu Chih Ming, s/d). Em sua interpretação contemporânea, são duas maneiras de falar dos mesmos fenômenos,[177] as forças primordiais da Natureza. Assim, os trigramas do Céu e do Lago correspondem à energia do metal;

---

176. A totalidade dos fenômenos do universo.

177. De acordo com J. C. (entrevista de 6/10/1998) as 5 energias – metal, água, madeira, fogo e terra – estão contidas nos 8 trigramas – Céu (*Ch'ien*), Terra (*K'un*), Fogo (*Li*), Água (*K'an*), Lago (*Tui*), Montanha (*Kên*), Vento (*Sun*), Trovão (*Ch'ên*) [grafia dos termos em chinês segundo a tradução de Wilhelm, 1991].

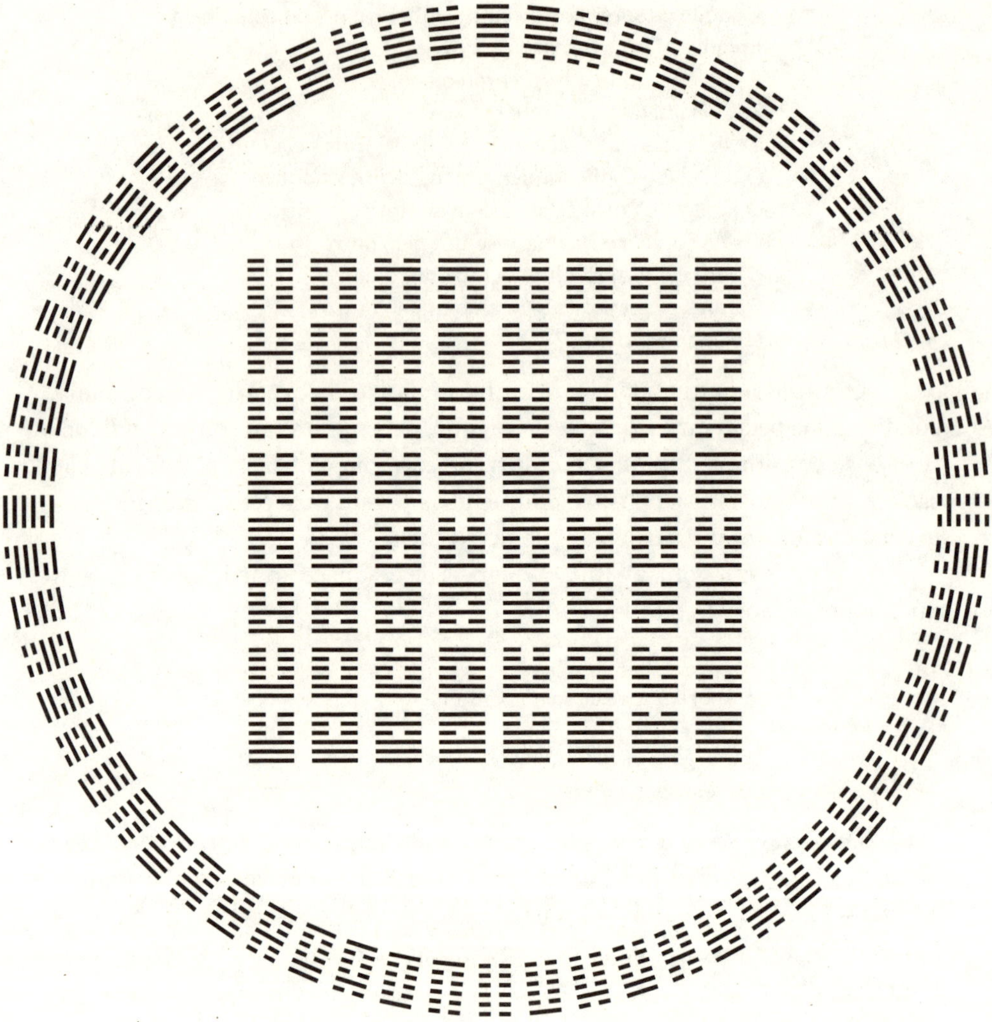

Figura 3
O quadrado dentro do círculo formado pelos 64 hexagramas do *I Ching*

os trigramas da Terra e da Montanha correspondem à energia da terra; os trigramas do Vento e do Trovão correspondem à energia da madeira. Os trigramas do fogo e da água correspondem respectivamente às energias do fogo e da água.

Estas categorias básicas formam parte da grade classificatória que articula também os órgãos e vísceras (sistema *Zang Fu* da medicina tradicional chinesa),[178] as cinco cores,[179] os cinco sabores,[180] as cinco direções,[181] os cinco sentidos, estruturas e partes do corpo humano,[182] emoções,[183] as estações do ano,[184] condições climáticas,[185] os horários do dia[186] etc.

A longuíssima duração destas classificações na civilização chinesa predispõe à "simultaneidade de presenças", vários sistemas, às vezes contraditórios, coexistindo.[187]

---

178. Os órgãos são maciços e *Yin:* pulmão, baço-pâncreas, fígado, coração e rim. As vísceras, ocas e *Yang*: intestino grosso, estômago, vesícula biliar, intestino delgado e bexiga. No entanto, o sistema não abrange tanto estruturas físicas, mas funções; assim, há um par formado pelo pericárdio (ou circulação-sexo) e triplo aquecedor, que não corresponde à idéia da fisiologia ocidental do que seria um órgão.

179. Branco, amarelo, verde, vermelho e azul-escuro/preto.

180. Picante, doce, azedo, amargo, salgado.

181. Oeste, centro, leste, sul, norte.

182. Pele, carne, tendões/nervos, vasos e sangue, ossos.

183. Tristeza, pensamento/preocupação, raiva, alegria, medo. Considerando que a preocupação é um tipo de pensamento obsessivo, percebo que os chineses classificaram as atividades psíquicas de um modo que não separa pensamento e emoção.

184. Outono, canícula (ou alto verão), primavera, verão e inverno.

185. Secura, umidade, vento, calor, frio.

186. Há dois sistemas. Um relaciona-se ao relógio dos 12 meridianos ordinários. A cada duas horas um meridiano específico está mais ativo: pulmão (3-5 h), intestino grosso (5-7 h), baço (7-9) estômago (9-11 h), coração (11-13), intestino delgado (13-15), rim (15-17), bexiga (17-19), pericárdio (19-21), triplo aquecedor (21-23), vesícula biliar (23-1 h) e fígado (1-3 h). O Outro sistema estabelece correspondências entre a configuração pós-natal (ou do Céu Posterior) do *Bagua* e a relação dos horários com as cinco energias e os oito trigramas: o trigrama *k'an* relaciona-se à meia-noite, *ken* à madrugada, *chên* ao alvorescer, *sun* à manhã, *li* ao meio-dia, *k 'un* à tarde, *tui* ao entardecer, *ch'ien* à noite [nomes dos trigramas grafados segundo a tradução de Wilhelm, 1991].

187. Por exemplo, as tabelas, correspondentes a diversas épocas e escolas do pensamento chinês que Granet (1997) retira do *Yue Ling*, do *Hong Fan*, da obra do historiador Sima Qian etc., não concordam em todos os aspectos com as principais fontes de classificações da versão do taoísmo que pesquisei, o *Neijing* e o *Yijing*, que por sua vez apresentam também divergências entre si quanto a algumas classificações. Por exemplo, o *Yue Ling* relaciona o baço à madeira, os pulmões ao fogo, o coração à terra, o fígado ao metal e os rins à água (idem). Já o Livro I do *Neijing*, no capítulo intitulado "Tratado sobre a Verdade da Caixa Dourada" (Veith [trad.], 1972), diverge, associando o fígado à madeira, o coração ao fogo, o baço à terra e o pulmão ao metal. No Livro II, no capítulo intitulado "Grande Tratado da Interação de *Yin* e *Yang*" (idem), o baço é substituído

Deixando de lado o mergulho nos sistemas de classificação que conduziria a uma direção totalmente diferente, basta afirmar que tomando por base esta verdadeira rede de correspondências estabelece-se uma relação de continuidade entre a ordem da natureza e o mundo humano, que formam os dois termos de um *Taiji*. Neste contexto, considerando as práticas taoístas como meio de realizar essa integração, o mestre Liu Pai Lin considerava que "a prática do *Taiji Quan* é um namoro do Ser Humano com o Céu". Entendido no seu sentido genérico, o ser humano seria uma das Quatro Grandezas do universo. O ensinamento do mestre afirma que, do ponto de vista da natureza, o ser humano é tão pequeno que não faz diferença a que gênero um indivíduo particular pertença. O ser humano é sempre *Yin* em relação ao Céu e à Terra. Lembro aqui que os chineses utilizam a mesma palavra *tian* e o mesmo ideograma para designar o Céu e a natureza (Fung Yu-Lan, 1989:40, nota 1), de modo que a sentença acima também poderia ser traduzida por "um namoro do ser humano com a Natureza".

Para ilustrar o estilo de interação entre ser humano e mundo, teoria e prática, e a leitura cosmográfica dos textos clássicos, um bom exemplo seria a interpretação taoísta do *Yijing*. Mais do que seu aspecto oracular, sua dimensão cosmográfica é central e constitui o fundamento filosófico das técnicas corporais. Cito um fragmento de entrevista em que A.M. analisa um conjunto de 12 hexagramas que descrevem tanto o ciclo do ano quanto o ciclo da vida humana:

> **A.M.**: "Acho que a gente, só como discípulo taoísta, como 'aprendiz do Grande *Tao*', como o mestre Liu fala, [...] acaba sabendo que, por mais que você estude, você só vai ter uma compreensão do jeito que ele tem quando você se 'realiza'. Quer dizer, a realização espiritual, dentro do taoísmo, é a única maneira de alcançar uma compreensão real destas questões, porque é muito vasto. É muito amplo, mas eu posso dar exemplos que ilustram aonde ele quer que a gente chegue, digamos assim".
>
> "Os taoístas usam uma seqüência de hexagramas, que são chamados de 12 hexagramas do calendário. Ou seja, dos 64 existem 12 que correspondem aos 12 meses do ano.[188]

---

por seu correspondente *Yang* no sistema *Zang Fu*, o estômago. Esta classificação é, por assim dizer, mais canônica com relação à forma contemporânea da medicina tradicional chinesa. Darei mais um outro exemplo. No que diz respeito às partes do corpo, o *Yijing* (*Shuo Kua*, capítulo III) – Wilhelm [trad.], 1991) – relaciona os olhos ao trigrama *Li* (fogo), ao passo que no *Neijing* os olhos estão mais diretamente ligados ao fígado e, como vimos, ao elemento madeira.

188. Wu Jyh Cherng (1998) discute brevemente a relação entre os hexagramas e os meses, mas parece fazer outras relações, talvez tendo por referência o hemisfério norte.

"[...] Então você tem a Paz [*T'ai*, hexagrama 11] e a Estagnação [*Pi*, hexagrama 12] [...] que correspondem aos equinócios, onde o *Yin* e o *Yang* estão exatamente igualados. O equinócio de primavera equilibra a favor do *Yang*, aí passa por quatro linhas *Yang* e só duas *Yin* [O Poder do Grande, *Ta Chuang*, hexagrama 34] e o equinócio de outono que equilibra a favor do *Yin*, no momento seguinte vai ter quatro *Yin* e só dois *Yang* [Contemplação, *Kuan*, hexagrama 20]. Aí vem três a três. Nessa seqüência, os pontos culminantes são: o hexagrama 1 [O Criativo, *Ch'ien*], que é todo *Yang*, e o hexagrama 2 [O Receptivo, *K'un*], que é todo *Yin*. Há uma progressão: a partir do todo *Yin* vai chegando uma linha *Yang* por baixo e depois outra *Yang*, outra *Yang* e outra *Yang*, então são três *Yang* embaixo e três *Yin* em cima, então você tem a Paz, que é o equinócio [lê-se o desenho dos hexagramas de baixo para cima]. Aí depois você vai tendo mais *Yang*, [...] os meses da primavera [...] culminam no todo *Yang*, que é o último mês da primavera.

"Aí vem o *Yin* por baixo. A primeira linha *Yin* por baixo vai corresponder ao solstício de verão [Vir ao Encontro, *Kou*, hexagrama 44]. [...] Externamente (o trigrama de cima é o externo), você tem o *Yang* ainda reinando absoluto, então é o trigrama do céu [*ch'ien*] que está lá em cima durante os três meses do verão. Só que lá embaixo, no plano que não é visível, o *Yin* já está chegando. Vai ter primeiro uma linha *Yin*, depois duas, depois três. Quando chegam três linhas *Yin* embaixo e o *Yang* continua pleno lá em cima, isso daí já é o equinócio seguinte, de outono [Estagnação, *Pi*, hexagrama 12]. Essa visão desses hexagramas no ciclo do ano é algo que eu já tinha, pelos livros [...]. Juntando tudo aquilo que ele [o mestre Liu] fala sobre cada um desses 12, consegui escrever um comentário que explica essa seqüência.[189]

"Agora, os taoístas colocam isso em níveis, digamos assim, muito mais ocultos. Por exemplo, o ciclo das idades na vida de uma pessoa.[190] Então eles dizem: 'o bebê quando nasce está todo molinho, todo frágil, é como se ele fosse todo *Yin*, esse hexagrama 2' [...]. A cada tanto tempo de vida, ciclos curtos,[191] as linhas *Yang* [vão] chegando [...] até que ele fique plenamente *Yang*, que é o hexagrama 1, quando ele está na adolescência, então a menina é com quatorze e os meninos com dezesseis.[192]

---

189. A.M. acompanhou e registrou durante anos as palestras de Liu Pai Lin sobre o *Yijing*.

190. Assisti em 5/08/2000 palestra do mestre Liu Chih Ming sobre a filosofia taoísta do *Yijing*, fazendo referência a este mesmo aspecto. Como parte de seu material didático, a palestra foi publicada na apostila 2 da coleção citada na bibliografia.

191. Antes de atingir a plenitude do *Yang*, os ciclos de 64 *zhu*, representados na transformação de uma linha, são medidos em unidades de 32 meses para o sexo masculino e 28 meses para o sexo feminino.

192. O ciclo de vida masculino é medido em unidades de múltiplos de 8, número correspondente ao jovem *Yin*, enquanto o ciclo de vida feminino é medido em unidades de múltiplos

"Do pleno *Yin*, quando ele nasce, até que ele fique *Yang*, ele vai acumulando mais *Yang*, mais *Yang*, mais *Yang*. [...] O mestre diz: 'por isso que a moleira, [...] no alto da cabeça, fica aberta um tempo, porque a energia pré-natal [...] não está ainda toda presente, ainda está sendo captada do céu, depois que ele já nasceu. E aí, esse fortalecimento, esse crescimento, e esse desenvolvimento é exatamente porque essa criança está ainda totalmente aberta a receber essa energia do céu e ela vai se tornando mais plena, mais plena, até a adolescência [...] Quando chega a adolescência e a puberdade aí começa aquilo que os taoístas chamam 'a dispersão por baixo', que é a dispersão através do sêmen e da menstruação. Isso corresponde já ao início de decadência desse apogeu vital.

"Aí vai aparecer a linha *Yin* por baixo. Seria [...] o equivalente do solstício de verão do ser, da vida. Externamente, parece que está tudo a mil, só que por baixo... já existe uma semente do *Yin*, quer dizer, uma semente da morte. Já começou a morrer, começou a envelhecer. Só que a partir dali os ciclos são mais longos, então no caso da mulher são ciclos de 7 anos, no caso dos homens são ciclos de 8 anos. Então, a cada 7 anos na mulher ou cada 8 anos no homem tem uma linha *Yin* a mais, até que, quando chega nos 40 mais ou menos, você já está [...] 'meio homem, meio fantasma', o hexagrama da Estagnação que corresponderia no ciclo do ano ao equinócio de outono.

"[...] a partir dali [...] é já o outono da vida [...]. Você vai estar, digamos assim, no outono explícito, com o *Yin* já no trigrama de cima (trigrama externo, visível). Quando chega nos 64 [anos] no caso do homem, a mulher é em 56, [...] é como se fosse tudo *Yin*. [...] a energia pré-natal, que é a energia do *Tao* primordial, que você traz com o espírito quando encarna, já acabou, não tem mais nada. Você vai ter uma sobrevida, a partir deste momento, que se deve unicamente à energia pós-natal, que é a energia que você ingere com os alimentos, com o ar, ou a água. Vai depender da qualidade, da quantidade dessa energia pós-natal que você é capaz de ingerir e do estilo de vida, quando a pessoa consegue se preservar".

Esta situação é, de acordo com a transmissão do mestre Liu, um momento crítico de mutação:

"[...] Só que ainda tem semente, resquícios da energia pré-natal. [...] se você souber ligar esses 6 centros através dos treinamentos taoístas e aprender a captar energia da natureza, não só da comida e do ar, mas, por exemplo, diretamente do sol antes de ele nascer – que é o melhor horário do dia – ou de uma nuvem branca, ou de uma árvore, ou da lua cheia, [...] do mar – entre 5 e 7 da manhã [...] que são truques taoístas, 'de comer, de emprestar ou roubar' – dependendo do

---

de 7, número correspondente ao jovem *Yang*. De acordo com a concepção taoísta, os homens são considerados externamente *Yang* mas internamente *Yin*, enquanto nas mulheres ocorre o contrário.

estado de espírito, ele usa uma palavra diferente – a energia da natureza. Aí você consegue ter como se fosse um novo ciclo, um novo nascimento.

"Então ele fala: 'você pode chegar num ponto em que você está aparentemente acabado, [...] mas, se entendeu do Grande *Tao*, você pode a partir dali – daquele hexagrama 2 que é todo *Yin* – renascer.[193] Passa a ser o hexagrama chamado Retorno [*Fu*], que é o hexagrama 24, [em] que você tem uma linha *Yang* por baixo e todas as outras *Yin*; então ele anuncia o ponto de mutação, de um novo começo" (8/10/1998).

O ciclo da vida humana conforme a filosofia do Yijing:

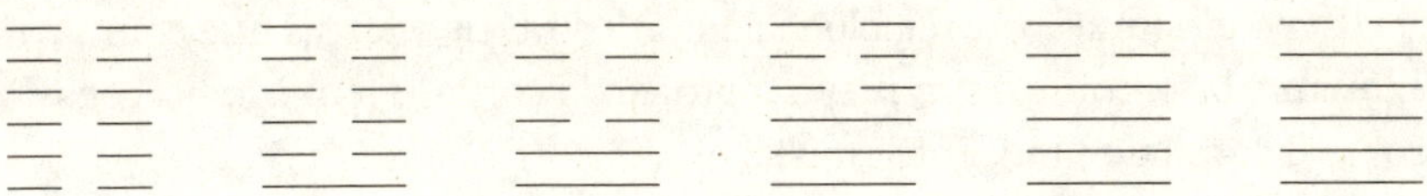

K'un 2	*Fu* 24	*Lin* 19	*T'ai* 11	*Ta Chuang* 34	*Kuai* 43
O Receptivo	Retorno	Aproximação	Paz	O Poder do Grande	Irromper

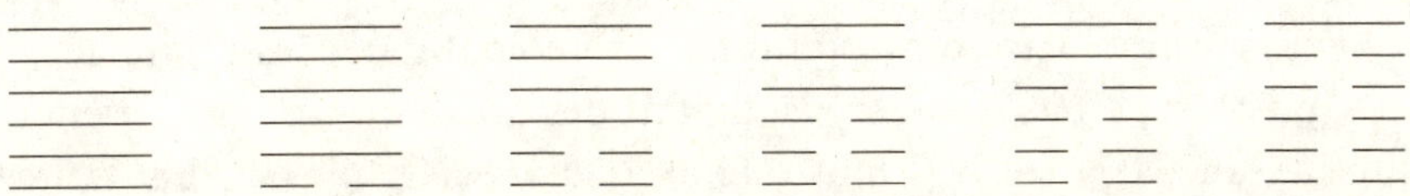

Ch'ien 1	*Kou* 44	*Tun* 33	*Pi* 12	*Kuan* 20	Po 23
O Criativo	Vir ao Encontro	Retirada	Estagnação	Contemplação	Desintegração

O ensinamento desta linhagem taoísta descreve também a gestação conforme o simbolismo do *Bagua*:

> Na região da origem fetal, temos traçada a roda do *Bagua*, formada nas 10 luas da gestação. Nas duas primeiras, são formados os dois peixes *Yin* e *Yang* [isto é, o símbolo do *Taiji*]; na terceira, o Céu; na quarta, a Terra [a ordem dos quatro primeiros termos depende do sexo do indivíduo]; na quinta, a Montanha; na sexta, o vento; na sétima, o Trovão, na oitava, o Lago; na nona, o Fogo; na décima, a água. Ao fim das 10 luas, a raiz [*Tai Yuan*] está formada, atrás do umbigo e à frente dos rins. (Liu Pai Lin, 10/10/1998, palestra em São Roque)[194]

---

193. Liu Chih Ming (op. cit., apostila 2) descreve essa possibilidade em termos muito semelhantes: "O treinamento taoísta da linhagem dos seres iluminados ensina como, a partir da situação descrita pelo hexagrama *Kun*, reter e tonificar a energia *Yang*, seguindo o caminho do retorno (hexagrama "Retorno"), e iniciando um novo ciclo de mutações em direção ao *Yang*".

194. Despeux (1994:49) refere-se a esta mesma teoria obtida de Liu Peizhong, em Taiwan, que foi um dos mestres de Liu Pai Lin e Liu Chih Ming.

Essa leitura dos princípios do *Yijing* ilustra como o taoísmo concebe as correspondências que unem o ser humano, microcosmo, ao universo, macrocosmo. O princípio fundamental da cosmologia taoísta é a relação de continuidade e simetria entre corpo e mundo: "O corpo humano tem a mesma configuração do Céu e da Terra" (Liu Pai Lin, s/d: apostila 1, nova edição). Mestre Pai Lin explica essa afirmação de maneira um pouco mais detalhada:

> O Homem possui a mesma configuração do céu e da terra, assim como a energia que ele possui é proveniente da natureza, o céu e o homem representam uma unidade, o homem está contido no céu e na terra, e a própria natureza (céu e terra), também estão contidos dentro do homem (Liu Pai Lin, s/d: apostila 2).

Esta configuração se relaciona aos vários níveis e forças que compõem o ser humano, bem como a um mapa cósmico do corpo, e tem implicações diretas sobre o corpo do praticante taoísta:

> O cinco representa o centro,[195] o eixo e, todo movimento dele originário assume configurações esféricas, circulares, que reproduzem o próprio movimento giratório e ininterrupto do Universo (Liu Pai Lin, s/d, apostila 4).[196]

Pela mesma lógica o corpo humano tem configurações espiraladas na cabeça, no cóccix e nas impressões digitais devido ao movimento da energia original durante a gestação. O movimento circular é portanto o padrão tanto do universo quanto do ser humano.

> O movimento é tanto mais sutil quanto mais próximo estiver do centro, sendo mais aparente na periferia. Apesar disso, o centro é a raiz, a fonte geradora do movimento.
>
> Quanto mais próximo da periferia, maior a dispersão de energia. Aquelas pessoas com vida atribulada, agitada, estão aproximando cada vez mais rápido das camadas mais externas da espiral, acabando por enfileirar-se, apressadamente, a caminho do cemitério (Liu Pai Lin, s/d: apostila 10).

De modo que a integração com a natureza é possível pela homologia entre configurações do corpo humano e do corpo cósmico:

> **J.C.**: "a gente tem dez nervos no cérebro correspondentes exatamente a dez faixas eletromagnéticas no céu.[197] Quer dizer, aí você já tem uma, já estabelece uma ligação de energia através desses seus nervos com a energia do céu. Assim como no baixo ventre, na raiz da nossa terra, nós temos doze nervos que correspondem

195. Nos diagramas do *Luo Shu* e do *He Tu*, mas também por corresponder ao elemento terra que ocupa a posição central na representação quadrada do espaço.

196. Estive presente à palestra de 04/05/1999, que originou o texto da apostila.

197. Os dez troncos celestes, a que se refere o *Neijing* (Livro III)

exatamente a doze veios de energia na terra. Porque essa relação "micro-macrocósmica" faz a gente ser uma pequena natureza, a gente pode tentar se integrar com a mãe natureza. A gente é uma réplica em miniatura da natureza. [...] As cinco energias dos cinco elementos a princípio são cinco *Yin* e cinco *Yang*. Então essas energias são encadeadas com estas dez faixas do céu. [...] Doze [...] tem a ver com aqueles doze (12) períodos temporais, [...] do ano, do dia" (06/10/1998).

Mas apesar das semelhanças de configuração, o ser humano apenas pode ligar-se às energias da natureza e suprir suas próprias deficiências quando em estado de serenidade (Liu Pai Lin, 7/04/1999; também s/d: apostila 5). Isso explica a relação entre longevidade e meditação, pois a duração da vida relaciona-se diretamente à condição da energia original (*yuan qi*) de um indivíduo. Da dispersão e do esgotamento desta energia original decorre a doença e a morte.

O poema 25 do *Daodejing* fala de Quatro Grandezas do universo: o *Tao* e o conjunto formado por Céu, Terra e Ser Humano (também chamados "os Três Poderes"). Os Três Poderes possuem, cada um, Três Tesouros:

> Inicialmente, é preciso saber que a energia verdadeira tem sua origem fora do corpo, a partir das três energias verdadeiras do Céu (o Fogo verdadeiro do Sol, a Água verdadeira da Lua, e o Vento verdadeiro das Estrelas) e das três energias verdadeiras da Terra (a energia fria, pura e límpida da Água da nascente; a energia do Fogo; e a energia do Vento, que surge quando a água fria se aquece e a energia circula). Essas Seis Energias são denominadas as Seis Energias do Céu e da Terra (*Lio Her Tchen Kuen*), e são representadas no corpo do homem pelos Seis Centros[198] [...] a união destas Seis Energias resulta nas Três Energias Verdadeiras do homem: Essência (*Tin*)[199], energia (*Chi*)[200] e Espírito (*Shen*). Os Taoístas denominam o treino deste processo de reunião das Seis Energias Verdadeiras do Céu e da Terra com as Três Energias Verdadeiras do Homem "a União do Céu, da Terra, e do homem". (*San Tsai Her Yi*)[201] (Liu Pai Lin, s/d: apostila 14)

A partir dos treinamentos pode-se recuperar a energia pré-natal,[202] aprendendo a unir *Yin* e *Yang* no *dantien*[203] e serenar o espírito, revertendo o ciclo

198. Descritos em Estilo de Espiritualidade Taoísta.

199. Mais usualmente grafada como *jing*.

200. Também grafada como *ch'i* ou *Qi*.

201. Neste fragmento, mantive a grafia do texto original para todos os termos em chinês.

202. Isto é, aquela recebida pelo indivíduo no momento da concepção, oriunda do Céu, da Terra e de seus pais.

203. O centro geométrico e gravitacional do corpo, também chamado de *Tai yuan*.

natural de envelhecimento, doença e morte (Cf. Liu Pai Lin, s/d: apostilas 6 e 7). O "Caminho do Retorno", que é o propósito da alquimia interna taoísta, consiste em recuperar e refinar as energias originais do ser humano para se chegar à "iluminação" e à longevidade.

A junção de diferentes técnicas e objetivos no mesmo sistema reflete uma definição de corpo que abarca aspectos psicossomáticos e espirituais, visíveis e invisíveis. A idéia de corpo invisível inclui, contudo, a possibilidade de sua cognição, por duas vias: 1) o sofisticado sistema de sintomatologia da medicina chinesa, que permite conhecer a condição de saúde do paciente por suas expressões concretas, por meio do exame de pulso, língua, face, olhos, compleição e voz do paciente; 2) pela habilidade de que são dotadas algumas pessoas, por treinamento ou inatamente, de perceber diretamente a energia invisível, por meio de impressões "sensoriais".[204] À fisiologia do corpo físico, corresponde a fisiologia do corpo invisível, mediante a teoria do sistema de meridianos e colaterais (*jing luo*): trajetos energéticos, análogos a rios, que correspondem aos diversos órgãos e funções do corpo, classificados com relação às cinco energias. A condição de saúde se define pelo equilíbrio dinâmico dessas energias e pelo seu fluxo desimpedido por meio dos trajetos que lhe correspondem. Sendo um tipo de medicina psicossomática, a medicina tradicional chinesa relaciona as cinco energias, os principais agentes patológicos externos – condições ambientais – e os agentes patológicos internos – perturbação psíquica – da seguinte maneira: fogo-calor-angústia/euforia, água-frio-medo, madeira-vento-raiva, terra-umidade-preocupação e metal-secura-tristeza. A condição de doença decorre da incapacidade do organismo de defender-se da ação nociva desses fatores, que podem se combinar de forma complexa. A terapia parte das mesmas relações para buscar reequilibrar as energias desordenadas, estimulando ou inibindo estrategicamente determinado tipo de energia, conforme o caso.[205]

---

204. Izutsu (1983:300) considera a visão de mundo taoísta de Laozi e Zhuangzi um tipo de elaboração filosófica de uma visão de mundo xamânica: "uma forma particular de filosofia que surgiu da experiência existencial pessoal, peculiar a pessoas dotadas da capacidade de ver coisas em um plano supra-sensível de consciência, por meio de um encontro extático com o Absoluto e por meio de imagens arquetípicas que daí emergiam" . Na escola em que pesquisei, encontrei este tipo de experiência, entre outros exemplos, registrada na forma de conhecimento empático na relação entre massagista e paciente. Além disso, vários discípulos do mestre Liu Pai Lin atribuíram a ele a capacidade de sentir a condição energética das pessoas.

205. A medicina tradicional chinesa refere-se ao ciclo de geração e de controle das cinco energias. No primeiro, metal gera a água, a água gera a madeira, a madeira gera o fogo, o fogo gera a terra, que gera o metal. No segundo, o metal corta a madeira, a madeira penetra

Em sua dimensão mais propriamente médica, sobretudo na prática da acupuntura e da massagem *Tui Ná*, o conhecimento prático dos doze meridianos ordinários é central. Consiste não só na memorização de suas indicações terapêuticas mas também na capacidade de localizar pontos e combiná-los em um tratamento. Na prática dos treinamentos, seja com finalidade marcial, terapêutica ou espiritual, são os oito meridianos extraordinários, em particular os vasos *Du* e *Ren*, que são os noções-chave, além de determinadas localizações ao longo deste trajeto circular – ascendente pela coluna e descendente pela linha central da frente do corpo –, centros[206] homólogos aos *chakras* da "fisiologia mística do *Yoga*" (Eliade, 1991). A despeito dos paralelos de concepção e função, seria leviano tentar uma comparação baseada em equivalências termo a termo entre um sistema e outro. Os cinco *chakras* inferiores – em ordem ascendente *muladhara, svadhishtana, manipura, anahata* e *vishuddha* – correspondem aos cinco fatores fundamentais (*bhuta*) – *prttivi, jala, tejas, vayu* e *akasha*. Até onde compreendi, não há semelhante equivalência entre as "Cinco Energias" e os "Seis Centros" no sistema taoísta. Uma outra diferença fundamental é que a metáfora dos *chakras* como flores de lótus, cujas pétalas correspondem a sons (*mantras*) e à localização precisa de tendências psíquicas particulares, revela uma preocupação com a classificação sistemática dos estados da mente e um sistema para intervir sobre estes aspectos parciais da psiquê que não aparecem na teoria chinesa dos centros. Nisso, a psicologia do *Yoga* parece possuir uma abordagem bastante mais detalhista.

A semelhança entre os canais ou "nervos" (*nâdî*) do sistema indiano e os meridianos e vasos do sistema chinês também é imediata: trajetos do corpo sutil por onde a energia vital circula. Além dos vasos principais há inumeráveis canais menores. Tanto na prática de *prananyama* e *asana* quanto na prática de *Qigong* e *Taiji Quan*, uma das metas é armazenar energia vital, purificar e desbloquear o circuito de canais. No entanto, o sistema indiano não associa especificamente canais e órgãos, à maneira do sistema *zang fu*. Como vimos, os órgãos relacionam-se às emoções e processos psíquicos, de modo que o equivalente de uma "psicologia taoísta" possa ser encontrado aqui.

---

a terra, a terra contem a água, a água apaga o fogo, o fogo derrete o metal. Esta mesma teoria também foi aplicada às artes marciais, de modo que determinadas técnicas e armas associam-se por uma lógica concreta às cinco energias. Por exemplo, durante a pesquisa de campo, aprendi uma seqüência do *Bagua Zhang* composta de 5 palmas, cada uma correspondente a um elemento. Além da forma, há também um sistema de *Tui Sou* em que se usa uma técnica para neutralizar a outra de acordo com o ciclo de controle das 5 energias.

206. Descritos em o "Estilo de Espiritualidade Taoísta".

É bem provável que, em ambos os casos, trate-se de uma fisiologia sutil de caráter experimental (ou experiencial), correspondente a estados psicossomáticos, mas ao mesmo tempo "transfisiológicos", dependentes de uma ascese espiritual a partir da prática da meditação:

> [...] como consecuencia de la experiencia yôguica, el "cuerpo físico" se "dilata", se "cosmiza", se transubstancia. Las "venas" y los "centros" de que hablan los textos se refieren en primer lugar a estados realizables exclusivamente mediante una amplificación extraordinaria de la "sensación del cuerpo" (Eliade, 1991:176).

Em resumo, assim como o *Yoga*, conforme descrito por Eliade (op. cit.), a ontologia do taoísmo, ao menos como é apresentada no *Daodejing*, baseia-se em uma experiência mística/extática da realidade (Izutsu, 1983).

Corpo como Projeto e Experiência

O arranjo que o taoísmo faz do mapa de correspondências que constitui a cosmovisão tradicional chinesa manifesta-se diretamente nos corpos dos praticantes taoístas, na maneira como habitam o tempo e o espaço, na relação com a vida e com a morte.

Cada cultura tem um ritmo ou repertório de ritmos que lhe é próprio (Hall, E., 1976). No taoísmo, o universo corporal expresso na atividade prática é a contraparte vivida das correspondências cosmológicas. A busca da "integração com a natureza" influi sobre o ritmo da vida cotidiana dos praticantes de duas maneiras. Em primeiro lugar, determinadas práticas e atividades cotidianas possuem horários e épocas correspondentes para se obter o máximo de benefícios, e, no sentido contrário, aqueles que seriam desfavoráveis. Por exemplo, "o ciclo diário é regido pela alternância de dois períodos – um considerado *Yang* (das 23h00 às 11h00) e outro, *Yin* (das 11h00 às 23h00) – e pelos horários regidos pelos doze meridianos. A rotina das atividades diárias, seu ritmo e sua configuração são ordenadas para estar em harmonia com estes ciclos: quando comer e dormir, quando exercitar-se, quando recolher-se".[207] Exercícios que envolvem respiração ou captação da energia do Céu devem em geral ser feitos nos horários *Yang*. O meio-dia, aparentemente o período mais *Yang* do dia – por ser extremo é o momento de uma mutação em direção ao *Yin* –, é regido pelo meridiano do coração e pela energia do fogo. Por isso mesmo, é um momento

---

207. Conforme nota de meu diário de campo de 01/10/98.

em que se recomenda o recolhimento. No que diz respeito a este "tempo taoísta", trata-se de adesão voluntária, de ajustar as ações rotineiras à alternância rítmica percebida na natureza, mas também muitos praticantes relatam a experiência de uma adequação espontânea ao ciclo diário, uma transformação do relógio biológico como resultado inesperado dos treinamentos, passando a dormir mais cedo e despertar de madrugada, espontaneamente, no horário prescrito para a realização de algum treino.

Em segundo lugar, o sistema de técnicas, ao remodelar o esquema corporal e os padrões habituais do praticante, concretamente instaura a cosmologia taoísta na experiência *corpórea* do mundo. Manifesta-se pela corporificação dos princípios cosmológicos taoístas, sobretudo a união de *Yin* e *Yang* no *Taiji*, em constante mutação, expressos metaforicamente no corpo do praticante: pela aquisição do eixo vertical, isto é, por uma postura mais ereta; pela integração dos padrões de movimento a partir do centro de gravidade do corpo (*dantien*), isto é, o corpo sempre se move como uma unidade, sem partes desconexas; pelo estado de relaxamento atento, ou de tensão mínima, isto é, pela percepção da força necessária a cada atividade.[208]

Ser taoísta é fundamentalmente praticar técnicas que reconfiguram o *habitus* não apenas na situação específica do treinamento. Esses padrões, a longo prazo, estendem-se a outros domínios da vida.[209] Como a transformação e o aprendizado são decorrentes dessas atividades, pelo exame do repertório de técnicas corporais taoístas é possível conhecer o aspecto programático do corpo taoísta.

---

208. Resumidamente, para os taoístas, o eixo vertical permite a conexão do ser humano com a energia do Céu, por meio do topo da cabeça (*Bai hui*), [e com a terra por meio da região pouco acima do períneo (*Yin Qiao*) e das solas dos pés (*Yongquan*, R1)]. O alinhamento vertical é um princípio essencial para a prática do *Taiji Quan* (Yang Chengfu apud Despeux, 1994). O corpo deve se mover sempre como uma unidade, comandada pela cintura (Zhang Sanfeng apud Despeux, 1994). O treinamento do centro é um antídoto contra a fragmentação. Outra característica da prática é a suavidade, o relaxamento que permite uma melhor adaptação a cada situação. A maioria das pessoas está em um constante estado de tensão e aplica força excessiva, real e metaforicamente, em sua relação com o mundo. Há um adágio popular chinês (mencionado no tratado de Wang Zongyue apud Despeux, 1994) que afirma: "quatro onças prevalecem sobre mil libras", implicando que, com o posicionamento e a técnica corretos, a força é desnecessária para vencer um confronto.

209. Desenvolvo esta idéia mais extensamente nos capítulos "Narrando o Tão" e "Dois sentados sobre a Terra".

Em uma descrição sumária posso agrupar as técnicas em categorias,[210] mais ou menos coerentes com as classificações tradicionais chinesas: ginásticas, treinamento de energia (*Qigong*), massagens, artes marciais, treinamentos internos (*Daoyin*). Essas categorias são contudo permeáveis, já que os mesmos princípios filosóficos, cosmológicos, cinéticos, conectam as diferentes práticas. Fundamentalmente, todos os exercícios treinam simultaneamente o corpo visível e invisível e a consciência, em especial mediante o uso da intenção criadora (*Yi*): "onde está a intenção está a energia".[211]

As principais séries de ginásticas são: 1) o exercício "Para a Flexibilização das Nove Dobras[212] do Corpo",[213] contendo quinze formas para aumentar a flexibilidade dos tendões, ligamentos e articulações, realizadas de pé; 2) "Para a Saúde dos Órgãos Interiores" (ou "Os Oito Panos de Seda" – *Ba Duan Jin*),[214] contendo 12 formas que combinam torções, alongamentos, *qigong* e respirações e atuam sobre os órgãos internos por afetarem o sistema de meridianos[215] e a coluna vertebral;[216] 3) "8 Formas de Alongamento dos Tendões" (*Chang Tsin Pah Fah*), também chamado *Taiji* Sentado, compreendendo uma seqüência de oito movimentos sucessivos a serem realizados na posição sentada, com as pernas esticadas para frente que trabalham a flexibilidade de todos os tendões, nervos e articulações, desbloqueando o fluxo de *qi* e estimulando a circulação sangüínea.

---

210. Para uma abordagem complementar, ver a tese de doutorado de Albert Hemsi (2000), defendida na faculdade de educação da USP.

211. Do clássico *Pontos-chave fundamentais do Taiji Quan* (apud Yang, 1989). Deparei-me muitas vezes com este comentário durante as aulas ...

212. Tornozelos, joelhos, quadril, pulsos, cotovelos, ombros, mais a coluna subdividida em três.

213. Normalmente chamado apenas de "As Dobras".

214. Hemsi (idem) acrescenta que Liu Chih Ming ensinou também uma outra série de *Ba Duan Jin*.

215. "Cada um dos exercícios de *Ba Duan Jin* intensifica o fluxo de energia ao longo de todo o comprimento de meridianos específicos, de modo que a série completa de exercícios beneficia a rede inteira, inclusive os órgãos internos pelos quais essa energia passa" (Lam Kam Chuen, 2000:63).

216. De acordo com a concepção taoísta, como os órgãos estão todos "pendurados" na coluna, os exercícios que visam o alongamento e a flexibilidade da coluna, massageiam os órgãos internos e interferem em seus pontos reflexos ao longo do meridiano da bexiga, que corre dos dois lados da coluna a um e meio *tsun* (uma polegada de acupuntura, correspondente à medida do comprimento da falange central do dedo médio do paciente).

Este era o exercício de movimento favorito do mestre Liu Pai Lin, que mais recentemente na história da escola introduziu uma forma simplificada contínua, "Remar o Barco"; 4) "Exercício do Balanço", duas formas simples feitas de pé, consistindo na alternância do peso dos pés entre "cheio" e "vazio", coordenada com movimentos de expansão e recolhimento dos braços e com o giro da cintura, na segunda forma; de acordo com o ensinamento do mestre, "treina todos os ossos do corpo"[217] e fortalece a energia dos cinco órgãos, a primeira forma exercitando pulmão e coração; a segunda, rim, baço e fígado. Em geral sua prática é acompanhada pelo treino de "dar palmadas no umbigo e no baixo ventre"; 5) no ano de 2000, o mestre Liu Chih Ming introduziu um outro sistema de ginástica (ou *Qigong*?): "Exercícios Taoístas para a Longevidade e o Emagrecimento", que consiste em uma seleção de dez formas para tonificar a energia nos rins e a energia pré-natal, e eliminar a gordura e a energia turva.[218]

Embora o termo *Qigong* seja suficientemente genérico para abarcar um grande número de sistemas de exercícios que envolvem a captação de energia da natureza e a circulação de energia vital no ser humano,[219] nesta escola há uma série em particular conhecida por "Doze Formas de *Qigong*". Estes exercícios só são praticados no período *Yang* do dia, preferencialmente próximo ao nascer do sol. Recentemente seu ensino tem caído em relativo desuso[220] após o mestre ter transmitido uma forma mais sintética de captação matinal de energia, a "Respiração Completa da Tartaruga". A transmissão de Liu Chih Ming inclui outras formas de *Qigong*, por exemplo o *zen mi*.

As massagens compreendem tanto formas de automassagem quanto a massagem *Tui Ná*. São a aplicação da teoria dos meridianos e dos pontos reflexos

---

217. Anotações feitas em São Roque, 10/10/1998, aula matinal de *Qigong*.

218. Descritos em Liu Chih Ming (s/d: Apostila 7). A técnica foi ensinada em Seminários mensais com a duração de um fim de semana e em sua escola na cidade de São Paulo, o CEMETRAC. A noção de energia turva remete à idéia de que há tanto energias benéficas quanto nocivas à saúde e que a doença começa sempre no nível invisível como um bloqueio ou desequilíbrio energético. Evitar a perda excessiva de energia e o acúmulo de energias nocivas constitui um capítulo importante das práticas de medicina preventiva.

219. A literatura especializada às vezes refere-se a *Ba Duan Jin* ou ao sistema *Zhang Zhuang* como uma forma de *Qigong*.

220. Pelo menos nas aulas de *Taiji* que observei na Associação *Taiji* Pai Lin, durante minha pesquisa de campo no período de 1998 e 1999. Em Brasília, continua a ser ensinada. No curso regular de massagem *Tui Ná* do professor P.K. no Instituto Shiao Lin, as 12 Formas também continuam a ser transmitidas.

(principalmente os dos pés).[221] A principal automassagem[222] chama-se "Nove Formas para Restabelecer a Vitalidade" – ou "*Taiji* Deitado" – e consiste em nove manobras sobre a região ventral do tronco, executadas preferencialmente na posição deitada. Mestre Liu Pai Lin introduziu posteriormente alguns movimentos complementares. Há também uma série de automassagem especial para a cabeça e o pescoço. No ano 2000, tive contato também com uma série de automassagem transmitida pelo mestre Liu Chih Ming, englobando, em uma única seqüência: a massagem para cabeça, o "Treinamento da Água Sagrada", as "Nove Formas para Restabelecer a Vitalidade", as "Oito Formas para Alongamento dos Tendões", além de outras formas. Apresenta algumas variações com relação à transmissão do mestre Liu Pai Lin.

Embora o aspecto propriamente marcial jamais tenha sido uma finalidade nesta linhagem, desde a chegada de Liu Pai Lin ao Brasil, em meados da década de 1970, são ensinadas duas artes marciais da chamada escola interna[223] (*Nejia*), associada historicamente ao taoísmo, que em seu treinamento enfatizam a percepção, captação, circulação e emanação de *Qi* como elemento fundante de suas técnicas de autodefesa, mais do que o uso da força muscular (*Li*).

Há duas formas de *Taiji Quan*, ambas do estilo *Daogong*: uma de 108 movimentos (*Taiji* Longo), outra de 37 movimentos (*Taiji* Curto). No período de minha pesquisa de campo constatei que a forma curta está muito mais difundida entre os praticantes, ficando a forma longa restrita a discípulos mais experientes. Há três formas de *Bagua Zhang*: a) "Palma de 8 Trigramas" (*Bagua* Curto); b) "Palma de 64 Hexagramas" (*Bagua* Longo), ambas do estilo *Kwan Lwan*; c) "Palma de 5 Elementos". As formas do *Bagua* são menos conhecidas e praticadas do que as do *Taiji*. Contra uma imensa maioria de cursos regulares de *Taiji*, havia durante o período de minha pesquisa de campo apenas duas turmas de *Bagua* Curto,

---

221. Assim como as mãos e as orelhas, para a medicina tradicional chinesa, os pés são uma réplica em miniatura do corpo humano. A massagem nessas áreas reflexas afeta diretamente as estruturas corporais correspondentes.

222. No ano de 1999, mestre Liu Pai Lin introduziu uma outra forma de massagem, a ser realizada em si mesmo ou entre os parceiros de um casal, que consta da série *Segredos da Longevidade Taoísta*.

223. Tradicionalmente são três as principais artes marciais internas chinesas: *Taiji Quan*, *Bagua Zhang* e *Xingyi Quan*. A terceira foi ensinada a alguns discípulos antigos por um curto período na Missão Católica Chinesa por um mestre de outra linhagem, amigo pessoal de Liu Pai Lin.

ambas no então Instituto Pai Lin.[224] A forma longa não estava sendo ensinada publicamente e era praticada apenas por discípulos mais antigos. Constatei diferenças entre a forma curta na transmissão de Liu Pai Lin e Liu Chih Ming. Albert Hemsi (2000) atribui essas diferenças à introdução, pelo mestre Liu Pai Lin, de movimentos da forma longa na seqüência curta. Tanto a forma longa quanto a curta foram ensinadas originalmente por Liu Chih Ming, e a forma dos Cinco Elementos[225] por Liu Pai Lin. Embora sigam os mesmos princípios básicos de movimento, quer dizer, lentidão, suavidade, circularidade, eixo vertical, movimento coordenado de todas as partes do corpo partindo da cintura, há uma diferença na estratégia e nos padrões de deslocamento: enquanto o *Taiji Quan* utiliza movimentos circulares associados a um deslocamento mais retilíneo, o elemento mais característico do *Bagua* é a trajetória circular dos próprios passos, como se o praticante estivesse constantemente contornando um centro, que em um combate seria o próprio adversário. Os movimentos do *Bagua*, além disso, tendem a ser relativamente mais rápidos e vigorosos. O simbolismo do *Yijing* aparece em ambas as práticas. No *Taiji*, cada trigrama está associado a um dos movimentos básicos: aparar (*peng*), desviar (*lü*), pressionar (*ji*), empurrar (*an*), puxar (*cai*), quebrar (*lie*), golpe de cotovelo (*zhou*), golpe de ombro (*kao*). No *Bagua*, as associações entre as palmas e os trigramas não são as mesmas na forma longa e na forma curta, mas basicamente cada trigrama corresponde a uma palma e a um animal, cada uma, "uma maneira diferente de penetrar o centro do adversário".[226]

> J.C.: "A seqüência do *Bagua* de 64 movimentos é realmente estruturada assim: cada trigrama [...] corresponde a um animal e tem 8 movimentos: [...] Então, a primeira,

---

224. Atual Instituto Shiao Lin, na Vila Mariana, cidade de São Paulo. Pratiquei a técnica nas aulas do professor H.M., em 1998 e 1999, e informalmente com o professor R.F.. A prática mais informal ocorria também no treino de sextas-feiras da Associação e nos seminários realizados em São Roque. Ouvi falar também que o professor S., que possui um espaço próprio próximo à estação de metrô Saúde, também ensina a forma de oito trigramas. Em Brasília, até o ano 2000, encontrei apenas um professor que ensinava a técnica, embora existam vários praticantes que aprenderam em São Paulo e/ou durante os cursos de formação com o mestre Liu Pai Lin na Fundação Cidade da Paz, a partir de 1994.

225. Conforme me foi transmitido, os Cinco Elementos constitui uma forma antiga, atualmente pouco conhecida e pouco praticada, razão pela qual mestre Pai Lin enfatizou a necessidade de sua divulgação para evitar o desaparecimento desta técnica.

226. Mestre Liu Chih Ming, prática do *Bagua Zhang*, em 21-22/10/2000, no Terceiro Seminário sobre o Segredo do Treinamento Taoísta da Linhagem dos Seres Iluminados. O mestre acrescentou, no entanto, que embora este fosse o sentido marcial das palmas, elas não deveriam ser praticadas com a intenção de ferir o outro.

o Céu, que é o Leão; depois vem a Terra, que é Quimera; o Fogo, Águia; a Água é Serpente; depois vem a Montanha, Urso; Trovão é o Dragão;[227] o Vento que é a Fênix e o Lago que é o Macaco. [...] Se você for ver as características do trigrama, tem a ver com as características dos animais" (11/10/1998).

As oito palmas da seqüência curta não têm uma relação tão clara com os animais. Não incluem todos os animais da seqüência longa, ou melhor, a seqüência curta não menciona o leão, a quimera, o urso e a fênix. Além disso, as correspondências entre palmas e trigramas são um pouco diferentes. Assim, uma tentativa de decomposição termo a termo seria não apenas problemática, mas mesmo contraproducente, já que o importante é a noção de uma totalidade integrada em permanente mutação.

Na prática, as palmas não precisam ter uma ordem fixa preestabelecida; podem se suceder de maneira aleatória, improvisada:

> **J.C.**: "O mestre sempre gostou de praticar também juntando um movimento com outro, não necessariamente na seqüência. Fazendo de uma forma viva. [...] A gente corria atrás dele sem saber qual ia ser o movimento seguinte" (11/10/1998).

A maneira como o mestre Liu Pai Lin realizava essas técnicas também exemplifica a possibilidade de improvisações, em menor escala, no *Taiji Quan*, alternando as interpretações da intenção dos movimentos, sem desviar-se de sua ordem preestabelecida e brincando com variações de ritmo.[228]

A escola interna possui, além de formas para mãos livres, técnicas com armas. Nesta escola em particular são ensinadas três formas de espada:[229] 1) espada *Taiji* (*Taiji Jian*) de 54 movimentos; 2) espada *Bagua*; e 3) espada dupla *Bagua*, praticada com duas espadas. A primeira foi introduzida por Liu Chih Ming e depois pelo próprio mestre Liu, e continua sendo ensinada pelo professor R.F. em curso regular semanal, na cidade de São Paulo – foi ensinada no ano de 2001, em curso mensal, em Ribeirão Preto e Brasília. No Instituto Pai

---

227. A.H. comenta que a ordem das palmas é água, fogo, trovão e montanha.

228. I.S., professora de *Taiji* em Brasília, comentou, após sua entrevista de 27/09/1999, que quando praticava na Missão Católica Chinesa, em São Paulo, procurava ficar sempre próxima ao mestre e tentar acompanhar seu ritmo. Às vezes, mais lento, às vezes mais rápido. Ao longo da história da escola, as interpretações mais canônicas dos movimentos da seqüência têm variado. Em 1999, o mestre Liu Pai Lin introduziu uma modificação mais sistemática na seqüência curta, acrescentando duas repetições ao movimento "Moça graciosa trabalha na laçadeira" de modo a que os quatro movimentos abarcassem as quatro diagonais: NO, SO, SE, NE.

229. Outros estilos possuem formas também para sabre, bastão, lança e leque.

Lin (atualmente, Shiao Lin), durante a pesquisa de campo, havia apenas uma turma da segunda técnica, ministrada pelo professor que ensinava *Bagua* no turno da manhã. A terceira é praticada apenas por discípulos mais antigos que aprenderam diretamente de Liu Chih Ming.

Além das seqüências (ou encadeamentos) de movimentos, análogas às inúmeras formas (*kati*) da escola externa chinesa ou aos *kata* do karatê japonês, há técnicas específicas para treinar as aplicações marciais dos movimentos: *Tui Sou* (empurrar das mãos) e *Shan Sou* (dispersão das mãos). Pratiquei as formas da primeira técnica pertencentes a este estilo nos treinos coordenados pelo professor A.L. no parque Ibirapuera, em 1998. Quanto à segunda, só tive referência por intermédio de um dos alunos de A.L. que mencionou que em um nível mais avançado há técnicas de combate que não dependem de manter o contato físico constantemente. Outras referências aparecem no tratado de Despeux (1994) e na tese de Hemsi (2000:65), que acrescenta que foram "poucas vezes ensinadas na Escola Pai Lin". O treino do *Tui Sou* consiste basicamente em um exercício a dois em que os praticantes, em atitude de relaxamento alerta, movem o corpo seguindo trajetórias circulares de expansão e recolhimento enquanto mantêm contato, principalmente pelos pulsos de um ou de ambos os braços, buscando "escutar" a intenção do "oponente" para neutralizá-la ao mesmo tempo que ocultam a própria intenção, buscando surpreender. A prática possui formas sem deslocamento ou com deslocamento, retilíneo ou circular. Coerente com o *ethos* da escola, apenas um número reduzido de praticantes domina essas técnicas. Constatei, aiás que o *Tui Sou* tem sido praticado sem parceiro (!?),[230] como forma de desenvolver o giro da cintura e a circularidade dos movimentos, mas sem atender os maiores objetivos desta prática: sensibilidade, maleabilidade e capacidade de improvisação, na interação concreta com o outro.

Por fim, o núcleo mais importante de técnicas, no que diz respeito à dimensão mais propriamente espiritual do taoísmo, é formado pelos treinos interiores (*Daoyin*). O repertório combina: 1) técnicas "respiratórias", cuja principal é conhecida por vários nomes: "Treinamento Interior do *Taiji*", "Pulsação dos Cinco Corações", "Respiração da Raiz" – contudo, não se trata exatamente de uma respiração no sentido ordinário, já que a atenção não está dirigida à entrada e saída de ar dos pulmões, mas ao movimento de suspensão/contração e relaxamento/expansão do abdômen, simultâneo à captação e armazenamento de *Qi* na

230. Conforme observei nas aulas de *Taiji Quan* na Associação *Taiji* Pai Lin e entre professores de Brasília que seguem sua orientação. A Associação oferecia apenas uma turma de "Aperfeiçoamento do *Taiji Quan*", em que o professor L. ensinava o *Tui Sou* como prática a dois.

raiz (*Tai Yuan*); 2) posturas, como a "Postura da Árvore" (*Zhang Zhuang*); 3) visualizações de localizações e trajetos energéticos internos,[231] das quais a principal é a "Circulação dos Seis Centros" (Figura 2); 4) meditação – a principal técnica meditativa, o "Sentar na Calma", tem por base o "Abraço do *Taiji*", realizado na posição sentada. O praticante realiza primeiro a "descida interna", despertando a energia *Yang*, no centro *Lin Tai* – localizado no meio da cabeça –, descendo-a pelo eixo central do corpo até o *Tai Yuan*, onde se reúne à energia *Yin* do *Yin Qiao*, localizado nos genitais internos, e procura manter a atenção no centro do corpo. Este conjunto de técnicas – incluindo algumas mais profundas e de acesso menos público – continuou a ser transmitido pessoalmente pelo mestre Liu Pai Lin no contexto de suas palestras e seminários.[232] Mestre Liu Chih Ming também tem transmitido uma técnica de meditação da linhagem da "Montanha Dourada" (*Jin San*),[233] que muito se assemelha à meditação budista da escola *Ch'an*.

Hemsi (2000) classificou a meditação e o *Daoyin* como duas formas distintas de treinamentos internos, em conformidade com os ensinamentos que recebeu e com as referências sinológicas. Adotei uma outra forma de classificação em virtude de minha ênfase no aspecto prático. A prática do "Sentar na Calma" incorpora também as técnicas do *Daoyin*, pelo menos nas atividades de que participei durante a pesquisa de campo. Nas aulas de "Sentar na Calma" de J.C., na Associação, o treinamento do "Sentar na Calma" combinava-se com exercícios de visualização já na postura sentada, como a "Circulação dos Seis Centros", e com exercícios preparatórios pertencentes às outras categorias, como as "Nove formas de Automassagem", o "Alongamento do Tendões", a "Respiração da Raiz", a "Postura da Árvore". As palestras do mestre Liu Pai Lin agrupavam várias dessas práticas no mesmo universo, relacionando-as à filosofia de *Yijing* e do *Daodejing*. Por outro lado, práticas como a da "Postura da Árvore" e mesmo o próprio *Taiji Quan* também utilizam a atenção no *dantien*, elemento definidor da meditação taoísta.

Em resumo, todo esse repertório de técnicas psicossomáticas e espirituais faz parte de um único sistema que agrega também outros saberes como a filosofia, a dietética, a fitoterapia, a acupuntura e a geomancia (*Fong Sui*). No contexto da

231. Homólogas a exercícios ióguicos e budistas.

232. Alguns destes ensinamentos orais receberam forma escrita numa série de 15 apostilas, destinadas à circulação interna entre discípulos, citadas na bibliografia.

233. Com que tive contato no ano de 2000, por ocasião da participação em dois de seus seminários.

prática, as diversas técnicas se fundem e se complementam mantendo a unidade de seus princípios estruturantes e de seus efeitos. Não sendo ginásticas, no mesmo sentido em que normalmente se usa este termo para designar alguns sistemas ocidentais de exercício físico, nem sendo as artes marciais meras técnicas de combate, fica difícil delimitar, nas situações de treinamento, fronteiras rígidas entre técnicas de movimento, treinamentos de energia, visualizações, posturas e meditações.

Em geral, as aulas de *Taiji Quan* ocorrem duas vezes por semana, durante cerca de uma hora e meia. Incluem, além da própria seqüência, uma combinação de alguma forma de ginástica, automassagem e treinamentos interiores. Na Associação, o repertório mais freqüente incluía: a "Respiração da Tartaruga" (apenas nas aulas matinais); "as Nove Dobras"; "o Balanço"; "o Alongamento dos Tendões"; "Nove Formas de Automassagem"; "Respiração da raiz"; a "Postura da Árvore" e o "*Taiji* Curto". Em outros espaços e outros professores tendem a fazer outras seleções. Os discípulos, em geral, praticam diariamente sua própria seleção, às vezes orientada pelo mestre, e com sessões de treinamento mais longas. O mestre recomendava que se praticasse diariamente pelo menos um exercício de movimento e um exercício de serenidade – um treinamento interior.

Em certo sentido, todos os treinos ensinam uma atitude. Assim as práticas podem ser feitas não apenas no momento do treinamento, mas as próprias atividades cotidianas podem ser um momento de treino:

> L.: "A qualquer momento você pode fazer o *Taiji*, e em qualquer lugar, e essa é a grande vantagem deste treinamento. [...] [Não é uma prática] externa, não tem que ter um local que seja privilegiado. [...] é só trazer a atenção pra dentro, só tem que interiorizar. Na verdade, nada nas práticas que a gente faz aqui é secreto. Tem as práticas mais aparentemente externas e menos aparentemente externas, exterioridade e interioridade. [...] Você vai treinar o *Taiji* e é evidente que você está fazendo alguma coisa; agora, você vai "Sentar na Calma" e parece que você não está fazendo nada. Você pode fazer tanta coisa internamente, tem tantos caminhos percorridos, nestas coisas que você pode ver de olhos fechados. [...] o princípio da meditação é o da circulação de energia. Todo o princípio do *Taiji* é esse, é a circularidade" (23/09/19980).

A despeito do elevado número de técnicas, um número muito pequeno de princípios básicos orienta todos os treinamentos, que formam um sistema com três planos hierarquizados: arte marcial, medicina e espiritualidade.

> S.Y.: "A essência do treino, se você buscar, é a união mesmo, essa integração dessas energias dentro de você. Você integrar o Céu e a Terra dentro de você.

O Céu e a Terra representam o teu espírito e o corpo, porque o espírito é da natureza do Céu e o corpo é da natureza da Terra. É você manter essas duas energias, duas polaridades unidas dentro de você. E isso é que mantém a vida." (23/09/1998).

O repertório de técnicas constitui o principal meio de o praticante ser introduzido experiencialmente na tradição taoísta e passa a ser ele próprio um elo de transmissão das mesmas práticas que seus "ancestrais de linhagem" praticaram para se "integrar à natureza". Em suma, as técnicas formam parte de uma cadeia dialógica de movimento corporal, um ato mnemônico, reatualizando no corpo uma tradição e um modo cinestésico de ser no mundo. Adentrar o taoísmo é participar de um universo de práticas corporais e partilhar noções sobre a natureza do corpo. No corpo vivo está a escrita do movimento feito pelo corpo já morto do ancestral – grafia imaterial cuja lembrança, porém, é revivida no movimento atual.[234]

O *Tao* é descoberto experiencialmente e expresso por meio do corpo, de maneira que saúde, longevidade, flexibilidade, graciosidade dos movimentos e equilíbrio são elementos constituintes da experiência taoísta, não sendo um mero detalhe, aspecto secundário ou efeito casual dos treinamentos. O corpo é índice de realização da consciência, expressão ostensiva de sua experiência. Aquele que compreendeu o Grande *Tao* sabe preservar a saúde do corpo:

> Aqueles que seguem o *Tao*, o Caminho Correto, podem escapar da velhice e manter o seu corpo em perfeita condição (*Neijing*, Livro I, Veith [trad.], 1972:100).

Considerando em que medida o *Tao* do corpo reverte-se em um modo de ser, é fundamental entender a noção taoísta de "dispersão". Dispersar é perder energia, é permitir que a dissociação interna entre *Yin* e *Yang* aconteça, é viver um estado de patologia dicotomizante em que alguém se torna presa dos fatores patogênicos externos e internos. Dispersar é perder o próprio centro e conseqüentemente o estado de "integração com a natureza". Portanto, o corpo doente é corolário do desconhecimento da ordem da natureza e da cisão vivida, externamente, entre indivíduo e cosmos e, internamente, entre corpo e consciência. Ao contrário da perspectiva dualista cartesiana, para o taoísmo a separação entre mente e corpo é um estado patológico, manifesto sob a forma de sofrimento.

Cito este fragmento de palestra do mestre Liu Pai Lin sobre o segredo da vida longa:

---

234. Agradeço a José Jorge de Carvalho pela sugestão poética que fecha o parágrafo.

> Quando jovem, o mestre Liu perguntou a seu mestre como obter vida longa. Seu mestre lhe sorriu e escreveu alguns poemas dizendo que as pessoas lhe perguntam a respeito do segredo da eterna juventude. Seu mestre não lhes fala nada, apenas lhes mostra a flor que está se abrindo. Mestre Liu lhe perguntou pela segunda vez e obteve a mesma resposta. Seu mestre lhe mostrou o poema e a flor. Depois de alguns dias continuou a não entender a sua atitude, mas gradativamente foi entendendo a mensagem: quando a flor nasce é seguro que vai se abrir, ao abrir é seguro que vai morrer. A morte é certa. Abrir é dispersão e dispersão é morte. O segredo taoísta é manter a flor fechada. Abrir e novamente se recolher (1987:12).

Quer dizer, de acordo com a concepção taoísta, a vida longa depende do conhecimento de formas de preservar a "energia original" (*yuan qi*), impedindo ou ao menos adiando seu esgotamento. "Aprender a se preservar" é um elemento fundamental do aprendizado do *Tao*, preservar a energia pré-natal, recuperá-la pelos treinamentos, circulá-la por determinados trajetos do corpo, "relaxar os nervos cerebrais e fortalecer os nervos da vitalidade".[235] Em termos de estratégia, a integração com a natureza pode ser lida como uma espécie de economia da energia vital, captada da natureza, circulada no corpo, e minimamente dispersada. Um outro paradoxo ainda é que a noção de *Wu-wei* (normalmente traduzida no ocidente por não-ação), que implica não fazer nada intencionalmente e permitir que a natureza faça, conceito-chave para a noção taoísta de espontaneidade, é um estado conquistado mediante treinamento intensivo. A idéia é que uma vez que o corpo aprende, não há mais necessidade de a vontade consciente monitorar a ação passo a passo. Essa condição de espontaneidade é freqüentemente comparada à condição da infância. Do ponto de vista dos padrões de movimento, refere-se portanto a um "reaprendizado" do movimento unificado de todas as partes do corpo, executado de maneira relaxada e com o mínimo de esforço.[236]

Em resumo, a realização do *Tao*, ou sua busca, inclui necessariamente a dimensão corporal, embora não se resuma a ela. A união de teoria e prática se dá nas situações de treinamento, em que os princípios da cosmologia taoísta são atualizados nos corpos dos praticantes por meio de metáforas antropomórficas e da faculdade mimética. Contudo, o sentido dos treinamentos está em seus efeitos

---

235. Esta expressão apareceu várias vezes durantes as aulas de *Taiji* na Associação, durante o período da pesquisa de campo.

236. Entrada do diário de campo, referente à aula de *Taiji* do professor T.S., observada no dia 23/9/98, na Associação *Taiji* Pai Lin.

diretos, não em suas implicações lógicas. O corpo taoísta – incluindo o visível e o invisível – não é um texto a ser lido e analisado, mas sim o território de uma experiência vivida. Conhecer é sentir, unir-se ao objeto da contemplação.

Paul Stoller (1997) afirma que ao tratar as temáticas do corpo é preciso combinar o analítico e o sensível na argumentação. Talvez ao unir sensível e inteligível, evocação e denotação, possamos estar um passo mais próximos de nos tornarmos sábios, e não mais apenas eruditos. Sabedoria, em chinês, escreve-se com dois ideogramas: inteligência e sensibilidade.[237] O taoísmo ensina que sem a teoria, a prática é incompleta, mas sem a prática, a teoria e inútil: "onde há princípio, deve haver aplicação" (Cheng, 1982:20).

---

237. R.F., comunicação pessoal.

- 5 -

BIFURCAÇÕES NO CAMINHO:
para narrar o Tao, para narrar o Taoísmo

"... toda tradução é apenas uma maneira, um tanto provisória, para lidar com a estrangeirice das linguagens" (Benjamin, 1988:75).

"Nossas vozes, estritamente falando, não podem nos pertencer" (Stoller, 1997:35).

"A narrativa, poderíamos dizer, é tanto uma forma de Ser quanto um modo de Dizer" (Jackson, 1996:39).

Focalizar a dimensão textual do taoísmo aponta para questões acerca das temáticas da tradução, da narração e da idéia de transmissão, isto é, de continuidade autêntica da tradição. Revela descontinuidades no diálogo entre taoísmo e antropologia.

Meu pressuposto básico é a constante recriação e transformação histórica da tradição, entendida como um intertexto cultural vivo. O taoísmo é transformado ao ser (re)narrado, interage com contextos e é transmitido performaticamente. Dele, um texto etnográfico só pode capturar um pequeno lampejo, com base em um emolduramento produzido pelo etnógrafo em colaboração com seus interlocutores. Pois toda perspectiva define-se pela seleção, revela aspectos de uma leitura possível, simultaneamente ocultando outros. Se a compreensão implica contextualização (Bizerril, 1999), esta, por sua vez resulta de intervenção, emolduramento, limitação a partir do lugar e da pergunta do leitor. Assim, a busca de um começo, de uma origem ou de um fim não tem sentido autônomo mas se produz como resultado do jogo da leitura. Em outras palavras, um enunciado isolado de sua relação com outros enunciados e dos contextos de enunciação está incompleto. A interpretação depende de contextualizar, de escolher o intertexto, consciente e inconscientemente, em relação ao qual ler o enunciado. Por sua vez, esta "escolha", sujeita a automatismos individuais e culturais, pode conduzir a equívocos, tanto no ato da leitura quanto na interação concreta. Portanto, todo diálogo e toda leitura estão constitutivamente sujeitos a mal-entendidos.

Os Clássicos e suas Leituras

Falar de tradição é tratar de noções de texto clássico e de duração. Para isso, retorno a Gadamer e sua noção de "texto eminente": aqueles textos, principalmente de conteúdo filosófico, místico-religioso ou literário, que se libertam das suas determinações imediatas decorrentes do contexto em que foram produzidas para perdurarem na longa duração histórica e que, por sua riqueza de significados ou pela abertura à aquisição de novos significados, tornam-se uma fonte inesgotável e plural para novas leituras (Gadamer, 1992 e 1996).

Freqüentemente, o clássico vê-se sacralizado, aparentemente perenizado pela crença de que verdades atemporais estariam contidas nele. Assim, aquilo a que se atribui a qualidade do clássico possui também considerável resistência à mudança com relação àqueles de seus aspectos que são considerados fundamentais. Isso oculta uma qualidade menos visível do clássico: o potencial para a atualização. É a possibilidade de relacioná-lo ao presente por meio de novas leituras que faz com que ele pareça eterno. Trata-se de um *efeito* de atemporalidade. A historicidade da tradição determina a pluralidade de leituras, em virtude da constante reconfiguração da posição do leitor e do texto, um em relação ao outro. Além disso, o cânon não é completamente fixo, alguns textos são perdidos, esquecidos ou abandonados, enquanto outros passam a fazer parte do fluxo dos clássicos.

No caso do taoísmo no Brasil, a distância cultural e temporal entre leitor e texto introduz uma qualidade enigmática, efeito intensificado por seu estilo e pela própria tradução, que desloca o texto para uma outra província de significado. Além disso, as definições de um cânon de textos fundamentais variam de acordo com os mestres e as escolas taoístas e com o ambiente cultural ou período histórico. Um ponto em comum a várias definições de cânon é a ampliação da própria noção de texto clássico, como parte de um campo intertextual em que se combinam tanto obras poéticas e tratados filosóficos, comentários orais, quanto material iconográfico e técnicas corporais. Isto é, no campo da narrativa, o taoísmo combina aquilo que Paul Stoller (1997) define como histórias "de cima" (textos escritos) e histórias "de baixo" (objetos, canções, gestos e movimentos).

O taoísmo não é uma religião do livro, apesar de possuir um repertório considerável de tradição literária, de onde escolas distintas selecionam algumas narrativas privilegiadas – no meu estudo em particular, reconheço referências implícitas e explícitas mais freqüentes ao *Daodejing*, ao *Yijing* (Livro das Mutações), ao *Huangdi Neijing Su Wên* (Livro de Medicina Interna do Imperador Amarelo) e aos poemas atribuídos ao monge taoísta Zhang Sanfeng. A autenticidade da transmissão se mantém, a despeito da abertura para múltiplas interpretações, por uma genealogia de leituras autorizadas, realizadas por mestres reconhecidos, fundamentalmente articuladas a um sistema de técnicas corporais ou aos princípios subjacentes a estas. A correção de uma interpretação remete à autoridade tradicional de leituras anteriores, mas também está baseada na sua confirmação pela experiência do mestre/narrador e também em sua história de vida como modelo exemplar que personifica a própria tradição. De uma certa maneira, então, pode-se dizer que a autenticidade das leituras se constitui ao se remeter a um campo intertextual de caráter diacrônico, isto é, a uma cadeia de leituras autorizadas. São reconhecidas como "transmissão verdadeira" e legitimadas pelas práticas bem-sucedidas, cujo resultado é expresso pela saúde, longevidade e sabedoria dos porta-vozes reconhecidos da tradição e reescritas no presente por um representante vivo da "linhagem". Esta palavra designa uma relação de continuidade espaço-temporal da tradição, entendida como conjunto de saberes personificados pelos mestres que os ensinam. A noção de "linhagem taoísta" implica o entrelaçamento entre biografias, história e tradição no estabelecimento de sua duração como narrativa. É essa continuidade histórica que garante aos taoístas a legitimidade de sua tradição, a despeito da distância histórica, geográfica e cultural de seu "território" de origem.

Por isso, a dificuldade da leitura reside no fato de que o texto não está completo como objeto ou ente abstrato. Neste sentido, por conter indicações a idéias bastante complexas em um formato extremamente condensado, o clássico taoísta ofereceria alguns paralelos com um livro de culinária ou uma partitura musical. Uma receita não é um prato pronto para ser saboreado. Por haver inúmeras formas de realizar a seqüência de atos supostamente contida em uma receita, pode também haver infinitas variações de forma, sabor e cheiro, em razão dos ingredientes e implementos disponíveis e da perícia do cozinheiro. Da mesma forma, a partitura na música clássica ocidental contém instruções codificadas que permitem produzir uma determinada obra no contexto de uma apresentação, sem a qual uma obra não existe realmente. O argumento de Cristopher Small (1998) contra a concepção platônica, hegemônica na tradição da música erudita ocidental, que supõe uma existência contínua da obra musical na partitura, independente e mais real do que a apresentação, resume esta questão de uma maneira elucidativa também para se compreender o taoísmo:

> Esta idéia deriva, parcialmente, da inegável existência contínua de partituras como objetos permanentes, que dá às obras musicais a ilusão de solidez, mas deriva mais ainda da tendência, no pensamento europeu, [...] a criar entidades abstratas a partir de ações e então tratá-las como se elas fossem mais reais do que as ações a que elas se referem (Small, 1998:113).

Apenas uma vez que o leitor já tenha o conhecimento prático e a técnica de leitura, as indicações parciais do texto passam a fazer sentido e podem tornarse realidade, a partir do ato da interpretação, pois as lacunas são preenchidas por referência à experiência anterior do leitor. Da mesma forma que uma receita ou uma partitura, um tratado de artes marciais pode trazer indicações muito úteis para um praticante avançado, a ponto de promover uma transformação radical no seu domínio de uma técnica, mas não é suficiente para introduzir um leigo neste conhecimento prático. Não há maior equívoco do que "Karatê sem mestre em 10 Lições".

A interpretação depende da assimilação de uma exegese oriunda da tradição oral – e passada seletivamente de mestre a discípulos – que oferece as "chaves de leitura" para o texto e, na mesma medida, do treinamento corporal necessário às experiências que, de acordo com a perspectiva taoísta, são o prérequisito para a compreensão plena. A situação é análoga à do aprendizado do teatro Nô, conforme descrita por Richard Schechner (1985:216): "Os escritos, em outras palavras, são o núcleo conceitual, e talvez mesmo uma reificação, de um sistema total que está presente e é transmitido no fazer".

A leitura de textos em língua chinesa apresenta outros complicadores em um nível ainda mais superficial: a existência de caracteres homófonos e homógrafos mas de sentidos distintos, mas também a ausência de pontuação até um período recente, de modo que o sentido é definido performaticamente no contexto da leitura.

No chinês escrito (se o lêssemos simplesmente com os olhos), na maioria das vezes, nada faria distinguir, a título da oração principal, uma locução entre as outras; tampouco discerniríamos com clareza as diversas subordinações destas últimas. Para compreender, é preciso que a voz pontue e descubra o movimento da frase.

Eis a razão por que, desde a Antiguidade, o ensino consistiu numa recitação escandida, feita pelo professor e repetida pelos alunos (Granet, 1997:57-58).

O taoísmo no Brasil pode ser compreendido como um tipo de "transplante" de uma tradição, resultante da migração de seus especialistas. No caso específico do grupo taoísta de onde provêm meus interlocutores, lêem-se os textos por intermédio do mestre Liu Pai Lin, por este encarnar (ou ter encarnado para seus discípulos) as linhagens que o antecederam na China. Os principais mestres de Liu Pai Lin pertencem a três linhagens taoístas: Liao Kun pertence à *Long Men* (Porta do Dragão)[238] e *Jin San* (Montanha Dourada), Tan Lai Sen pertence à linhagem *Jin San* (Montanha Dourada) e Liu Pei Zhong pertence à linhagem *Kun Lun*.[239] Até onde pude compreender, a maioria dos discípulos brasileiros pouco sabe de suas características ou dos vínculos entre as linhagens e treinamentos específicos, à exceção do "treinamento interior" ou "respiração da raiz", que é explicitamente apresentado como uma técnica da linhagem *Jin San*. Eventualmente mestre Pai Lin se refere a um desses personagens em particular, mas usualmente faz apenas referências a "meu mestre" em suas narrativas. Assim como personifica a herança chinesa das linhagens taoístas para seus discípulos no Brasil, mestre Liu encarna também os princípios do que está transmitindo, e cita estrategicamente os textos clássicos chineses no contexto do ensinamento oral.

Por si só, a referência centrada no mestre não garante a unicidade da exegese. Freqüentemente surgem interpretações contraditórias indissociáveis da fala do mestre. L. me indicou esse aspecto de modo muito perspicaz, afirmando que não é o que o mestre disse, mas o que as pessoas ouviram o mestre dizer o que está em jogo. Metaforicamente, este mesmo raciocínio pode ser explorado ao se considerar a diversidade que caracteriza o taoísmo como tradição e os (ou estes)

238. Famosa linhagem pertencente ao ramo do norte da escola da Realidade Absoluta de alquimia interna taoísta (Wong, 1999).

239. Entrevista com A.M. (29/04/1999), árvore genealógica da linhagem taoísta confeccionada por Liu Chih Ming, CEMETRAC. A transmissão de Liu Chih Ming refere-se também a outras linhagens.

taoístas como grupo, tanto em seus posicionamentos, perfis, interpretações quanto na pluralidade de "estilos"[240] quase pessoais de execução das técnicas corporais.

A noção de texto (cultural) pressupõe um campo delimitável de significados, uma estrutura interna que poderia ser destacada do contexto imediato da *performance.* Esta noção, como já disse, quando aplicada ao taoísmo, ultrapassa o âmbito da literatura, da escrita e mesmo da palavra. Além de obras predominantemente filosófico-poéticas, a textualidade deste campo inclui um repertório de imagens: as configurações pré-natal (Figura 1) e pós-natal do *Bagua*, os diagramas do *He Tu* e do *Luo Shu*,[241] as disposições circular e quadrada dos 64 hexagramas do *Yijing* (Figura 3), o conjunto de 12 hexagramas associados ao ciclo anual e simultaneamente ao ciclo da vida humana, além de ilustrações com as localizações corporais e trajetos que são vislumbrados em alguns dos exercícios de meditação. Este mapeamento de uma fisiologia invisível consiste em centros,[242] mas também em pontos e percursos similares aos utilizados pela acupuntura.[243] Os textos culturais taoístas abarcam também um vasto conjunto de técnicas corporais situadas em um campo híbrido, que reúne artes marciais, exercícios terapêuticos e meditativos. Assim, seria mais adequado falar de um amplo intertexto, composto de diversos textos, contíguos, de vários tipos que se entrecruzam, completam, suplementam, remetem-se uns aos outros, transformam-se, e cuja relativa redundância aumenta a comunicabilidade. O intertexto é constantemente refeito pelas leituras e pela inclusão de novos comentários, *performances*, narrativas. Os textos são levados a dialogar entre si em situações cotidianas e de "*performance*",[244] entrelaçados a considerações cosmológicas e reflexões biográficas, comentários sociais etc.

---

240. A noção de estilo tem uma conotação muito específica neste contexto. Em geral, no vocabulário das artes marciais, estilo conota uma determinada escola ou técnica, por exemplo os três estilos mais famosos de *Taiji Quan*: Chen, Yang e Wu. No entanto, entre os discípulos de mestre Liu, fala-se do estilo deste ou daquele praticante ao executar uma determinada técnica, em geral uma técnica de movimento, como por exemplo quando se referem a um praticante como portador do estilo de seu professor, isto é, com padrões e interpretações semelhantes de movimentos. Outra forma de dizer é referir-se ao "*Taiji* do mestre" ou à "espada de Liu Chih Ming" etc ...

241. Termos grafados segundo a norma *pinyin*.

242. Análogos aos *chakras* em alguns dos sistemas contemplativos da mística indiana.

243. Mas às vezes denominados distintamente.

244. Mais adiante ficará mais claro o porquê das aspas.

A transmissão ocorre em um campo intertextual que abarca a letra, a voz, a imagem e o corpo, em certa medida implodindo distinções muito rígidas entre esses planos. Baseia-se em uma definição de conhecimento como "saber fazer", que implica o engajamento na atividade a ser compreendida. Os textos clássicos, entendidos neste sentido amplo, são atualizados na prática das técnicas corporais, ao mesmo tempo que o são pela exegese oral, na versão de um mestre. Se me posso permitir falar de um "*ethos* taoísta", não seria demais lembrar que, apesar da contigüidade dos diversos tipos de texto, percebo uma ênfase no conhecimento prático, na resistência à fixação e à pretensa auto-suficência do texto escrito. A escrita, o conhecimento meramente erudito, não tem muito prestígio entre os taoístas: "Sem os treinamentos, todos estes conhecimentos que você está pesquisando não passam de teoria vazia", disse-me o mestre Liu Pai Lin, no contexto de uma consulta médica (12/03/1999). Quer dizer, ao contrário da concepção acadêmica de conhecimento, para os taoístas é inaceitável haver algo como um mestre de meditação que não medita ou um mestre de *Taiji Quan* que não conhece as seqüências de movimentos, não sabe mobilizar seu *qi* em um contexto terapêutico ou marcial, mas que conhece todos os tratados e os interpreta elegantemente.

A seguinte nota introduz o "Tratado de Wan Tsung-yüeh sobre *Taiji Quan*":

> Preste atenção à prática. O comentário não é escrito só em nome da escrita (Wile [trad. e ed.], 1983:117).

Além disso, para complexificar mais ainda a questão da (inter)textualidade, os taoístas do mundo contemporâneo incorporaram a tecnologia de registro audiovisual e virtual, ao mesmo tempo que enfatizam a importância de aprender diretamente com um mestre reconhecido. Voltando ao grupo que a minha etnografia emoldura, embora o ensinamento se faça primordialmente de uma forma pessoal, desde há algum tempo têm sido feitos registros em vídeo e áudio das falas do mestre Liu, que constituem um acervo que forma parte dos arquivos da Associação *Taiji* Pai Lin, algumas das quais se tornaram apostilas destinadas à circulação interna, isto é, a um público leitor constituído de discípulos. Desde o início da transmissão na Missão Católica Chinesa, depois na escola Pai Lin do Cambuci e posteriormente no Instituto e na Associação, organizou-se publicações de informativos e apostilas (Chang e Leal [eds.], 1998), direcionadas a um público de estudantes – por exemplo de *Taiji Quan*, massagem *Tui Ná*, ou espada *Taiji* –, com explicações sobre os exercícios básicos e utilizadas como recurso mnemônico complementar aos treinamentos, como texto de referência, mas que não substitui a transmissão pessoal. Com o mesmo propósito, a partir do fim dos anos 80, produziu-se vídeos didáticos sobre a seqüência do *Taiji* de 37 movimentos[245] (1987) e sobre a espada *Taiji* de 54 movimentos[246] (1994). No mesmo ano, uma discípula de Brasília produziu um vídeo destinado a circulação interna com base em material registrado durante curso de formação ministrado pelo mestre Pai Lin na Universidade Holística de Brasília. Mais recentemente foi produzido pela mesma discípula de Brasília um documentário curto sobre o *Taiji Pai Lin* (1996) (veiculado na televisão em horário da TV educativa, destinado a um programa curto produzido pela Universidade de Brasília), e também uma versão mais longa, com a entrevista na íntegra (2003).

O registro e a transcrição das palestras canoniza o texto "original" pela escrita, elimina seus elementos extralingüísticos, transformando-o em "outro" texto, do mesmo modo que favorece sua disseminação em um formato que, de uma perspectiva "letrada", pareceria mais propício a garantir a fidelidade da transmissão. Em outras palavras, possibilitaria uma compreensão "correta" dos ensinamentos, uma "transmissão verdadeira", conforme expressão utilizada por meus interlocutores.

Narração e experiência

A própria transitoriedade da vida direciona o modo de leitura. As implicações do fluxo de eventos tanto na história do leitor quanto do autor, ou da tradição interpretativa a que se filia a leitura, transformam o sentido do texto e a relação que temos com ele. A recente "passagem" do mestre Liu, como os taoístas referem-se a seu falecimento,[247] intensifica o movimento na direção da fixação de suas palavras. Terá possivelmente um efeito de classicização deste acervo das falas gravadas do mestre, em geral produzidas no contexto performático das palestras, isto é, direcionadas de forma aberta a uma interação entre o mestre e seus ouvintes, o que determina a temática dos enunciados, mas também sua estruturação e eficácia, pois visam a transformação da atitude dos discípulos.

---

245. Inclui comentários do mestre Liu sobre o *Taiji Quan* e uma pequena demonstração, mas a parte propriamente didática ficou a cargo de L.L., na época uma de suas principais discípulas e colaboradoras.

246. Produzido por L.L., mas apresentado por Liu Chih Ming, filho de Liu Pai Lin e atual mestre da linhagem no Brasil.

247. Mestre Liu Pai Lin faleceu em 2 de fevereiro de 2000, aos 94 anos.

Tanto em entrevistas quanto em conversas informais com discípulos, encontro muitos exemplos do impacto imediato da qualidade do mestre como narrador, levando a uma identificação pessoal com seus ensinamentos, como nos fragmentos a seguir.

S.R. respondeu assim sobre suas primeiras impressões acerca do mestre Liu:

> **S.R**: "Nesse dia, quando ouvi-o pela primeira vez, ele falou coisas que tinham diretamente a ver comigo, com a minha vida, minhas coisas pessoais. [...] Era como se ele tivesse penetrado dentro de mim, ele foi em cima, senti que foi muito direto para mim. E imediatamente me senti ligada a ele. Aí comecei a fazer o curso dele, que naquela época tinha o nome de Medicina Chinesa." (11/10/1998).

J.P. descreveu de uma forma bastante semelhante este primeiro contato:

> **J. P.**: "Estava terminando o ano de 94 e o mestre estava falando numa aula de *Taiji*. Sentei de frente para ele [...] e ele me dirigiu algumas palavras que achei muito interessantes. 'Pôxa vida, como o mestre podia falar isso pra mim!' E aí, fiquei surpreso e ao mesmo tempo sentindo que aquelas palavras eram pra mim. Claro que podia ter atingido assim a muitos outros companheiros que estavam na sala, na aula. Eu como um simples participante e já recebendo aquelas palavras que me calaram o fundo do meu coração. E fiquei sabendo que era aquela última aula e eu só poderia estar retornando no início do ano. Então fiquei todo esperançoso e me preparei cada vez mais pra estar assim, adentrando já essa porta" (02/04/2000).

Ou a primeira palestra assistida por A.M.:

> **A.M.**: "A primeira aula que fui, ele desenhou esses hexagramas ["Estagnação" (*Pi*), hexagrama 12, e "Antes da Conclusão" (*Wei Chi*), hexagrama 64] na lousa, exatamente esses mesmos hexagramas que tinham saído pra mim. Quer dizer, o primeiro que era a "Estagnação" e o segundo que era o tal da mutação.".

Isto é, o resultado da transformação de duas linhas mutáveis, o 6 na segunda posição e o 9 na quinta posição. A.M. havia feito uma consulta oracular ao *Yijing* devido a um problema crônico de saúde, antes de conhecer o mestre Liu.

> **A.M.**: "E aí, como eu tinha acabado de fazer a consulta [médica] com ele, fiquei com a clara sensação de que ele está me dizendo que ele sabe o que foi que perguntei antes, ele sabe o que saiu, ou seja, que ele é um grande vidente e portanto que sabe tudo sobre mim, de cima, embaixo, de trás pra frente, de dentro pra fora, eu fiquei com essa impressão. Mas mesmo quando ele faz isso mais extensivamente até do que quando fez essa vez, ele nunca deixa isso muito ostensivo e nesse dia ele foi muito elegante nesse ponto. [...] Ele estava explicando tudo que

> explica nas suas aulas, no sentido de que você tem que trazer o *Yang* pra baixo através dos treinamentos de levar o espírito pra região da raiz [*Tai Yuan Xue*, região esférica ao redor do umbigo, ou mais precisamente atrás e abaixo do umbigo] e que você tem que aprender a trazer a essência para cima através do treinamento interior do *Taiji*. Isso era o grande centro da aula dele, na verdade é o grande centro do ensinamento dele, grande síntese do trabalho taoísta".

E como é característico da própria estrutura da palestra, ao final o mestre ensinou um treinamento:

> **A.M.**: "Mas aí, durante a aula, em seguida, ele deu pra gente um treinamento de energia. O treinamento de energia era de você juntar a energia dentro da cabeça, concentrar a energia no centro da cabeça [*Lin Tai*] e depois fazê-la descer pela medula até o cóccix e depois subir de novo. Eu nunca tinha feito nada parecido na vida, de concentração e dirigir a energia com a intenção – como ele fala, 'usando a intenção do coração' –, nunca tinha nem imaginado essa possibilidade, e aí quando comecei a querer levar a energia pra baixo pela coluna o que aconteceu foi que me deu uma dor espantosa na nuca, uma dor realmente assim, lancinante na nuca, era como se fosse... alguém batendo a cabeça na parede e senti que era isso, quer dizer, a energia queria descer, não conseguia. Havia um bloqueio muito grande aqui. Eu insisti, insisti, quando passava, além daquela dor e além daquele bloqueio, eu sentia que ia a energia, mas era muito pouquinho. Era como se ela ficasse realmente represada lá em cima e descesse muito pouco, e quando chegava lá em baixo já não era nem nada [...] era uma sensação muito fraca mesmo. Eu comentei porque fiquei muito impressionado com aquilo. Intuí de alguma maneira que aquilo era importante, e aí ele fez um sermão, longo e assustador, em seguida ao meu comentário, sobre a importância de deixar o pescoço flexível, dizendo que eu estava com o pescoço enrijecido, e que aquilo era a própria morte [...] Ele coroou aquele sermão dizendo que eu precisava fazer *Taiji*, coisa que não estava absolutamente nos meus planos, nem um pouco nos meus planos. Na manhã seguinte, eu estava na aula de *Taiji* dele, e aí nunca mais me afastei, porque comecei a ir todo dia, nos dias que ele dava aula, sete dias por semana" (08/10/1998).

Para A.M., a experiência do treinamento confirma as palavras do mestre, que já o tinha impressionado pela profundidade de seus ensinamentos e por sua habilidade narrativa. Essa conjunção de fatores é recorrente nas histórias de vida dos discípulos.

Mais do que uma habilidade meramente narrativa, o que faz de alguém um mestre é uma demonstração ostensiva de sua experiência, que se expressa simplesmente ao estar em sua presença. S.Y. descreve seu primeiro encontro com o mestre, no ano de 1981:

S.Y.: "Esse contato com o mestre é uma coisa muito interessante, porque antes de conhecer pessoalmente o mestre Liu eu já tinha cruzado com ele na rua. Na Teodoro Sampaio aqui, porque ele morava na época aqui na Pedroso de Morais,[248] sabe? [...] Um dia, andando pela Teodoro Sampaio, vi uma pessoa tão diferente, que irradiava uma outra coisa, parecia uma pessoa muito desprendida, não estava andando preocupada igual a todo mundo e aquilo me marcou, a presença dele [...] Então aquilo ficou registrado e depois, não sei se foi um mês, [...] eu conheci o mestre. (23/09/1998).

Outra discípula do mestre Liu descreve sua compreensão da condição humana:

L.S.T.: "Ele falou uma vez: 'eu tenho olho, assim, pequenininho, mas vejo tudo'. Acho que ele sente a gente, ele sempre deu muito valor, ele diz, para o bom coração. [...] Ele tem uma visão mais ampliada e acho que ele sente as pessoas além do que elas demonstram. Então, às vezes ele joga no ar, e como a gente também não se enxerga tanto, pensa: 'será que é para mim, será que não é' [risos], entende? Mas ele sente, ele percebe, ele sabe com quem está lidando. Muitas vezes ele fala ou uma coisa mais dura ou às vezes uma coisa para te pôr pra cima. Ele sente também o teu momento, sabe. Ele falou muita coisa que senti que ele sabia que eu precisava ouvir, que eu precisava [...] daquele reforço. Então é, ele é uma figura assim, totalmente apaixonante" (06/04/1999).

* * *

A tradição taoísta ao mesmo tempo contém um conjunto de técnicas para se viver determinadas experiências e um corpo de comentários a estas técnicas que oferecem critérios para avaliá-las. Na transmissão pessoal deste patrimônio cultural, conjugam-se dois planos de experiência, conforme a definição benjaminiana: 1) *Erlebnis*, fenômeno individual, idiossincrático, subjetivo e intransferível, valorizado na modernidade ocidental; 2) *Erfahrung*, fenômeno coletivo, aquilo que pode ser narrado, ensinado por um porta-voz autorizado, por meio de mecanismos de transmissão, e que constitui a própria base da tradição.

Nesse contexto, mestre Liu pode ser lido como um certo tipo de narrador, que combina "o saber das terras distantes" com o "saber do passado". Nas palavras do próprio mestre:

> O que transmito aqui é a essência da cultura chinesa, o estudo do caminho da Iluminação. Deste estudo resulta o conhecimento supremo da filosofia da vida (Liu Pai Lin, s/d: apostila 1, nova edição).

---

248. Ruas de Pinheiros, bairro da grande São Paulo, próximo à Vila Madalena, onde se localiza a sede da Associação *Taiji* Pai Lin.

Mas a narrativa não se resume à habilidade com as palavras. Combina-se com a narrativa silenciosa do corpo, de suas transformações, de suas sensações, de sua memória. Esses planos se combinam nas situações de transmissão.

Tempos e Lugares da Transmissão

Utilizo a noção bakhtiniana de cronotopo (Bakhtin, 1988; Holmquist, 1990):

> À interligação fundamental das relações temporais e espaciais, artisticamente assimiladas em literatura, chamaremos *cronotopo* (que significa "tempo-espaço"). [...] nele é importante a expressão de indissociabilidade de espaço e de tempo [...] Os índices do tempo transparecem no espaço, e o espaço reveste-se de sentido e é medido com o tempo (Bakhtin, 1988:211).

Transposto para o mundo "real", para pensar os mais visíveis espaços socialmente construídos de transmissão da tradição: a *palestra* e o *treinamento*, cada qual com suas chaves de leitura, molduras metalingüísticas – tanto metanarrativas como metacomunicativas. A idéia de "cronotopos reais" oferece paralelos com a noção de "molduras situacionais" (de Edward Hall, 1976), ambas agregando padrões de conduta em cenários reconhecidos e situações apropriadas, com seus próprios códigos e personalidades. No contexto de minha pesquisa, abarcam tanto a paisagem por assim dizer mais institucional – a Associação *Taiji* Pai Lin e os dois Institutos Pai Lin de Ciência e Cultura Oriental, na cidade de São Paulo, além do Seminário do Marmeleiro, em São Roque – como espaços mais informais – o jardim, o parque, a praça, um cômodo na residência. Em ambos os casos, o cenário é construído pelo fazer das próprias atividades, pela instauração de um momento de ação.

* * *

Na palestra predomina a comunicação verbal, necessariamente bivocal, quando contava com a presença de mestre Liu, proferidas em chinês com tradução consecutiva, de modo que a voz do mestre como portador da tradição se sobrepunha à da intérprete,[249] mediadora entre este e o público. Devo res-

249. A maioria das falas do mestre que presenciei foram traduzidas por sua discípula J.C. – na Associação *Taiji* Pai Lin em São Paulo, nos seminários em São Roque, nas palestras públicas em Brasília – ou por sua neta N. – nas palestras quinzenais ocorridas no Instituto Pai Lin da Vila Mariana, São Paulo.

saltar que mesmo na palestra há sempre referência marcante ao plano das práticas. Em todas que presenciei, um exercício foi realizado coletivamente antes do encerramento, isto é, dentro da moldura (*frame*) da palestra, como parte integrante deste *cronotopo*. Mais do que isso, freqüentemente um conjunto de noções ou uma passagem biográfica são invocados para introduzir uma prática ou sugerir uma atitude. Os conceitos da cosmologia taoísta não aparecem em abstrato, descolados de um contexto existencial, como em um texto clássico de sinologia, mas sempre articulados a uma situação de transmissão de um ensinamento.

Quanto à temática, as palestras retornam freqüentemente à mesma constelação. Resumindo, com as palavras de A.M.: "o mestre disse que o *Tao* trata da vida e da morte". Por um lado, fala da finitude, inclusive da partida iminente do próprio mestre, tema recorrente das palestras a que estive presente, nos anos de 1998 e 1999, e de narrativas dos discípulos após sua morte recente, em 2/2/2000; por outro lado, fala de uma promessa de longevidade, refere-se a personagens cujo sentido e lugar ainda me são enigmáticos: os imortais. Não é possível decidir se se trata de uma categoria mítica, de uma metáfora para o ideal de união de longevidade e sabedoria, ou da existência literal de seres que transcenderam a mortalidade,[250] como neste trecho de uma entrevista com J.C.:

> **J.C.**: "O mestre Zhang Sanfeng é considerado o mestre supremo do *Taiji*[251] – ele viveu 700 e poucos anos, a gente chegou a comemorar o aniversário na época da igreja[252] – da linhagem Taoísta, da linhagem de Laozi, porque o *Taiji* enquanto forma [...] teve uma sistematização dos movimentos e uma divulgação maior com esse mestre. Tem toda aquela história que fala que ele estava observando da janela uma luta entre uma serpente e um grou. [...] Então, observando, criou essa série de movimentos que seriam essa técnica de autodefesa mas têm todos os princípios do *Yin* e *Yang*, da alternância, da suavidade e da firmeza. [...] Ele sistematizou então os movimentos básicos. Depois foram sendo desenvolvidos por

250. Este tema aparece também em outras tradições contemplativas, como o *Yoga* (Cf. Yogananda, 1981; Eliade, 1991).

251. Uma das versões mais difundidas da origem mítica do *Taiji* atribui sua criação a este monge taoísta, após a observação de um combate entre um pássaro e uma serpente, o que apresenta paralelos com o mito da invenção do passo de *Yu*, passo básico de todos os rituais taoístas. Outra afirma que recebeu a técnica em sonhos (Despeux, 1994)

252. Uma das primeiras etapas da constituição da escola Pai Lin, quando o mestre ensinava no salão paroquial da Missão Católica Chinesa, rua Santa Justina, na Vila Olímpia, cidade de São Paulo.

> outros mestres, que acabaram direcionando para um lado muito marcial, numa época em que havia necessidade disso. Tinha muito esse problema, a luta pela sobrevivência. [...] Mas hoje em dia o mestre Liu fala, não faz sentido usar o punho para se defender de alguém, tem armas tão mais poderosas. [...] Não tem mais sentido. O lutador que levou um tiro morreu de repente. O que ele pode fazer contra uma arma de fogo? Então, ele fala que hoje em dia o mais importante é você desenvolver tua inteligência superior, desenvolver tua espiritualidade. E o *Taiji*, ele tem todo esse conteúdo: [...] tem toda essa idéia [...] de serem movimentos *Yin-Yang*, de expansão, de recolhimento, de integração com a natureza [...], um movimento de você ir ao encontro da natureza, de interagir com essa energia da natureza. [...] Então é muito mais importante aprender o *Taiji* dentro desse aspecto do que do lado marcial, que é um lado muito pequeno, um lado inferior da prática. Ele [o mestre] fala: 'o *Taiji* é uma prática de interação da existência com o Vazio (*Wuji*)'. [...] O mestre está cada vez mais se voltando para esse aspecto do *Taiji*: da medicina preventiva, da cura das doenças e do aspecto interior, pensar na espiritualidade. Ele tem conduzido a prática dele mais neste sentido. Então, muito mais que o *Taiji Quan*, o que ele tem ensinado é o *Tao*. O mestre não é um mestre de *Taiji Quan*, é um mestre taoísta, que é discípulo das Linhagens dos Iluminados Taoístas [*Tao Jia Shien Zhong*]. Isso diferencia muito. Se você for ler livros de *Taiji Quan*, a maioria dos grandes mestres conhecidos [de artes marciais] não viveram muito.[253] (06/10/1998).

Este enunciado tem uma qualidade sintética e conjuga várias temáticas, como a ancestralidade do *Taiji Quan* como técnica e seu propósito fundamental. J.C. ressalta a legitimidade da transmissão do mestre Liu Pai Lin, na qual a dimensão propriamente marcial assumiu posição menos que secundária ao relacionar a ênfase nos aspectos terapêuticos e meditativos do *Taiji Quan* a sua origem mítica, estabelecendo uma relação de continuidade da interpretação taoísta acerca do que é essencial a esta prática. O fragmento enfatiza também a intensidade do caráter exemplar da prática pessoal do mestre como atualização da tradição, conseqüentemente a relação entre biografia e transformações no perfil das técnicas ensinadas na escola.

Também na palestra do mestre Liu Pai Lin de 08/05/1999 (correspondente à apostila 5), ele refere-se a um imortal de forma literal:

> Como o Ser Iluminado Kuan Tsen Tse[254] disse: "Mantenho sempre a unidade, treinando há 1000 anos, e meu corpo físico continua fortalecido".

253. Na perspectiva taoísta, um tempo de vida médio de 70 anos é ainda uma vida muito curta.

254. Mantive a grafia do texto original.

No entanto, em outros momentos, o mestre fala em imortalidade como sinônimo de longevidade, ou ainda no sentido de imortalidade espiritual, não física.

Abordando a perspectiva taoísta, a palestra evidencia paradoxalmente a insuficiência do texto escrito quando é abordado sem a exegese oral "tradicional" e sem prática. O comentário de A.M. acerca da qualidade poética e sintética, características da forma como o mestre ensinava sua leitura taoísta do *Yijing*, exemplifica esse ponto:

> **A.M.**: "Porque o comentário que o mestre possa fazer, por mais circunstancial que pareça, tem uma densidade e uma profundidade que é absolutamente incomparável. Por exemplo, o famoso hexagrama da Estagnação [*Pi*, hexagrama 12 na edição de Wilhelm] que mencionei, na minha primeira aula com ele, e o seu oposto, que é o hexagrama da Paz [*T'ai*, hexagrama 11] em que o [trigrama do] céu está por baixo e [o trigrama d]a terra está por cima. Quando ouvi o comentário circunstancial que aparentemente ele fez em uma aula, [...] aquilo me impactou como sendo o que eu tinha ouvido, até então, com maior profundidade sobre aqueles dois hexagramas e que sintetizava com uma precisão absoluta o sentido deles, a sua lógica mais profunda, em todos os planos em todos os níveis. Ele dizia que "a Paz era um casal que dormia abraçado", então era um casal fecundo que gerava "as dez mil coisas".[255] E "a Estagnação é um casal que dorme de costas", então é um casal estéril que não gera nada. Você pode ler dez páginas de um livro, todos os outros comentários que você possa encontrar, os livros chineses, e você não vai achar uma síntese tão brilhante, [...] forte, evocativa, palpável, que impacta de uma maneira que é até sensível. Dá pra você sentir na carne o que isso quer dizer e não tem nada dentro do significado dessas figuras que não caiba dentro desse símbolo, dentro dessa metáfora, digamos assim. Então, o nível dele é realmente peculiar, acima de qualquer limite, é realmente magistral mesmo" (08/10/1998).

Destaco, contudo, que o impacto da exegese do mestre é também resultante da *performance*, tal como a experiência do *satori* no Zen é uma irrupção de entendimento no momento da transmissão que produz este efeito. Uma vez descontextualizado, o fragmento talvez não revele o mesmo brilho para o leitor.

Como já disse, o discurso do mestre é majoritariamente bivocal: é simultaneamente sua fala e a do tradutor, já que a maioria de seus ouvintes não fala chinês e o mestre praticamente só falava chinês. Este fato tem algumas implicações: 1) o mestre personifica (ou personaliza) a tradição, entendida como experiência coletiva, já que, como ancião, é um elo tangível com o passado e,

255. Expressão que evoca a multiplicidade do mundo fenomênico.

como viajante (e imigrante), com a distante terra de origem do taoísmo; 2) um efeito performático é produzido pela fala do mestre em chinês, mesmo em quem não compreende esta língua, até mesmo por ser ele um excelente contador de histórias, de modo que a qualidade sutil de sua expressão seria, talvez, perdida em um português rudimentar; 3) o desconhecimento da língua portuguesa resguarda o acesso a sua pessoa, cujo contato é quase sempre mediado pelo tradutor, exceto nos raros casos dos discípulos que falam chinês; 4) é uma estratégia de duração e uma forma de atualização da tradição, isto é, reproduz de alguma maneira um padrão de transmissão: assim como o mestre transmite os ensinamentos de seus próprios mestres, o tradutor fala por ele e os outros discípulos continuam a cadeia de citações da fala autorizada; 5) todos esses fatores, combinados com seu profundo conhecimento dos saberes taoístas, cria um efeito prestigioso de sábio estrangeiro. Em outras palavras, a distância cultural e lingüística cria "aura", isto é, o mestre está imantado de cultura, de tradição, é um elo em uma cadeia de experiência. Tendo por molde a imagem dos sábios iluminados taoístas, o grupo projeta sobre a pessoa do mestre o modelo exemplar da conjunção de saúde, longevidade, sabedoria e realização.

Se a fala do mestre na palestra é bivocal, sua citação na etnografia produz um terceiro desdobramento: a citação de uma fala já traduzida anteriormente. O pesquisador é um tradutor de pelo menos terceira ordem, que é ponte para um diálogo intercultural, gerando perguntas e respostas que talvez não surgiriam sem este encontro. O etnógrafo e o tradutor-discípulo tem com o texto uma relação análoga, baseada em recuperar na tradução a intenção do original ao mesmo tempo que inevitavelmente o suplementam. Em um segundo momento, no entanto, ocorre uma bifurcação de seus propósitos: o discípulo interpreta para garantir o efeito de "transmissão verdadeira", estender a voz do mestre (e portanto da tradição) a seus condiscípulos; o etnógrafo reinterpreta esta interpretação não só no intuito nunca completamente realizado de recuperar a voz original, mas para recriá-la em uma nova arena, em que dialoga acerca deste diálogo anterior com habitantes de um outro "mundo da vida", que compreenderão seu comentário ao taoísmo por meio de um cruzamento entre a retradução do etnógrafo e o horizonte definido pela teoria. Como toda tradução, a etnografia também é uma recriação, a ser lida em um intertexto que é definido pelo ato da leitura. Da mesma forma, o dilema é o da evocação dos matizes conotativos das palavras do original, das associações semânticas, valorativas, emocionais, estéticas, embutidas em uma palavra por sua inserção na história e na cultura, bem como de sua dimensão indéxica.

Fundamentalmente, em um momento da história da antropologia em que alguns, como eu, fazem etnografias que vão ser lidas pelo grupo etnografado, fazer antropologia é ter de lidar com uma tensão entre expectativas narrativas: o que o segmento do meio acadêmico a que pertenço espera de e impõe a um texto; o que o grupo deseja receber como retorno pela presença – no mínimo, inconveniente – do pesquisador.

Se o que está em jogo na tradução é um efeito de transparência, de revelação do original, ao mesmo tempo que a tradução prossegue em sua própria trajetória distinta daquela do original (Benjamin, 1988), a etnografia como atividade aparentada à tradução deve conter uma postura de deixar-se afetar, bem como de deixar que a própria teoria seja atingida, pelo espírito estrangeiro do texto cultural que é seu tema, como recurso para expandir e aprofundar seu próprio universo.

Ainda estabelecendo uma ponte com a etnografia, acrescento que a capacidade de dialogar depende da habilidade de reconhecer os diversos gêneros do discurso, distinguir suas variantes formais – como a aula, a palestra ou o depoimento – das conversas informais, declarações privadas, e distinguir entre todos estes e o gênero que metodologicamente tendemos a considerar primordial para o antropólogo: a entrevista. A etnografia, portanto, é um texto híbrido, uma recriação fragmentada do cruzamento de gêneros de discurso utilizados pelo antropólogo e seus interlocutores. Embora a diferença entre os gêneros possa parecer claramente perceptível de uma posição mais distanciada, no fluxo do diálogo concreto desliza-se imperceptivelmente de um para outro, tanto pela superposição de suas fronteiras metalingüísticas e metacomunicativas quanto pelos trânsitos produzidos pelo contexto da interação, mas também porque os gêneros do pesquisador e daqueles interlocutores que chama de "meus nativos" não são exatamente os mesmos (e quando são os mesmos nem sempre convergem ao mesmo tempo durante a interação concreta). Assim, dependendo da relação que se construiu entre mim e o entrevistado, a entrevista – estruturada em minha pesquisa de uma forma aberta, como um roteiro temático, mas sem uma ordem fixa nem uma enunciação predeterminada de todas as perguntas – pode se tornar: uma palestra, como é o caso da única entrevista que o mestre Liu concordou em dar; um depoimento, entendido como narrativa que confirma a eficácia da prática, quando o assunto era a história de vida dos entrevistados; ou uma aula, quando o entrevistado recusa a situação formal da entrevista gravada mas aceita o diálogo, tendo por tema inclusive as perguntas que seriam feitas na entrevista, no contexto de uma situação de instrução, como foi o caso do professor L.A., que conheci por indicação de outro professor, que fora seu aluno. De todos estes casos, o mais freqüente foi o da confusão entre a entrevista antropológica e o depoimento, ilustrado mais ou menos nestes termos. Ao introduzir meu interesse em realizar entrevistas para uma pesquisa de campo antropológica, diversas vezes recebi de entrevistados em potencial respostas como: "Muito bem. Também quero dar o meu depoimento".

Um mal-entendido surgiu em torno do próprio uso da palavra entrevista durante a primeira etapa da pesquisa de campo em São Paulo, nos meses de setembro e outubro de 1998. Aguardei durante um mês a oportunidade de entrevistar o mestre Liu Pai Lin. Esta oportunidade surgiu sob a forma de uma das consultas médicas do mestre que ocorriam nas sextas-feiras na Associação, na Vila Madalena. Como esta situação surgiu no início da pesquisa, quando ainda não tinha obtido material suficiente sobre o grupo e o taoísmo, preferi esperar uma outra oportunidade, quando estivesse melhor preparado. Isto se revelou um grave erro estratégico. Após um mês de espera e de respostas evasivas, recebi enfim uma frustrante resposta negativa: o mestre informava, por intermédio de sua tradutora, que não estava concedendo entrevistas naquele período e que tudo que havia de importante a ser dito sobre o *Tao* poderia ser ouvido em suas palestras.

Discuti esta situação em uma entrevista com S.R. e I.B. logo após o ocorrido, durante uma viagem de carro de São Roque a São Paulo:

> **I.B.**: "A última vez que ele comentou de entrevista, ele falou que a pessoa não sabia que perguntas deveria fazer para ele, então que ele falou para assistir a aula e a pessoa aí, começou a perguntar pra quem ia perguntar, como é que ia ser o critério. A pessoa estava tão fora do contexto que era difícil de... Então, ele recomendava que a pessoa assistisse a aula, porque na aula ele ia passar o que é importante, o que ele acha e tal. Ele já deu muitas entrevistas e é tudo a mesma coisa. As pessoas em geral não entendem o que ele tá querendo dizer, ou então ficam só mesmo muito na superfície. Em trezentas reportagens que ele deu, estão lá as mesmas perguntas".

> **S.R.**: "É, acho, na verdade, que toda pergunta que você pudesse ter para fazer para ele, ele vai te responder na aula mesmo. O que ele poderia te responder é o que ele vai falar em aula" (11/10/1998).

Isso me sugere o reconhecimento da entrevista como sinônimo de entrevista jornalística, e a equivalência entre o antropólogo e o jornalista como interlocutores em um diálogo pouco frutífero. A partir do segundo período de campo, à medida que me aprofundava mais na participação nas práticas, minha posição foi sendo inscrita de maneira a distinguir-se daquela do jornalista.

Por outro lado, o silêncio do mestre pode também ser entendido como um enunciado acerca de seu próprio lugar de fala e da relação possível de um pesquisador muito mais jovem com esta posição: um mestre não é um informante; tem sua própria agenda que não corresponde aos cronogramas e expectativas de um pesquisador. Definida nestes termos, a relação com um mestre é em primeiro lugar a de um discípulo. Em outras palavras, meus interlocutores também estão constantemente optando pela comunicação dentro de determinados gêneros de discurso, e a etnografia depende desta negociação ou pelo menos da percepção deste trânsito. (Voltarei a este tema em outro capítulo).

Ainda dentro desta temática, é necessário fazer uma distinção entre o diálogo no momento de sua ocorrência e o diálogo como registro, no momento de sua reelaboração, de sua inscrição etnográfica. Neste segundo momento trata-se de um diálogo deslocado, incorporado a um novo enunciado em um outro trecho da cadeia dialógica. A entrevista citada ou a nota de campo não são mais o próprio acontecimento registrado, mas a releitura que faço no momento em que escrevo, transcrevo ou reescrevo a partir das impressões produzidas pela nova leitura, pela pergunta que a motiva – o "uso" do fragmento na etnografia –, pela reconstrução que faço do evento em minha memória, pelo meu diálogo implícito com aqueles interlocutores anteriores e com leitores imagináveis do texto, pelo contexto que estabeleço ao ler e escrever.

* * *

O treinamento é uma atividade de que depende o conhecimento, entendido como resultante do engajamento prático e expresso como realização, como algo vivido. Consiste na transformação do ensinamento e da teoria em realidade como percepção, estado de consciência e experiência. Nele ocorre – principalmente, mas não exclusivamente – a comunicação não-verbal. Mediada pela faculdade mimética, passa pela observação e prática de diversos padrões de movimentos, pela repetição por meio da qual a teoria é literalmente "corporificada". Ocorre que padrões combinados de atenção, postura e movimento afetam o corpo-consciência. Neste sentido, o mestre personifica a tradição por sua mestria das técnicas e por sua habilidade de realizar à vontade estes estados, desenvolvidas por anos de treinamento intensivo. Neste contexto, a bagagem anterior do praticante influencia o aproveitamento do diálogo entre mestre e aprendiz. Na minha própria pesquisa de campo, ao enfatizar a participação com base na antropologia da experiência, percebi que meu *background* como praticante de *Shaolin* do norte favoreceu um aprendizado mais rápido de algumas técnicas corporais taoístas, porque meu treinamento anterior enfatizara habilidades de observação, repetição e memorização de inúmeras seqüências de movimentos, além de noções de postura, equilíbrio e coordenação motora compatíveis com aquelas necessárias ao aprendizado do *Taiji*.

Algumas reflexões sobre o lugar do treinamento no taoísmo emergem de uma leitura da teoria da *performance* de Richard Schechner (1985). Este autor identifica dois tipos de *performance*:

> Chamo de "transformações", as *performances* em que o *performer* é mudado, e de "transportes", as *performances* em que os *performers* são devolvidos a seus locais iniciais – "transportes", porque durante a *performance* os *performers* são "levados a outro lugar", mas ao final, freqüentemente assistidos por outrem, eles são "resfriados" e re-entram na vida ordinária, mais ou menos no lugar de onde saíram. O *performer* vai do "mundo ordinário" para o "mundo performativo", de uma referência de tempo/espaço para outra, de uma personalidade para outra ou outras. [...] Mas quando a *performance* acaba, ou mesmo como uma fase final da *performance*, ele retorna ao ponto em que começou (Schechner, 1985:126-127).

Assim, enquanto em uma transformação o *performer* muda (ou "é mudado") de estado, condição ou *status* ao final de uma única *performance*, pode ocorrer também que alcance uma transformação de mais longo prazo através de uma série de *performances* de transporte. No taoísmo, a distinção entre "treinamento", como momento anterior de aprendizado, e "*performance*" propriamente dita, como momento criativo, é bem menos marcada. Não se trata de uma preparação para (a experiência de transformação ou de transporte n)a *performance*, mas da própria substância da prática diária, de modo que, ao fim de cada treinamento individual ou coletivo, o praticante é trazido de volta ao mundo ordinário, mas a prática cotidiana vai ao longo dos anos deslocando "existencialmente" o praticante, produzindo uma transformação do corpo-consciência do praticante, que deve se expressar também no cotidiano. (Dedicarei um capítulo posterior a este assunto). Nesta escola taoísta, a *performance* para um público, por assim dizer, externo ao espaço da própria *performance* (quer dizer, o local delimitado em que está ocorrendo o treinamento) não é um fim em si mesmo, exceto em ocasionais demonstrações, como a célebre apresentação de *Taiji Quan*, *Bagua* e espada ocorrida no Anhangabaú, em São Paulo, no ano de 1992, com a presença do próprio mestre Liu e de seu filho Liu Chih Ming, ou em datas comemorativas, como as festas de fim de ano na Associação *Taiji* Pai Lin. Assim, nas situações mais freqüentes, não há a distinção entre o *performer*, que age, e um público, que meramente assiste. Quer dizer, se o público consiste naqueles a quem a *performance* é endereçada, a relação *performer*-platéia é equivalente à divisão contextual dos praticantes entre professor e aluno, em que todos participam ativamente. O *treinamento* é assistido de dentro, a partir do lugar do agente e não do expectador. Se aproximarmos o olhar do espetáculo teatral, a distinção se torna ainda mais evidente. Ao passo que para Richard Schechner (1985:10), "nenhuma *performance* teatral funciona desligada de sua audiência", no treinamento taoísta trata-se do contrário: não apenas pode ser uma atividade individual, como também não tem a exibição como finalidade primária, em oposição ao que vem ocorrendo nas últimas décadas com muitos estilos artes marciais, que se concentraram no desempenho em competições, por influência de sua transformação em esporte, ocorrida já no século XX. Destaco que embora a competição faça parte da própria história da arte, até então era apenas um de seus aspectos, no contexto mais amplo de um mundo da vida completo. "O mais importante é o benefício interno do treinamento e não a demonstração externa de uma bela forma", conforme comentou o professor H.M., em sua aula de *Bagua Zhang* (de 28/04/1999) no Instituto Pai Lin da Vila Mariana. O foco nas sensações internas é parte dos mecanismos embutidos nestas técnicas corporais para induzir uma situação de intensificação da experiência, em especial a manutenção do alongamento e alinhamento da coluna vertebral, a lentidão, circularidade e ritmo dos movimentos, a duração de cada sessão e a repetição cotidiana dos treinamentos por vários anos, até que os padrões corporais e seus efeitos sobre a consciência sejam incorporados ao *habitus* como algo alcançado sem esforço, espontaneamente, acompanhando o praticante também na vida cotidiana.

A proporção de comunicação verbal depende do "estilo" do instrutor. Alguns professores explicam cada passo, verbal e não verbalmente, outros explicam antes de realizar o exercício e treinam junto com seus alunos; outros ainda falam o mínimo possível e consideram como parte do aprendizado o desenvolvimento pelos estudantes da habilidade de compreender o movimento pela observação e de perceber a transição de um exercício para outro. Pude presenciar esse terceiro posicionamento em uma aula noturna do professor T.S. em 23/09/1998, em que ele realizava todos os exercícios silenciosamente, sem ao menos sinalizar com palavras, a transição de um para outro. Percebendo a dificuldade de alguns estudantes em acompanhá-lo, comentou que a aula deveria ser realizada "como se fosse um exercício de *Tui Sou*", a técnica básica para tratar o *Taiji Quan* como arte marcial, a partir do desenvolvimento de uma habilidade perceptiva que consiste em "escutar" a intenção do outro pelo contato com qualquer pequena porção do corpo, especialmente os pulsos. Em geral, durante a execução dos exercícios predomina o silêncio, a comunicação se dá mais pela sincronia dos movimentos, pela observação do movimento do grupo, em particular de quem estiver ocupando a posição de instrutor. Em alguma medida, a explicação é secundária, vale mais para transmitir, enquanto o exercício ainda não se tornou prática, não foi incorporado. É preciso distinguir aqui entre a aula – ou seja, a prática em que há uma distinção mais demarcada entre o instrutor/exemplo e os aprendizes que ainda não dominam a técnica – e o simples treinamento coletivo entre praticantes experientes, em que distinções de conhecimento são menos óbvias e não criam obrigatoriamente situações explícitas de instrução, mas mais freqüentemente de atividade prática conjunta e aperfeiçoamento mútuo.

Fundamental sobre as técnicas corporais é que se encontram nelas próprias mecanismos de articulação de um modo de ser-no-mundo,[256] por meio de um tipo específico de experiência, simultaneamente "transmissível" e cuja "expressão" é observável. A idéia de que uma experiência possa ser transmissível parece improvável ou incorreta dentro de uma perspectiva filosófica de senso comum, de inspiração romântica, cuja premissa é a irredutibilidade e a incomunicabilidade da vivência individual (*Erlebnis*). Contudo, no mundo taoísta a noção de tradição como experiência coletiva é reforçada pelo peso de séculos de prática e experimentação com técnicas para expandir a percepção e a consciência, que tem efeitos previsíveis documentados pela própria tradição e por recentes pesquisas no campo da medicina tradicional chinesa. (Desenvolverei este ponto em um capítulo posterior.).

* * *

Um elemento característico de todas as situações de transmissão é a redundância. A longo prazo, as transmissões orais e as técnicas corporais replicam os mesmos princípios básicos e repetem a mesma constelação temática.

Em ambos os *cronotopos* mencionados, verifica-se a inseparabilidade, fartamente enfatizada por meus interlocutores taoístas, de teoria e prática como termos complementares, dos quais o segundo parece ser englobante. Isto é, há uma dimensão inalienável de experiência vivida da qual depende a compreensão, o que concorda com a interpretação de Granet (1997:19-20) de que cada mestre possui uma receita própria de sabedoria, de eficácia geral, ensinada "por meio

---

256. Tornam literal a afirmação de Merleau-Ponty (1996:122): "tenho consciência do mundo por meio de meu corpo".

de um sistema de práticas", de modo que uma doutrina rege atitudes: "todas as Seitas ou Escolas se propuseram realizar um *arranjo* da vida e das atividades humanas, tomadas em sua *totalidade*: ou seja, na totalidade de seus prolongamentos, não apenas sociais, mas cósmicos" (idem:20).

Aprendendo com o Corpo

Para compreender como práticas baseadas em conceitos tão estranhos à cultura ocidental são reapropriadas no ocidente, ou mais precisamente, neste caso, às formas hegemônicas de cultura brasileira, é preciso prestar atenção à maneira como é feito o aprendizado. A comparação entre a forma de ensinar/aprender que caracteriza o taoísmo, certos estilos de prática musical (Lindsay, 1996) e de dança contemporânea (Novack, 1990; Bizerril, 2003) revela paralelos esclarecedores tanto pelas semelhanças de temática e de suas implicações, mas também devido à abordagem participativa adotada por mim e por estes dois outros pesquisadores. Em ambos os casos, associo a combinação entre reflexão e experiência prática dos autores a meu próprio *background* como estudante de *tabla* e praticante de Contato Improvisação.

O artigo de Shawn Lindsay trata da percussão como conhecimento prático, "uma disposição que vem do corpo" (Lindsay, 1996:197), partindo da interpretação da abordagem didática e da atitude em *performance* de seu professor de *djembe*. No caso, o pressuposto básico tanto da maneira de aprender/ensinar percussão quanto deste seu olhar etnográfico é o contrário da atitude filosófica ocidental predominante, que privilegia o saber abstrato: "engajamento prático em uma atividade deveria ser um pré-requisito para ter o conhecimento daquela atividade" (idem). Implica intencionalidade, uma incorporação ativa dos objetos à esfera imediata do corpo, para que objetos e atividade façam sentido, não bastando para isso apenas normas e estruturas. O treinamento concentra-se na obtenção de um tipo específico de coordenação entre ouvido e mão, a habilidade de produzir tipos de toques distinguíveis pelo som, a compreensão de padrões rítmicos como "todo um gesto" ou uma seqüência de gestos.

Característica da prática musical é o que Lindsay (1996:201) define como experiência da "transparência" do corpo:

> Há uma estrutura para a desaparição do corpo implicada na atividade de tocar percussão, uma predisposição para o corpo desaparecer de uma certa maneira. A aquisição inicial de uma habilidade envolve, freqüentemente, uma consciência desconfortável do próprio corpo. Para serem realizados, gestos novos requerem

mais concentração do que o ouvinte casual poderia imaginar. [...] Se você perseverar, praticar todos os dias, uma atividade será incorporada ao espaço e ao cotidiano do seu corpo.

Isto faz um sentido profundo também para outras técnicas de movimento, como dança ou artes marciais. O processo de aprender passa progressivamente da dificuldade da execução de um movimento de forma completamente consciente – ou seja, compreendido racionalmente, calculado previamente – para sua incorporação ao hábito, como ação espontânea. Este primeiro momento do aprendizado depende da habilidade perceptiva do aprendiz para identificar-se ao movimento com o mestre, e da capacidade sutil deste para identificar os erros e dificuldades do aluno. Uma vez incorporados ao *habitus*, sua utilização de forma adequada consiste na adaptação criativa ao contexto imediato da situação, o que exige uma percepção extremamente focada e decisões extremamente rápidas, sem necessidade de raciocinar a respeito. Este é o caso de situações de *performance* como a improvisação na dança ou na música, ou o combate nas artes marciais, em que ações são realizadas pelo corpo antes que o neocórtex tenha tido tempo de avaliá-las, especialmente em situações de risco iminente.

Em seu tratado sobre as aplicações do *Taiji* para autodefesa (*T'ai-Chi Ch'üan Shih-yung fa*), mestre Yang[257] Ch'eng-fu comenta de maneira similar o aprendizado do *Taiji Quan*:

> Quando começa a aprender a lutar com um oponente, mesmo que você concentre sua mente, provavelmente não terá sucesso. Depois que aperfeiçoou a arte, então você pode funcionar sem concentração mental. Onde quer que seu corpo seja atacado, você será capaz de responder automaticamente. Sem mesmo estar consciente do que está fazendo, o oponente será arremessado. Neste nível suas mãos e pés se moverão por si próprios. No início do estudo está na mente, mas, após você ter dominado a arte, está no corpo. (Wile [trad. e org.], 1983:112)

Além da construção de padrões habituais, aprender também é a habilidade de transformar os hábitos, de incorporar novos movimentos, baseando-se no *habitus* já adquirido, o que define este tipo de saber como "uma compreensão sensual prática" [258](Lindsay, 1996:201). Em suma, aprender depende de retrabalhar o esquema corporal (Merleau-Ponty, 1996).

---

257. O estilo Yang de *Taiji Quan* é um dos mais difundidos pelo mundo. Yang Ch'eng-fu é neto do fundador da escola, Yang Lu-ch'an, e um dos responsáveis por sua grande divulgação ao alterar o método de treinamento de modo a contemplar o crescente interesse do público por técnicas para manutenção da saúde e garantia de longevidade.

258. No original: *sensual practical understanding.* (N.T.)

Voltando ao exemplo da percussão, Lindsay (1996) refere-se a duas estruturas de transparência: 1) desaparecimento focal, caracterizado pelo auto-ocultamento das mãos, pois prestar muita atenção aos movimentos próprios leva à interrupção da *performance*; 2) desaparecimento do fundo, caracterizado por não dar muita atenção às partes do corpo não imediatamente necessárias para tocar. Prosseguindo com uma comparação com o *Taiji*, a transparência é de tipo focal, no sentido de um auto-ocultamento do corpo próprio e da ênfase na escuta do corpo do outro que está dentro da esfera de influência do praticante, especialmente na prática do *Tui Sou*. Mas, na medida em que é uma técnica que ensina a mover o corpo todo como uma unidade, sem movimento independente de partes, não há uma distinção entre partes necessárias e desnecessárias ao movimento, de modo que empurrar, puxar, desviar etc. são ações que devem ser executadas com todo o corpo.

Mudando um pouco o foco de minha comparação, farei algumas considerações sobre o Contato Improvisação, tomando por base a etnografia de Cynthia Novack (1990), bem como minha própria experiência como pesquisador e praticante. Apesar das transformações pelas quais passou desde sua criação experimental por Steve Paxton, no início dos anos setenta, a técnica conservou a inspiração na física newtoniana e o foco em um diálogo sensorial entre dois ou mais dançarinos, a ausência de diferenciações marcadas de repertório de movimento conforme o gênero do dançarino, abertura para a diversidade de tipos de corpos adequados à dança e a ênfase na improvisação a partir dos estímulos sensoriais decorrentes do ato de dançar.

Um núcleo de movimentos básico define a especificidade do Contato: 1) gerar movimento por meio do ponto mutável de contato entre os corpos; 2) perceber por meio da pele; 3) rolar por meio do corpo, com foco na segmentação do corpo e no movimento em várias direções simultaneamente; 4) experienciar o movimento de dentro (exercitar a habilidade de sentir mudanças de peso); 5) usar o espaço de 360º (trajetórias circulares, curvas ou espiraladas); 6) acompanhar o *momentum* gerado pela dança, enfatizando peso e fluxo; 7) informalidade da apresentação, tendo por modelo a *jam* (sessão de improvisação); 8) ausência de demarcadores teatrais de espetáculo de dança; 9) postura natural: inclusão na dança de movimentos informais cotidianos, por oposição a uma forte codificação do movimento como meio de delimitar o espaço do palco; 10) deixar a dança acontecer, de modo que é a interação contínua dos dançarinos na improvisação que produz uma forma coreográfica; 10) *ethos* igualitário: todos devem ser igualmente importantes, sem sinais externos de diferenciação entre os dançarinos (Novack, 1990).

Feita esta descrição sumária, interessam-me alguns paralelos e contrastes com o *Taiji*, em especial com relação à experiência do aprendizado. Em ambos, o foco está em aprender uma forma de se mover simultaneamente alerta, fluida e relaxada, ainda que no *Taiji* haja também um conjunto específico de movimentos – referido como "a seqüência", uma série de movimentos originalmente de ataque e defesa, com uma ordem preestabelecida e característica de cada escola. Aproximam-se pelo tipo de trajetória dos movimentos, tendo por base o círculo e a espiral. Outro ponto comum é a ênfase na habilidade de mover-se com um parceiro, um tipo de diálogo sensorial. Porém, com o decréscimo do estudo da dimensão marcial na escola fundada no Brasil por mestre Liu, a atenção no parceiro deslocou-se do seu foco primário, o tato, mantendo a visão (pelo menos na prática coletiva, em que o grupo deve se mover idealmente em harmonia) e o senso de peso (fala-se de "cheio" e "vazio" como formas de descrever onde está apoiado o peso do corpo) como referências sensoriais preeminentes. Na prática do *Tui Sou*, os paralelos com o contato são muito mais evidentes, pelo desenvolvimento de uma habilidade de "escuta" por meio do tato que permite compreender a intenção (*Yi*) do parceiro e a direção do movimento, ao mesmo tempo que pressupõe a ação reflexa, espontânea, instantânea e não premeditada, como modo principal de agir. Assim, as habilidades de dançar Contato e lutar estão ligadas à consciência do próprio movimento e à capacidade de lidar instantaneamente com o inesperado, com situações e sensações de desorientação e desequilíbrio. Uma distinção fundamental é o predomínio absoluto da verticalidade no *Taiji*, enquanto no Contato Improvisação há abertura para o uso de eixos verticais, horizontais, inclinados e de desequilíbrio. Disto decorre um repertório mais amplo de possibilidades de movimento inseridos nos atos de rolar, cair, inverter, suportar o peso, ser sustentado. Ambos enfatizam também o foco na percepção de sensações internas, sendo que no *Taiji* a percepção da circulação da energia vital como um fenômeno absolutamente palpável acompanha a percepção espacial e gravitacional. A semelhança do Contato Improvisação com algumas artes marciais é mais do que casual. Sabe-se que o *Aikido*, arte marcial japonesa cujos princípios são semelhantes aos do *Taiji Quan*, serviu de fonte de inspiração ao criador da técnica e ainda hoje estas duas estão entre as artes marciais mais praticadas na comunidade de Contato Improvisação.

O que une os campos de atividade que venho comparando é que são saberes fundamentalmente práticos (*praktognosia*), conforme a definição de Merleau-Ponty (1996), em que o acesso ao mundo é dado pela experiência motora do corpo, ou melhor, motora e perceptiva. Nos três casos – o *Taiji Quan*, a percussão e o Contato Improvisação –, o conhecimento decorrente do envolvimento prático em uma atividade baseia-se na aquisição, por treinamento, de determinados hábitos, "a apreensão motora de uma significação motora" (idem:198) – dentre eles, o de um constante estado de atenção relaxada –, e no desenvolvimento de uma habilidade comunicativa independente do uso da palavra. Isto é, desde que consideremos, por um lado, que o hábito é uma tendência a tipos ou modos de ação e não a atos particulares, isto é, não se define necessariamente por repetição mecânica, mas depende da intencionalidade do conhecimento prático, e, por outro, que pode haver comunicação verbal antes do aprendizado da técnica, mas após esta etapa inicial a comunicação se estabelece em um outro plano, mais por coordenação entre impressões sensoriais e ações.

Diálogos sem Palavras

Ao se tratar o tema de uma linguagem silenciosa em um texto acadêmico, a tendência é esbarrar na dificuldade de tradução para o gênero de discurso e para o meio de registro mais familiar aos intelectuais. Corre-se o risco de que a discussão se torne excessivamente vaga, pela ausência de um território comum – de vocabulário e de experiência partilhada – entre autor e leitor. Assim, considerei oportuno resgatar o trabalho pioneiro de um antropólogo que escreveu entre os anos 60 e 80, mas não permaneceu no cânon da disciplina, nem com suas obras nem com sua temática, e até recentemente vinha sendo pouco mencionado, mesmo nos estudos de antropologia do corpo. Inspirado nos estudos de cinética (*kinesics*) de Birdwhistell, isto é, a análise das posições e movimentos do corpo como sistema comunicativo, Edward Hall (1966, 1976, 1982, 1984) discute, em estudos interculturais sobre comunicação, as relações entre os sentidos, a percepção do espaço e do tempo, bem como sua modulação pela cultura, constituindo um campo de estudos que denominou "proximística" (*proxemics*). Este autor afirma que as culturas construiriam diferentes mundos sensoriais, definiriam como seus membros privilegiam determinadas maneiras de utilizar os sentidos, selecionam as impressões sensoriais e as interpretam, o que inclui a forma como o espaço é social e cinestesicamente organizado, inclusive no que diz respeito à distância entre os corpos adotada durante a interação, e às mensagens implícitas que ela transmite (Hall, E., 1966). Além disso, Hall destaca a importância da sincronia de movimentos corporais, incluindo mesmo a sincronização inconsciente das freqüências cerebrais dos interlocutores (Hall, E., 1976 e 1984) durante a interação como fator que influi inconscientemente na qualidade da comunicação:

> Pessoas em interações ou se movem juntas (no todo ou em parte) ou não, e ao falhar em fazê-lo perturbam as outras em torno delas. Basicamente, pessoas em interações movem-se juntas em um tipo de dança, mas elas não têm consciência de seu movimento sincrônico e o fazem sem música ou orquestração consciente. As mensagens do corpo (conscientes ou inconscientes), lidas tecnicamente ou não, raramente mentem e estão muito mais próximas dos verdadeiros sentimentos de uma pessoa, ainda que inconscientes, do que a palavra falada. (Hall, E., 1976:72-73)

Ele considera, portanto, que os seres humanos são dominados em suas ações, individuais e coletivas, por hierarquias entrelaçadas de ritmos, de modo comparável aos temas fundamentais em uma partitura sinfônica ou em uma coreografia, que organizam a constituição cultural e individual do tempo, do espaço e de sua experiência, bem como determinam de modo inconsciente a qualidade das interações interpessoais (Hall, E.: 1982; 1976; 1984).

Em suma, a comunicação não-verbal incluiria não apenas determinantes biológicas, decorrentes da evolução da espécie, ou psicofisiológicas, individuais, mas também os códigos culturais implícitos a este modo de comunicação, que abarcariam impressões sensoriais, a distância entre os corpos, expressão facial, gestos, postura do corpo e a adoção de um ritmo comum entre os sujeitos de uma interação, dos quais normalmente os interlocutores não estão conscientes, mas que determinam a qualidade do diálogo e das atividades realizadas em grupo.

Complemento a abordagem de Edward Hall com algumas considerações de Michael Jackson (1989) sobre a comunicação não-verbal. Embora pessoalmente esteja evitando fazer uso da categoria "ritual" para interpretar as técnicas taoístas, estes dois pontos acerca da ação ritual aplicam-se adequadamente ao *Taiji Quan*: 1) "movimentos corporais podem, às vezes, fazer mais do que as palavras podem dizer" (Jackson, 1989:132), pois oferecem um tipo de experiência na qual as distinções categóricas verbais do cotidiano são diluídas, o que é reconhecido pelos participantes em um nível não-intelectual (proporcionando a experiência de igualdade e camaradagem que Victor Turner chamou de *communitas*), e simultaneamente criam abertura para a ambigüidade ou indeterminação interpretativa que é constitutiva deste tipo de situação (também característica da situação de liminaridade, ainda de acordo com a terminologia de Turner); 2) esta ambigüidade produz verdades não semânticas, mas experienciais coletivas que dão a impressão de terem um sentido ao mesmo tempo pessoal e comum (Jackson, 1989).

De modo que a prática coletiva, entre outros efeitos, constrói uma comunidade fluida, que em outras situações apresenta-se descontínua no espaço e no tempo, não só estabelecendo vínculos entre os praticantes mas consolidando-os em termos de uma linguagem e de uma cosmovisão, entendidas em sentido amplo, que se estabelecem por experiências psicossomáticas coletivas, já que o treinamento é em certa medida uma *performance* "de transporte".

Neste sentido, considero o taoísmo como uma "província" cultural e o aprendizado do *Taiji*, ou de outras técnicas, como um modo de ser introduzido neste estilo de relações perceptivas, comunicativas e cinestésico-espaciais. Em outras palavras, aprender novas formas de usar o corpo, novos hábitos, é simultaneamente aprender uma nova linguagem e abrir possibilidades para vivenciar novas experiências. Contudo, esclareço que não se trata de tentar produzir uma gramática simplista de movimentos corporais, tratando as interações como "texto a ser lido" – algo que o próprio Hall critica em seus escritos dos anos setenta –, nem de dar um tratamento meramente utilitário ao ato de engajar-se em uma atividade e interagir com outros seres humanos, mas sim de envolver-se na interação como forma de compreender, em vez de procurar eximir-se da inscrição nas situações de interação em nome da objetividade científica.

Durante a prática, os participantes seguem inconscientemente uma corrente subterrânea de movimento sincronizado, no mesmo ritmo, o que qualquer pessoa com alguma experiência prática com música pode compreender que nem sempre significa uníssono – isto é, identidade perfeita entre todos os movimentos. Isto talvez possa explicar comentários recorrentes entre os estudantes sobre o fato de que praticar uma técnica se torna mais fácil ou que seus efeitos são mais poderosos – a experiência de "transporte" – quando um determinado professor[259] está simultaneamente executando-a, mesmo quando se trata de uma técnica já conhecida que poderia ser praticada individualmente. Eu mesmo tive esta experiência verdadeiramente sensorial de ver um novo aspecto de uma técnica ser revelada, ao praticar junto com um professor particularmente competente, por exemplo nas aulas de *Bagua Zhang* com H.M., no Instituto Pai Lin da Vila Mariana, de meditação com J. C., na Associação *Taiji* Pai Lin (ambas no mesmo período de pesquisa em São Paulo – 09-10/1998 ou 03-05/1999), ou de espada *Taiji* com R.F., em São Paulo (1999) e em Brasília (26-27/08, 23-24/09,

---

259. Hall comenta os estudos de John Colier (1973) sobre educação indígena nos Estados Unidos utilizando a análise cinematográfica para estudar a confrontação cultural nas escolas: "Uma descoberta bastante relevante, mas não surpreendente, foi que o professor determinava o ritmo da classe" (Hall, E., 1984:156).

28-29/10/2000), isto sem falar de todos os treinamentos conduzidos pelo mestre Liu Pai Lin em palestras e seminários.

O treino coletivo, por meio dos efeitos da sincronização dos ritmos e movimentos corporais, tem implicações concretas sobre o estado emocional do praticante. P.B., que faz aulas na Associação *Taiji* Pai Lin, fez o seguinte comentário no contexto de uma entrevista:

> **P.B.**: "Por exemplo, a S.Y., é uma pessoa que, e a J.C.[260] também, só de estar na aula, às vezes eu gosto de ficar perto, [...] porque só de estar perto já me acalma, já faz a energia descer, é uma coisa impressionante. [...] É meio caminho andado pra mim estar perto da S.Y. e da J.C." (08/10/1998).

Se as palavras são necessárias à comunicação durante o momento performático, especialmente sob a forma de instruções, isso implica que a modalidade de comunicação primária fracassou, ainda que temporariamente, produzindo uma ruptura da continuidade do fluxo da ação. Acima de tudo, uma característica comum das técnicas taoístas, mas também no universo da música e da dança que utilizei anteriormente com finalidades comparativas, é a da experiência de um "estado de fluxo" que funde ação e consciência:

> Fluxo denota uma sensação holística presente quando agimos com total envolvimento, e é um estado no qual ação segue ação de acordo com uma lógica interna que parece não precisar de nenhuma intervenção consciente de nossa parte... nós a experienciamos como um fluir unificado de um momento para o próximo, no qual nos sentimos no controle de nossas ações, e no qual há pouca distinção entre eu e ambiente, entre estímulo e resposta, ou entre presente, passado e futuro (Csikszentmihalyi e MacAloon apud Turner, V., 1982:55-56).

Turner prossegue, caracterizando este estado por seis elementos:

> (1) A experiência de fundir ação e consciência: não há dualismo no "fluxo"[...] (2) Esta fusão torna-se possível pelo centramento da atenção em um campo limitado de estímulos. A consciência pode ser concentrada, intensificada, emitida em um foco limitado de atenção. [...] O que é impertinente deve ser excluído. [...] (3) Perda do Ego é outro atributo do "fluxo". [...] Todos os homens, mesmo todas as coisas, são sentidos como um, subjetivamente, no fluxo da experiência [...] (4) Uma pessoa "em fluxo"se encontra "no controle de suas ações e de seu ambiente". Ela pode não saber disso no momento do "fluxo", mas refletindo sobre isso ela pode perceber que suas habilidades se equiparavam às demandas feitas a ela pelo ritual, arte ou esporte. [...] (5) "Fluxo" geralmente contém demandas não-contraditórias, coerentes, para a ação e fornece informação clara, não-ambígua,

---

260. Ambas antigas discípulas do mestre Liu e professoras no Espaço Luz/ Associação *Taiji* Pai Lin.

para as ações de uma pessoa. Isto é devido à limitação da atenção a um campo de possibilidades restrito. (6) Finalmente "fluxo" é "autotélico", i.e., parece não precisar de metas ou recompensas fora de si próprio. Fluir é estar tão feliz como um humano pode estar [...] (Turner, V., 1982:56-58).

Ao que parece, há uma tensão entre fluxo e reflexividade, pois esta interrompe o fluxo ao articular a experiência (Turner, V., 1982). O mestre Zen Deshimaru descreve *hishiryo*, o estado de consciência não-dualista e não-racional que caracteriza a mestria da experiência no Zen e nas artes marciais em termos muito semelhantes ao do estado de "fluxo" (*flow*):[261]

> Intuição e ação devem surgir ao mesmo tempo. Na prática do Budo não pode haver pensamento consciente. Não há tempo para pensar, nem mesmo por um instante (Deshimaru, 1983:17).

Ou neste outro fragmento:

> O reflexo da lua na superfície da água se move incessantemente. Ainda assim, a lua brilha e não vai a parte alguma; permanece mas se move. Um poema muito curto sobre o segredo do Zen e das artes marciais, também um grande *koan*.
>
> O rio nunca flui para trás. A água desliza e desliza [...] mas a lua não se move. Em um combate, a mente deve ser como a lua, enquanto o corpo desliza e desliza, como a água no rio (Deshimaru, 1983:22).

* * *

L.H., professor de *Taiji*, secretário da Associação *Taiji* Pai Lin, aponta na mesma direção ao discutir uma dificuldade comum entre os principiantes:

> **L.H.**: "A dificuldade nos treinamentos que mais sinto – além da memória, no caso de quem está começando – são os pensamentos, é a dispersão. Isso não tem a ver com a concentração. É uma coisa que às vezes as pessoas confundem um pouco, porque a concentração exclui e é mais importante falar percepção total, onde você está absorvido dentro de uma compreensão total, então não está concentrado dentro desse ponto aqui. Quando você concentra aqui,[262] você exclui o resto" (23/03/1999).

---

261. Outro mestre Zen, Katuski Sekida (1977[1975]:239), distingue dois estados: a absoluta quietude (ou *samadhi* absoluto) e o estado de integração durante a atividade vigorosa (*samadhi* positivo).

262. Tanto quanto me lembro do contexto da entrevista, L.H. enfatizou a palavra "aqui", denotando um foco unilateral para a atenção, mas não se referindo a um ponto de concentração em particular.

Transmissão Viva, em Nome e Gesto

Destaco por fim que, nas três práticas que estou comparando, o *habitus* está constantemente sendo remodelado pelo próprio treinamento. Assim, disposições antigas são refinadas ou reacomodadas ao mesmo tempo que novas disposições corporais são adquiridas, tendo por base o esquema anterior e simultaneamente alterando este esquema. L.H. resume a atitude de aprendizado no *Taiji*:

> **L.H.**: "A gente nunca pode estar com os movimentos do *Taiji* prontos, seja isso um exercício pequenininho, como uma prática mais complicada. Você tem que perceber que você não sabe. É muito importante, muito importante, esse não saber. Você não sabe, nada você sabe. Então você está sempre aprendendo, sempre aberto e vai descobrindo coisas. Essa noção de não saber ajuda muito, porque estou sempre descobrindo alguma coisa nova dentro do meu treino. A gente vem [praticando] há onze anos. É um treino que sempre passa a ser novo. É bom [ter] essa consciência, porque ela te dá a presença, ela te dá presença, você fica mais atento, mais presente" (23/3/1999).

Deslocando a discussão mais uma vez para o plano da narrativa, há vários paralelos entre a configuração destes dois planos do intertexto taoísta: as técnicas corporais e as tradições orais. Pode-se pensar as técnicas corporais – especialmente as seqüências do *Taiji Quan*, do *Bagua Zhang* e da espada *Taiji*, técnicas de movimento que conjugam meditação e arte marcial – como um tipo de narrativa, cujos enunciados são movimentos, em vez de palavras, aos quais se associam nomes evocativos. Há uma convergência nestas técnicas entre movimentos de ataque e defesa, suas nuances poéticas e conceitos filosóficos do taoísmo. Os nomes não são mais importantes que os movimentos, mas formam parte do intertexto que os suplementa, ao mesmo tempo recurso mnemônico e comentário que direciona sua interpretação. Assim, o praticante refaz uma narrativa cosmológica a cada vez que pratica a seqüência, corporifica um "mundo da vida". Contudo, é importante perceber que os movimentos só têm valor de narrativa no momento da sua concretização; não têm sentido independente de sua atualização na prática.[263]

Embora eu identifique uma hierarquia informal de versões mais prestigiosas, resultante da própria disseminação da "transmissão verdadeira" do mestre,

---

263. Trato alguns aspectos da seqüência de 37 movimentos do *Taiji Quan* no próximo capítulo.

percebo também que, na ausência de um texto fixo completamente fechado em todos os seus detalhes, são marcantes a flexibilidade contextual e a mutabilidade do texto, conforme o contexto de enunciação e do estilo pessoal do narrador. Disso resulta uma pluralidade de versões, abertas a um certo nível de inovações e de improvisação, o que para os taoístas caracteriza um "ensinamento vivo", exemplificado na maneira pela qual o mestre Liu executava os exercícios de movimento, imbuindo-lhes de intenções (*Yi*, em chinês) diversas e, portanto, de sentidos diversos a cada execução, conforme narrado por vários discípulos e conforme eu próprio presenciei, uma ocasião, em São Roque. Isso pode ser ilustrado com um registro em vídeo que tive oportunidade de assistir, proveniente de um dos cursos de formação taoísta ocorridos em Brasília, em encontros mensais realizados na Unipaz, em que o mestre Liu executa a seqüência curta do *Bagua Zhang*, com sua tradutora e assistente J.C.. A seqüência se inicia já pela quarta palma ("o dragão amarelo torce o corpo"), isto é, a quarta série de um conjunto de oito, que é repetida, prosseguindo depois em ordem cronológica para a quinta, sexta, sétima e oitava palmas e encerrando com o que me parece ser uma improvisação (pois não é praticada no contexto mais canônico do aprendizado desta arte marcial na própria escola) tendo por base elementos da seqüência longa (correspondente aos 64 hexagramas do *Yijing*). Ao acompanhar os "treinos livres" ocorridos nas manhãs de sexta-feira na Associação *Taiji* Pai Lin, na Vila Madalena, São Paulo, percebi grande variabilidade nos padrões de movimento dos praticantes, em função não apenas de estrutura corporal, habilidade pessoal e tempo de prática da técnica, mas também de quem foram seus professores, ou, no caso de uma transmissão direta do mestre Liu, do momento em que a técnica foi aprendida.

Portanto, o que define a tradição como "viva" é a pluralidade interna de seus textos, sua mutabilidade no tempo, flexibilidade no espaço, e a mútua adaptação entre intertexto e praticante. Ainda que se possa perceber uma continuidade estrutural que permite identificar várias versões como pertencentes a um mesmo conjunto, não há uma versão única, apesar de que haja debates em torno da noção de "transmissão verdadeira" e determinados praticantes e posições-chave no circuito de transmissão que podem determinar de modo relativo os critérios da prática "correta". Assim, por exemplo, entre os praticantes do *Taiji* Pai Lin, em pouco mais de 20 anos de constituição da escola já se verificam várias pequenas variações entre os modos de executar um determinado movimento. Fala-se inclusive, no "estilo" deste ou daquele praticante.

H. K., discípula do mestre da época da Missão Católica Chinesa, resume este ponto belamente em sua entrevista:

> **H.K.**: "Então, a diferença de gestos não tem importância. Na verdade, cada um deveria aprender a forma, depois a gente pode modificá-la, desde que guarde os princípios" (29/09/1998).

Pessoalmente, em um período intensivo de aulas na Associação de São Paulo, tive a experiência de aprender um movimento da seqüência do *Taiji Quan* com um professor e ainda no mesmo dia ter este mesmo movimento corrigido por um outro professor, da mesma escola, que o executa de forma diferente.

No entanto, a pluralidade também tem seus impasses. Percebo no treinamento coletivo das técnicas corporais uma tensão entre o uníssono e a polifonia, entre texto canônico e interpretação/improvisação. Quer dizer, por um lado, há uma preocupação por parte de alguns discípulos no sentido de alguma padronização da forma, unicidade de interpretação dos movimentos e mesmo unidade, quase coreográfica, do ritmo do grupo e até no grau de extensão dos movimentos,[264] durante a sua execução, pode ter uma relação metonímica com a estruturação do grupo e sua coesão, questão relacionada à transição entre a partida do mestre e a consolidação da posição de seus sucessores, pela polarização de tendências em torno da herança do mestre, sua interpretação, as formas de sua preservação e da continuidade do grupo, por outro lado, há a abertura para as variações, versões e improvisações de que, como já disse, o mestre foi um criativo exemplo em vida. Esta abertura associa-se, ainda, à concepção de que as particularidades na execução dos movimentos expressam algo característico do praticante.

L.H. comenta em sua entrevista a relação entre forma e diversidade:

> **L.H.**: "Sinto que não sei precisar, falar de uma forma muito categórica, como isso foi acontecendo. Por o mestre no início não dar tanta precisão dentro da forma, as pessoas tinham que ir observando e assimilando cada detalhe, então acabou cada um vendo de um ângulo diferente e colocando uma coisa sua. O A.L., por exemplo, já tinha uma coisa de *Gongfu*, uma coisa mais marcial. Mas ele tem um

---

264. Praticando a seqüência de 108 movimentos com a professora I.S., em Brasília, recebi a recomendação de que, durante a prática coletiva, deveria diminuir a amplitude de meus passos – característica de minha formação anterior como praticante de *Shaolin* – de modo a estar mais em harmonia com os demais membros do grupo. Ouvi comentários semelhantes nas práticas coletivos da seqüência de 37 movimentos, nos encontros de que participei em São Roque (SP). Em razão de limitações físicas do mestre, uma lesão de guerra nos dois joelhos, ele praticava os treinos de movimento utilizando posturas altas. Na medida em que seu próprio movimento é um modelo, os praticantes do estilo em geral apresentam esta característica, que salta aos olhos por contraste ao padrão dos estilos *Chen* ou *Yang*, dotados de posturas e movimentos mais amplos.

> estilo um pouco diferente do L., por exemplo. Então você vê a J.C., o A.L., o L. [todos professores de *Taiji* e discípulos antigos do mestre], você vê esta diferença. E algumas pessoas gostam de fazer uma coisa a mais, de ilustrar. A J.C. tem alguns movimentos que ela mesmo criou".

Neste momento ele fez com os braços o movimento de empurrar do início da seqüência curta, correspondendo à madeira e à expansão, com o giro característico de mãos executado por J.C.

> O mestre faz apenas o empurrar, com a mão pra frente; a J.C. já faz o movimento com a mão pra trás. Então tem um outro jeito. [...] É como se o mestre, por ser um homem, fizesse de um jeito, e a J.C. sentisse que um corpo de mulher fazendo o *Taiji* teria a natureza do corpo dela, vamos dizer assim.

Curiosamente, estudantes que aprenderam com J.C. não sabem o significado deste detalhe, de modo que homens também fazem como ela, tanto em São Paulo, quanto os alunos de professores que treinaram com ela e ensinam em Brasília.

> **L.H.**: "E existem, é lógico, pessoas um pouco mais preocupadas com uma forma padrão [...] que é importante. Tem um lado positivo da variação, você percebe que é uma coisa sutil e uma coisa da natureza da pessoa e da expressão, a expressão que a pessoa está dando para aquele movimento. Faço algumas, já na saída dou uma pequena unida no dedo médio, que é uma coisa bem minha, que aconteceu naturalmente ...".

L.H. mostra o movimento de braço do início da seqüência ao abrir o passo e descer e subir os braços na "Postura da Árvore".

> **L.H.**: "Começa a acontecer naturalmente a partir do treino que você tem. É uma coisa natural, não forcei isso, isso surgiu. Deixei acontecer. Pode ser o abraçar o *Taiji*, talvez, eu não sei o que aconteceu, surgiu um movimento contrário aqui. Então isso foi uma coisa natural, a partir do treino em que você vai tendo vivência. Mas é importante perceber que, às vezes, descamba um pouquinho. Então tem a forma que de repente é um movimento e a pessoa faz um outro completamente diferente. Aí sai. Então tem umas pessoas um pouco mais preocupadas em ter uma forma um pouco mais padrão" (20/09/1998).

O aprendizado depende fundamentalmente do conhecimento ser vivido: a prática conjuga a observação do movimento, a experiência do movimento, e um repertório de sensações dela decorrentes, associadas à percepção do *Qi* como uma realidade invisível, porém concreta e palpável. No entanto, conforme assinalada por aqueles discípulos mais antigos tanto em entrevistas quanto em conversas mais informais, com a expansão e consolidação da escola ao longo de cerca de vinte anos ocorreram mudanças na maneira de ensinar, contrapondo os primórdios do grupo, no salão paroquial da Missão Católica Chinesa, onde o mestre seguia, por assim dizer, o método tradicional chinês e o momento atual, posterior à consolidação de um método desenvolvido pelos discípulos brasileiros para o público brasileiro. L.S.T., massagista da Associação e em contato com o mestre desde 1983, mencionou em sua entrevista (06/04/1999) alguns destes primeiros discípulos, particularmente L.L. e J.C., como responsáveis pelo desenvolvimento desse método. Na medida em que os padrões de aprendizado são culturalmente determinados (Hall, E., 1966), a inserção dos saberes taoístas no horizonte cultural brasileiro demandou também adaptações no sistema de transmissão.

Catherine Despeux descreve o método chinês de ensino do *Taiji Quan*, baseado na observação, em um certo tipo de imitação e na reatualização exaustiva e cotidiana das técnicas:

> [...] o mestre reúne, todos os dias, uma ou duas vezes por dia, os alunos de todos os níveis e todo mundo efetua conjuntamente, sob sua direção, o encadeamento dos movimentos, seja ele desconhecido ou não; os que ainda não o conhecem procuram imitar os movimentos do mestre. A seguir, ele explica a cada aluno, de acordo com seu nível, um exercício ou um aspecto particular e obriga-o a repeti-lo durante uma hora inteira. Nunca se deve esperar uma explicação, e menos ainda uma descrição pormenorizada do modo de executar o movimento; o mestre mostra o modelo ideal e o aluno o imita.

E mais adiante conclui:

> Assim, o encadeamento não é mais do que o suporte de um trabalho de profundidade sobre o corpo e o espírito (1994:124-125).

O método adaptado apresenta uma divisão "mais didática", passo a passo, com explicações explícitas pormenorizadas, um maior número de instruções verbais durante o treinamento. Isso demanda menos da capacidade de observação ainda não treinada do iniciante. Assim, por exemplo, a seqüência do *Taiji* de 37 movimentos foi dividida para fins pedagógicos em duas partes, bem como explicada movimento por movimento em um vídeo, utilizado como recurso opcional, complementar às aulas. Além disso, técnicas distintas foram progressivamente sendo separadas em espaços de aprendizado que lhes são próprios, com aulas específicas, quando antes eram tratadas mais explicitamente como um único e vasto sistema. Paralelamente, isso ocorreu inclusive nas atividades que o mestre dirigia pessoalmente. Quando o próprio mestre dava aulas de *Taiji* na Missão Católica Chinesa, ele freqüentemente falava após a aula sobre os mesmos assuntos que em um momento posterior passaram a ser divididos em palestras com títulos mais específicos, como as realizadas no Instituto da Vila Mariana (*Tui Ná* aos sábados, *Yijing* aos domingos) ou em São Roque (*Yijing*, *Tui Ná*, Filosofia de Laozi).

A passagem de um método a outro tem relação com a expansão da escola. O aumento do número de praticantes exigiu a formação de assistentes e professores para atender os iniciantes. Além disso, a concentração do mestre na atividade terapêutica e na transmissão da dimensão mais filosófica e espiritual do taoísmo, por meio de palestras, coincidiu com seu afastamento do ensino das técnicas de movimento, exceto em circunstâncias especiais, como nos seminários mensais realizados em São Roque.

Ainda dentro da temática do aprendizado, gostaria de retomar a idéia de que aprender uma técnica corporal implica a aquisição de um tipo de comunicação por meio do corpo, com aspectos formais e informais, de que depende o próprio aprendizado da técnica e sua eficácia em ação, mas abarca também a dimensão narrativa de algumas seqüências de movimentos, como uma narrativa vivida, corporificada, conforme esboçado anteriormente. A própria arte marcial depende, para sua eficácia, da aquisição de uma faculdade de "escuta" que permite ao praticante compreender a intenção de seu oponente, e antecipando-a, neutralizá-la ou transformá-la. Assim, as práticas coletivas, os exercícios a dois, a luta realizada em um contexto lúdico e amistoso, podem ser entendidos como um tipo de diálogo silencioso, sem palavras. Como nos lembra Victor Turner (1982), a comunicação por símbolos não se limita a palavras, mas abarca todo nosso repertório sensorial, tanto em nível individual quanto cultural. Assim, praticar – sistematicamente – este estilo de *Taiji Quan*, em alguma medida, é tornar-se taoísta. E nesse contexto, aprender e narrar são funções da memória corporal, que retém uma história de gestos, sensações, impressões, crises de vida, transformações, tempo-espaços, cadeias de movimento em um tecido de padrões habituais de uso do corpo.

A Bifurcação, dilemas da narrativa etnográfica

No que diz respeito à relação entre um saber chinês e o seu público brasileiro, o ponto central é que uma pessoa faz a mediação. Um mestre chinês específico personifica a tradição para seus discípulos, encarna um conjunto de saberes, é o elo de ligação com linhagens de praticantes distantes no tempo e no espaço, representa a conquista de um estado cujo acesso ele ensina. Trata-se, então, de um caso de transplante da tradição para um novo "solo cultural". Simultaneamente, tal mestre recria – de forma exemplar e em sua pessoa – um modelo de "caminho de vida", que é traduzido por seus novos discípulos, ao mesmo tempo que faz referência à origem ancestral de sua sabedoria, como estratégia de legitimação.

Tecidas em torno deste personagem-narrador, narrativas cruzadas criam um sentido fluido de comunidade descontínua e de fronteiras porosas ao definir um repertório comum de práticas e uma linhagem comum de transmissão. Ao mesmo tempo, introduzem um outro ritmo temporal, mais lento, incorporado paulatinamente à vida cotidiana com o *habitus*. A inspiração de um dos animais sagrados do taoísmo, a tartaruga, distingue os taoístas de outros habitantes da cidade, mesmo de outros grupos de praticantes de meditação ou de artes marciais, como se aprender a narrar o *Tao* fosse contar a história de uma desaceleração. Semelhante ideal de lentidão na grande cidade tende a colocar os taoístas na contramão do ritmo da metrópole, como uma voz crítica, um contra-discurso da (pós-?)modernidade. "Os movimentos lentos do *Taiji* não dispersam energias, seguem na direção contrária aos movimentos da vida cotidiana, agitados e nervosos" (Liu Pai Lin, s/d, apostila 10).

Transposto para a etnografia, tentar narrar o *Tao* é recontar narrativas sobre o encontro com um mestre que narra a vida e a morte, jogando criativamente com os textos clássicos. Não tão diferentemente de meus interlocutores taoístas, como antropólogo, também narro por meio de fragmentos: de outras narrativas, lembradas e registradas em cassete, papel e câmera fotográfica. O diário, a fotografia, a gravação em áudio ou vídeo são todos fragmentos. Cada um, um registro parcial, perde algum aspecto da observação, da participação e da comunicação. Ao mesmo tempo são uma ferramenta mnemônica do antropólogo para reconstruir instantes significativos para compreensão do mundo que pesquisa.

O próprio diário nunca é escrito de maneira exatamente simultânea ao acontecimento, já contém uma medida de reconstrução, a partir da posição do etnógrafo, depende de uma habilidade de recriação literária do evento. A fotografia fixa um instante do olhar, não simplesmente uma reprodução mecânica da realidade, mas uma escolha de um momento construído – o tema, as circunstâncias, a atitude do fotógrafo e dos fotografados, o propósito da foto, – contém um diálogo implícito acerca de como ver e como ser visto, dependente da sedução do olhar. Há diferença também entre a foto planejada e o instantâneo que captura um momento de maneira mais casual. A gravação sonora, obviamente, perde todos os fatores não-verbais, não registra a forma como o ambiente afetava os outros sentidos que não a visão, deixa de lado todas as expressões faciais, gestos, olhares, que dão sentido ao enunciado. Depende de um comentário que contextualiza. Ao ser transformada em texto escrito, perde também a entonação e mesmo a configuração informal da linguagem falada. O gravador pode ser desligado para não registrar falas importantes, mas não destinadas a ouvidos indiscretos.

Por fim, a etnografia resulta de uma edição destes materiais e das reminiscências do etnógrafo, produzida após um deslocamento espaço-temporal. Literal e metaforicamente, é um diálogo sobre diálogos, freqüentemente destinado a outros interlocutores que não os que participaram do diálogo original no campo. E mesmo as interações no campo trazem, em alguns instantes, elementos de diálogo e polêmica implícita com os futuros leitores imaginários da etnografia. O texto não é resultado da livre expressão da imaginação criadora do etnógrafo. É escrito com base em um roteiro implícito, composto de convenções literárias e expectativas teóricas.

Em poucas palavras, a narrativa de um mestre taoísta e a etnografia sobre esta narrativa são colagens de natureza distinta. Narrar o taoísmo não é narrar o *Tao*, mas narrar como os taoístas narram as marcas no caminho que conduz ao indizível, inapreensível pela palavra e pela razão. Como um repertório de narrativas multivocais produz uma comunidade heterogênea de experiência, dotada de um vocabulário, uma cosmologia, um repertório de técnicas corporais, uma "ancestralidade" que remonta ao mesmo mestre, um mundo/estilo de vida, mas uma comunidade que não habita um mesmo espaço, a exemplo da noção de "aldeia" das etnografias clássicas. Etnografar esta narrativa em certa medida é fixá-la em texto, eternizar um instante, recortado no fluxo do tempo, algo que pode ser lembrado, refletido. Enquanto o método da antropologia tem sido até então baseado na fixação em um texto fechado, o método do mestre taoísta é ensinar a integrar-se a um fluxo existencial, aderir estrategicamente a seus ritmos, transmutar-se. O dilema desta tradução é, portanto, estar atento às conseqüências da escrita para que o deslizamento não seja fatal ao texto original, pela amputação de seus aspectos fundamentais.

Se forma e conteúdo constituem uma unidade, as trajetórias narrativas da etnografia e da transmissão taoísta são quase inconciliáveis. Em sua definição clássica, a etnografia inscreve uma realidade fixa em um recorte sincrônico. Esse posicionamento está fadado a uma necessidade de constante reatualização mediante novas etnografias. Como estudante de antropologia, li ainda, repetidas vezes, relatos sobre sociedades do início do século XX, apresentadas em sala de aula como se fossem um retrato fiel destes mesmos povos, mesmo após a passagem de várias décadas. Ao fixarmo-nos a um cânon supostamente atemporal de clássicos, ensinamos antropologia como se ignorássemos que os mundos ali descritos não existem mais, que novas pesquisas sobre os mesmos temas se fazem permanentemente necessárias. Embora a existência de clássicos constitua o corpo textual da disciplina, o risco de fossilização do cânon ameaça a sua própria relevância e, portanto, sua sobrevivência. Sem recriação e revisão constante, sem diálogo com outras disciplinas, a antropologia corre o risco de perder sua razão de ser neste momento complexo e extremamente acelerado da história do mundo contemporâneo.

Acredito que o modo de funcionamento da transmissão oral tem algo a nos ensinar sobre a relação entre o texto e a vida. O taoísmo produz um tipo de percepção do mundo e da vida como uma realidade relativa e fluida, em constante movimento de transformação. A fixação da fala e do texto vai de encontro à mutabilidade da vida. Assim, o texto clássico só permanece, mantendo sua inesgotabilidade, por seu caráter enigmático, poético, misterioso até, sempre sujeito à exegese da transmissão oral, por um mestre que corporifica a tradição pela prática e desta forma a adapta ao momento presente.

Talvez o problema seja atribuir ao texto científico o mesmo grau de duração que ao texto mitopoético. O discurso racional, por suas próprias exigências de debate e atualização, não pode aspirar à eternidade no mesmo sentido que uma obra literária.

- 6 -

MÍMESE:
poética do movimento

"... técnicas corporais não são tão inteiramente aprendidas de outros, quanto são descobertas por meio dos outros" (Blacking, 1977:4).

"O que as pessoas fazem é, freqüentemente, mais importante do que aquilo que dizem" (Hall, E., 1966:15).

"A natureza engendra semelhanças: basta pensar na mímica. Mas é o homem que tem a capacidade suprema de produzir semelhanças. Na verdade, talvez não haja nenhuma de suas funções superiores que não seja decisivamente co-determinada pela faculdade mimética" (Benjamin, 1985:108).

"As grandes atividades arquetípicas da sociedade humana são, desde o início, inteiramente marcadas pelo jogo" (Huizinga, 1980:7).

Como vimos, a ênfase na prática e no vivido, característica do taoísmo como estilo de espiritualidade, determina que sua definição de conhecimento fundamente-se na experiência corporificada (*embodied*) do mundo, mais do que no conhecimento intelectual formal ou na mera compreensão racional. Por isso, meu ponto de partida para compreender de que maneira o aprendizado do *Taiji* pode produzir uma reorientação existencial do praticante é a idéia da cultura como um "ambiente de movimento" constituído pelas técnicas corporais, de determinação da experiência do corpo próprio e da ação no mundo da vida. "O modo como nos movemos constitui uma parte de nosso passado e nosso futuro" (Novack, 1990:149).

A base do aprendizado é a comunicação silenciosa entre mestre e discípulo. Apesar do valor das palavras (sob a forma de ensinamento), é a atitude, o exemplo, a expressão prática e existencial da sabedoria, que constitui o eixo da experiência taoísta. O ideal chinês do ensino sem palavras depende da convivência com o mestre, do treinamento diário das técnicas, bem como do desenvolvimento de habilidades corporais perceptivo-motoras. Em um nível mais superficial, trata-se especialmente do refinamento da arte da semelhança, que permite que o discípulo reproduza a postura e o movimento do mestre, e que o mestre faça uma leitura visual e tátil da postura do discípulo, ajustando-a por demonstração, toque e instrução verbal. Em um nível mais profundo de envolvimento com a tradição, trata-se de incorporar literalmente uma filosofia – é um aprendizado sobre a vida. Esta atividade tão séria está, como a própria vida, emoldurada por sua dimensão poética, simultaneamente lúdica e mimética.

Chamarei de "poética do movimento" a qualidade estética que impregna a observação e a realização das práticas taoístas, mas também o campo textual poético em que se constrói a classificação dos movimentos. Trata-se de considerar prática corporal e classificação como campos intertextuais contíguos, irredutíveis um ao outro. Este é o campo em que se cruzam semelhanças sensíveis e extra-sensíveis, linguagem e experiência. Se considerarmos as afirmações de Marcel Granet (1997) acerca do caráter emblemático da linguagem chinesa, isto é, de que nela a expressão simultaneamente figura, provoca e realiza o pensamento, sendo parte de um sistema de atitudes que figura a ação civilizatória, assim, mais do que simples rótulos, os nomes e descrições poéticas dos exercícios seriam eficazes no sentido de evocar afetivamente imagens particulares e sugerir ações. O transplante da linhagem para o Brasil não parece ter enfraquecido esta tendência, que se conservou na tarefa da tradução dos nomes das técnicas, em que a adaptação ou criação de nomes dão uma pista da necessidade desta qualidade evocativa. Em alguns exercícios com nomes de animais, a tradução utilizou espécies, talvez equivalentes, mas não nativas da China. Por exemplo, a última forma da série de "Exercícios para a Flexibilização das Nove Dobras do Corpo" já foi chamada de "exercício da sucuri".[265] A sexta palma da seqüência curta do *Bagua Zhang* chama-se sugestivamente "o condor estende as asas". Por outro lado, as recriações convivem com a preocupação com a correta tradução dos nomes tradicionais a partir das anotações do mestre Liu Pai Lin, interesse demonstrado por L.

265. Nas aulas de *Taiji Quan* na Associação *Taiji* Pai Lin, durante o período de minha pesquisa de campo falava-se de " o giro da serpente". Contudo, o nome anterior aparece na apostila publicada pelo Instituto Pai Lin contendo a série de exercícios e continua a ser o nome utilizado por alguns praticantes mais antigos.

(entrevista de 7/10/1998), administrador da Associação, na revisão das primeiras traduções da escola, paralelamente ao do estabelecimento de uma forma padrão de *Taiji Quan*. Entretanto, a transmissão intercultural de uma tradição, assim como a tradução de um poema, proporciona uma abertura para novas evocações, pelo encontro com um outro horizonte.

Discuto a imaginação e a experiência estéticas associadas ao movimento e ao nome com base em apenas duas técnicas corporais taoístas que pertencem tradicionalmente ao domínio das artes marciais (ditas) internas: o *Taiji Quan* e o *Tui Sou*, considerando que sua prática tem elementos de *performance* e de jogo.

Mímesis

Um elemento-chave no tema da comunicação não-verbal é a noção benjaminiana de mímesis. No taoísmo, os infinitos desdobramentos das semelhanças entre macro e microcosmos tecem o próprio corpo do mundo, por meio de metáforas antropomórficas e cosmográficas. Ser humano e natureza engendram semelhanças, mas estas são em alguma medida resultado de uma educação da percepção. Lembremos que, para Merleau-Ponty, a percepção depende sempre de um campo ou contexto que aumenta ou diminui a ambigüidade, não sendo redutível por isso a meras impressões sensoriais abstratas em uma consciência passiva, pois envolve seleção e é inerentemente intersubjetiva (Strathern, A., 1996; Merleau-Ponty, 1996). Assim, "o funcionamento normal [da percepção] deve ser compreendido como um processo de integração em que o texto do mundo exterior é não recopiado, mas reconstituído" (Merleau-Ponty, 1996:31). Isto é, a percepção é um ato de dar sentido: "o próprio do percebido é admitir a ambigüidade, o 'movido', é deixar-se modelar por seu contexto" (idem:33).

Se a faculdade mimética é a capacidade humana de produzir semelhanças, ou:

> [...] a natureza que a cultura usa para criar uma segunda natureza, a faculdade de copiar, imitar, fazer modelos, explorar diferenças, ceder ao outro e tornar-se Outro [maiúscula no original]. (Taussig, 1993:XIII)

Se imitarmos para compreender por meio de nossos próprios corpos (Stoller, 1995), capturando assim o que é estranho, a mímesis é então o principal instrumento para o ideal taoísta de "integrar-se à natureza", bem como o eixo da continuidade da tradição. Em se tratando desta etnografia, a faculdade mimética está no cerne da questão da comunicação intercultural.

Mas, enquanto Benjamin (1985), ao discutir a faculdade mimética, ocupa-se das semelhanças extra-sensíveis na linguagem falada e escrita, ocupo-me do corpo, mais precisamente de suas posturas e movimentos, e do poder evocativo que seus nomes exercem sobre a imaginação. Assim, ele trabalha com a imagem da leitura, eu com a imagem da ação e da sensação como metáfora da compreensão. Tornar-se taoísta é aprender a habitar um ambiente de movimento, uma esfera cinestésica, e seguir um novo ritmo. O aprendizado das técnicas corporais tem implicações para a constituição global somatopsíquica (e espiritual) do praticante, insuspeitas à primeira vista.

A faculdade mimética consiste em tornar-se Outro. Para aprender o Caminho (*Tao*), é preciso praticar uma dupla mímese, imitando em primeiro lugar o mestre, como modelo das técnicas e atitudes existenciais taoístas e, seguindo seu exemplo, aprender a imitar a natureza para, desta forma, integrar-se a seus ritmos. Essa imitação não é uma simples repetição mecânica, mas uma recriação do outro em si mesmo e de si mesmo por intermédio do outro, pela constante remodelagem dos padrões corporais habituais:

> Mudar um corpo de hábitos, físicos ou culturais, nunca pode ser uma questão de pensamento positivo e tentativa; depende de aprender e de praticar novas técnicas (Jackson, 1989:119).

Se o passado se acha inscrito no corpo pela memória-hábito e é rememorado pela *performance* (Connerton apud Stoller, 1995), a própria prática corporal é um dispositivo de memória cultural figurativa, complementada pelos nomes poéticos.

O Território Lúdico

Além de mobilizar a faculdade mimética, como meio de apropriação seletiva de atributos daquilo que é imitado, as artes marciais também contêm um elemento lúdico inseparável, atividade prazerosa, criadora e não-utilitária. Longe de serem aspectos contraditórios, a mímese e o lúdico se complementam como resultado da atividade corpórea da imaginação. Benjamin (1985) oferece a pista para a ligação entre o lúdico e a mímese: a própria brincadeira infantil é a escola da faculdade mimética.

O *Taiji Quan* não é unicamente um jogo. Seria mais apropriado dizer que é constituído por elementos lúdico-estéticos, bem como filosóficos, terapêuticos etc. Por outro lado, de acordo com Victor Turner (1982), a separação da dimensão lúdica, como uma esfera à parte da vida social, é uma criação do mundo urbano pós-industrial, no qual faz sentido pensar o lazer como um complemento do trabalho, um tempo de liberdade dos ritmos institucionais forçados, para gerar novos mundos simbólicos e transcender as limitações da estrutura social. Na maioria das sociedades, o trabalho – em suas dimensões sagrada e profana – tem também aspectos de jogo. Mito e rito são, ao mesmo tempo, trabalho e brincadeira, são sérios e lúdicos (Turner, V., 1982; Huizinga, 1980). Isso vale para o contexto cultural que gerou o *Taiji Quan*. Turner (1982) argumenta que, em virtude deste aspecto lúdico, em determinadas condições culturais, isto é, em situações antiestruturais – tanto liminares como liminóides –, elementos de novidade podem ser introduzidos no repertório da tradição, já que estas situações se caracterizam por seu caráter crítico, reflexivo e de atividade criativa. Na versão do taoísmo que estou tratando, o elemento conservativo tradicional que se expressa em noções como a de "transmissão verdadeira" convive com a possibilidade de mudanças por se tratar de uma "tradição viva".

Por um lado, práticas como a do *Taiji* podem ser entendidas, no mundo urbano, como uma forma de lazer, para um certo tipo de praticante, mas também como trabalho, da perspectiva de seus instrutores. Por outro lado, para aqueles que as consideram um "caminho de vida", essa oposição simplesmente não faz sentido. As metáforas que estão em jogo neste contexto fazem reverberar a dimensão cósmica da prática, de modo que talvez seu sabor pudesse ser comparado com o da noção hindu de jogo cósmico (*lila*) (Turner, V., 1982), da existência como atividade lúdica da consciência.

Segundo o texto clássico de Huizinga (1980), o *Taiji Quan* pode ser considerado como jogo (*play*). O autor lista as seguintes características formais do jogo: a) atividade voluntária, livre e absorvente, uma esfera própria de atividade; b) ação desinteressada (no sentido de destituída de finalidade pragmática externa); c) dotada de lugar e duração próprios, caráter extraordinário, tradição; d) "ele cria ordem e *é* ordem" (Huizinga, 1980:13), cria perfeição temporária e limitada, tem tendência a ser belo, é regido por regras, instaura uma comunidade de jogadores. Todas essas qualidades podem ser atribuídas ao *Taiji*. Como já indiquei, sua prática é dotada de uma estrutura cronotópica (para empregar um termo caro a Bakhtin), delimitada por molduras que definem a situação de *performance* e seus princípios ético-cinéticos funcionam como se fossem "regras".

Huizinga afirma ainda que o jogo (*play*) desempenha duas funções: "uma luta *por* alguma coisa ou a representação *de* alguma coisa" (idem:16). Ou seja, uma disputa ou a imaginação em ação. A dimensão imaginativa está presente na mímese de elementos mais abstratos (como princípios filosóficos) ou mais concretos (imagens da natureza). Embora a competição seja contrária às, por assim dizer, virtudes taoístas, ela está presente sob uma forma de confronto amigável, no contexto da arte marcial, mais especificamente, do *Tui Sou*. Com maior precisão, no *Tui Sou* o que está em jogo é o teste da capacidade do praticante de esvaziar-se e escutar o outro. É uma habilidade que expressa um estado de consciência pela ação e não pode ser falseada no contexto da prática por uma simples razão: quem não está vazio não escuta, faz força desnecessária, desconecta-se do movimento do parceiro.

Em um sentido mais amplo, porém, existe uma relação entre a simbólica da guerra e a dimensão lúdica: "toda luta submetida a regras [...] apresenta as características formais do jogo" (Huizinga, 1980:101). Este tipo de guerra-jogo pressupõe antagonistas iguais ou com direitos iguais, impondo limitações ao uso da violência (idem). O *Taiji Quan*, por pertencer ao campo da arte chinesa da guerra, traz em si um lastro histórico que lhe remete a uma verdadeira "tradição de autodefesa, dedicada a instaurar a 'grande paz' (*tai ping*) pela força guerreira" (Despeux, 1994:7).

Tui Sou

Na prática do *Daogong Quan*, como o mestre Liu Pai Lin se refere a seu estilo no fragmento abaixo, a dimensão marcial é menos do que secundária com relação aos ideais de "cultivo da vida" e despertar da espiritualidade:

> Na verdade, a união de *Yin* e *Yang* é o *Tao* e *Daogong Quan* é o próprio *Taiji Quan*. O que ressalta é que o *Daogong* visa mais ao cultivo do corpo e à realização do Espírito no Grande *Tao*. Por isso, não se objetiva um inimigo imaginário, diferentemente de outras formas de *Taiji*, que visam à arte marcial, ao *Tui Sou*, às apresentações, disputas e competições. No *Daogong Quan* utilizam-se as cinco energias das mãos para se interagir com as da Natureza, com a finalidade de tonificar a si próprio. (Liu Pai Lin, s/d: apostila 3)

Pela própria orientação deste estilo, o aspecto marcial já era considerado uma parte menor da prática. Mas, além disso, como o próprio mestre – o principal modelo de conduta para os praticantes – foi concentrando-se cada vez mais nos aspectos medicinais e contemplativos das técnicas taoístas à medida que envelhecia, o ocultamento da arte da guerra foi se tornando cada vez mais intenso, com o risco da desaparição do ensino do aspecto marcial nesta escola.

Porém, a base das técnicas traz em si o idioma da guerra em sua constituição. Os estilos *Chen*, *Yang* e *Wu*, atualmente os mais praticados mundialmente, possuem elaborados sistemas de técnica marcial e cada movimento da seqüência tem um leque de aplicações potenciais em uma situação de combate. Ainda assim, muitos de seus praticantes estão mais interessados em seus benefícios para a saúde. Se, por um lado, a guerra contra um adversário é cada vez menos central, a simbólica da guerra permanece implicitamente na prática da seqüência, e em seu sentido existencial, como luta contra as forças destrutivas da natureza e da psiquê, responsáveis pela doença, o envelhecimento e a morte.

O *Tui Sou* ("mãos que empurram") é o treinamento para aplicação marcial do *Taiji*. Consiste em exercícios a dois em que os praticantes executam movimentos combinados de expansão e recolhimento, ataque e defesa, com os pés fixos no mesmo lugar ou deslocando-se. Este estilo contém um repertório de técnicas específicas: 1) *Ni Wen*, formas básicas em que os praticantes utilizam apenas um braço, coordenando seu movimento circular horizontal ou vertical ao giro da cintura e à postura do pulso. 2) "Quatro Cantos", formas em que os praticantes utilizam simultaneamente seus dois braços, alternando coordenadamente os quatro primeiros movimentos básicos do *Taiji Quan*: aparar (*peng*), desviar (*lü*), pressionar (*ji*) e empurrar (*an*). Há uma forma com a postura fixa, e outras com passos para frente e para trás ou em círculo. 3) O "Grande Desviar" (*Ta Lü*), combinação dos outros quatro movimentos básicos: um dos praticantes utiliza puxar (*cai*) e depois quebrar (*lie*), o outro se defende com golpe de cotovelo (*zhou*) e golpe de ombro (*kao*). Os deslocamentos são feitos nas diagonais. 4) Treino livre, os praticantes mantêm contato e brincam com a aplicação das técnicas anteriores para fazer com que o oponente saia do espaço delimitado para a prática. A linhagem possui um estilo próprio de realização destas técnicas clássicas, ao mesmo tempo similar e distinto dos estilos mais difundidos, que tive oportunidade de praticar em algumas aulas do professor A.L.. Mas, em geral, é mais freqüente a prática de algumas formas de giro da cintura, individualmente, eficientes como treino de *qigong*, mas insuficientes em si mesmas como treino de *Tui Sou* por não treinarem a escuta do outro.

O *Tui Sou* é um aspecto da prática em considerável desuso no circuito mais institucional e público da escola,[266] reflexo tanto de uma tendência inter-

---

266. No período entre 1998 e 99, havia apenas uma turma noturna no Instituto Pai Lin, nas quartas-feiras, destinada exclusivamente ao ensino desta técnica, com o professor C.. Na Associação, apenas a turma de "Aperfeiçoamento do *Taiji Quan*", com o professor L., praticava eventualmente a técnica.

nacional de abandono ao aspecto marcial do *Taiji* em razão do predomínio do público de meia idade quanto da própria biografia do mestre Liu Pai Lin. Mas a técnica ainda é praticada, sobretudo por alguns discípulos mais antigos, com maior tempo de prática, principalmente os que freqüentam, no parque Ibirapuera, o treino do professor A.L., o primeiro discípulo do mestre e o especialista do grupo nesta técnica.[267]

Entre os discípulos desta linhagem taoísta, o valor deste treinamento está sujeito a debate. No primeiro fragmento abaixo, A., professor de *Taiji Quan*, ator e músico, desenvolve a interpretação mais positiva desta técnica.

Por um lado, é uma maneira lúdica de trabalhar a agressividade:

> O *Taiji* tem dois aspectos: [...] você pode encarar aquele movimento como uma arte marcial mesmo, golpes mesmo, ou um aspecto energético, situações em que trabalha os meridianos, as articulações, outras possibilidades. São duas abordagens igualmente válidas. É o *Quan* [punho], do *Taiji Quan*, que dá o aspecto marcial [...]. E o *Tui Sou* trabalha isso diretamente a dois. Ele é muito bom porque desenvolve o contato, o físico, a percepção da força do outro. Você é meio que posto em cheque: o outro está te empurrando e você tem que ceder, desviar. [...] O *Tui Sou*, também, algumas pessoas dizem que talvez desenvolva a agressividade, mas não é bem assim. O mestre costuma falar uma coisa bem bonita: "você tem que encarar o *Tui Sou* não como uma luta, mas como um namoro, uma troca de energia. Em vez de empurrar você manda energia. Em vez de você se desviar você recebe essa energia e transforma."[268] Porque, encarado dessa forma, o *Tui Sou* fica mais leve, gracioso e bom para praticar com amigos.[269] [...] Bom, porque você começa a trabalhar

267. A.H. (entrevista de 06/05/1999) parece indicar que desde o início da escola, pelo menos a partir da Missão Católica Chinesa, A.L. já era o praticante mais experiente e responsável pelo ensino do *Tui Sou*, embora umas poucas pessoas tenham aprendido diretamente com o mestre.A tese de doutorado de Hemsi (2000) menciona que A.L. continua a ensinar *Tui Sou* como parte do *Taiji Quan* também em seus cursos em Santos, cidade onde reside.

268. I.B faz uma afirmativa bastante semelhante: "O mestre uma vez [...] me viu praticando e falou que eu devia fazer o *Tui Sou* como uma parte lúdica do *Taiji* [...] a dois, brincando, solto" (11/10/1998).

269. A transmissão de Yang Chengfu (1974 in Wile, 1984:149) também enfatiza o espírito lúdico da prática das aplicações e insiste em sua importância para o aprendizado do *Taiji Quan*: "Aprender as aplicações de autodefesa é indispensável ao *Taiji Quan*. Estudantes que estão interessados principalmente no exercício devem também estudar as aplicações. Se não o fizerem, [o exercício] torna-se muito enfadonho e a maioria desistirá. De fato, ignorar as aplicações é também um obstáculo a fazer progresso no fortalecimento do corpo. [...] O propósito de dominar as aplicações de autodefesa não é oprimir as pessoas, mas estudar os maravilhosos princípios com amigos. Você ataca e eu neutralizo, eu ataco e você responde.

realmente com sua agressividade. Começa a sentir se você realmente está vazio ou não está. Se está girando pouco a cintura ou se gira mais, se está muito rígido. Então você começa a trabalhar isso, dentro do aspecto psicológico. A gente brinca lá, quando se faz as formas básicas (o *Ni Wen*), são formas de giros da cintura, postura do punho (29/09/1998).

Por outro lado, é uma maneira concreta de avaliar a capacidade de um praticante de esvaziar e estar vazio, resultado de seu treinamento interior.

Mas o grande treino para o *Tui Sou* são exatamente os treinos de serenidade: é a respiração da raiz [...] abraço da árvore, "Postura da Árvore" (29/09/1998).

Neste sentido, o ponto de vista de A.H. é complementar ao de A.:

A.H.: "Acho que o mestre sempre teve essa linha de treinamento interior. [...] Mas o treinamento marcial na verdade tinha que ser um retorno do treinamento interior da pessoa. No *Taiji*, o treinamento marcial é tão suave que praticamente é só o treinamento interno, só a energia interna que está circulando. Não está tendo nada de muito acrobático; ao contrário, é muito simples o treinamento marcial. Então, deveria ser uma prova da parte interna da pessoa, uma capacidade do treinamento marcial. Eu acho que é. Isso não deveria ser abandonado, não. Senão, como é que a pessoa vai saber que está com o treinamento?" (6/5/1999).

Esse posicionamento é semelhante ao de A.M., neste comentário logo após ter me narrado uma história que associa o *Tui Sou* a um movimento da seqüência chamado "Acompanhar a Cauda do Pássaro":[270]

A.M.: "Você vê que o *Tui Sou* é tão sutil, e tão sutil na sua proposta mesmo [...], ele exige da pessoa nada menos do que a iluminação para ser feito direito. Enquanto você não está nesse grau de Vazio, você vai ser bruto, vai ser exagerado, vai ser agressivo, ou vai ser duro. Quer dizer, esses defeitos, dentro de si, saltam aos olhos, do outro e dos teus, na hora que você está aberto. É um desafio tremendo fazer *Tui Sou*; é uma coisa muito forte, muito poderosa. Aí tem a questão da meditação também, que o A.L. tinha comentado nas aulas dele. Se você treina mais internamente, medita mais, você fica naturalmente mais vazio, mais receptivo. Vai facilmente sentir o que a outra pessoa está fazendo e entrar no movimento dela. Ele comentou que ele percebe isso claramente. Por exemplo, fazendo isso com os diferentes alunos que treinam com ele lá, ele sabe quanto cada um medita, ou quanto cada um está avançando nessa direção. Por quê? Porque

---

E continua a fluir, sem fim. Todo tipo de mudança pode ocorrer sem esgotar as possibilidades. Se percebemos que há variações infinitas no *Taiji Quan*, com mãos dançantes e pés que dão passos, então o interesse crescerá diariamente. Com a prática ao longo dos anos, esta alegria contínua e inesquecível fortalece o corpo intensamente".

270. Que citarei a seguir ao abordar o *Taiji Quan* de 37 Movimentos.

ele percebe quanto as pessoas são capazes ou não de entrar no que ele está propondo [durante o treino a dois], onde ficam vazios. Então, se a pessoa é muito vazia, resultado, cola na mão dele, como ele é muito vazio, rapidamente o movimento fica absolutamente fluido. Por exemplo, os 'Quatro Cantos' é uma coisa que fica automática na hora que você já conhece; se os dois estão numa atitude vazia, ele flui de tal maneira, que você não sabe quando acaba o movimento, quando começa o do outro, quando você está com a intenção, quando o outro está com a intenção" (08/10/1998).

Mas apesar da ênfase no treinamento interior, a forma também tem um valor intrínseco:

A.: "[...] a forma do *Taiji* a gente costuma dizer que não é importante, comparado com os treinos de serenidade que resgatam a saúde, que conectam espiritualmente. Mas a forma também é importante, ela [só] não é tão importante se olhar neste aspecto. [...] ela tem torções específicas, tem um trabalho válido que faz a energia fluir com harmonia, e ela foi, vamos dizer assim, composta, em termos musicais, [...] pelo mestre. [...] Tudo tem um porquê. Quando você faz uma posição fora da base ou com o cotovelo muito levantado, a forma está errada, porque a energia não flui corretamente. Então é importante que você tenha um trabalho de forma. [...] como ela é mais difícil de você realmente compreender, absorver e praticar com verdade, então a gente dedica muito tempo nestes treinos interiores que são mais simples e que são muito eficientes, mas vai caminhando para a forma" (29/09/1998).

O treinamento interior, portanto, é a base da prática marcial, baseada na sensibilidade, na sincronização estratégica com o ritmo do outro, mais do que na força. Além disso, a serenidade é o elemento regulador da agressividade. Acidentes de treinamento, pequenas lesões – comuns na prática de artes marciais, pelo menos de acordo com minha experiência pessoal –, são atribuídos à falta de treinamento, de relaxamento e de serenidade:

I.B.: "Então tem essa coisa que [se] a gente não tem domínio do movimento, energia, que você pode machucar o outro, [ou] o outro acaba te machucando, sabe" (11/10/1998).

A interpretação taoísta do aspecto lúdico inclui a brincadeira, mas não a competição, contraditória com o ideal taoísta de serenidade e espírito de não-ação:

A.M.: "O mestre não tem colocado muita ênfase no *Tui Sou*, porque ele diz o seguinte: o *Tui Sou* dá margem a que as pessoas, digamos assim, ponham para fora aquele lado agressivo delas. Então, muita gente traz para o *Taiji* um ranço de competição e agressão, definição de força ou de destreza agressiva, [...] que não tem nada a ver com os princípios taoístas. [...] Para isso não tomar uma direção nefasta, do ponto de vista mais elevado da filosofia do *Tao*, o professor tem

> que estar muito alerta, tem que ter muita clareza dessas questões, para que ele não [...] alimente esses lados negativos ou inferiores [...] dos alunos. Por exemplo, quando o mestre [...] ensinou o A.L., você percebe que ele ensinou essa visão assim muito fundo mesmo. [...]
>
> "Então A.L. é o cara que aprendeu esses princípios bem profundamente, e ele passa isso quando ele ensina, quando ele comenta. [...] Para mim, [...] quando comecei a aproveitar as poucas oportunidades que tinha de treinar, quando A.L. aparecia lá na igreja de vez em quando, ou no Instituto da Vila Mariana de vez em quando, a grande coisa do *Tui Sou* era entender os movimentos do *Taiji* a fundo, que são movimentos aplicáveis. Se você não aplica, você tende naturalmente a exagerar num aspecto ou no outro, porque você não sabe como é que ele seria. Você perde uma referência real dele. [...] O *Tui Sou* dá isso, quer dizer, a medida dos movimentos, a lógica do movimento. Para um professor é muito importante, porque você afina os seus movimentos, você não vai exagerar nada, você não vai transformar em outra coisa. [...] Você vai ficar muito mais redondo, mais enxuto, mais preciso.
>
> "A outra coisa que o *Tui Sou* dá é [...] o lado [...] de auto-conhecimento mesmo, porque qualquer coisa que você traga de bagagem de vida se revela, uma hora, com a outra pessoa. Por exemplo, se você fica bravo com facilidade, ou se entusiasma com a possibilidade de agredir alguém, ganhar, tirar alguém da base, aí você vai esquentando. Então o movimento sai do ritmo, vai ficando rápido, ou você põe muita força, ou você perde a sensibilidade para ouvir a intenção da outra pessoa. Feito como deve, o *Tui Sou* é extremamente delicado. O mestre fala que você tem que encostar os pulsos, porque o pulso, que é o que ele usa para examinar os pacientes, revela tudo. Então você pode sentir a intenção da outra pessoa" (8/10/1998).

Fundamentalmente, o principal valor do *Tui Sou* é a combinação da habilidade marcial e do aspecto lúdico como um meio de educação pelo refinamento da sensibilidade psicofísica. Durante a prática, os dois parceiros devem se mover como uma unidade, devem formar um *Taiji*. *Tui Sou* é uma espécie de arte dialógica: o praticante desenvolve a capacidade de "escutar" o seu parceiro por meio do contato com uma pequena superfície do corpo do outro. Em geral, durante os exercícios, a superfície de contato está na maior parte do tempo nos pulsos. Um mestre da técnica deve ser capaz de perceber a postura, atitude, intenção, direção e tônus muscular do outro, podendo assim responder aos enunciados do corpo, "escolhendo" entre desviar, neutralizar ou desequilibrar.[271] O treino se constitui como uma experiência prática da

---

271. Nota do diário de campo de 26/09/1998, referente à observação da aula do professor A.L. e seus comentários sobre a prática.

noção bakhtiniana de cadeia dialógica, em que cada movimento é um enunciado que responde a um enunciado anterior. É uma atividade lúdica baseada no diálogo do corpo em movimento. O jogo consiste em praticar a arte de formular um enunciado motor da forma mais sutil possível e escutar com a maior sensibilidade possível. O interessante é que essa prática corporal tem efeitos concretos sobre outras esferas da vida, ao ensinar um modo de interação intersubjetiva. A prática do *Aikido* apresenta implicações semelhantes, o treinamento diário corporal, não-verbal, ensina princípios transponíveis para outros domínios da vida (Levine, 1995).

Taiji Quan de 37 Movimentos

Na medida em que o material a seguir não será acompanhado da correspondente e necessária amostra visual dos movimentos, reduzirei a discussão sobre a seqüência apenas aos primeiros três movimentos. Para apresentar este fragmento inicial da seqüência de 37 movimentos do *Taiji* Pai Lin, partirei da noção nativa de movimento como unidade mínima constitutiva de um encadeamento. Um movimento difere de um simples gesto no sentido cotidiano, designa uma unidade cinemático-imagético-semântica de extensão e duração variáveis, formada pela associação entre o sentido de sua aplicação marcial, isto é, o que significa do ponto de vista motor, e seu nome, simultaneamente classificação e evocação. Na medida em que nas técnicas taoístas de arte marcial a movimentação do corpo é idealmente encadeada sem interrupções, é difícil saber exatamente onde termina um movimento para começar outro. A idéia de movimento como unidade constitutiva das seqüências implica um recorte relativamente arbitrário em um contínuo, possivelmente com função didático-mnemônica. Além disso, às vezes, no interior de uma unidade reconhecida, há outras subdivisões. A superposição entre uma expressão poética e um conjunto de gestos estabelece uma relação de similitude semântica, de dupla evocação, a tal ponto que fica difícil decidir se são dois textos contíguos ou um texto constituído por formas de expressão verbais e cinestésicas. Os nomes podem ser divididos em duas categorias: 1) descrição artística, algo do gesto evoca uma imagem poética ou uma narrativa; 2) descrição técnica, da aplicação marcial. Embora não haja sempre os dois tipos de nomes para um mesmo movimento, os nomes poéticos por vezes incluem uma série que pode ser decomposta em termos mais didático-descritivos.

Na forma de 37 movimentos, também os nomes baseiam-se na transmissão do mestre Liu Pai Lin, quer dizer, na tradução de suas anotações em chinês, contendo os nomes tradicionais.[272] Assim como as técnicas de movimento, contudo, não há interpretações unânimes, e a diversidade de versões – divergências entre o vídeo didático para ensino da seqüência (Futema & Yakhni, 1987) e as versões dos vários professores – caracteriza o que os taoístas chamam de "tradição viva". A tradução apresenta dificuldades pela própria distância mental e estrutural entre os dois idiomas. Sofreu ajustes mesmo em suas formas mais oficiais, desde a fundação da escola até o dia de hoje, em alguns casos possuindo variações.

No território da faculdade mimética, os movimentos de animais[273] estão relacionados, como nos *asanas* do *Yoga* indiano, a uma apropriação seletiva de certos atributos mais do que uma imitação literal, uma "transformação em animal". Evitei deliberadamente a interpretação da técnica como magia imitativa, conceito de Frazer utilizado por Taussig (1993) na análise de imagens do homem branco criadas por xamãs Cuna.

No caso do *Taiji Quan*, a mímese é muito mais abstrata do que em alguns outros estilos de arte marcial chinesa pertencentes à chamada escola externa (*Waijia*), que desenvolveram um elaborado sistema de técnicas baseadas em uma imitação comparativamente mais literal dos animais. Cada um desses estilos define-se por uma forma específica de utilizar as mãos,[274] os braços e as pernas como armas, por um tipo de olhar, por diferentes qualidades predominantes de movimento e pela associação a um dos grandes esquemas de classificação da civilização chinesa, tais como os cinco elementos, os

---

272. L., comunicação pessoal. Vários nomes são de fato bem parecidos com os dos movimentos equivalentes em outros estilos.

273. Tais como: "A Cegonha Recua e Estende as Asas" (também conhecida por "O Grou Branco Estende as Asas") [movimento de abertura dos braços, como se fossem as asas de uma ave de grande porte]; "Galo Dourado em um Pé só" (ou "Faisão Dourado") [postura de equilíbrio antecedendo um chute frontal]; "Recuar e Repelir o Macaco" (ou como diria o professor L. "Recuar e Repelir como um Macaco"); "Cavalo Selvagem Lança a Crina" [movimento de recolhimento seguido de giro de corpo e da cabeça, expansão do braço e passo diagonal posicionando uma perna atrás do adversário, no intuito de derrubá-lo pela pressão simultânea do braço e da perna, formando uma alavanca].

274. Por exemplo, as mãos podem ser usadas como garras de tigre, leopardo, dragão ou águia, como asas de águia ou de grou, como cabeça de cegonha, como bico de fênix ou de pato, como pinças de louva-a-deus, como língua de serpente etc., em conformidade com a maneira de um determinado animal utilizar suas armas naturais.

oito trigramas ou a polaridade *Yin/Yang*. É importante perceber que determinados animais foram selecionados por suas qualidades físicas ou simbólicas. Além disso, certos aspectos são apropriados de um certo animal com um determinado fim; não se trata de uma simples imitação, mas de uma forma de apoderamento – pela apropriação dos poderes da natureza – e de conhecer o outro pelo corpo, mediante uma absorção seletiva de alguns de seus atributos. Já na perspectiva marcial há um repertório comum de estruturas de movimento e de suas finalidades, com pequenas alterações de forma e qualidade. Há estilos em que a presença dos animais é rara, outros que combinam vários animais e ainda aqueles que se especializaram no conjunto de técnicas de apenas um animal.

Há também metáforas provenientes do mundo humano, remetendo ao mundo "da repetição do trabalho manual [...] na medida em que aquela representação leve aos benefícios da repetição como um exercício" (L., entrevista, 07/10/1998), em movimentos como "Tocar o Alaúde (*piba*) e Girar a Moenda", ou "Moça Graciosa Trabalha na Laçadeira".

Algumas posturas sintetizam princípios filosóficos taoístas, operantes igualmente na natureza e no ser humano, de modo que, por sua prática literalmente se *incorpora* estes mesmos princípios. L. (7/10/98, notas de campo) fez uma interessante interpretação dos três nomes de um mesmo exercício: "Abraço da Árvore", posição semelhante à assumida ao se abraçar uma árvore; "Abraço do Universo", porque sintetiza os princípios de circularidade, alternância e união dos aspectos complementares; ou "Postura da Árvore", pois o praticante, como uma árvore, está firmemente enraizado na terra e com a metade superior do corpo leve e relaxada, tal qual a copa de uma árvore conectada ao céu. Todos estes são nomes para um mesmo exercício meditativo realizado em pé, o movimento inicial da seqüência de *Taiji Quan* pertencente à linhagem. É a incorporação dos princípios que permite a espontaneidade da forma e sua eficácia tanto terapêutica quanto marcial. Sem os princípios a forma é vazia, inútil, ou, como me repetiram, nas palavras do mestre, "um *Taiji* sem olho, que não contém a união e possibilidade de mutação do Y*in* e do *Yang*". As práticas são simultaneamente uma aplicação de regras cósmicas ao movimento, ou uma expressão pessoal dos princípios que regem o movimento da natureza. Seus padrões cinéticos estão estruturados, em particular, com base na simbólica do Centro e do Eixo (extensamente tratada na obra de Eliade, s/d a, s/d b, 1983, 1991). A seqüência inicia-se pela criação do eixo interior por meio da intenção, formando um *Taiji* no centro gravitacional do praticante. Esta deve ser a origem de todos os movimentos da seqüência, executados com o giro da cintura e da alternância do peso de uma perna para outra e da intenção de um lado para outro, expressando-se por meio dos pés, das mãos, dos cotovelos e dos ombros. O deslocamento no espaço obedece à lógica da orientação dos pontos cardeais, baseada no diagrama do *Bagua*. O encadeamento deve ser circular, terminando no exato local em que começou.

As considerações a seguir, acerca da seqüência curta, visam dar ao leitor algo do sabor deste estilo de *Taiji Quan*, mas certamente não serão suficientes para iniciar-se na prática. São resultado de entrevistas, comentários, material didático produzido pela escola – especialmente a apostila organizada por L.L., baseada no ensinamento do mestre Liu Pai Lin, em 1981 – e minha própria prática deste estilo desde 1998. O trabalho de campo indicou significativa variabilidade no cânon da seqüência, em virtude do caráter dinâmico de um ensinamento vivo, da existência de diversas versões/interpretações para os mesmos movimentos e da adaptação destes a diversos tipos corporais e modos de expressão.[275] Um problema suplementar na tentativa de identificar os 37 movimentos isoladamente é que nem sempre o material didático escrito concorda exatamente com a transmissão oral das aulas em suas classificações, especialmente a respeito do ponto exato em que começa ou termina um determinado movimento. Afinal, na prática, a seqüência é um contínuo e não um aglomerado de fragmentos. Portanto, é possível que este meu esforço tentativo não concorde universalmente com as formas mais canônicas pelas quais o assunto vem sendo tratado no interior da própria linhagem.

Em caráter ilustrativo, segue a descrição de alguns movimentos iniciais, mas que contêm os princípios fundamentais que se expressam ao longo da totalidade da seqüência. Enfatizo a presença de variações na execução correta, referidas à categoria nativa "estilo". Como parte de uma tradição viva, a técnica está sujeita a mudanças e inovações.

---

275. Documentada em minha tese de doutorado por meio de fotografias de todos os movimentos da seqüência de 37 movimentos, realizadas com a cooperação de vários professores de São Paulo: S.Y, movimentos 1, 5-6, 14-15.2; L., movimentos 2, 13, 15.3-18; J.C., movimentos 3, 4, 19; L.H., movimentos 7-10; Y., movimento 12; R.F., movimentos 20-26; S.R., movimentos 27-30; I.B. movimentos 31-37. Remeto ao vídeo didático que apresenta a seqüência completa (Futemma & Yakhni, 1987), por ser o documento oficial da escola a apresentar a técnica sob a forma de imagem em movimento. Mais recentemente, em 2006, mestre Liu Chih Ming produziu um DVD com antigos registros em vídeo da execução das formas do *Taiji* e do *Bagua* por ele e seu pai, mestre Liu Pai Lin.

1) Início:

a. NASCIMENTO DO TAIJI: a seqüência se inicia com a "Postura do Vazio" (Wuji), seguida pela " Preparação Interior", isto é, "a descida interna" da energia *Yang* do *Lin Tai* pelo eixo vertical interno, para se reunir à energia *Yin* do *Yin Qiao* e formar o *Taiji* microcósmico na região da raiz.[276] Do ponto de vista aparente, o que se observa é apenas o praticante de pé, com a coluna alinhada e os joelhos levemente flexionados.

b. POSTURA DO UNIVERSO: o "Abraço da Árvore", as pernas afastadas na largura dos ombros, os braços erguidos de maneira circular, com os dedos médios de cada mão se tocando em frente ao centro do peito. Seguido de um movimento de ascensão das palmas voltadas para cima (*Yang*), outro de descida com as palmas voltadas para baixo (*Yin*), e a reunião no umbigo: "União dos Três Tesouros" (ou o "Abraço do *Taiji*"). [Incluir esta postura é uma das características típicas desta linhagem. Outras escolas utilizam a postura apenas para meditação em pé.]

c. MANIFESTAÇÃO DO TAIJI: juntamente com o último gesto do movimento anterior, remetem às cinco energias: o centro (terra), descer (água), subir (fogo), contrair (metal), expandir (madeira). Pousar ("Postura da Raposa", de acordo com a tradição esta posição inspirou-se na observação de raposas captando a energia da lua cheia).[277] Alternância *Yin-Yang:* peso na perna esquerda, intenção na mão direita; peso na perna direita, intenção na mão esquerda. "Rolar o *Taiji*": o mesmo movimento acrescido do giro de cintura, realizando três ciclos.

d. ABRIR O PASSO E SUSPENDER A MÃO: o peso é transferido para o pé esquerdo, permitindo o ajuste do pé direito, o corpo recolhe para a direita antes de abrir o passo avançando com o lado esquerdo.

O início contém todos os princípios básicos da seqüência: verticalidade do eixo, esvaziamento da mente, atenção no *tantien*, alternância entre "cheio" (a perna que suporta a maior parte do peso ou a mão oposta, que expressa a intenção) e "vazio", o giro da cintura determinando todo o movimento do corpo.

---

276. Explicando este processo de forma mais precisa, é o *Yin* contido no *Yang* que desce, e o *Yang* contido no *Yin* que sobe, para se reunirem na região da origem fetal.

277. De acordo com J.C., em sua entrevista de 06/10/1998, o próprio mestre Liu já teria visto uma raposa nesta posição.

2) Acompanhar a Cauda do Pássaro – à Direita e à Esquerda: o deslocamento segue para o lado direito, com relação à direção da posição inicial. Contém os quatro movimentos básicos que compõem os “Quatro Cantos” na prática do *Tui Sou*: aparar (*peng*), desviar (*lü*), pressionar (*ji*) e empurrar (*an*), mais o movimento intitulado “Desenhar o Símbolo do *Taiji*”, que é uma repetição dos mesmos quatro movimentos com uma amplitude mais reduzida. Cada um destes movimentos, por suas características, está associado a um trigrama:

> **A.M.**: “1) O movimento do aparar [*peng*] [...] vem de baixo para cima e de trás para frente, [...] é [...] duplamente afirmativo. Avança. [...] trás e frente no *Taiji* sempre pressupõem a outra pessoa que estaria na tua frente, adversário virtual. Esse movimento do aparar [...] é o trigrama do Céu [*Ch'ien*]. 2) O movimento oposto, [...] desviar [*lü*], [...] vem de cima para baixo e da frente para trás, é a Terra [*K'un*], que você está todo *Yin*, quer dizer, você só recua, você só esvazia. Então aí a outra pessoa fica como um vazio na frente dela e é isso que desarma o *Yang* dela, o aparar dela, ou o que quer que ela esteja fazendo. 3) Depois vem o pressionar [*ji*]. Você tem o *Yang* aqui, [...] que é o braço forte, e outro *Yang* que se soma e aí você tem dois *Yangs* unidos que ficam com um buraco no meio, então esse aqui é o fogo, você tem *Yang*, *Yang* e *Yin* no meio [formando o trigrama do Fogo, *Li*]. É a estrutura do trigrama e é a própria lógica construtiva dele. O *Yang* é o braço e o *Yin* Central é esse espaço aqui [A.M.demonstra a postura, o antebraço direito na horizontal na frente do corpo, com a mão esquerda a apoiando a mão direita]. 4) [...] A Água [*K'an*] é o *Yin* por fora, dois *Yins* por fora e o *Yang* escondido no meio. A Água é o empurrar [*an*], porque você cede e aí você empurra. Primeiro você recua ligeiramente, [...] para ganhar espaço, como se fosse ganhar uma abertura mesmo, um espaço para poder empurrar. E ao mesmo tempo que você está fazendo isso, você está desviando a intenção da outra pessoa, a energia que veio da outra pessoa, para que essa mesma intenção vá para baixo e para frente sobre ela própria, que nem um bumerangue” (08/10/1998).[278]

É por meio dos oito movimentos básicos / trigramas que a forma do *Taiji Quan* se relaciona mais diretamente com o a prática do *Tui Sou*:

> **A.M.**: “Provavelmente, isso aqui para se fazer direito envolve aquilo que o A.L. – que é o nosso mestre de *Tui Sou* – chama de a força de atrair [*yin jing*] e a força de

278. A transmissão da linhagem diverge do tratado clássico de Wu Yuxiang (apud Cheng, 1982; Despeux, 1994) e do tratado de Ching Chyan Lon (apud Yang, 1989), que relacionam pressionar (*ji*) ao trigrama da água (*K'an*) e empurrar (*an*) ao trigrama do fogo (*Li*). Utilizei a grafia dos nomes dos trigramas conforme a edição do *Yijing* de Wilhelm (1991).

> transformar [*hua jing*].[279] São três tipos de forças, que a tradição do *Tui Sou* fala. Uma delas é a força de atrair, transferir-se e ceder, o primeiro momento para empurrar e a força de transformar, em que você vai transformar uma coisa, que uma outra pessoa mandou [...] para empurrar. Aí tem sutilezas, [...] até de significados dos trigramas. Então, por exemplo, o empurrar, a água como trigrama no *Yijing*, ela esconde a sua luz, porque você tem o *Yin* por fora e o *Yang* por dentro, ela não revela o que ela tem e inclusive, externamente, ela é toda *Yin* [...] A força da água é uma força que não é visível, não é aparente como o fogo. O fogo é agressivo, é forte, mas tem um interior vazio. Isso se revela no fato de que ele não tem existência própria, ele tem que aderir a alguma coisa que ele queima, que ele consome, para ele existir. Por isso ele tem o interior vazio, quer dizer, é externamente *Yang*, mas internamente não. Agora a água é o contrário, [...] ela é mole, mas fura qualquer pedra, porque são forças que estão escondidas. [...] Primeiro ele se mostra como cedendo, para daí mostrar o que vem fazer. Então, a personalidade desses movimentos corresponde com perfeição mesmo à personalidade desses trigramas" (08/10/1998).

O nome do movimento está associado a uma narrativa acerca de uma proeza que caracteriza os grandes mestres de *Taiji Quan*, que por sua sensibilidade na arte do *Tui Sou* são capazes de impedir que um pássaro pousado em sua mão aberta levante vôo:[280]

> **A.M.**: "No primeiro momento tem esse nome, porque tem a ver com você treinar a sensibilidade até o ponto que você possa, com um passarinho na mão, impedir o pássaro de sair voando. Você sente a intenção dele [...] [e move] a mão na direção oposta. Ele não tem como obter o impulso para se catapultar da tua mão. E ele [o mestre] contou que quando ele era criança ele viu isso, que o tio avô, que era um taoísta conhecido lá em Tianjin [o local de nascimento do mestre Liu Pai Lin, na China] levou-o para ver uma demonstração que um famoso mestre taoísta lá fez. Aí levaram um pássaro valioso, caríssimo, de um colecionador. Ele enfiou a mão na gaiola, tirou o pássaro na mão [...] E o pássaro não voava nunca,

---

279. Nas artes da escola interna, o termo *jing* refere-se à força interior como manifestação dinâmica da energia verdadeira, em oposição ao uso da força bruta. Seus diversos tipos de expressão foram classificados pelos mestres, designando estratégias de combate e efeitos produzidos.

280. A entrevista de H.K. também contém a mesma narrativa (29/09/1998). Na literatura especializada, ver também Yang Chengfu (1974 in Wile [trad.], 1984) que atribui a mesma proeza a seu avô e fundador da escola, Yang Luchan; e Jou Tsung Hwa (1980) que a inclui entre as lendas sobre Zhang Sanfeng e também a menciona entre as habilidades deYang Chian, filho mais novo de Yang Luchan (idem). Dong e Raffil (1996) referem-se também a Yang Luchan e a Wang Xiangzhai, mestre que, no começo deste século, criou um estilo de arte marcial interna chamado *Da Cheng Quan*, ou *Yiquan*.

porque esse cara [o mestre que fazia a demonstração] esvaziava [...] e ele sentia o pássaro a tal ponto, que para qualquer direção que o pássaro queria decolar, ele tinha a reação oposta imediata. E o pássaro ficava lá grudado na mão dele. [...] Essa delicadeza e essa precisão são coisas de um iluminado taoísta" (08/10/1998).

L. apresenta uma interpretação alternativa do nome do movimento, relacionada à sua dinâmica. A cauda do pássaro estaria relacionada ao cóccix do praticante, ambos funcionando como leme para os movimentos, já que nesta técnica todos os movimentos devem ser comandados a partir da cintura.

3) Colher, quebrar, golpe de cotovelo, golpe de ombro: estes quatro movimentos correspondem aos outros quatro trigramas e à prática do "Grande Desviar" no *Tui Sou*:

> **A.M.**: "Os quatro movimentos seguintes são os quatro movimentos daquela seqüência que a gente chama de *Ta Lue*,[281] o "Grande Desviar": colher, quebrar, cotovelo e ombro [...] 5) O colher [*Cai*] é uma coisa que [...] não tem cara de golpe. [...] Quer dizer, é uma coisa que não assusta ninguém [...] se você vir como o colher se coloca numa prática de *Tui Sou*, em aplicação dos movimentos, ele sempre vem totalmente ligado a uma outra coisa. Então, é uma mão que está aparando ou defendendo qualquer coisa, de repente ele vira e colhe. Muito sutil. [...] Então, esse colher corresponde a quê? Ao trigrama do Vento (*Sun*), que é suave. A suavidade, a penetração suave, insinuante, é a personalidade dele. Então é um trigrama que tem duas linhas *Yang*, mais a linha *Yin* por baixo, como o nível de baixo é o nível da terra e o do meio é o homem, e o de cima é o céu, então o de baixo é como se fosse assim, o mais visível, porque e o mais palpável, é o mais físico do trigrama, então a imagem que ele dá. Então ele corresponde a quê? A suavidade, a penetração suave, insinuante. Na família dos trigramas a filha mais velha, então é uma mulher mais velha, ela é feminina, mas ela tem duas linhas *Yang*. Inclusive a linha central, que é o [plano do] homem, é o ego, então ela pode ser mãe, porque é toda *Yin*, toda doce, ela se entrega ao cuidado da família e dos filhos, mas ela tem um ego forte, para administrar uma casa, para mudar o caráter de uma criança, tem um espírito forte lá em cima pra dar conta disso. Então tudo isso é coerente com o movimento, fala de coisas que tem a ver com a personalidade do trigrama, mas coerentes com o movimento. 6) O quebrar [*lie*] já é outra história, é completamente bruto, completamente agressivo. [...] É o Trovão (*Chên*), que é exatamente o mais bruto mesmo, é o filho mais velho. O *Yijing* fala que ele é como se fosse o representante do céu na terra. Então é ele que faz o "trabalho sujo", digamos. O Céu fica lá sentado no trono, inclusive porque ele é puro demais – ele é todo *Yang* – para fazer certas coisas e aí

281. *Da Lü*, segundo a norma *pinyin*.

é o filho mais velho que vai expulsar o ladrão da casa, entendeu? [...] Vai quebrar o braço de quem ousou invadir o espaço. E então esse é o Trovão. Aí tem uma outra coisa, que é o seguinte: o golpe, o quebrar, ele é de baixo pra cima, porque a mão que está para baixo, voltada para terra, que é o lado *Yin* dele, puxa o pulso da outra pessoa pra baixo. Agora a mão que quebra, ela quebra num movimento de baixo pra cima. E a estrutura do trigrama, que é uma linha *Yang* [...] E o movimento dela é bem forte, pra cima, justamente porque o *Yin* está em cima dela, não trava essa subida, certo? Então é exatamente isso, também é uma coincidência perfeita com a estrutura do trigrama. [...]. 7) O cotovelo [*zhou*] se caracteriza como um golpe que está [...] aqui na altura da cintura, integrado com a cintura, com o girar da cintura, não dos ombros. O cotovelo corresponde ao trigrama do Lago [*Tui*]. A correspondência já não é assim tão [...] visível, óbvia. [...] o lago tem linha *Yang* embaixo e no meio e uma linha *Yin* em cima. [...] Para dar o golpe de cotovelo, o [...] principal é você ter dado um passo. (Isso na prática do *Ta Lue*, você aprendeu). Você tem que dar um passo no meio das pernas da outra pessoa, ficar bem próximo, bem encostado, para daí você girar e dar o golpe. Então, digamos assim, a primeira coisa é uma base muito sólida. O trigrama do lago ele tem isso, ele tem duas linhas *Yang* debaixo. Ele é aberto em cima e vazio em cima. Os braços, neste caso, realmente não estão fazendo nada, a não ser ficarem juntos. Quem dá o golpe são as pernas, então você tem que estar enraizado, tem que estar naquele lugar, e as pernas inclusive ficam mais abertas do que em outros movimentos, porque você avança uma perna para ficar ali, no meio das pernas de uma pessoa. E aí a cintura que gira, e a cintura nesse caso vai ser a linha do meio e aqui em cima você não está com a intenção, você simplesmente vai. [...] A mobilidade vem das duas linhas *Yang* de baixo, porque a dinâmica é sempre *Yang* mesmo. 8) O golpe de ombro [*kao*] corresponde à montanha [*Kên*]. Você vai ter o *Yin*, o *Yin* e o *Yang*, quer dizer, o *Yang* está em cima, só. Tem uma única linha *Yang*. Como no *Taiji* você tem sempre que estar enraizado mesmo, para aplicar esse golpe do ombro você também está com base, mas, nesse exato momento, os pés estão muito mais perto do que no golpe do cotovelo, que já estão mais próximos, que você primeiro abaixou para depois entrar. E como você tá entrando assim, meio por baixo, muito perto da pessoa, aí você coloca toda a intenção no ombro mesmo. Então a energia, a intenção toda está aqui em cima. Quer dizer, de tudo que você possa fazer nos movimentos básicos do *Taiji*, é o que está mais alto, [em termos d]a intenção [...] nem se compara com [...] todos os outros movimentos do *Taiji*" (08/10/1998).

Na conclusão do 37º movimento, a seqüência termina como começou, na "Postura do Vazio". O agrupamento de vários elementos neste último movimento[282] faz pensar em alguma necessidade histórica, numerológica ou cosmológica que determina o tamanho da seqüência em 37 movimentos.

* * *

Não é demais destacar que, ao contrário de um poema composto como obra literária, que pode ser lido como um texto relativamente independente, a apreciação dos nomes da seqüência está definitivamente ligada à experiência vivida da prática do *Taiji Quan*, a plenitude de seu efeito evocativo só pode ocorrer por meio de uma referência à sua contraparte figurativa, parcialmente pela observação e mais integralmente pela prática. O sentido da atividade do corpo é principalmente um sentido sensório-cinestésico-motor, refere-se àquilo que se pode realizar por meio do movimento. Por outro lado, o sentido dos princípios taoístas aprofunda-se intuitivamente por meio desta mesma atividade; trata-se de incorporar uma filosofia.

Este processo é determinado pela reiteração diária das técnicas. Assim como a redundância do texto em uma *performance* oferece uma chave de leitura ao destacar o seu núcleo fundamental ou tentar garantir a comunicação em condições acústicas adversas, da mesma forma a repetição de um núcleo básico de movimentos direciona a compreensão por meio da formação de determinados padrões corporais habituais, a partir da incorporação de um repertório de habilidades que são variações de um número relativamente reduzido de princípios. O aprendizado do *Taiji Quan* nunca termina; quanto mais se pratica, mais se pode aprofundar. Apenas a dedicação e a duração podem revelar, como experiência, as sutilezas da arte.

282. Consiste nos movimentos “Recolher-se e Fechar a Porta”, “Mãos Cruzadas” e “Retornar ao *Taiji*”.

- 7 -

"DOIS SENTADOS SOBRE A TERRA": experiências do Tao.

"A experiência vivida ultrapassa as fronteiras de qualquer conceito, qualquer pessoa, ou qualquer sociedade" (Jackson, 1989:2).

"Portanto, a experiência é tanto 'vivenciar e sobreviver' quanto 'rememorar'. Também é 'desejar ou almejar', i.e., estabelecer metas e modelos para experiência futura na qual, espera-se, os erros e perigos da experiência passada serão evitados ou eliminados" (Turner, V., 1982:18).

"Todo etnógrafo está dolorosamente consciente da discrepância entre a riqueza da experiência vivida no campo e a escassez da linguagem usada para caracterizá-la" (Bruner, 1986:147-148).

"Os antropólogos que perderam seus sentidos freqüentemente escrevem etnografias que são desconectadas dos mundos que eles buscam retratar" (Stoller, 1995:13).

O propósito comum dos estilos contemplativos de espiritualidade é uma transformação do sujeito mediante uma expansão da consciência humana, mesmo que cada tradição particular defina essa transformação em seus próprios termos. Ao fazer uma etnografia de um estilo contemplativo levo em consideração seus critérios próprios acerca da experiência mística e da prática da meditação, cuja compreensão demanda um tipo de abordagem que privilegia o vivido. Ao reconhecer a existência de diversas definições culturais de corpo e de suas relações com a consciência, percebo que as técnicas de expansão de consciência características dos estilos contemplativos freqüentemente são também corporais – incluem determinadas posturas, movimentos, maneiras especiais de respirar, métodos para focalização ou introversão dos sentidos, tipos de combinações específicas de estímulos sensoriais (visuais, auditivos, olfativos etc.) – e que a prática destas técnicas é considerada nestas tradições como requisito fundamental para a compreensão.

Neste contexto, além de um fascínio pessoal pelo tema, a realização do ideal antropológico de um "conhecimento de dentro" inspirou uma abertura para o meu engajamento nestas atividades, na condição de etnógrafo, fazendo deste engajamento um instrumento de pesquisa. Ao tratar a temática desta forma, é recomendável que algum treinamento prévio em técnicas corporais possa ser combinado com o domínio da teoria antropológica, no sentido de proporcionar uma referência a partir da qual o pesquisador possa iniciar o diálogo com seus interlocutores no campo, estabelecer comparações, bem como focalizar mais plenamente a participação. Semelhante formação tem vantagens análogas às da habilidade prática com um instrumento musical, no caso de um (etno)musicólogo. Na ausência de uma formação do pesquisador em antropologia que contemple o treinamento corporal, meu projeto de uma antropologia da experiência da meditação taoísta foi favorecido por uma contingência da minha história de vida, uma longa prática anterior de um repertório determinado de técnicas corporais distintas – pertencentes a três grandes universos: as artes marciais chinesas da chamada "escola externa" (*Waijia*), uma versão moderna do *Yoga* indiano, uma técnica de formação corporal da dança contemporânea ocidental – mas unidas na geração de estados somáticos alterados. A maneira como estas técnicas construíram minha consciência corporal e ofereceram recursos para aprender novas técnicas definiu minha posição com relação ao taoísmo de maneira paradoxal, simultaneamente por afinidade e por contraste, relativos a meu repertório de hábitos anteriores. Por exemplo, por pertencer ao mesmo universo, a "cultura tradicional" chinesa, o *Gongfu Shaolin*, embora seja um sistema desenvolvido inicialmente pelo budismo *C'han*, possui vinculações de longa duração com fontes tradicionais e concepções cosmológicas comuns às técnicas corporais taoístas. Assim, há várias posturas e até movimentos semelhantes, mas o estilo de sua execução, seu ritmo, enfim, sua qualidade cinestésica é bastante distinta, de modo que esta relativa familiaridade incorporada a meus padrões de movimento habituais, simultaneamente beneficiou o aprendizado e foi obstáculo e fonte de conflitos internos.

Ao apropriar-me deste *background* não-acadêmico como parte dos instrumentos de campo, minha proposta etnográfica contrapõe-se a um modelo de pesquisa baseado em uma noção essencialmente intelectual de conhecimento, que conseqüentemente enfatiza a observação distanciada e supostamente neutra como condição para a compreensão; em vez disso, relaciona-se à antropologia do corpo, como parte do campo da antropologia da experiência; partindo do reconhecimento de que toda escuta e todo olhar são posicionados, convida ao envolvimento pleno da totalidade do ser do antropólogo, sua subjetividade, sua afetividade, seu corpo e seus sentidos em suas estratégias de pesquisa, de modo a tomar contato com as técnicas, propósitos e efeitos dos sistemas de meditação. Quer dizer, está em jogo o reconhecimento do taoísmo como uma forma de saber sobre o mundo, que não se resume ao enfoque clássico na representação cultural. Considero o taoísmo mais do que simplesmente uma filosofia prática e um conjunto de técnicas: reconheço que ensina um certo tipo particular de experiência do mundo (e de si mesmo).

Particularmente no que se refere ao universo taoísta, o mergulho cotidiano nos treinamentos, sejam eles de serenidade ou de movimento, é revelador tanto para quem quer se filiar a esta tradição quanto para o pesquisador. Isso porque o aprendizado do *Tao* depende de uma forma de comunicação que envolve completamente o sujeito em todas suas instâncias. Assim, não participar priva o pesquisador da oportunidade de engajar-se em situações dialógicas que envolvem outros enunciados além dos verbais; implica não aprender uma linguagem, não estar equipado para perceber um fluxo de comunicação que depende de um ritmo corporal comum que se estabelece num plano inconsciente e de um conjunto de experiências partilhadas pelos praticantes,[283] não só devido a um longo período de atividades comuns, mas também pela forma particular como a cultura modula o próprio aparato sensorial; estabelece modos de seleção e filtragem, normalmente inconsciente, das impressões percebidas (Hall, E., 1966; 1976; 1984). Com base nesses elementos, seu vocabulário e "mundo da vida" (*Lebenswelt*) são constituídos.

Mas há um elemento complicador: tudo isso permanece na maior parte das vezes em um plano implícito, não formulado em palavras:

> As pessoas evitam verbalizar o que supõem que seja óbvio – seus modos básicos de interação umas com as outras. Uma razão para isso é que muito do comportamento verdadeiramente integrativo, classificado sob a rubrica de cultura, está sob o controle daquelas partes do cérebro que não concernem à fala. O que

283. Voltarei a este ponto mais a frente, mas adianto que da perspectiva taoísta é a transmissibilidade potencial da experiência coletiva por meio das técnicas, que tem um repertório de efeitos previsíveis, que viabiliza a continuidade da tradição.

> estamos discutindo são super *gestalts*, tão importantes e tão centralmente localizadas no esquema das coisas que nos são quase impossíveis de formular verbalmente. Isso porque muito do comportamento não é experienciado no nível verbal, mas sim no emocional (Hall, E., 1976:153).

Sem com isso estar supondo que o antropólogo é dotado de faculdades empáticas de tal ordem que permitiriam (sempre) sentir o que seus "nativos" sentem, mas por outro lado reconhecendo o pressuposto dos estilos contemplativos de espiritualidade de que as técnicas de expansão da consciência podem ser ensinadas e têm efeitos previsíveis se corretamente executadas, considero que o taoísmo, sendo um tipo de cultura, pode, como tal, ser aprendido, e que este aprendizado consiste principalmente no envolvimento em seu aspecto prático cotidiano. Por isso, contraponho à exclusividade da abordagem categórica da experiência – isto é, que para aprender uma cultura é necessário antes aprender a língua, constituindo um acervo das categorias que a compõem (Kohn, T., 1994) – uma abordagem pragmática, aproximando-me da compreensão do taoísmo pelo engajamento nas atividades que o constituem e reconhecendo o pressuposto fenomenológico de que "a consciência é não um 'eu penso que', mas um 'eu posso'" (Merleau-Ponty, 1996:192). Combino, então, dois tipos de compreensão: "compreensão prática", pela ação, e "compreensão interpretativa", como decodificação da ação (Rudie, 1994), enfatizando a primeira no contexto da pesquisa de campo e a segunda no contexto da escrita etnográfica.

Quando as técnicas corporais são o tema, a opção de aprender e praticar tem conseqüências não apenas interpretativas, mas também existenciais. Meus modos de me relacionar com artes marciais, dança, música, meditação, além da própria antropologia, e mesmo a consciência do meu próprio corpo foram qualitativamente alterados pela experiência das práticas taoístas. Neste sentido, encontro paralelos entre minha etnografia do taoísmo e a de Cynthia Novack (1990) acerca do Contato Improvisação, técnica corporal surgida no início dos anos 70 nos Estados Unidos, no contexto da cena de dança contemporânea, mas que atualmente seria, talvez, melhor situada como parte da chamada Nova Dança (New Dance). Sendo dançarina, a autora seguiu uma estratégia semelhante, aprendendo e praticando as técnicas corporais características de seu tema de pesquisa mediante aulas e *workshops*, participando de sessões de improvisação (*jam sessions*), experimentando em si mesma a forma do Contato Improvisação para compreendê-la:

> [...] a experiência de praticar a forma mudou inesperadamente a maneira como eu dançava e alterou minha compreensão do movimento. Aspectos do Contato

Improvisação começaram a permear minha própria dança e maneira de ensinar... (Novack, 1990:19).

Do mesmo modo que esta autora, optei por aprender as técnicas que estava pesquisando, por meio de aulas (de *Taiji Quan*, *Bagua Zhang*, espada e meditação), palestras (sobre *Yijing* e *Tui Ná*) e Seminários (cursos intensivos de fim de semana). Enfatizei mais a participação nestas atividades do que sua observação como espectador. A prática cotidiana também teve, sobre mim, o efeito de desenvolver a percepção de pontos de tensão no corpo, aprofundar a percepção da relação entre postura, movimento e força gravitacional, mas também produziu experiências de estado de fluxo unificado e ininterrupto da consciência no presente da ação (*flow*), assim como efeitos que são interpretados pela tradição como manifestação do *Qi* e para as quais não tenho outra explicação mais satisfatória. De um ponto de vista mais utilitário para pesquisa, o treinamento foi o espaço privilegiado para minha inscrição: oportunidade para familiarizar-me com o vocabulário silencioso do taoísmo, para socializar com o grupo, matéria-prima para tematizar assuntos que só surgem com indagações formuladas com base em minha experiência pessoal. O contato com vários professores revelou um nível alto de diversidade de interpretação das técnicas praticadas, que só comecei a perceber ao tentar aprendê-las.

Neste capítulo discuto as implicações da participação e suas relações com a compreensão de um conhecimento prático. Por um lado, as ambigüidades, as especificidades, e os dilemas de minha posição como antropólogo, simultaneamente pesquisador e sujeito, o que nos conduz a reflexões sobre intersubjetividade, afetividade e prática etnográfica. Por outro lado, as relações entre corpo, experiência e interpretação na tradição taoísta.

O lugar da experiência

Em diferentes circunstâncias, meus interlocutores taoístas repetiram uma advertência desde nossos primeiros encontros: "sem as práticas, não é possível entender o taoísmo". Obviamente, essa afirmação soa como uma estratégia de sedução, um convite à adesão. Mas, por outro lado, está de acordo com um pressuposto básico dos estilos contemplativos de espiritualidade: há determinados estados de consciência que, por não serem apreensíveis racionalmente, só são plenamente compreendidos por experiência direta, cuja obtenção na maioria das vezes depende da orientação de um mestre qualificado que domina as técnicas que permitem ter acesso a esses estados. Esta perspectiva descola-se de uma noção essencializada de identidade, ao situar a experiência historicamente, como resultado de uma prática que pode ser aprendida potencialmente por qualquer pessoa, ultrapassando fronteiras geográficas e étnicas.

Não se trata de postular a autonomia absoluta da experiência individual como agente de validação de uma verdade religiosa universal – o que de acordo com Gómez Rodríguez (1999) é um dos paradoxos da perspectiva psicologista moderna da experiência religiosa – ainda que este pressuposto possa informar um praticante moderno e urbano específico em sua adesão à tradição taoísta. Ao contrário, ressalto que no taoísmo é por meio de uma inserção particular na história e em uma cultura, em um diálogo intertemporal e intercultural constituído pela transmissão de uma tradição, que é possível alcançar estas experiências humanas potencialmente universais. É este vínculo com a tradição, associado ao nível de compreensão prática do caminho, por parte de um mestre, que lhe permite aconselhar um discípulo quanto à qualidade e ao desenrolar de suas experiências, reconhecendo quando o discípulo fez progressos reais no caminho da realização espiritual, bem como distinguir uma experiência legítima de uma ilusão.[284]

Destaco que a idéia da inexpressabilidade de certos estados de consciência em termos lógicos é mais do que uma estratégia retórica. Katsuki Sekida discute esse aspecto de modo sugestivo com relação ao *zazen*:

> Quando o *samadhi* se torna ainda mais profundo, toda ação reflexiva da mente é bloqueada e mesmo o passado imediato não é retido. Depois de todo o seu esforço, você não pode espionar o seu próprio *samadhi*, muito menos descrevê-lo (Sekida, 1977:79-80).

Chandranath Kumar (entrevistado por Donald Acosta) discute em termos semelhantes esta questão, da perspectiva tântrica:

> Quando um *sadhaka*, um devoto, entra em *samadhi*, não há ninguém lá, não há nenhum pensamento, nenhum som. Mas ele está com eles. Então o devoto canta *nirava rate tomari sathe, na bala katha anek rayegecche*[285] – na noite silenciosa,

---

284. É isto que permitia ao mestre Liu e que permite a seu filho, Liu Chih Ming, avaliar o nível da prática de um discípulo por meio de um depoimento.

285. Em sua casa em Gadopur, Índia, Chandranath Kumar, um dos discípulos mais antigos da Ananda Marga, interpreta versos de um *bhajan* composto por seu *guru*, para uma pequena audiência de praticantes desta mesma escola de meditação. Ao contrário da perspectiva zen-budista mencionada anteriormente e por influência do *Bhakti Yoga*, a experiência mística é aqui compreendida como um encontro entre a consciência individual e a divindade, daí a metáfora da pergunta que não é pronunciada.

> sozinho contigo, tanta coisa não foi dita. Por quê? Quando não há ninguém para perturbar-nos e você está comigo, então por que estas palavras não são ditas? Porque a mente não está lá. Quem falará? Quando você sai do *samadhi* e sua mente começa a funcionar novamente, você sente isso – oh, tanta coisa não foi dita. Havia tanto que você queria lhe perguntar. Mas, da próxima vez, quando você entra em *samadhi*, você não pode falar (Acosta [ed.], 1998:20).

Isto não impede, no entanto, que se comente a existência do indizível, especialmente em linguagem mitopoética, e sempre assinalando que as palavras dão uma idéia aproximada que jamais substitui a experiência direta.

Tentando entender esta ênfase – dos estilos contemplativos em geral e do taoísmo, neste caso particular – na compreensão pela experiência pessoal, optei por combinar à observação e às entrevistas, doses intensivas de participação, principalmente nos treinamentos. O convite à prática é também um chamado a um tipo particular de relação dialógica que, mesmo quando inconsciente, enriquece a compreensão. A adoção pelos interlocutores de um ritmo corporal comum, de padrões de movimentos sincrônicos, grandes ou pequenos, mais ou menos perceptíveis, constituindo uma espécie inconsciente de dança, é uma tendência recorrente quando duas pessoas conversam, ou mesmo interagem silenciosamente, conforme indicado por Edward Hall (1976; 1984), segundo pesquisas baseadas na comparação de amostras, provenientes de diversos ambientes culturais, de padrões de uso do espaço e de movimentos corporais em interações interpessoais registradas em filme 16mm numa variedade de cenários e situações, cotidianas, públicas ou de laboratório (sob condições controladas) e examinados quadro a quadro e em câmera lenta. Nos treinamentos, aprender e praticar são formas de comunicação que dependem destes mecanismos de sincronização, mesmo quando não há enunciados verbais.

Assim como no sufismo, da perspectiva taoísta, um observador externo e pretensamente imparcial não está em uma posição mais vantajosa para a interpretação. A tradição pretende ensinar um certo modo de experiência do mundo que envolve a pessoa em todas suas instâncias, o que pressupõe o reconhecimento da existência de outras esferas da realidade, não completamente apreensíveis quando a ferramenta principal para a compreensão é o intelecto. A noção taoísta de conhecimento implica um envolvimento global do sujeito no ato de conhecer, entendido como atividade prática.

Noções mais ou menos abstratas acerca da meditação não têm significado ou substância no contexto do taoísmo sem estarem relacionadas e "corporificadas" por um conjunto de treinamentos: foram criadas para serem vividas, são substância de uma experiência. Um novo nível de compreensão destas noções tornou-se acessível por meio de uma atitude responsiva ativa, pela interação com o grupo nos espaços de treinamento.

Resumindo, as próprias características de meu tema de pesquisa sugeriram um enfoque centrado na antropologia da experiência. Compreendi que o conhecimento é obtido estando dentro do campo, não acima, nem fora dele, por meio de uma participação total e não meramente aparente. O ato de conhecer depende de uma renúncia à ilusão de que é possível nos retirarmos da história e da situação, já que o desengajamento do mundo para uma melhor compreensão só pode ser uma forma de deslocamento lateral. Trata-se de adotar uma atitude exotópica e posicionada, complementar a nossos interlocutores, mas simultaneamente complementada por eles.

No contexto deste universo teórico, parto das seguintes referências fundamentais para pensar meu próprio posicionamento: o "empirismo radical" de Jackson (1989, 1996); o convite de Stoller (1989a; 1989b) e também de Goulet e Young (1994) a trazer as experiências além do limite da racionalidade, comuns durante a pesquisa de campo, sobretudo quando o tema da pesquisa toca o universo do sagrado, para um debate antropológico sério acerca do extraordinário, lidando com relatos bizarros e pessoais no discurso etnográfico (Stoller & Olkes, 1987) e de reintegrar a corporalidade e os sentidos e no ofício do erudito, como um estilo de produzir saber e relacionar-se com a existência (Stoller, 1997).

De acordo com a proposta "empirista radical" de Jackson, a concepção de experiência permite alcançar tanto sujeito como objeto, tanto teoria como prática (Jackson, 1989), não havendo um *self* substantivo[286] que se possa conceber como separado das experiências e interações concretas. A própria noção de *self* é contextual, instável, variável de acordo com a situação e dependente da visão de outros. O campo da experiência, o mundo da vida, é intersubjetivo, interpessoal, logo é um campo de interexperiência, de relações com pessoas e objetos (Jackson, 1996). O reconhecimento destes condicionantes de toda ação e de toda

---

286. Neste sentido, a antropologia fenomenológica de Jackson concorda com um pressuposto básico dos estilos contemplativos de espiritualidade, mas talvez formulado mais explicitamente no budismo *Mahayana*, conforme exemplificado pelo zen-budismo: "Normalmente pensamos no ego como um tipo de entidade constante, imutável. De fato, contudo, é simplesmente uma sucessão de eventos, ou pressões físicas e mentais, que aparecem momentaneamente e desaparecem tão rapidamente quando surgiram" (Sekida, 1977:34). Não há uma entidade que possa ser chamada de eu, mas apenas séries de causação no fluxo mutável da consciência.

interpretação pode levar a um enriquecimento da experiência e da escrita etnográficas. A utilização teórica da experiência do antropólogo como um modo de experimentação com as diferenças e similaridades de outras culturas contrapõe-se, portanto, à pretensão de objetividade científica – entendida como recurso metodológico que pressupõe o distanciamento e a neutralidade ideais do observador, excluindo suas experiências do conjunto de objetos observados (Jackson, 1989). Esta problemática chama a atenção também para as implicações do predomínio das metáforas visuais para o ato de conhecer, bem como da noção de perspectiva (proveniente das artes plásticas) e ao predomínio dos circuitos de transmissão escrita da cultura erudita, que tem por efeito um distanciamento entre sujeito e objeto, idéias e experiência social. A ênfase na experiência possibilitaria a abertura para um tipo de conhecimento, reconhecido como dependente do contexto, que se produz pela aproximação e não pelo distanciamento, por "estar-junto-com", que depende de estar, mover-se e participar, mais do que meramente observar à distância. Tal proposta inclui um entendimento do mundo por meio da participação corpórea e da inclusão dos outros sentidos além da visão. Sobre este ponto em particular, Stoller (1997) e Jackson (1989) posicionam-se de maneira bastante semelhante, destacando que a visão não é sempre o sentido principal que ordena a experiência dos povos não-ocidentais, tampouco suas metáforas do ato de conhecer. Daí, portanto, a necessidade de contemplar, nos modelos interpretativos e experiências de campo, os tipos de comunicação e apreensão do mundo relacionados aos outros sentidos, bem como a outros arranjos e hierarquias entre os diferentes modos de percepção sensorial.

A antropologia fenomenológica apresentou a concepção de existência mais próxima da cosmologia taoísta, conforme expressa na noção de mutação, de acordo com a interpretação taoísta da filosofia do *Yijing*:

> O mundo nunca é algo acabado, algo que o pensamento possa levar a um fechamento; o mundo sempre está sendo feito e nossos pensamentos, tais como nossas ações, têm sentido apenas em relação à vida prática e social na qual estamos engajados. (Jackson, 1996:4)

Ao ler Jackson (1989), travei contato com uma de suas experiências de campo em uma aldeia Kuranko que me serviu como uma metáfora de minha própria condição de pesquisa. Ele percebeu a insuficiência de uma perspectiva distanciada em uma situação em que subiu em um monte para observar a aldeia. Sua filha, que o acompanhava, comentou que daquela distância não podiam ver ninguém, ao contrário do que ocorria quando estavam no interior da aldeia – cuja própria estrutura parecia induzir à participação na vida social (Jackson, 1989).

Durante o primeiro e breve período de pesquisa em São Paulo, entre setembro e outubro de 1998, observei algumas vezes a aula de meditação que ocorria nas segundas-feiras à noite na Associação *Taiji* Pai Lin. Mais de uma vez, permaneci sentado em uma poltrona diante da secretaria enquanto aguardava a aula noturna de *Taiji Quan*, a alguns metros do local de treino. As possibilidades de observação eram no mínimo restritas. Não poderia me aproximar mais sem perturbar as atividades do grupo de meditação e a posição que ocupava não era em nada privilegiada. Os praticantes sentavam-se em círculo no centro da sala, com luminosidade reduzida, realizavam alguns exercícios preparatórios que eu já havia visto nas aulas de *Taiji Quan* e sentavam-se de pernas cruzadas por mais de meia hora. Entre um momento e outro escutava rumores de comentários, breves e em voz baixa, que não conseguia decifrar.

A qualidade da observação foi alterada completamente quando decidi participar de algumas aulas, como a que descreverei de forma condensada. Nós nos sentamos em tapetes retangulares seguindo virtualmente a disposição do *Bagua*, isto é, como se cada um estivesse sentado sobre um dos oito trigramas. Iniciamos a sessão com as nove formas de automassagem para recuperar a vitalidade (ou *Taiji* Deitado) e o exercício para o alongamento dos tendões (ou *Taiji* Sentado), seguidos de uma seqüência longa da respiração da raiz (ou treinamento interior do *Taiji*) e da "Postura da Árvore" (ou "Postura do Universo"),[287] de pé, como formas de dissolver as tensões e preparar para a sessão de meditação propriamente dita. Todos estes exercícios são realizados regularmente nas aulas de *Taiji*, mas as práticas de pé tiveram uma duração muito maior do que os respectivos cinco minutos que normalmente lhes são destinados nas aulas.

---

287. Cabe um comentário suplementar. Durante a pesquisa de campo encontrei referências indistintas ao mesmo nome para designar este exercício. Também em uma publicação do instituto Pai Lin, ainda da época da rua Padre Machado, contendo palestras do mestre realizadas na Argentina em 1987 encontrei os dois nomes como sinônimos: "A postura 'Abraçar a Árvore' [sic] é também chamada 'Postura do Universo', porque permite a integração entre o homem e a natureza" (Liu Pai Lin, 1987:4). Por outro lado, Albert Hemsi, autor de tese de doutoramento na área de educação sobre o *Taiji* Pai Lin (USP, 2000), fez uma diferença entre as duas posturas: "Conforme aprendi (e sei que foi havendo modificações por parte do mestre e também dos professores), a "Postura da Árvore" e a "Postura do Universo" não são nomes diversos para o mesmo treinamento. A "Postura do Universo" é parte integrante da seqüência do *Taiji* e simboliza a união de céu e terra no corpo, e desencadeia as alternâncias *Yin* e *Yang*, as formas da seqüência. A "Postura da Árvore" é, como você descreveu, uma postura de imobilidade, também de união das energias, para ser feita sozinha, durante um longo período. E na "Postura da Árvore" a distância entre os pés é maior que a largura dos ombros (o que firma a base)" (comunicação pessoal).

Isto contribuiu muito para a intensificação da experiência que produzem, conforme pude perceber com mais clareza ao continuar com estas práticas nos meses subseqüentes à pesquisa de campo. Mais uma vez sentados no chão, J. C., a instrutora do curso, conduziu o treinamento alternando momentos de silêncio com instruções em voz baixa, em estilo descritivo e narrativo, passando de treinos de serenidade/Vazio – como a concentração da atenção no "Abraço do *Taiji*"[288] – a treinos de movimento interno – no caso, o "Pequeno Universo"[289] passando pelos "6 Centros".[290] Ao fim das circulações, trouxemos a atenção para a união de céu e terra na "raiz".[291] Seguiu-se um período de 15 a 20 minutos em que tentei permanecer neste estado, afastando ocasionalmente a curiosidade sobre o ambiente circundante e alguns pensamentos fortuitos. O grupo continuou externamente imóvel e em silêncio, até que a instrutora prosseguiu: "do Vazio, da não-ação, surge a ação verdadeira". E concluiu a sessão com a narração da circulação espontânea da energia, subindo pela espinha e descendo pelo centro

288. Consiste basicamente numa postura: a coluna reta e as mãos unidas sobre a região umbilical, a direita sobre a esquerda.

289. Quando a língua toca o céu da boca faz a ligação entre dois meridianos extraordinários: o Vaso do Governo, que se inicia no cóccix, percorre toda a coluna vertebral, passa pela linha central da cabeça e termina acima do lábio superior; o Vaso da Concepção que se inicia abaixo do lábio inferior e percorre a linha central anterior do corpo até o períneo. Com a prática, a energia naturalmente faz a circulação, subindo pelas costas e descendo pela frente. Esse trajeto é chamado de o "Pequeno Universo", já que a circulação interna "reproduz a circulação de energia do universo". No macrocosmo: o calor do sol evapora a água que sobe como nuvem e desce como chuva. Uma passagem do *Yijing* freqüentemente me foi citada: "a Unidade do Céu gera a Água".

290. Os Seis Centros são localizações corporais ao longo do trajeto do Pequeno Universo, análogos em concepção ao sistema de *chakras* do *Yoga* indiano: 1) *Yin Qiao*, centro *Yin*, em cor azul esverdeada, situado acima do períneo nos genitais internos; 2) *Shien Gu*, centro do osso sacro, na cor amarelo-dourada, na base da coluna vertebral; 3) *Yi Qiao*, centro da intenção, cor vinho, situado entre os rins; 4) *Shin Qiao*, raiz da rede nervosa, de cor roxa, situado aproximadamente no corpo quadrigêmeo; 5) *Lin Tai*, Olho Celestial ou centro *Yang*, em cor branca, no centro da cabeça, entre a hipófise e a pineal; 6) *Yuan Sen*, Centro do Coração, na cor rosa.

291. Muitas técnicas de meditação desta escola trabalham com a alternância de movimento interno, isto é, uma determinada circulação realizada com a atenção, ou "o olhar interior", seguida de um tempo de espera em que o praticante não faz nada. Desta inação, dizem, surge a circulação espontânea da energia, após certo tempo de prática regular. Em seu aspecto mais essencial, a prática se resume à concentração da atenção no "Abraço do *Taiji*", uma vez criado o Vazio e feita a primeira circulação, ignorando-se o diálogo interior e as imagens mentais que possam surgir.

do corpo, seguindo ciclo de transmutação dos Três Tesouros: "a essência (*Jing*) transforma-se em energia (*Qi*), a energia transforma-se em espírito (*Shen*). O espírito gera a energia, a energia gera a essência." Ao que parece, portanto, a instrutora narra sua própria experiência, e mediante a narração "conduz" a experiência dos demais praticantes.

A mera observação da meditação propriamente dita se resumiria a perceber um grupo de pessoas imóvel por uma hora, na medida em que boa parte da ação é interna e, portanto, não-observável.

A concepção taoísta de ser humano caracteriza-se pelo entrelaçamento complexo entre corpo e consciência. O estado psíquico, a circulação energética[292] e a atitude corporal em um sentido mais amplo estão completamente relacionados. Ao que parece, o aprofundamento na prática refere-se à obtenção cada vez mais freqüente de experiências espontâneas e paralelamente a um maior grau de consciência do praticante acerca de seu estado mental e emocional, sua condição física e energética. Mais do que isso, o aprofundamento produz reconhecimento/convicção de que as técnicas não são apenas um exercício físico, no mesmo sentido de que uma aula de ginástica ou musculação o seriam, mas que envolvem diretamente outras instâncias do sujeito.

Embora o limite do trabalho de campo seja dado pela idiossincrasia da experiência individual[293] e, em geral, pelas diferenças irredutíveis de *background* que separam pesquisador e "nativos", há momentos em que os mundos de vida do antropólogo e de seus interlocutores se superpõem, com a qualidade ambígua e transitória das situações liminares, produzindo situações de inserção profunda na experiência coletiva e em seu jogo de sentidos e valores. Por exemplo, Paul Stoller menciona situações em que foi agente e vítima de feitiçaria, após ter se tornado aprendiz de feiticeiro, durante sua pesquisa em comunidades Songhay da Nigéria (Stoller, 1989a; 1997; Stoller & Olkes, 1987). E Edith Turner (et al. 1992) discute as implicações de ter presenciado uma manifestação espiritual em um ritual *Ihamba* dos Ndembu da Zâmbia. A questão é que certas experiências fundamentais de campo alteram completamente a interpretação etnográfica e, por isso mesmo, não devem ser silencia-

---

292. Que do ponto de vista da medicina tradicional chinesa e dos praticantes de vários estilos de meditação e artes marciais é algo completamente palpável.

293. A experiência individual é acessível a outros pela interpretação de suas expressões. Porém, a capacidade de interpretá-las, ao menos no que diz respeito ao nível pré-verbal da cultura, diminui, de acordo com Edward Hall (1976), proporcionalmente à distância cultural.

das! Ainda que elementos inexplicáveis e insólitos possam fazer parte da memória de muitos etnógrafos, os dois autores fazem parte de um pequeno grupo que se diferencia do senso comum da disciplina por darem crédito ao saber de seus interlocutores de um modo radical e por considerarem, sem racionalizações secundárias, suas próprias experiências como matéria-prima para a discussão de temas que são ainda tabus acadêmicos. (Ver também a coletânea de Goulet & Young, 1994, sobre a mesma problemática). Seguindo as pistas deixadas por estes autores, optei desde o começo por "ir à escola" com os taoístas e deixar-me afetar pelas situações dialógicas.

Apesar de que, como território da vivência individual, o corpo é irredutível à linguagem, quando se torna a arena de experiências coletivas é também uma porta para a compreensão de uma outra ordem de comunicação, que não é regida pela palavra. Como já disse anteriormente, o treinamento é o cronotopo em que os princípios do taoísmo são mimeticamente corporificados e explicitados, mais pela linguagem corporal do que pela fala: lugar por excelência para a eficácia transformadora do taoísmo, mas também para os modos mais explícitos de sua expressão. Por isso, estar dentro, convivendo e vivenciando, proporcionou um espaço de compreensão impossível à distância. Os treinos levaram a discutir assuntos que só surgem quando o aprendiz pergunta e quando o mestre percebe nas transformações sofridas pelo aprendiz a abertura para a compreensão. Neste aspecto, o taoísmo se assemelha à tradição espiritual Songhay. Adamu Jenitongo, mestre de Stoller, advertiu sobre a necessidade de saber fazer perguntas:

> [...] você deve perguntar para aprender. Aquele que não pergunta não saberá nada. Se você tiver o conhecimento para fazer a boa pergunta, então te responderei. Mas não falarei a não ser que você faça a pergunta correta. (Stoller & Olkes, 1987:186)

Além disso, se as técnicas taoístas são um saber do corpo com resultados relativamente previsíveis, expressos em termos da obtenção de estados somáticos e de consciência, e caso John Blacking (1977:10) esteja certo ao supor, como uma das premissas para uma antropologia do corpo, que:

> [...] todo membro normal da espécie possui não apenas um repertório comum de estados somáticos e um potencial comum para os estados alterados [...] mas também as mesmas propriedades específicas de função cognitiva.

Minha hipótese é que o aprendizado por meio do corpo cria uma abertura potencial para o universal, na medida em que, por associação com a experiência dos sentidos e por seus efeitos psicofisiológicos profundos,[294] este tipo de técnicas corporais potencialmente transcende em alguma medida as dificuldades de trânsito de um sistema de classificação para outro, pela suspensão parcial e temporária da razão, na medida em que o estado de consciência oferecido pela prática meditativa é uma forma de atenção não-intelectual. Em outras palavras, as técnicas corporais taoístas capitalizam a fissura entre compreensão racional e compreensão sensorial e empática, no contexto da comunicação transcultural, por meio de seu método de aprendizado baseado na repetição, curiosamente, em "câmera lenta", de padrões que proporcionam uma reconstrução dos hábitos posturais, cinestésicos e perceptivos, reordenando a relação do praticante com o mundo. Ainda assim, é importante levar em consideração que no âmbito de um mesmo sistema o texto corporal faz parte de um campo intertextual que inclui textos verbais que o comentam e condicionam o leque de suas possíveis interpretações; e, por outro lado, que não é possível uma separação absoluta entre percepção e interpretação (a este respeito cf. Hall, E., 1966; 1976). Mas há na experiência uma tensão entre determinação e indeterminação, entre situação e liberdade. Embora haja precondições para a experiência, a experiência destas precondições não está totalmente precondicionada, na medida em que a vida é uma relação (cri)ativa com o passado, a história, a tradição, a cultura, que servem como ferramentas para imaginar e criar o futuro. Em outras palavras, a *práxis* é um movimento qualitativo para o novo (Jackson, 1996).

A ênfase na experiência não é contraditória com a necessidade de interpretação. Se considerarmos a definição de Dilthey, com base na leitura de Victor Turner (1986), a noção de experiência comporta três momentos: 1) o vivido, que sempre em alguma medida transborda para além dos limites do interpretável; 2) sua interpretação, que surge da interação entre as categorias da cultura e da linguagem, de um lado, e o desejo, sentimento e pensamento ligados ao momento presente, de outro, tanto do antropólogo quanto de seus "nativos"; 3) sua "expressão", a forma como a experiência é comunicada, transmitida, não apenas em forma de narração, mas também de maneira não-verbal, por exemplo, a demonstração ostensiva por meio do movimento e da postura corporal, uma das maneiras de os taoístas avaliarem o nível de profundidade da sabedoria de

294. A longo prazo, a prática continuada interfere no funcionamento do sistema límbico ou paleocórtex, associado às emoções e ao nível informal não-verbal inconsciente da cultura, e do sistema nervoso autônomo, que controla as funções orgânicas involuntárias, tais como ritmo respiratório, processo digestivo etc. (Para uma discussão da neurobiologia do cérebro e suas implicações para antropologia, ver Turner, 1985.)

um mestre. Ou ainda, combinando meios múltiplos no contexto da *performance*. Ainda de acordo com a leitura de Turner (1985), a compreensão se constitui intersubjetivamente, pela interpretação das expressões da experiência. A este respeito, poderia acrescentar que o próprio mundo é intersubjetivo (Merleau-Ponty, 1996).

Em um texto anterior, Turner já apresentara o modelo de Dilthey de uma forma um pouco mais complexa, dividindo a *Erlebnis* em 5 momentos:

> (1) um núcleo perceptivo – prazer ou dor podem ser sentidos de forma mais intensa do que no comportamento rotinizado, repetitivo; (2) imagens de experiências passadas são evocadas [...]; (3) mas os eventos passados permanecem inertes a não ser que os sentimentos originalmente ligados a eles possam ser plenamente revividos; (4) "sentido" é gerado por pensar "sentimentalmente"sobre as interconexões entre eventos passados e presentes [...]; (5) uma experiência nunca está verdadeiramente completa até que seja "expressa", isto é, até que seja comunicada a outro em termo inteligíveis, lingüísticos ou de outro tipo. A cultura em si mesma é o conjunto de tais expressões – a experiência de indivíduos tornada disponível para a sociedade e acessível à penetração simpática de outras "mentes". (Turner, V., 1982:13-14)

Há alguns comentários suplementares a este modelo. Ao se pensar que no núcleo perceptivo da experiência não é sempre necessário tratar a intensificação sensorial em termos de prazer e dor, inclusive, se o tema é meditação, um dos objetivos das técnicas é situar a percepção do sujeito em um patamar não dominado pela alternância dos termos desta dicotomia, bem como focalizar a experiência no presente mesmo, evitando projeções para o passado ou para o futuro. Um outro ponto é que, para Dilthey, o valor, como experiência em um presente consciente, contrapõe-se ao sentido, resultante do estabelecimento de uma relação entre passado e presente.

Considerando que uma etnografia é em geral considerada uma forma de escrita no domínio do *logos*, a expressão da experiência necessita utilizar-se em boa medida de meios verbais e de incorporar o segundo momento da experiência, sua interpretação. O desafio do antropólogo é encontrar formas de expressão que estabeleçam uma continuidade entre interpretação e vivido, que transponham suas fronteiras e que tragam consigo o seu sabor, em vez de ocultá-lo em generalizações abstratas. Ainda em Dilthey, é importante a distinção entre "experiência" e "uma experiência" (Turner, V., 1982). Enquanto a mera experiência está ligada à aceitação passiva dos eventos, "uma experiência" consiste em sair do tempo meramente cronológico para formar uma "estrutura de experiência", lugar de tensão entre o caráter determinado do passado e a indeterminação do futuro (Turner, V., 1985). A noção de estrutura de experiência abarca tanto o pensamento, como dimensão generalizadora da experiência vivida, quanto a emoção, fonte de juízos de valor, e a volição, fonte de preceitos. Por isso, "uma experiência" pode ser entendida como um momento de produção de sentido subjetivo. Na teoria da subjetividade do psicólogo González Rey (2004), as produções subjetivas são ao mesmo tempo individuais e sociais, compostas simultaneamente por uma dimensão simbólica, portanto coletiva, e por uma emocionalidade singular. Portanto, aquilo que está em jogo na experiência é a totalidade do ser humano lidando com seu mundo (Turner, V., 1982). Assim, "uma experiência" tem um início e uma consumação que se distinguem de um recorte arbitrário de dois marcos puramente cronológicos. Tem um efeito formativo e transformativo, seja coletivo ou pessoal. Tal tipo de experiência não pode ser reduzida simplesmente a componentes abstratos sem perder todo o sentido humano, que é a sua própria substância. Como as situações liminares, quando ocorre a passagem de uma condição de perturbação para uma nova harmonia, ou o esforço para se atingir uma consumação, são os momentos mais intensos do vivido, este tipo de experiência, de tons agonísticos, é particularmente significativo pessoal e profissionalmente para o antropólogo, pelo seu potencial para produzir sentido, por oferecer-lhe descobertas, *insights*, respostas ou enigmas sobre seu tema de pesquisa e por causar-lhe crises subjetivas. Estas experiências extraordinárias causam uma disrupção de padrões rotinizados repetitivos de comportamento, mas possuem também suas próprias tradições, evocam emoções de experiências passadas.

Assim como interpretar, observar também é parte da experiência; não há um lugar de fora da vida, neutro e atemporal, de onde o antropólogo possa observar. Todo ponto de observação é posicionado, seleciona e exclui aspectos da realidade. Distanciamentos e proximidades são relativos e fundamentalmente perspectivos, revelam e escondem algo simultaneamente. Mas estar próximo é um enfoque: não se reduz a uma simples participação física, depende de dar crédito à cosmologia de nossos interlocutores. Participação e observação não deveriam ser mutuamente excludentes, mas sim estratégias complementares, momentos na produção de conhecimento. Optei pelo predomínio da participação no campo, por considerá-la um instrumento útil no estudo de técnicas corporais (suas concepções, características e implicações filosóficas e existenciais), transmitidas pela prática e pelo exemplo, mas também por perceber que o momento da escrita, por ser espaço de um tipo particular de reflexividade induz o distanciamento.

Compreensão sensorial

Ao contrário do conhecimento acadêmico ocidental em sua forma hegemônica, o taoísmo, bem como outros estilos meditativos de espiritualidade, baseia-se em um tipo corporificado (*embodied*) de saber. Neles encontro o mesmo pressuposto básico que caracteriza o campo das artes performáticas "tradicionais", conforme Richard Schechner:

> [...] a insistência – não dita ou teorizada, mas de todo modo onipresente – em que o corpo vem primeiro, que o conhecimento da *performance* entra em uma pessoa por meio de um rigoroso, contínuo e rítmico trabalho corporal. (Schechner, 1985:229)

Assim, identifico uma convergência entre essas perspectivas na noção de que aprender uma tradição é primeiro, literalmente, "incorporá-la" pela prática de um tipo específico de treinamento. Explicações teóricas fazem parte de um momento posterior do aprendizado. Em seu texto de referência sobre o sistema *Zhan Zhuang* de *Qigong*,[295] Lam Kam Chuen (2000:13), médico e mestre chinês de artes marciais emigrado para Londres, relata o modo como aprendeu as técnicas:

> [...] tentei durante muitos anos achar um professor competente de *Zhan Zhuang*. Quando consegui, ele me disse apenas uma coisa: fique de pé sem se mover. Fiz muitas perguntas, mas não obtive resposta. Ele me disse apenas: "Faça só isso". Durante um ano, foi tudo o que ele me ensinou. Comecei a me perguntar; "Será que sou burro? Será que ele está me fazendo de bobo?" Mas continuei praticando todos os dias, e, após um ano, quando meu professor viu que eu estava preparado para ficar de pé daquele modo e sem fazer perguntas, começou a dar explicações!

Esta perspectiva não é exclusiva do método tradicional chinês. O próprio Richard Schechner ensina de forma semelhante ao atuar como diretor teatral: "Exigir 'saber' antes que se possa 'fazer' freqüentemente retarda o processo de aprendizagem. Situa o aprendizado na cabeça, antes que ele chegue ao corpo" (Schechner, 1985:216).

Esse pressuposto em alguma medida inverte a perspectiva generalizada no senso comum de intelectuais profissionais ocidentais, de que o conhecimento passa primeiro pela razão, que é preciso haver discurso para que exista experiência. Neste sentido, a perspectiva fenomenológica de Merleau-Ponty é muito mais rica para tratar o taoísmo, porque pode escutar aqueles seus aspectos centrais, que são considerados absurdos de um ponto de vista intelectualista.

---

295. Exercícios que consistem em manter-se imóvel na mesma postura ou em uma seqüência de posturas, utilizados em várias escolas de artes marciais internas chinesas, inclusive em estilos taoístas.

Sua abordagem fenomenológica considera o mundo como experiência antes de ser idéia:

> O mundo é não aquilo que eu penso, mas aquilo que eu vivo; eu estou aberto ao mundo, comunico-me indubitavelmente com ele, mas não o possuo, ele é inesgotável. (Merleau-Ponty, 1996:14)

O ponto que pretendo exemplificar mais adiante é que, na teoria e na prática das técnicas taoístas que pesquisei, a experiência decorre de adotar uma determinada postura, direcionar a percepção ou mover o corpo de uma determinada forma, não dependendo majoritariamente de um conhecimento anterior de quais serão os efeitos da técnica, para que estes ocorram. Isso é semelhante à maneira de tradições teatrais como o *Kathakali* indiano ou o *Nô* japonês serem ensinadas e praticadas, postulando uma relação entre sentimento e postura em que é o treino do corpo que gera a emoção, e não a emoção que é sentida antes para ser expressa depois (Schechner, 1985). Não é por coincidência que estas teorias concordam respectivamente com a teoria do *Yoga*[296] e do *Zen*,[297] que me servirão para uma comparação com o sistema taoísta.

O sistema de *asanas*, posturas estáveis e confortáveis, conforme a definição do *Yoga Sutra* (Eliade, 1991), tem por base a unidade de corpo e mente, de modo que posturas de torção e alongamento, movimento lento e respiração rítmica, ao estimularem o sistema endócrino, o sistema nervoso e os órgãos internos têm um efeito direto sobre a consciência, e vice-versa. Com base no cruzamento de suas experiências de campo nos rituais dos Kuranko e a prática de *Hatha Yoga*, Jackson comenta, nestes dois fragmentos, a relação entre técnica corporal e consciência:

> [...] a verticalidade da postura, pode-se dizer, define uma relação psicofísica com o mundo, de modo que perder esta posição, esta "condição", é simultaneamente uma perda de equíbrio corporal e intelectual, uma perturbação no próprio centro e base de nosso Ser [aspas no original]. (Jacskon, 1989:123)

Ou ainda, no que concorda perfeitamente com a perspectiva taoísta:

---

296. Ananda Marga, escola em que pratiquei por mais de dez anos, possui uma teoria própria sobre as relações do contínuo corpo-mente, denominada por seu criador "biopsicologia" (não confundir com a psicobiologia acadêmica), combinando a teoria tradicional dos *chakras* e teorias modernas sobre a fisiologia do sistema endócrino. A escola ensina um sistema de 40 *asanas* como prática complementar à meditação e como forma de tratamento de doenças psicossomáticas.

297. Tenho uma experiência pessoal muito reduzida com a prática do *Zazen*.

> Assim, padrões alterados de uso do corpo podem induzir novas experiências e suscitar novas idéias, como quando a regulação e estabilização da respiração induz tranqüilidade ou uma pose equilibrada instaura um senso de equanimidade. Do mesmo modo, tumulto mental e emocional podem induzir mudanças correspondentes na atitude corporal, como quando a depressão se registra por meio de uma postura em colapso, ou o luto se manifesta em uma absoluta perda de tônus muscular (Jackson, 1989:129).

Em termos não muito distintos, a prática do *Zazen* enfatiza a postura e a respiração corretas como parte fundamental da própria técnica de meditação:

> Se diría que la estabilidad de la postura provoca la estabilidad de la personalidad. Ejercitarse en conservar una postura inmóvil durante un tiempo bastante largo, como en el *zazen*, puede contribuir eficazmente a mantener un estado psicológico estable en la vida cotidiana. (Deshimaru & Ikemi, 1990:111)

Detalhando um pouco mais, a posição adotada deve ser confortável o suficiente para que o praticante possa manter a imobilidade por pelo menos 30 minutos. O praticante se senta no chão sobre um colchão, os joelhos tocando o chão formando um triângulo com a base da coluna, as nádegas apoiadas por uma almofada (*zafu*) para manter a coluna ereta. Deste modo, a região abaixo do umbigo (*tanden*) concentra a maior parte do peso do corpo. As mãos repousam sobre o colo, com as palmas sobrepostas, a direita por baixo e os polegares unidos. Mestres *Zen* ressaltam que a estabilidade e relaxamento da postura e da respiração são determinantes para a obtenção da estabilidade da mente: "o cérebro não pode controlar os pensamentos por si próprio. O poder de controlar a atividade de nossa mente vem do corpo e depende decisivamente [...] da postura e da respiração" (Sekida, 1977:31). Ao discutir a fisiologia com base numa leitura de William James, Sekida (1977) sugere que a redução do ritmo respiratório (em particular, o momento da suspensão), bem como a tensão dos músculos respiratórios – isto é, a contração repetida do *tanden*, pois a técnica respiratória utilizada durante a meditação baseia-se numa forma de respiração abdominal – tem um efeito fisiológico sobre o cérebro que pode inibir o afluxo de pensamentos, separando sensação – resultado imediato de um estímulo – e percepção – interpretação baseada em memória e associação. (Ver também Deshimaru & Ikemi, 1990).

Paralelamente aos exemplos citados acima, na tradição taoísta há também aspectos técnicos referentes à postura corporal que interferem diretamente na qualidade da experiência meditativa. Encontrei em minhas anotações referentes a evento realizado em São Roque nos dias 4-6/08/2000, as seguintes recomendações do mestre taoísta Liu Chih Ming para a prática da meditação da linhagem da Montanha Dourada (*Jin San*): 1) em qualquer das posturas sentadas disponíveis para a meditação, a perna esquerda (*Yang*) deve estar por fora, a perna direita (*Yin*) por dentro; 2) as duas mãos devem estar unidas, de preferência com a direita (*Yin*) por fora e a esquerda (*Yang*) por dentro; 3) a cabeça deve estar reta, sem inclinar-se nem para um lado, nem para o outro; 4) o queixo deve ficar levemente recolhido, mas sem causar tensão no pescoço; 5) os olhos semicerrados voltados para baixo; 6) o pescoço ereto e relaxado; 7) a língua dobrada na "lagoa celestial" (o céu da boca); 8) os ombros relaxados e confortáveis; 9) as costas retas, sem estarem apoiadas. A lógica subjacente a estas recomendações é a do favorecimento da circulação energética livre de bloqueios e a união das eletricidades de polaridade oposta.

Enfatizo que as três tradições mencionadas acima operam com base num modelo de unidade entre corpo e espírito. Contrapõem-se a todas as teorias dualistas derivadas do pensamento cartesiano, e portanto não podem ser equiparadas àquelas teorias científicas ocidentais que consideram a consciência como mero epifenômeno da estrutura orgânica do corpo.

Uma hipótese digna de consideração é de que o sentido e o efeito das técnicas estão contidos nos padrões de movimentos, posturas e ritmos executados pelo corpo. É assim que o *Taiji Quan*, por exemplo, se fosse entendido como textualidade, traria em si próprio o contexto para sua interpretação, relativamente autônomo com relação a especulações de ordem racional. Não é o caso de enfatizar, excessivamente, um ponto que tenderia a desviar o debate sobre os sistemas de meditação para uma problemática mais adequada a um estudo experimental de medicina, psicologia ou até de parapsicologia.

Destaco, porém, que há todo um campo de investigação que vem se constituindo nas últimas décadas, pelo menos desde o final dos anos 70, com o intercâmbio entre praticantes de *Qigong*, pesquisadores e instituições de medicina tradicional chinesa no intuito de demonstrar a realidade destes fenômenos, sobretudo em termos de efeitos psicossomáticos mensuráveis, da prática destas técnicas e da emissão de *Qi*. Exemplos deste debate podem ser encontrados tanto em publicações de medicina tradicional chinesa (como em: Bi et al, 1990; Zhang & Sun, 1985) quanto na literatura sobre *Qigong* e artes marciais (como: Wang & Moffett, 1994; Despeux, 1994; Dong & Raffit, 1996). Tais pesquisas deparam-se com a dificuldade de formular uma definição cientificamente viável de *Qi*, bem como de produzir um consenso entre as explicações tradicionais – baseadas nas noções-chave da cosmologia chinesa – e modernas – derivadas de pesquisas sistemáticas nos campos da física e da fisiologia. O interessante desta discussão é que as alterações registradas pela tradição e nos relatos dos praticantes parecem ter uma base psicofisiológica mensurável e relativamente previsível no contexto de uma prática regular e corretamente orientada. Há também estudos similares sobre os efeitos fisiológicos da prática do *Zazen* (Deshimaru & Ikemi, 1990; Hirai, 1978; Kasamatsu & Hirai, 1978).

Não pretendo, contudo, basear-me em tentativas de demonstração experimental dos fenômenos descritos pelo taoísmo, segundo critérios positivistas, para então poder legitimar os seus saberes. Fazer isso é tornar estes saberes tradicionais reféns de um referendo racionalista, o que, em última instância, constitui uma forma de imperialismo cognitivo, como se a ciência ocidental detivesse o "selo de garantia epistemológica e ontológica" da definição de realidade.

O intuito da referência ao aspecto fisiológico, acima, é destacar que não se pode compreender os efeitos das práticas meramente em termos de "crença", se entendermos esta palavra em um sentido estreito, como sinônimo de um tipo de aceitação racional ou de ato voluntário bem a gosto de uma concepção iluminista de ser humano, ou ainda, como expectativa prévia ou auto-sugestão que determinariam a eficácia. Minha hipótese é de que haveria uma componente derivada da prática mesma do sistema de técnicas, isto é, a simples adoção de posturas e a geração de determinados padrões psicofísicos – técnicas respiratórias, formas de organizar a percepção e a atenção, qualidades e ritmo do movimento etc. – que potencialmente desencadearia determinadas experiências. No entanto, se entendermos crença como ser mergulhado, mesmo involuntariamente, em um sistema de símbolos, vivê-los diretamente, ser interpelado por este universo, então, praticar este estilo de *Taiji* já é, em certa medida, tornar-se taoísta. Pessoalmente, pretendo evitar, contudo, noções como "crença" ou "conversão", por considerar que o lastro semântico inevitavelmente associado a estas palavras traz mais dificuldades para compreender o taoísmo do que oferece contribuições.

É claro que descrições objetificantes em linguagem médica soam insípidas e insuficientes para compreender porque pessoas tornam-se praticantes destas técnicas. Não é verossímil imaginar que alguém dedique horas diárias a uma técnica corporal com o simples propósito de reduzir a freqüência respiratória ou aumentar a peristalse, até porque a maioria dos praticantes (que conheci durante minha pesquisa sobre este grupo taoísta no Brasil) desconhece o uso do idioma da fisiologia como abordagem de legitimação do *Qigong*. Em outras palavras, não seria nestes termos que se deveria buscar o sentido de ser taoísta que se manifesta na participação nos treinamentos. O que está em questão, obviamente, é o caráter qualitativo da experiência, e o modo como os praticantes a avaliam, não só em termos de um aumento do bem-estar geral durante a prática e no cotidiano a longo prazo, mas também pelos estados alterados psicossomáticos resultantes das técnicas. Até onde tive acesso a esta questão durante minha experiência de campo, determinadas situações sociais parecem ser mais propícias para o comentário destes temas, como os momentos de depoimento durante as palestras, mas também durante conversas privadas entre praticantes, unidos por laços de amizade (voltarei a este ponto mais adiante), que compartilham momentos de treinamento. Não são temas que surgem facilmente em conversações mais públicas, menos ainda diante de pessoas consideradas "externas" ao grupo, como o antropólogo em busca de entrevistas, no começo de sua pesquisa de campo, por exemplo.

No contexto dos critérios pelos quais os próprios praticantes avaliam a eficácia das práticas, destacam-se as sensações produzidas durante o treino, como exemplifica este primeiro fragmento de entrevista. R. F., professor de *Taiji Quan* e espada *Taiji*, bem como de *Gongfu* do estilo do louva-a-deus (*Tang Lang*), relata uma experiência com a prática da "Postura da Árvore", uma postura para meditação em pé em que o praticante imagina um eixo vertical ligando o centro do crânio ao baixo-ventre, abre o passo na largura dos ombros, ergue os braços à frente, unindo os dedos médios e formando um círculo horizontal, na linha do centro do peito, com os ombros relaxados e os cotovelos apontando para baixo. Permanecer algum tempo nesta postura provoca involuntariamente um estado de esvaziamento da mente, conforme a teoria tradicional, mas também de acordo com meus entrevistados e com minha própria experiência pessoal.

O nome da postura remete às semelhanças entre a atitude do praticante e uma árvore, firme e bem enraizada no chão, maleável na copa. A metáfora do ser humano como árvore remete a um estado não-intelectual de serenidade, aliado a uma firme conexão com o mundo físico, o que lembra uma metáfora sugestiva de senso comum de "pôr os pés na terra", ter os pés no chão e deixar a cabeça leve, literalmente viver a concretude do momento presente. O excesso de atividade mental projeta o sujeito para o passado, para o futuro ou para outras coordenadas no espaço. O outro nome do exercício estabelece uma relação um pouco mais abstrata entre imagem e postura: "Postura do Universo", expressa no ser humano os princípios cosmológicos básicos: o Vazio, a circularidade, o eixo vertical, a união de Céu e Terra. Esta técnica enfatiza também o não-fazer (*Wu-wei*), apenas ser mimeticamente como uma árvore, permanecer Vazio, não agir.

Segue o fragmento da entrevista:

> **R.F.**: "E a maneira como aprendi foi uma maneira também muito taoísta. Porque essa professora minha não esmiuçava nada, não explicava nada, ela chegava na frente, fazia e você fazia junto. [...] A segunda parte do aprendizado foi solitário, passei a praticar sozinho. [...] E meu contato com o *Tao* se deu especialmente quando fiquei sozinho com o *Taiji*. A própria seqüência eu não terminei, fiquei na metade da seqüência. Os exercícios que ela me passou foram os básicos, que eram as 'Nove Dobras' e os 'Órgãos Internos' e o 'Treinamento Interior', sem a compreensão da circulação da energia, sem as bases teóricas, nenhuma. [...] Mas, não impediu que o treinamento se manifestasse. Porque o treinamento interior já começou das pulsações, as mãos esquentarem, os pés. E aí já sentia alguns movimentos de energia pelos braços, depois pelas pernas e até que a 'Postura da Árvore' – que eu não sabia que tinha que se manifestar – ela se manifestou de uma maneira muito forte".

O conhecimento foi transmitido mimeticamente, pela repetição cotidiana das técnicas, partindo de um foco na ação e não na explicação racional. Não bastasse o "estilo" silencioso de sua professora, R.F. não estava ainda mergulhado em uma comunidade de praticantes onde circulariam narrativas de experiências similares, que pudessem alimentar uma expectativa prévia sobre o que lhe aconteceu. Desconhecia a existência do Instituto Pai Lin e a Associação ainda não existia na época. Não tivera ainda nenhum contato pessoal com o mestre.

> **R.F.**: "Foi [...] surpreendente, [...] levei até um susto, perdi o ar na hora, as pernas ficaram bambas. [...] fiquei praticando a 'Postura da Árvore' durante muito tempo [...] logo que me mudei para São Paulo. [...] E uma vez que voltei do trabalho, fiquei praticando [...] Eu fiquei nessa postura e de repente senti uma coisa vindo por trás e me abraçando pela cintura. Levei um susto, perdi o ar, aí fiz umas correspondências de que eu tinha deixado a porta aberta, entrou um ladrão e me pegou por trás, porque foi muito forte o que senti na região da cintura. Era algo assim, físico mesmo [...]. E me apertando por trás, como alguém que me aprisionasse [...] Quando olhei pra trás não tinha ninguém. [...] E aí o movimento que aconteceu foi como se houvesse uma cobra se desenrodilhando na minha cintura, desde que percebi que ela tinha me pegado. Ela se desvencilhou, fez um movimento na minha barriga e desapareceu. Mas era assim, uma coisa mesmo densa, eu poderia pegar até, se não existisse essa coisa do invisível. Pra mim tinha uma coisa ali mesmo. E aí foi uma coisa fantástica, porque eu não sabia que tinha de acontecer nada e aquilo aconteceu. Depois [...] começou a manifestar de maneira diferente, com calor, que é o que normalmente se fala que é realmente o que vem acontecer" (27/04/1999).

R.F. não estava predisposto a ter esta experiência por uma crença prévia, pois ignorava o que seria esperado como resultante deste exercício. A confirmação da manifestação da energia (*Qi*) surgiu como uma evidência sensorial, palpável.

No entanto, este tipo de evidência não é uma experiência idiossincrática, mas sim uma dentre várias manifestações comuns tradicionalmente associadas à prática do *Qigong*. Por exemplo, Yang Jwing-Ming (1994:175-7), mestre de *Taiji Quan* do estilo Yang, enumera as seguintes:[298] 1) "Os Oito Toques" (*Ba Chuh*):[299] fenômenos físicos e sensoriais – sensações de calor, peso, ser tocado [como a que R.F. experimentou], movimento [do *Qi*], coceira, frescor, luz [estímulos visuais], contato com algo áspero ou escorregadio, tremor, impressão de flutuar ou afundar, dureza, suavidade; 2) "sensações de movimento ou vibração": na área do *dantien* (no caso, a região abdominal cujo centro localiza-se alguns centímetros abaixo do umbigo), começando com aquecimento do baixo-ventre, progridem com o tempo para vibração autônoma, o que tradicionalmente significa que o *dantien* está cheio e pronto para a circulação do "Pequeno Universo"; 3) "sensações dentro do abdômen": sons nos intestinos, liberação de gases, aquecimento no abdômen, suor; 4) "sensações de leveza": desaparecimento do corpo físico no estado de meditação, ou sensação do corpo como leve e diáfano;[300] 5) "Nuvens Brancas na Sala Vazia": somado ao desaparecimento do corpo, o *Qi* do praticante se mistura com o *Qi* circundante; 6) "as Seis Verificações": o *dantien* quente como se estivesse em chamas; os rins em água fervente; olhos emitindo um raio de luz; ventos sendo gerados atrás das orelhas; águia piando atrás da cabeça; seu corpo está energizado e seu nariz treme; 7) "Os Seis Transportes": em um estágio mais profundo da prática, ao regular o *Shen*, o despertar de faculdades supranormais.

---

298. Bi, Sun, Guo et al. (1990) apresentam também uma lista referente às sensações ocorridas tanto durante a prática do *Qigong* quanto durante a aplicação realizada por um terapeuta sobre um paciente. Ver também em Lam Kam Chuen (2000) a pesquisa de Yu Yong Nian sobre os efeitos a longo prazo durante a prática.

299. O texto clássico de Eliade (1991) cita fragmentos dos tratados do *Hatha Yoga* referentes aos efeitos da prática do *Pranayama*, exercícios de controle da energia vital mediante técnicas respiratórias: fenômenos fisiológicos como diminuição da duração do sono e transpiração, tremor do corpo e saltos involuntários, levitação, durante os diversos estágios da prática; purificação dos *nâdî* (canais energéticos análogos aos meridianos [*jing luo*] da medicina tradicional chinesa, cujos principais para a prática do *Yoga* acompanham o trajeto da coluna vertebral); obtenção de faculdades psicoespirituais extraordinárias (*siddhi*). Quer dizer, avaliar a dimensão da experiência espiritual por meio de sensações corporais não é uma característica idiossincrática da espiritualidade chinesa.

300. Ver a noção de transparência (Lindsay, 1996) discutida em "Bifurcações no Caminho".

Resumindo, há um repertório de sensações e estados que devem ser experimentados conforme uma prática regular e que são considerados evidência sensorial de fenômenos concretos, ainda que invisíveis ou de natureza espiritual. Ao que parece, não dependem de uma expectativa ou conhecimento prévios para que ocorram, de modo que não podem ser automaticamente imputados ao poder da auto-sugestão. As sensações são dotadas de sentido, mas isto não é contraditório com a possibilidade de que sejam concretamente efeito psicossomático das técnicas mesmas. Experiências deste tipo evidenciam, ao menos para os taoístas, a existência de outros estados de consciência e de outras instâncias do ser não percebidas durante o estado de consciência mais cotidiano.

Deste modo, não se aplicaria ao taoísmo, especialmente a este caso particular, uma leitura da noção de eficácia simbólica como mero efeito placebo, isto é, circunscrever seus efeitos à necessidade de uma crença e expectativa prévias. Conforme foi muito bem lembrado por Paul Stoller (1997), tanto Lévi-Strauss (1975) quanto Evans-Pritchard (1972), autores de duas das teorias antropológicas clássicas mais importantes para explicação da magia, partilham a mesma epistemologia objetivista e "desencarnada" – em ambos os casos, o pressuposto de que a magia não pode ter realidade objetiva. No caso de Lévi-Strauss, é a crença coletiva na magia que a torna eficaz, o que me parece ser uma releitura mais sofisticada da opinião de Mauss (1968) em seu clássico "Esboço de uma Teoria Geral da Magia". No caso de Evans-Pritchard, a bruxaria entre os Azande é simultaneamente uma espécie de idioma para "falar" das tensões sociais – teoria que influenciou imensamente os estudos históricos sobre a bruxaria européia na Idade Moderna – e um sistema lógico para dar sentido a situações que do ponto de vista ocidental não seriam mais do que fruto do acaso. Ao transferirem o sentido da magia para um outro campo da cultura e reduzirem-no a uma "fala", são um exemplo do grande dilema constitutivo da antropologia, chamado por Segato (1992) de "paradoxo do relativismo": afirmar que, ao relativizar, pretendemos entender uma "crença nativa" em seus próprios termos, ao mesmo tempo que eliminamos seus aspectos incomensuráveis com a epistemologia científica ocidental. Lamentavelmente, este ainda é um dos enfoques hegemônicos na antropologia da religião.

Embora reconheça que as representações da magia são afiançadas pela experiência de estados psicossomáticos pelo xamã, da cura do paciente e da participação do público, em seu famoso artigo "O Feiticeiro e sua Magia", ao analisar a trajetória do xamã kwakiutl Quesalid, com base em textos de Franz

Boas, Lévi-Strauss (1975) considera que o fator mais importante da eficácia do xamanismo é a crença coletiva: "Quesalid não se tornou um grande feiticeiro porque curava os seus doentes, ele curava seus doentes porque se tinha tornado um grande feiticeiro" (1975:208).

O mesmo tipo de argumento se repete em "A Eficácia Simbólica" (Lévi-Strauss, 1975), na análise baseada no texto editado, em 1947, por Nils Holmer e Henry Wassen, de um longo encantamento terapêutico dos xamãs Cuna, utilizado em casos de dificuldade no parto. A elegante análise de Lévi-Strauss reconhece o fato de que o "caminho de Muu" é o útero e a vagina da mulher grávida, para concluir – após descrever a operação de combate espiritual executada pelo xamã – como um tipo de "medicação puramente psicológica" (Lévi-Strauss, 1975:221), caracterizada como uma narrativa particularmente detalhista e repetitiva em que o xamã faz convergir o mito e o sofrimento físico da paciente. A paciente então é curada, porque acredita na mitologia do xamã e pertence a uma sociedade que acredita nela. A atividade curativa do xamã, sua expressão verbal, aparece neste sentido como um ato de significação: "O xamã fornece à sua doente uma *linguagem*, na qual se podem exprimir imediatamente estados não-formulados, de outro modo informuláveis" (idem:228).

Mas o problema de tal interpretação é que a pergunta de como a narrativa provoca o parto continua não respondida. O paralelo com a psicanálise, elaborado pelo autor, no sentido de ambos provocarem uma experiência pela fala, esbarra em uma diferença crucial: toda a encantação é proferida pelo xamã em uma linguagem sagrada que a paciente não pode compreender.[301] Deste modo, como os detalhes do mito podem "despertar uma reação orgânica correspondente" (idem:232)?[302] Talvez uma melhor hipótese seja que o conjunto total da *performance* – incluindo o som da voz e todos os procedimentos rituais – é que produz o efeito final e não apenas o significado dos cantos, já que este não pode ser apreendido pela consciência dos pacientes. Outra indagação não respondida pelas teorias clássicas: se a eficácia da magia

---

301. Comunicação pessoal. Terry Agerkop comentou que seu colega Ronny Velásquez, atualmente professor na Universidade Central de Venezuela, quando pesquisou os Cuna do Panamá nos anos 70, observou as *performances* xamânicas e gravou os mesmos cantos, estudados por Lévi-Strauss mediante fontes bibliográficas, e constatou que os clientes não compreendiam a linguagem xamânica.

302. Neste sentido estou muito mais próximo da insatisfação de Stoller (1997) diante desta abordagem, do que da relativa simpatia de Edith Turner (et al. 1992) pela leitura de lévi-straussiana da eficácia simbólica.

depende de auto-sugestão, como explicar a eficácia de um feitiço que atinge a uma vítima sem que ela tivesse consciência de estar sendo vítima de um feiticeiro?[303]

* * *

Insatisfeito com esse modelo para interpretar os comentários de meus interlocutores e minhas próprias experiências no campo, reconheço afinidade entre meu estudo das técnicas corporais taoístas e a pesquisa de Paul Stoller sobre o universo espiritual Songhay, em termos de algumas de suas características epistemológicas e do posicionamento do pesquisador. Em ambos os casos, o ato de conhecer é constituído de maneira corporificada, tem conseqüências corporais concretas para o conhecedor, seja ele um "nativo" ou um antropólogo. Assim como um *sohanci* Songhay (Stoller, 1997), um praticante taoísta aprende com o corpo. O aprendizado é longo e a plena manifestação do conhecimento leva tempo. Por concordar que a compreensão etnográfica é abrir-se a absorver e ser absorvido pelo mundo do outro, segui o exemplo de Stoller na posição de aprendiz de feiticeiro, também investi na compreensão do que é ser taoísta, colocando-me na posição de aprendiz, acreditando, como ele, que a compreensão brota da presença do etnógrafo. A princípio, adotei esta postura por razões instrumentais, como estratégia de pesquisa para conhecer o mundo taoísta, socializar, aprender a me comunicar com o grupo. Mas após um período de imersão mais intensivo nas atividades do grupo em São Paulo no ano de 1999, não sem alguns dilemas metodológicos e existenciais, tornei-me um praticante, tendo recebido diretamente do mestre Liu Pai Lin os documentos que atestam a transmissão de dois treinamentos centrais,[304] e que, para muitos, constituiriam o requisito mínimo para se sentir um discípulo da linhagem. Ao buscar esta condição, fui movido por uma experiência particularmente marcante com um treinamento[305] transmitido pelo mestre Liu Pai Lin, na palestra ocorrida no último domingo antes de minha partida de volta para Brasília.

---

303. Isto é, sem que tenhamos a configuração clássica discutida por Mauss (1968) ou Lévi-Strauss (1975), em que uma vítima é publicamente ameaçada pelo feiticeiro ou um paciente performaticamente curado por um xamã, como podemos explicar a ocorrência de eventos muito específicos em conformidade com uma ação realizada secretamente?

304. "A Respiração de Raiz" e a "Oração da Rede Celeste".

305. "As Mãos do Grande Médico".

Feita esta ressalva, gostaria de retornar à comparação. Segundo a etnografia de Stoller, entre os Songhay, como em outras sociedades africanas ocidentais e setentrionais, a compreensão do aprendizado tem por base metáforas gustativas e digestivas, referentes ao ato de comer. Grande parte do sistema de magia de Songhay baseia-se na combinação correta de encantações e substâncias de origem vegetal e animal. Uma vez que ingeriram o alimento de poder (*kusu*) da iniciação, consistindo em pós de plantas encantadas cozidos em farinha de painço, os *sohanci* estão inseridos em uma rede de relações belicosas com outros feiticeiros, rivais em potencial, nas quais eles "comem" ou "são comidos". O corpo é a arena de suas disputas, o ataque, a maneira de testar o saber do outro. Em outras palavras, os feiticeiros consomem a substância da feitiçaria e são consumidos por ela.

Assim como o poder dos *sohanci* é ingerido e permanece em suas entranhas enquanto eles viverem, os praticantes taoístas armazenam *Qi* na região abdominal, em torno do umbigo – a raiz (*Tai Yuan*), mais comumente chamada de "campo do elixir" (*dantien*), na terminologia da alquimia interior taoísta que se difundiu nos círculos de praticantes das várias escolas de *Qigong*). A diferença é que nutrir-se da força da natureza é compreendido pelos taoístas em termos de metáforas respiratórias: o *Qi* captado pelo topo da cabeça, pelos olhos, pelos dedos e palmas das mãos, pelas solas dos pés, pelo abdômen como se estas partes do corpo respirassem. Tomando como referência o fato do etnógrafo ser praticante de *Shaolin*, onde muitas técnicas baseiam-se na imitação de movimentos de animais, o mestre Liu Pai Lin, traduzido por J.C., explicou-me a particularidade da condição humana na cosmovisão taoísta, concluindo seu ensinamento da seguinte maneira:

> **Mestre Liu Pai Lin**: "Por que a gente foi gerado com uma boca pequena? É para a gente comer menos da terra e comer mais do céu. E o tigre precisa de uma boca grande para comer da terra, porque só come da terra. Alimentar-se do céu através do nariz ainda é pouco, através das mãos é mais" (02/04/1999).

A energia armazenada pode ser usada com finalidades marciais, terapêuticas e espirituais, aspectos indissociavelmente inter-relacionados na história da constituição destes saberes. Pode ser tanto emanada quanto absorvida pelas mãos e pés.

Para o praticante taoísta o conhecimento também é uma questão de vida ou morte, ainda que a simbólica do combate esteja menos explícita. Conhecer é aprender e praticar técnicas que dizem respeito diretamente ao corpo – ou melhor, ao contínuo formado por corpo e consciência – e obter os efeitos transformadores destas técnicas, expressos em termos de saúde, longevidade, serenidade, ampliação da consciência, graciosidade da postura e dos movimentos. Em outras palavras, o conhecimento tradicional taoísta é validado para os praticantes mediante experiências de estados psicossomáticos extraordinários, obtidos em decorrência da prática regular das técnicas, mas também por suas conseqüências de longo prazo na vida cotidiana. "Seguir o Grande *Tao*" é como adquirir os meios para amenizar os efeitos destrutivos de uma natureza ambígua e implacável[306] que é ao mesmo tempo a fonte da vida e da morte. Quando o ser humano aprende a integrar-se a seus ritmos, pode então "tomar emprestado" ou "roubar" energia da natureza. Quando não possui esses segredos, está sujeito à ação destrutiva das energias da natureza,[307] que os taoístas chamam de "cinco ladrões". Nesta condição, é um "ser falso", sem garantias nem controle sobre a duração de sua existência, sujeito ao ciclo inevitável de decadência, doença e morte.

* * *

Embora os aspectos do taoísmo que discuto neste capítulo não sejam da ordem da "magia", encontro o mesmo tipo de problemática: um saber fortemente calcado na experiência corpórea, que não pode ser inteiramente reduzido à textualidade sem perder suas características fundamentais. Assim, considero necessária uma revisão do senso comum sobre os fundamentos da eficácia simbólica, de modo a abarcar a maneira como a percepção, o corpo, a afetividade e o intelecto são simultaneamente capturados em contextos particulares de *performance* pelo poder dos símbolos expressos por meios multissensoriais, e não apenas baseá-la em operações de lógica classificatória.

Nos antípodas da perspectiva logocêntrica da maioria de nossas teorias, que reduzem o mundo ao discurso, negando a relevância de tudo que não possua formulação verbal, a cosmologia taoísta inverte a prioridade nas relações entre representação e experiência, considerando que esta última não depende sempre de conhecimento racional ou de expectativa, nem pressupõe uma explicação prévia de um arcabouço de conceitos para ser produzida. Pelo contrário, certos símbolos e noções precisam ser transformados em experiência corpórea

---

306. "O céu e terra não são bondosos / Tratam os dez mil seres como cães de palha" (*Daodejing*, poema 5).

307. Conforme palestra do mestre Liu Pai Lin em 13/03/1999, em São Roque. Também afirmado em várias passagens do *Livro de Medicina Interna do Imperador Amarelo*.

para serem compreendidos e obterem a plenitude de sentido que lhes falta como mero conceito abstrato. Neste sentido, há mais uma vez uma convergência entre os mundos de vida do taoísmo e da antropologia fenomenológica:

> A atividade corporal não é um modo de expressar ou objetificar sentidos formados, primeiro, na mente. O sentido de uma ação corporal não é dado à ação por algum agente externo, mas está na própria ação. [...] O sentido não deve ser reduzido ao que pode ser pensado ou dito, já que pode existir sentido simplesmente em fazer e no que é manifestamente realizado por uma ação (Jackson, 1996:32).

O campo do vivido nos treinamentos inclui não só sensações, mas também estados somáticos alterados, experiências extáticas/místicas. Cito outro fragmento de entrevista, com A.M., estudioso do *Yijing* e professor de *Taiji Quan*:

> **A.M.**: "[...] nestes treinos com a presença do mestre, da J.C., do pessoal mais velho [...] Quando o treino tinha mudado para Vila Mariana, o local anterior ao atual na Vila Mariana [...] Depois dos treinos básicos, ele falava um pouquinho dos treinos. [...] E aí depois disso se fazia a seqüência do *Taiji* Curto e *Bagua* também. Mas na seqüência do *Taiji* Curto que é mais lenta, mais interiorizada, nessas ocasiões, várias vezes era uma coisa assim, de êxtase mesmo, um estado de beatitude. Ao mesmo tempo que você ficava perfeitamente sereno, perfeitamente vazio, tinha ali uma coisa de prazer, que era absolutamente deliciosa, muito prazerosa mesmo. Inclusive, uma vez, [...] outras pessoas [...], quando terminou o treino, estavam com um sorriso de beatitude, além de mim, né. Aí um começou a olhar pra cara do outro e houve até uns comentários: "Nossa, o *Taiji* hoje foi assim, de gozar", uma pessoa falou. E é verdade, tinha sido realmente algo assim, de êxtase mesmo. E isso aconteceu várias vezes. [...] Várias vezes entrei em estados assim com as práticas de outras tradições. Mas eram coisas que não tinham nada a ver com o corpo, você fazer uma seqüência de movimentos que era uma ginástica, e muito menos com arte marcial [...] E ali no *Taiji* não, quer dizer, grupo enorme, à luz do dia, fazendo algo do que aparentemente era uma ginástica, para fora, e ainda mais uma seqüência ligada a artes marciais e no entanto, levava a um estado assim" (29/04/1999).

O contexto da prática coletiva oferece um tipo de intensificação da experiência, pelo foco na alternância dos movimentos entre expansão e recolhimento, os olhos semicerrados direcionando a atenção para dentro psicofisiologicamente (em direção às sensações internas do corpo e ao fluxo da consciência), os movimentos lentos desacelerando o ritmo interno, em resumo, pelo emprego de padrões de movimento que distanciam o sujeito do tipo de experiência do corpo próprio que se tem durante as atividades cotidianas – ainda mais no ritmo acelerado de uma grande metrópole como São Paulo. Mas também, pela ênfase na comunicação silenciosa decorrente de ritmos e padrões corporais comuns, que produz verdades experienciais sensíveis ao mesmo tempo individuais e coletivas. Em outras palavras, corpo-mente-*habitus* formam um mesmo campo e uma intervenção em um ponto afeta os demais, de modo que o dito e o simbólico estão relacionados com o que se faz com o corpo (Jackson, 1989). Além disso, a própria experiência cinestésica do espaço[308] e o uso da composição[309] para a prática, pela escolha do "cenário" e pela distribuição do grupo de praticantes durante a prática coletiva,[310] constitui-se como uma experiência multissensorial.

Mas não são apenas as práticas meditativas que produzem este tipo de experiências e tem critérios, por assim dizer, sensoriais de avaliação. As situações de doença e terapia também são campo para densificar o vivido, cenário para uma compreensão empática, sensorial, baseada em um tipo de comunicação tátil. Assim, ao serem tocados e tocarem, paciente ou terapeuta de massagem *Tui Ná* também percorrem uma via para o aprendizado do *Tao*.

Eis um fragmento da entrevista de P.B., estudante de *Taiji* na Associação *Taiji* Pai Lin e paciente regular de massagem:

> **P.B.**: "Eu estava com os dois rins muito ruins. Então, trabalhando com esses pontos [os pontos de massagem prescritos pelo mestre Liu Pai Lin para o tratamento] – ainda tenho muita dor – mas nesse processo fui passando pela história da dor – e não digo superando a dor – [...] mas consigo transcender a dor, quase todas as vezes e entrar numa coisa que é difícil definir, mas assim, de transformação mesmo. Quando termino a massagem, eu cresci ali dentro, não só porque melhorou minha saúde física, mas eu tenho experiências, tenho visões, tenho sensações muito fortes com a massagem. Vem muita emoção, entra a parte emocional também com muita força. Às vezes eu tenho medo, [...] choro quase todas vezes o tempo todo, e choro doído mesmo. Então entro meio num estado

308. Explorada no *Taiji Quan* com a orientação pelos pontos cardeais – que na cosmologia chinesa têm fortes correlações cosmológicas – na determinação prévia dos deslocamentos realizados durante a seqüência.

309. No sentido da dança e das artes plásticas, como distribuição estética dos objetos em um espaço delimitado, mas não no sentido musical do termo.

310. A distância deve ser suficiente para que os passos não diminuam significativamente o espaço pessoal de cada membro do grupo, evitando colisões ou restrições à amplitude correta dos movimentos. Na prática da espada a distância necessária é maior, pois seu manejo aumenta o raio de alcance dos movimentos do praticante. Neste contexto, no espaço cinestésico pessoal, a forma como ocupamos o ambiente com nossos movimentos é definida em bases simultaneamente subjetivas, não mensuráveis em termos de metros ou centímetros, e objetivas, o espaço preenchido pelos movimentos da espada que podem atingir alguém que esteja em sua trajetória. Este espaço é constantemente ajustado no contexto concreto da prática.

alterado de consciência, em algum nível, com toda certeza. Isso não foi desde a primeira vez, foi um processo [...] paralelamente ao *Taiji* que estou fazendo todos os dias [...] quer dizer, quando chego lá, já estou com menos couraças, mais solta, mais aberta pra aquilo, entrego".

P.B. teve seu primeiro contato com o *Tui Ná* em uma situação de crise de vida, por intermédio de um discípulo do mestre Liu Pai Lin na Argentina. Posteriormente, a prática regular combinada de ambas as técnicas, *Taiji* e massagem, teve um papel importante na qualidade da experiência. Mas também é determinante a afinidade e a confiança no terapeuta:

> "E também aconteceu que nesse ano fui ficando mais amiga do A. [professor de *Taiji* e massagista na Associação, de quem P.B. recebia massagens regularmente em 1998] e conhecendo ele melhor e confiando nele. Porque sinto na massagem é que, o que determina muito, no meu caso, é o nível de entrega. [...] é acima de tudo é um contato humano. [...] fui conseguindo me entregar muito também, então deitar na cama e soltar, entregar o corpo mesmo. Então aí quando você [...] sai dessa coisa de você estar controlando o corpo o tempo todo, aí pelo menos melhora, é um controle em outro nível [...], mas não aquele controle de estar duro como era no começo" (8/10/1998).

A massagem, como parte do sistema terapêutico taoísta, é um saber prático. Conhecer *Tui Ná* é saber aplicar a teoria para tratar e diagnosticar, fazendo do toque a expressão deste saber, mas é também um tipo de relação interpessoal:

> **L.S.T.**: "Embora você acredite, mas você não sentiu na pele, na hora que você sente a coisa fica bem diferente. Então com a massagem é a mesma coisa, teoricamente é muito fácil ter uma pessoa, tem um pé, você tem o mapa [dos meridianos, dos pontos reflexos do pé], [...] é uma coisa. Agora a hora que você ver um pé de verdade, um tamanho diferente, você está lidando com uma pessoa que vem às vezes apresentando, penso, aquele problema, mas ela tem toda uma história, ela tem às vezes resistência a ser tocada, ela pode não ir com a tua cara. Você tem que ter também [...] o olhar pra isso, né. Assim como no *Taiji*, essa pessoa primeiro precisa se sentir acolhida, ela precisa ficar à vontade, para se deixar massagear, porque senão, não acontece nada".

Mais adiante, na mesma entrevista:

> **L.S.T.**: "vai sendo mais fácil de acordo [...] com o quanto você já entrou em contato com ela. Então, [...] uma massagem nunca é igual a outra. Você pode até pegar os mesmo pontos, porque aqui eles são dados pelo mestre Liu. Ele indica o número de minutos, indica os pontos reflexos do pé. Então a gente tem que fazer por aí. É lógico que se durante o tratamento houver pessoas que se queixam

de problemas digestivos, às vezes, nesse mês, a pessoa pega um resfriado[311] e se queixa, então, aí dá um jeitinho de também socorrer alguma coisa, [...] mas geralmente não acontece. No mais a gente faz assim, o que ele manda" (06/04/1999).

Um instrumento útil à interpretação de episódios de comunicação empática durante a massagem é a noção de sincronização de Edward Hall (1976). Quer dizer, a idéia de que a adoção inconsciente de ritmos corporais comuns – incluindo às vezes mesmo a freqüência respiratória e cardíaca ou a atividade cerebral dos interlocutores – caracteriza a comunicação. Assim, experiências comuns entre terapeutas de *Tui Ná*, conforme me foram narradas em conversações informais, de guiarem sua prática terapêutica não apenas pelo conhecimento, por assim dizer, mais técnico do sistema de massagem, mas também pelas sensações que obtêm durante a sessão de massagem, entre elas, uma percepção intuitiva das dores e disfunções físicas e emoções do paciente por meio de um tipo de ressonância em seus próprios corpos, pode ser considerada um tipo de sincronização. Essas sensações aparecem às vezes, no caso de alguns terapeutas, como impressões visuais ou olfativas de aspectos da realidade que em um estado de consciência ordinário são consideradas invisíveis. Neste aspecto, minha temática aproxima-se da discussão de Edith Turner (*et al* 1992) sobre o estatuto de realidade das manifestações espirituais na cura ritual *Ihamba* dos Ndembu. A autora destaca que uma habilidade necessária para o curador Ndembu é a faculdade de ver os espíritos ou suas manifestações, em um estado de consciência ampliada, obtido por transe e atenção total. Como não obtive estes relatos no contexto de uma entrevista, e compreendendo a delicadeza do assunto, que não é discutido abertamente com estranhos, prefiro não identificar os massagistas que me introduziram ao tema.

A experiência da massagem é um tipo de diálogo energético, onde o terapeuta supre o *Qi* deficiente do paciente, tonificando, e retira o *Qi* patológico, estagnado e bloqueado, sedando. Por essa razão, além dos conhecimentos técnicos sobre massagem, a prática regular dos *treinamentos* é obrigatória para os massagistas:

> **L.S.T.**: "Precisa né, porque senão você não agüenta. Você sente, cada massagem, cada pessoa, ela [...] demanda [...] em algum desgaste, certo. Então, você tem que estar atento para você mesmo. E quantas você vai fazer naquele dia, e saber, como o pessoal fala, administrar a sua própria energia, porque senão você nem passa para o outro e ainda acaba pegando o lixo do outro. E pega mesmo, pega mesmo.

---

311. Isso aconteceu, por exemplo, em minha própria experiência como paciente de massagem na Associação. H.N., a massagista que me atendeu, acrescentou às prescrições do mestre algumas manobras para tratar meu resfriado.

Então aparecem dores, no braço, mal-estar e você sente que perdeu [...] energeticamente você tem que estar bem plantado, senão você sente, e sente de uma hora pra outra, você pode começar a ver tudo preto e tal, e aí acabou a brincadeira, não consegue mais. Então precisa estar atento a isso, para o teu limite" (06/04/1999).

* * *

A transformação do *habitus* – e sua relação implícita com outras idéias, valores e atitudes – pode ser a resposta para a indagação sobre como aprender novas técnicas corporais tem efeitos transformadores sobre seus praticantes (Jackson, 1989). Isto fica claro nestes dois fragmentos da entrevista com L.S.T., terapeuta de *Tui Ná*, ex-secretária da escola na Missão Católica Chinesa, ex-professora de *Taiji*, em que ela comenta o impacto existencial do aprendizado das técnicas taoístas. Primeiro suas experiências iniciais como praticante:

> **L.S.T.**: "E penei muito durante uns dois, três meses, com toda a transformação que foi acontecendo comigo por causa daquela ginástica [...] que ainda não era o *Taiji* pra mim, eu não sabia, mas só a ginástica[312] foi o suficiente pra me deixar em parafuso, começou a soltar tudo quanto foi couraça, bloqueios e tudo mais, e eu me perguntava: 'Será que isso realmente é bom? Parece que estou muito pior'. Então, estar tirando o pé de um degrau pra colocar no outro e tudo que passei, dores articulares [...] Emocionalmente também fiquei diferente. Perdi muito da agressividade, então eu me sentia frágil, insegura, porque eu me firmava um pouco na agressividade" (6/4/99).

Depois, já como professora, L.S.T. percebeu que algo similar acontece normalmente com os iniciantes:

> "O *Taiji* mexe muito, [...] [o] que é altamente positivo, mas se as pessoas não tiverem alertas pra isso, elas vão achar que aquilo está fazendo mal, que (pôxa vida!) estão se sentindo piores, elas estão, de repente, chorando à toa. É uma coisa que passa, mas exige realmente um trabalho profundo. É primeiro uma lavagem em você. E eu sempre dizia: 'Não pergunta de início, o que o *Taiji* vai te dar, porque ele não vai te dar nada, mas ele vai te tirar muita coisa, tudo quanto é lixo [risos], é bloqueio, sabe, muita cristalização, muita coisa'. Ele vai com toda aquela suavidade, aquela circularidade ele vai tirar fora" (06/04/1999).

Neste sentido, o treinamento aparece como um tipo de processo terapêutico, de reestruturação existencial, corporal, emocional.

---

312. Provavelmente os "Exercícios para a Flexibilização das Nove Dobras do Corpo".

Gostaria de incluir um último exemplo, pessoal, antes de concluir este tópico. Durante minha estadia em São Paulo em 1999, realizei uma consulta médica com o mestre Liu Pai Lin, no intuito de compreender melhor como funciona a medicina tradicional taoísta e de ter mais contato com o mestre, tencionando voltar a solicitar a entrevista que não havia conseguido no ano de 1998. As consultas ocorriam na Associação nas sextas-feiras pela manhã, às vezes agendadas com antecedência. Tanto L.H. quanto J.C. haviam recomendado a consulta como meio de conhecimento e como forma de estar em contato pessoal com o mestre. Antes da consulta, os pacientes devem preencher uma ficha com seus dados pessoais (nome, endereço, sexo, idade) e seus problemas de saúde. Não informei nada sobre o segundo tópico. Acreditava estar gozando de boa saúde, apesar de ter problemas respiratórios crônicos desde a infância, característicos de muitas pessoas crescidas em Brasília, um pouco agravados durante a pesquisa de campo pela poluição e o clima instável de São Paulo.

A primeira parte da consulta não foi muito distinta do sistema de diagnóstico mais convencional da medicina chinesa. O mestre examinou meu rosto, os olhos, a língua, o pulso radial e fez perguntas, traduzidas por J.C., sobre as características de minhas fezes e urina. J.C. retirou-se do consultório – uma pequena sala no térreo, utilizada para massagem durante a semana, contendo uma mesa de massagem, uma pia e três cadeiras. O mestre solicitou-me em um português com forte sotaque: "tira sapato". Curioso sobre os desdobramentos do exame, deitado na maca de barriga para cima, observei o mestre acompanhar, com as mãos a poucos centímetros de meu corpo, o trajeto dos meridianos ordinários, detendo-se para auscultar mais uma vez o pulso radial, e o tornozelo. Pareceu examinar com atenção redobrada a circulação energética das mãos, mantendo meus antebraços erguidos verticalmente. Tocou também alguns pontos específicos, dos quais um dos pontos terminais do meridiano do fígado (F13), do lado esquerdo, que se apresentou particularmente sensível.

Ainda durante o exame, o mestre reconheceu algo que eu não tinha mencionado na ficha nem na conversa com ele. Cerca de dois meses atrás, havia sofrido uma luxação no dedo médio da mão esquerda. Cometi um erro ao bloquear um chute durante um treinamento de *Gongfu*, de modo que o pé de meu adversário escorregou por meu antebraço, pressionando os dedos para trás. Uma articulação do dedo médio tinha ficado inchada, dolorida e com a mobilidade comprometida. Com o tempo, o dedo desinchara e a lesão não podia mais ser percebida visualmente, mas a articulação continuava a apresentar sensações de rigidez.

Sem que eu tivesse dito nada, durante o diagnóstico com base no exame dos meridianos, o mestre ergueu meu antebraço esquerdo posicionando suas próprias mãos a uma certa distância das minhas. As posturas das mãos, como pude constatar mais tarde, consultando a literatura especializada sobre *Qigong*, eram respectivamente a "Cabeça de Grou" e o "Dragão Segura uma Pérola", utilizadas para emissão externa de *Qi*, o que eu ainda não sabia no momento da consulta. Senti uma súbita descarga elétrica na articulação luxada e, desde então, todos os efeitos do acidente desapareceram.

O mestre não comentou nada a respeito. Foi até a porta do consultório e chamou J.C. para me transmitir o diagnóstico. Fez anotações no prontuário, indicando os pontos recomendados para massagem e escreveu alguns ideogramas sobre o desenho de uma língua. J.C. traduziu o diagnóstico, que indicava uma fraqueza da essência dos rins, que não conseguem nutrir o fígado.[313] Apesar de aparentemente eu estar sadio, para o mestre minha saúde era como uma árvore cujas raízes não são suficientemente profundas para prover o seu completo crescimento.

Pedi que me ensinasse algum treinamento por meio do qual tratar este problema, já que o preço das massagens (R$ 50,00) impossibilitava que eu fizesse as 10 sessões recomendadas. Como bom estrategista, o mestre sinalizou que me considerava um discípulo e recomendou que eu comparecesse ao próximo encontro de São Roque, onde eu aprenderia os treinamentos.

A consulta me permitiu perceber que a relação de instrução não se constrói apenas nas aulas ou palestras, que os pacientes são aprendizes em potencial. Nisto, a tradição taoísta se assemelha a vários cultos xamânicos e de possessão de diversas partes do mundo, em que a doença pode ter um sentido iniciático. Além disso, a consulta exemplificou as propriedades tangíveis do *Qi* e os poderes de diagnóstico da medicina taoísta.

* * *

Os casos acima são exemplos de que a abertura para o aprendizado do *Tao* passa pelo corpo, que o conteúdo da transmissão é um certo tipo de experiência

---

313. De acordo com a cosmologia tradicional chinesa, as cinco energias primordiais da natureza, relacionadas no microcosmos ao sistema de órgãos e vísceras (*Zang fu*), estão em relação de mútua geração e controle. No ciclo de geração, o metal gera a água, a água gera a madeira, a madeira gera o fogo, o fogo gera a terra, que por sua vez gera o metal, iniciando um novo ciclo. Os rins estão relacionados à água e o fígado, à madeira.

transformadora passível de ser vivida por qualquer um que pratique com regularidade. O que está em jogo é uma noção de experiência coletiva. Para os taoístas, as técnicas facultam-nos alcançar um determinado estado que, a despeito de suas qualidades particulares ao ser vivido por um sujeito específico, é uma experiência comum e relativamente previsível. Essa transmissibilidade e previsibilidade da experiência permitem que uma pessoa possa se tornar taoísta. Não sendo uma etnia, e estando inserido no contexto pluriétnico e multicultural de uma grande metrópole, o que viabiliza a existência do grupo é que sujeitos com origens profundamente diferentes podem ter acesso ao mesmo tipo de transformação pessoal que caracteriza o taoísmo como técnica e como tradição espiritual.

Em oposição ao tabu antropológico referente a "tornar-se nativo" – visto como algo ética e epistemologicamente incorreto, cientificamente contraproducente e praticamente impossível –, do ponto de vista "nativo", qualquer um pode se tornar taoísta aderindo a um modo de vida, uma atitude e uma perspectiva, calcados em um sistema de práticas que visa uma transformação pessoal integral. A base da continuidade da tradição é a transmissibilidade potencial do *corpus* de saberes, mas também das experiências dele decorrentes. Certamente este ponto de vista traz para o antropólogo um risco: ignorar em sua pesquisa as implicações da projeção cultural, isto é, de compreender a diferença atribuindo-lhe descuidadamente os critérios do intérprete. Por outro lado, como a maioria dos aprendizes é brasileira e adulta, tornar-se taoísta é um processo de socialização de segunda ordem em que o *habitus* anterior se hibridiza com os padrões que compõem as técnicas taoístas. Isto é assinalado, inclusive, pela expansão do grupo ter sido influenciada pela necessidade de desenvolvimento de um método para brasileiros.

Neste contexto, a precondição de uma abertura para a alteridade é a adoção de novas técnicas corporais, que têm um efeito simultaneamente físico, espiritual, e no imaginário, com experiências que imprimem um mundo no praticante, a começar por seu corpo e pelas relações perceptivas e interpretativas que estabelece de maneira concreta com o tempo e o espaço. Em sua configuração no mundo complexo contemporâneo, o taoísmo potencialmente é uma via para a "alteridade sensorial", quer dizer, para um tipo de experiência do mundo calcada no corpo (*embodied*) que se contrapõe à condição de "anestesia cultural" (Stoller, 1997) resultante ao mesmo tempo da insensibilização e da hiperestimulação a que os habitantes do mundo urbano contemporâneo são submetidos, em decorrência do próprio ritmo da vida cotidiana nas metrópoles, característica dos desdobramentos políticos tardios do cartesianismo no mundo ocidental.

Neste sentido, metáforas antropomórficas estabelecem relações de continuidade entre linguagem, conhecimento e prática corporal; são um modo de fazer, mais do que simplesmente de dizer (Jackson, 1989). Imagens como o casamento Céu-Terra, a união de sol e lua, o fogo sob a água – centrais para a alquimia interna taoísta e núcleo da meditação "Sentar na Calma"[314] –, ao serem vividas em posturas corporais e estados psicossomáticos meditativos, fazem a mediação entre o conceito e a experiência, ensinam implicitamente uma atitude diante da vida, estabelecem relações afetivas, cognitivas e perceptivas entre corpos pessoais, sociais e naturais. Pois, para o taoísmo, há uma relação de continuidade entre os princípios que regem a vida humana e o movimento da natureza, entre o corpo humano e o corpo do mundo. E o sentido das práticas é manter a harmonia entre o funcionamento dos dois sistemas, integrar o ser na totalidade.

O projeto taoísta é transformar em condição permanente os estados alcançados no treino. Os anos de repetição cotidiana dos treinamentos constituem-se como "transportes"[315] que a longo prazo produzem uma "transformação" no praticante. Por isso, considero que o taoísmo, de certa forma, implode as fronteiras do sagrado e do profano, do ordinário e do extraordinário. A experiência do *Tao* pode ser entendida como a conquista de um estado de consciência, que implica uma reorientação global da postura diante da vida, iniciada com uma reconfiguração dos padrões de uso do corpo. A dimensão extraordinária das práticas, a longo prazo, tende a transbordar para o dia-a-dia. Na medida em que a cultura formula e organiza o tempo, nas formas pelas quais este é concebido, percebido e vivenciado, tornar-se taoísta é também adotar um ritmo temporal mais lento, ao menos dentro de determinadas molduras situacionais, que dialoga criticamente com aquele que caracteriza a vida cotidiana acelerada da metrópole.

Apesar de o corpo não existir integralmente sem socialização, nele também há um resíduo não-codificável, uma abertura, um índice de indeterminação. Possivelmente, uma transmissão meramente verbal e intelectual esbarraria em um número maior de fronteiras, dadas pela naturalização de códigos, valores e símbolos de que se depende para ser "nativo" de uma cultura. Por apresentar

---

314. Discutida em "O Estilo de Espiritualidade Taoísta".

315. Em "Bifurcações no Caminho", desenvolvi a distinção de Richard Schechner (1985) entre *performances* de "transformação" e de "transporte".

uma estratégia de aprendizado que é minimamente baseada na linguagem verbal, talvez a transmissão taoísta esbarre menos nas barreiras do intelecto, seja assimilada como *habitus* antes de intelectualmente compreendida. A cosmologia subjacente à técnica corporal é absorvida pelo aprendizado da técnica, mas por outro lado, como já disse em um capítulo anterior, depende também de um tipo de intertextualidade entre o texto corporal (incluindo técnicas, práticas e sistemas de exercícios) e textos verbais (filosófico-poéticos), orais e escritos, e iconográficos (mapas, diagramas, símbolos).

Um Tempo significativo

Uma das implicações principais de tornar-se taoísta é uma transformação da experiência do tempo. Se cada cultura tem um ritmo que lhe é próprio (Hall, E., 1976; Blacking in Byron [org.], 1995), aquele que caracteriza o taoísmo é proporcionalmente muito mais lento em relação ao tempo acelerado das grandes cidades, local de residência da maioria dos praticantes brasileiros desta linhagem. É aprendido a longo prazo, por anos de repetições de treinamentos em "câmera lenta". Seu modelo mimético é a tartaruga, um dos animais sagrados do taoísmo, associada à longevidade. Ao participar dos treinamentos e interagir com meus interlocutores, observei que praticantes mais experientes e mais assíduos tendem a ter um ritmo nas práticas muito mais lento do que os iniciantes. Este ritmo transborda imperceptivelmente para as atividades cotidianas, manifestando-se em um menor nível de estresse e agitação. Essa mudança está associada a uma característica do *ethos* taoísta que é considerada uma expressão de sabedoria: "não dispersar (os Três Tesouros)", "saber se preservar". Além disso, o ritmo mais lento proporciona condições para apreciar esteticamente os aspectos prosaicos da vida diária.

O valor positivo atribuído a "integrar-se à natureza" também condiciona uma adesão estratégica a seus ritmos. Entre os discípulos, os treinamentos devem ser uma atividade diária, e um dos melhores momentos para a maioria das práticas é de madrugada e próximo ao nascer do sol. Isto tem por conseqüência um reajustamento do ritmo e da distribuição das atividades rotineiras, mas uma vez na contramão da aceleração da metrópole. Imagino que os diferentes ritmos alternam-se em diferentes situações sociais (*frames*), da mesma forma que diferentes papéis e regras são contextualmente acionados.

Por outro lado, ao ser assumido como "caminho de vida", o taoísmo integra um tempo fértil de sentido, que ao mesmo tempo desencadeia experiências e é intensificado por elas. As histórias de vida dos praticantes taoístas estão repletas do tipo de eventos "sincronísticos", conforme a definição de C. G. Jung:

> A sincronicidade, portanto, significa em primeiro lugar, a simultaneidade de um estado psíquico com um ou vários acontecimentos que aparecem como paralelos significativos de um estado subjetivo momentâneo e, em certas circunstâncias, também vice-versa (Jung, 1988:19).

Pelo que indicam os estudos parapsicológicos que lhe serviram de matéria-prima, bem como sua própria experiência clínica, a forte carga afetiva e existencial é um elemento potencializador de eventos desta natureza, ao produzir um estreitamento da consciência acompanhado de um fortalecimento do inconsciente, afetando a percepção do espaço-tempo. Mais adiante ele prossegue no exame da estrutura deste fenômeno:

> O fenômeno de sincronicidade é constituído, portanto, de dois fatores 1) *uma imagem inconsciente alcança a consciência de maneira direta* (literalmente) *ou indireta* (simbolizada ou sugerida) *sob a forma de sonho, associação, ou premonição* 2) *Uma situação objetiva coincide com este conteúdo* [itálicos do original] (Jung, 1988:25).

Embora noções compatíveis com a de "coincidência significativa" apareçam em vários outros contextos culturais, é importante enfatizar que a filosofia taoísta oferece instrumentos conceituais para integrá-las e articulá-las como parte fundamental da experiência do caminho (*Tao*), pela leitura do *Yijing*, seja como tratado filosófico, como verdadeira cosmografia,[316] seja em sua aplicação considerada mais superficial, como oráculo. As correspondências significativas entre os eventos são, para seus protagonistas, evidências experienciais subjetivas da cosmologia taoísta, amparadas pelo padrão de interpretação tradicional – o mundo como rede de correspondências entre micro e macrocosmos, em constante mutação, como descrito pela filosofia do *Yijing*. Complementarmente, compreender o mundo como rede de correspondências aguça a atenção para percebê-las e interpretá-las quando acontecem.

Selecionei alguns fragmentos de entrevistas para ilustrar a inserção destas situações nas histórias de vida dos taoístas, que aparecem também nas conversas informais entre amigos praticantes.

---

316. Explicado desta forma por A.M.: "Como ferramenta para entender a saúde, entender segredos dos treinamentos taoístas, as leis da natureza. E como é que o taoísta entende estas leis e consegue até manipular essas leis, até certo ponto, pra conseguir se preservar, coisas assim" (12/10/1998).

R.F., que atualmente se dedica em tempo integral ao ensino do *Taiji* taoísta, principalmente da espada (*Taiji jian*)", começou a praticar *Taiji*, em 1986, devido a uma série de "coincidências":

> **R.F.**: "Como também gosto muito de artes plásticas, e sempre gostei muito de desenho e pinturas especificamente, comecei a procurar nesse lugar e descobri que tinha uma oficina de arte, próxima a rua que eu morava e fui lá. E de fato estava escrito: 'Oficina de Arte, entre'. E eu entrei. Só que não estava mais funcionando como oficina de arte. O que estava acontecendo lá era um outro movimento, tinha uma professora de *Taiji* dando aulas naquele local. E logo que entrei, ela – inclusive o nome dela é I.S.[317] [...] – me recebeu. É uma pessoa assim, muito carinhosa, um sorriso maravilhoso. E uma postura fantástica. Fisicamente, uma harmonia total. E aquilo nela me cativou e eu entrei, me chamou pra tomar um chá. E enquanto isso, ela falou que não tinha mais o que eu estava procurando e fiquei assim meio que decepcionado. Mas o papo foi correndo muito legal, ela falou: 'Mas tem *Taiji*, se você quiser fazer'. Tipo, não é a mesma coisa, mas, até em brincadeira, ela disse. Eu falei: 'Tá legal, vou pensar no caso e depois vejo'. Não estava na minha cabeça, de jeito nenhum, fazer *Taiji*. Mas a figura dela me impressionou bastante e aquilo ficou, aquela harmonia daquela pessoa. É, foi uma coisa que disse, já calou dentro de mim alguma coisa, eu fui andando".

Assim como no fragmento de entrevista de A.M. que citei no capítulo acerca da dimensão narrativa do taoísmo, R.F. não estava buscando o *Taiji*. Mas ficou predisposto a reconsiderar devido à impressão causada pela professora, uma demonstração ostensiva, implícita, de uma experiência a que se acrescentou um evento sincronístico:

> **R.F.**: "E nesse dia em seguida dessa escola, eu fui pra sauna, porque sempre gostei muito de sauna, também. [...] na primeira sessão de sauna, eu saí, sentei, peguei uma revista; isso já faz 13 anos. Era Manchete. Quando abri a Manchete no meio, tinha assim uma reportagem, sobre *Taiji*, e com mestre Liu Pai Lin. A revista Manchete era grandona, as folhonas grandonas, e uma página era só uma foto do mestre, aquele mestre chinês, que eu já visualizava, lá anteriormente. De cabelos brancos e tudo mais. Uma reportagem muito interessante, e eu falei: 'Olha que interessante, isso'! E eu não sabia que ela era discípula do mestre, não. Mas aí fiquei pensando. Eu falei: 'É, acho que pode ser interessante'. Já comecei a pensar duas vezes.
>
> "E a partir daí, entrei em contato, procurei essa pessoa e, na primeira aula, não cheguei a fazer, mas quando vi as pessoas fazendo, eu falei: 'É isso. Aprender pra ensinar'" (27/04/1999).

---

317. Durante a pesquisa de campo, residente em Brasília, mudou-se no segundo semestre de 2006 para Florianópolis.

A.M. manteve durante muitos anos um duplo vínculo ao *Yoga* e ao taoísmo, mas finalmente decidiu-se pelo *Tao* por causa de experiências de natureza similar. Por exemplo, no ano de 1986, ele viajou para a Índia, para passar um mês no *ashram* de sua mestra:

> **A.M.**: "Agora o mais interessante nessa viagem foi o seguinte: é que a companhia aérea, por uma razão que ninguém sabe, ninguém entende, fez com que as três pessoas que estavam viajando, eu e um casal do Rio, que fomos juntos e voltamos juntos pra esse *ashram*, a gente foi obrigado a passar por Hong Kong na volta. Então fizemos uma escala em Hong Kong. O avião saía de Bombai (Bombaim) ia pra Hong Kong pra depois voltar, passar por Nova Delhi, pra depois ir pra Londres e vir pra cá. Então, fui obrigado ir até a China, apesar de que eu ia pra Índia e aí o impacto foi muito interessante, porque quando eu estava chegando na Índia e era a primeira vez, olhando assim de cima, pra mim era igual ao Brasil, foi a sensação que me deu, que a vegetação era a mesma, a terra era a mesma e de fato é, quer dizer, os solos são exatamente os mesmos, tirando os Himalaias que a gente não tem [...] Já na China, foi um impacto completamente diferente. Quando estava chegando em Hong Kong, via as montanhas assim, em volta do Porto, em volta da baía da ilha, e as montanhas cobertas de verde e envoltos em nuvens, naquelas névoas, características das pinturas chinesas, assim, montanhas aparecendo com verde no meio e névoas em volta. Aquilo parecia, realmente, uma pintura clássica e fiquei absolutamente fascinado, eu queria mais de qualquer maneira fugir daquele aeroporto e subir lá pra cima, pra ver o que que estava lá, no meio das nuvens, naquelas montanhas. Foi um fascínio, assim, uma coisa impressionante. E inclusive lá nesse aeroporto de Hong Kong, sentado no refeitório, foi a experiência de meditação mais profunda dessa viagem, ou seja, apesar de eu ter ficado mês e meio lá na comunidade, meditando em lugares fortíssimos, como uma caverna de meditação que fica embaixo do túmulo do mestre da minha mestra [...] a grande meditação foi essa, durante uma hora, uma hora exatamente" (08/10/1998).

A.M. reavaliou o sentido de sua busca espiritual. Um ano mais tarde, no entanto, após permanecer em São Paulo próximo a seu mestre taoísta, sentiu-se mais uma vez atraído pela Índia:

> **A.M.**: "Eu sabia que a minha mestra de *Yoga*[318] ia para o México, pela segunda vez, naquele ano de 87, e me deu uma vontade muito grande de ir lá, em julho, que era o tempo que ela estaria lá, para encontrá-la. E aí no fim acabei decidindo que eu ia morar de novo no México, não ia só visitá-la, eu ia de mala e cuia, ia ficar lá mais um tempo. Eu achava que ia ser pra sempre" (08/10/1998).

Um evento inesperado, no entanto, redirecionou esta escolha:

---

318. Grupo não identificado a pedido do entrevistado.

A.M.: "Mas na hora que eu estava indo para o México, o mestre recebe uma carta de um discípulo dele lá no México, que é um cara que tinha feito um mês de aula com o mestre, tinha ficado muito fascinado, ele já conhecia o taoísmo de uma outra experiência na China, de 6 meses. Ele já tinha um grupo, que ele ensinava *Taiji* no México e o mestre tinha conhecido só um mês e esse cara mandou uma carta convidando o mestre para ir para lá. E o mestre aceitou. Então aí, seis meses depois que eu tinha chegado no México, o mestre foi acompanhado da J.C., e de uma outra velha discípula dele, que agora está afastada, [...] D.E. [...] Aí foram os três, e fui participar do seminário dele, foram vários dias, foi muito interessante, foi muito bom, porque quando ele vai para um país onde não vai estar morando, ele dá uma síntese, ele condensa muito, ele sintetiza muito, aprofunda muito, muito bom. E aí fiquei outra vez impactado, com o mestre, com o taoísmo. Por coincidência, quer dizer falsa coincidência, como eu tinha parado de treinar tudo que eu estava treinando aqui com ele, nesse momento, quando ele chega lá, eu estava cheio de dores no pescoço, assim, de estresse. Aí recomecei os treinos, por minha conta. Depois que ele veio embora, voltei a treinar todo dia o que eu lembrava [...] E nunca mais precisei de quiroprático, [...] tinha chegado a ir várias vezes ao quiroprático por causa do pescoço. Aí comecei a sentir um chamado, assim, grande, a me aprofundar e fui aprender chinês" (08/10/1998).

Nem sempre os eventos significativos são externos. A.M. sugeriu que eu entrevistasse também L.F., professora de *Taiji* e discípula do mestre Liu Pai Lin. Ou melhor, simultaneamente sugeriu a ela que cooperasse com a pesquisa. L.F. se tornou praticante de *Taiji* devido a um encadeamento particular dos acontecimentos, que ligaram um desejo, uma busca e os meios para concretizá-la:

LF: "Sou psicóloga e ouvi sobre o *Taiji Quan* no último ano da faculdade. Eu não sabia na verdade o que era. Nunca tinha visto, mas eu sabia que queria fazer uma ginástica lenta, com movimentos lentos e que trabalhasse a energia do corpo. Nessa época fiz um curso de terapia corporal e a minha professora falou a respeito do *Taiji Quan* e demonstrou alguns movimentos. Foi aí que vi que era realmente esses treinos que eu queria fazer. Aí, comecei a pesquisar a respeito das escolas, soube do mestre Liu Pai Lin. Mas não encontrei a escola dele. E comecei a treinar com outros professores. Nessa época eu estava treinando, mas senti que não era aquele *Taiji* que eu queria. [...] 'Eu quero saúde. Saúde e serenidade'.

"Um dia na minha casa, fechei o olho e pedi para que os santos, o pessoal lá em cima, me mostrasse o caminho, me indicasse aonde eu deveria procurar um mestre verdadeiro. E durante uma semana inteirinha tive o mesmo sonho. Eu sonhei com o mestre, pequeninho, de cabelo branco, todo de branco, fazendo *Taiji* num parque. E esse mestre, algumas noites do sonho, ele estava acompanhado de um grupo muito grande. Todos de branco,[319] com semblante muito sereno, praticando *Taiji*. Vi que o que eu aprendia não era aquilo que parecia no meu sonho. Então, novamente pedi que os santos me indicassem aonde estava esse mestre, me mostrasse o caminho, me levasse até o mestre" (15/05/1999).

Pouco tempo mais tarde, nova "coincidência":

L.F: "Na escola onde eu aprendia, apareceu um casal. Esse casal, o rapaz se chama N., ele trabalhou na escola do mestre, ele é massagista e esse casal viu eu fazendo *Taiji*. Quando terminei ele chegou pra mim e falou: 'Você quer aprender o *Taiji* verdadeiro?' – Falei: 'Quero'. 'Então, vá procurar essa pessoa'. E me deu o endereço do mestre Liu, lá na Santa Justina. Fui. O curso era seis horas da manhã, foi difícil para eu achar aquele local, porque eu não conhecia. Mas insisti, encontrei o local. Levantei de madrugada, fui até lá. Quando entrei na sala foi a maior a surpresa, porque todo mundo que apareceu no meu sonho estava lá, praticando *Taiji*. Então, falei: 'É aqui, né?' (15/05/1999).

L.F. ficou visivelmente emocionada ao narrar esta experiência. Provavelmente só concedeu a entrevista por recomendação de seu amigo e condiscípulo. Após este primeiro acontecimento, continuou, ao longo dos anos, a ter sonhos significativos relativos ao seu aprendizado do taoísmo:

L.F.: "De vez em quando, assim, quando preciso de um treino diferente, para resolver algum problema de saúde, o mestre Liu aparece em sonho para mim e me explica" (15/05/1999).

L.F. foi a primeira a me narrar sonhos com o mestre. Posteriormente ouvi de outros praticantes e mesmo do próprio mestre Liu Chih Ming, no contexto de palestras, relatos de sonhos com seu falecido pai. Por mais incrível que pareça, a transmissão de conhecimento iniciático em sonho é um fenômeno comum a vários estilos contemplativos, com referências no taoísmo,[320] no *Yoga*,[321] mas também no Sufismo. Uma experiência semelhante foi narrada também por um praticante de Brasília, que conheci em agosto de 2000, a respeito de ter sonhado com o já falecido mestre Liu, ensinando-lhe um determinado exercício meditativo que ele ainda não conhecia, mas que lhe foi confirmado por outros praticantes.

---

319. Esta, de fato, é uma característica do grupo, decorrente do modelo do mestre.

320. Dentre as versões que atribuem a origem do *Taiji Quan* ao monge taoísta Zhang Sanfeng, há uma que atribui sua criação a um sonho (Despeux, 1994).

321. Por exemplo, na escola a que estive vinculado, Ananda Marga, os sonhos com o mestre são uma experiência relativamente comum entre os praticantes avançados. Ver também, sobre o *Kriya Yoga*, a *Autobiografia de um Iogue* (Yogananda, 1981).

L..F. teve também sonhos com claro simbolismo alquímico, característico desta linhagem taoísta:

> **L.F.**: "Teve uma época em que eu estava gastando muito minha energia. Eu tinha um companheiro, treinava bastante, mas também gastava muito. Aí tive um sonho, apareceu um mestre, com aquela túnica amarela, a pele dourada, ele indicou a união do céu e da terra e me abençoou. Deu uma bênção.
>
> Numa noite foi isso, na outra, vi o sol e a lua. Os dois astros foram se aproximando e um entrou no outro. Houve uma união do sol e da lua. Então, parei com tudo, resolvi ficar sozinha e segui profundamente o caminho do *Tao*. Para poder recuperar a minha energia, fortalecer minha energia, recuperar saúde. Porque, à medida que a energia enfraquece, você começa a ficar doente" (15/05/1999).

Os sonhos significativos revelam para L.F. o sentido de seu vínculo com o Taoísmo:

> **L.F.**: "Eu sinto que tenho uma ligação espiritual com o Grande *Tao*, com os mestres. Sempre que preciso, assim, me esforçar mais nos treinos, eles aparecem como me chamando a atenção, me indicando alguma coisa" (15/05/1999).

Passando dos eventos à teoria, valeria mencionar mais uma vez o *Livro das Mutações*. De todos os discípulos com quem tive contato pessoal, A.M. me pareceu ser o que mais sistematicamente investiu no estudo do *Yijing*, chegando a se tornar um verdadeiro especialista no assunto. Seu primeiro contato com o texto data de 1973, em uma viagem para o exterior, primeiro mediante uma consulta oracular e depois pela aquisição de uma versão em inglês da clássica tradução de Wilhelm. Seus estudos subseqüentes concentraram-se na compreensão do oráculo, anos antes de seu primeiro contato com o mestre Liu Pai Lin, que lhe introduziu mais profundamente aos aspectos mais filosóficos deste clássico. Tivemos uma conversa sobre o significado do oráculo, que surgiu no contexto de um relato biográfico:

> **A.M**: "Eu tinha uma teoria de que [...] o *Yijing* trabalhava com as forças da natureza, que na verdade é a mesma coisa que o mestre Liu fala sobre o *Yijing*, sobre o *Tao*. [...] ele só trabalhava com as forças da natureza, que o *Yin* e o *Yang* eram coisas da natureza. E que simplesmente a consulta oracular não era magia, mas era uma maneira de você entrar em contato com as energias do cosmo através de um método, que a ciência desconhece. Isso era o que eu sentia e continuo sentindo até hoje".
>
> **Etnógrafo**: "O que você acha da interpretação do Jung da sincronicidade?"
>
> **A.M.**: "Eu acho interessante, mas a impressão que me dá é que esse conceito dele é, digamos assim, uma maneira de criar uma interface entre a prática ora-

cular e a ciência ortodoxa ocidental, estreita. Então ele cunhou um conceito bonito, com certo apelo psicológico e tal, mas acho que nem precisava. Por exemplo, na tradição esotérica européia mesmo, ou egípcia, existe uma forma que acho mais elegante de dizer isso, quer dizer, que é um dos chamados princípios herméticos, que fala que o que existe em baixo e o que existe em cima é sempre análogo. Então, digamos assim, se as moedas ou as varetas ou os feijões coloridos, ou as cartas e o que quer que seja que você use como forma de consulta, está dando um determinado padrão aqui em baixo, é porque lá em cima existem os planos invisíveis, existe aquele padrão de outra maneira, porque na hora de você se lançar, fazer a consulta, você está invocando essa orientação dos planos superiores. Então, digamos assim, essa maneira de ver é mais causal do que a maneira de ver do Jung, porque é como se você dissesse: 'Bom, você está pedindo alguma coisa e está querendo orientação sobre alguma coisa, e de planos superiores do cosmo, uma daquela pergunta é entendida e é percebida, existe uma ligação direta com um método concreto, é um material que você está usando pra receber a resposta. Então, a sincronicidade é uma maneira elegante, na minha opinião. E é correto [...] O conceito é bem chinês. Agora na tradição esotérica européia, [...] tem um outro sabor, que é um sabor mais causal. Existe essa maneira de dizer, que assim como em cima, embaixo; assim como embaixo é em cima, que é o que se revela na hora que você consulta" (08/10/98).

Embora a conexão entre o pensamento junguiano e o *Yijing* não seja gratuita, já que este foi uma das fontes de inspiração para a elaboração do conceito de sincronicidade, e até considerada sofisticada do ponto de vista taoísta, há uma divergência fundamental na interpretação da relação entre os eventos. Ocupando a posição de cientista, Jung busca um modelo de explicação acausal, considerando que não se pode postular uma causa transcendental porque uma causa precisa ser, logicamente, uma entidade demonstrável (Jung, 1988). Já meus entrevistados não parecem fazer objeção a nexos causais, embora apenas A.M. os tenha formulado mais explicitamente.

Jogos Dialógicos no campo

Considerando o diálogo como um aspecto da experiência etnográfica, parto da noção bakhtiniana de dialogia para pensar a dupla posição do antropólogo como intérprete e praticante, em uma situação de campo em que privilegiei a participação. Quer dizer, reconheço que cada enunciado sempre se situa numa cadeia dialógica, responde a algo que já foi dito e potencialmente gera novos enunciados que lhe (cor)respondem. Utilizo aqui a noção de diálogo de uma forma instrumental, destacando a pluralidade de vozes e gêneros de discurso, o universo de lugares histórico-culturais de enunciação construídos na e pela interação, mas sem supor uma unidade igualitária e romântica dos interlocutores. Neste contexto, a relação entre pesquisador e "nativos" pode ser pensada como um jogo de inscrições recíprocas, estratégias de auto-representação e de representação do outro, em que o eu é construído em posições mutáveis que se referem a um outro que é um interlocutor em um diálogo, primário ou secundário. Isto é, o interlocutor nem sempre está fisicamente presente na interação concreta. Pressuponho que o mal-entendido é constitutivo do diálogo e também que a etnografia (como texto) e o trabalho de campo (como experiência) são duas instâncias distintas e descontínuas de diálogos com interlocutores diferentes, que permanecem como sujeitos ocultos na instância complementar. Em outras palavras, as questões teóricas interferem nas posições, questões e possibilidades de interpretação dos enunciados dos "nativos" pelo antropólogo, que por sua vez, por um efeito de retroalimentação, interferem no diálogo posterior do antropólogo com seus pares. Assim, o antropólogo corre constantemente o risco de que seu diálogo seja incompleto ou inautêntico por ter motivações implícitas que ultrapassam um determinado diálogo concreto e são seu subtexto. Isso, provavelmente, ocorre em maior medida quando está em campo. Além disso, o diálogo transformado em notas ou entrevista, seu fragmento transcrito em uma etnografia, não é mais essa interação concreta original. Apropriado e editado pelo antropólogo torna-se citação, parte de um enunciado em um outro diálogo.

A metáfora do jogo refere-se à qualidade simultaneamente lúdica e agonística da mutabilidade das posições ocupadas pelo antropólogo no campo, caracterizada pela construção contextual das identidades do pesquisador e de seus interlocutores. Em uma relação dialógica há sempre uma dupla inscrição. Os taoístas, meus interlocutores e eu próprio nos construímos de várias formas na interação. Neste contexto, a posição de antropólogo não foi necessariamente vantajosa nem privilegiada. A condição de pesquisador facilita o acesso a um nível, digamos, mais externo do grupo, por exemplo o acesso quase irrestrito aos treinamentos mais públicos de *Taiji Quan*. Por outro lado, certas inserções só foram possíveis pela formação de vínculos interpessoais baseados em convivência e confiança mútua. Além disso, em um nível mais interno, algumas portas abrem-se apenas para discípulos.

Alguns comentários sinalizam para aspectos da tradição que não são passíveis de apreensão meramente intelectual: dependem de experiência. L., que coordena a Associação juntamente com J. C., repetiu-me algumas vezes, geralmente após alguma pergunta inconveniente: "O *Tao* é um mistério para ser contemplado e não um objeto para ser analisado". Também no primeiro poema do *Daodejing* é dito: "O *Tao* revelado como o *Tao* não é o verdadeiro *Tao*. O Inominável nenhum nome pode nomear".[322]

A determinação do tempo é um fator importante no jogo de posições. Como no caso do antropólogo, personagem mítico das etnografias clássicas, jovem, solteiro e sujeito a crises de solidão, minha etnografia é também a leitura de uma geração por outra. A maioria de meus informantes é mais velha do que eu, sejam praticantes de *Taiji*, sejam professores e discípulos, sem falar do próprio mestre, então com 94 anos de idade. Além disso, em parte pela diferença de idade, em parte por minha opção pela participação, freqüentemente entrevistados mais velhos estabeleceram em relação a mim uma posição de transmissão mais do que de "meros informantes". A diferença de gerações estabeleceu um tipo de relação quase parental entre o antropólogo, mais jovem, e alguns membros mais experientes e/ou em posições mais altas na hierarquia do grupo. Essa aparente desvantagem, de ser colocado na base da hierarquia do grupo, pôde ser uma porta de entrada neste outro universo cultural. Foi também um lembrete de que o ofício do antropólogo imprescinde de uma postura de humildade.

Percebendo estes pólos em tensão na pessoa do antropólogo, pesquisador e praticante, os "nativos" fizeram suas opções, construíram a si próprios ao privilegiar uma destas minhas posições no momento da comunicação. Uma outra maneira como o fator tempo influiu na condição de pesquisa diz respeito ao problema do ritmo da compreensão e da duração do aprendizado. Enquanto um discípulo taoísta tem a vida inteira para amadurecer a compreensão vivenciada de um aspecto de sua tradição espiritual, o antropólogo em formação tem um tempo limitado, determinado por imperativos de ordem prática e burocrática – custos da estadia, duração da bolsa de pesquisa, relatórios anuais aos órgãos financiadores, prazos para elaboração dos resultados etc. O que sugere que uma compreensão mais profunda virá da continuidade, a longo prazo, da investigação dos estilos meditativos de espiritualidade.

As condições de pesquisa de muitos antropólogos brasileiros situam-se em um limiar entre o estranhamento e a familiaridade completos, lidando com códigos que não são os seus próprios nem são tampouco totalmente estranhos, ao menos na aparência, o que resulta em um limiar muito tênue entre comunicação e mal-entendido.

---

322. Conforme a tradução de Liu Pai Lin e J. C. (Chang e Leal [eds.], 1998).

Neste contexto, a curiosidade e indiscrição típicas do antropólogo por vezes esbarram inadvertidamente no decoro, no segredo e no silêncio do outro. A estratégia taoísta nestes casos pareceu ser muito semelhante ao *Tui Sou* (Mãos que Empurram), expressão marcial do *Wu-wei* (não-ação). Ao invés de uma aplicação direta de força, a estratégia é descer e desviar, ou ceder desviando, deixar que a força se perca no Vazio, submeter-se para conquistar. Por exemplo, se um adversário empurra, ao invés de resistir, o empurrão é recebido mas suavemente desviado para a lateral mediante um giro da cintura, de modo que a força do agressor se perca no Vazio e, neutralizada, coloque-o em uma posição desvantajosa, de desequilíbrio. Voltando à relação dialógica, este me pareceu ser o estilo mais comum de recusa. Alguns de meus pedidos de entrevistas foram respondidos com uma esquiva, um adiamento – "não sei, vamos ver depois" – ou com um sorriso silencioso; só em poucos casos a recusa foi colocada explicitamente. Outras vezes, o entrevistado potencial sugeria outro candidato: "Você já entrevistou essa pessoa?".

A alternância entre participação, cumplicidade e recusa foi condicionada também pela temática das entrevistas. As histórias de vida foram mais fáceis de colher entre praticantes de todos níveis, de alunos das aulas de *Taiji Quan* a discípulos que acompanham o mestre há quase vinte anos. Quando o tema era a filosofia taoísta, percebi especialmente entre os iniciantes um movimento que apontava em direção a figuras em posições mais altas na hierarquia dos discípulos, o entrevistado sugeria que consultasse algum discípulo mais antigo – em especial J.C., tradutora do mestre em suas falas públicas e coordenadora da Associação *Taiji* Pai Lin – ou o próprio mestre. Por fim, se o assunto eram experiências pessoais nos treinos, a reserva era ainda maior. Neste terreno um vínculo pessoal, de amizade e confiança, estabelecido por treinamentos e experiências anteriores partilhadas, viabilizou algumas entrevistas, como a de R.F. e A.M., citadas anteriormente. O próprio A.M., entre outros, sugeriu entrevistados para determinados assuntos e informou a outros possíveis interlocutores acerca das entrevistas.

Mais ainda, deparei-me com casos de recusa específica da posição de "informante". Por exemplo, o professor L.A. negou-se a conceder uma entrevista gravada, mas deu boa acolhida ao etnógrafo em uma relação de transmissão, convidando-me para participar de suas aulas na Vila Madalena.[323] Em uma situação mais informal, relatou-me episódios da história do grupo, fez comparações

323. Na rua Harmonia, nº 990 e no CAHOC, atrás do Hospital das Clínicas.

entre um período inicial mais informal e o período atual em que o grupo aumentou de tamanho e se esboça um movimento na direção da padronização dos ensinamentos. Outros colocaram-se em posição de articular contatos, sugerir outros discípulos a serem entrevistados ou situações a serem observadas, como as aulas de um determinado professor que aconteciam em outros locais que não na sede da Associação, como *Tui Sou* (com o professor A.L. no parque Ibirapuera, perto do viveiro), *Bagua* (com o professor H.M. no Instituto Pai Lin[324] da Vila Mariana), ou grupos de *Taiji* para terceira idade.[325] O próprio mestre Liu Pai Lin recusou entrevistas no primeiro período de campo em 1998. Mas recomendou, por intermédio de sua tradutora, que o antropólogo anotasse cuidadosamente o conteúdo de suas palestras, por tratarem dos aspectos essenciais do *Tao*, o que, até onde entendi, é uma solução adotada em outros casos em que o entrevistador parecia não estar preparado para compreendê-lo, conforme já discuti no capítulo dedicado à textualidade no taoísmo, ao tratar da questão dos gêneros do discurso.

No segundo período de campo, o mestre concedeu uma breve entrevista, ou, mais precisamente, transmitiu um ensinamento, mas não sem antes ter declarado: "Como você está praticando os treinamentos e fazendo um estudo sobre o taoísmo, o mestre o considera como um discípulo". Indiferente à agenda ou às pretensões científicas do pesquisador, o mestre construiu-se como mestre, alguém que personifica de modo exemplar uma tradição espiritual, que transmite experiência, falando a um discípulo, mais jovem, menos experiente.

Tanto o antropólogo como os "nativos" lançaram mão de metacomunicação para jogar o jogo das inscrições no diálogo. Por exemplo, em uma ocasião na secretaria da Associação *Taiji* Pai Lin, L.H., professor de *Taiji* e secretário da Associação no período da manhã, e L., professor e coordenador do espaço, perceberam minha atenção na conversa que mantinham e comentaram para que eu escutasse: "Cuidado, ele pode estar gravando". A respeito da minha insistência em que os professores posassem para fotografias para um registro de todos os 37 movimentos da seqüência de *Taiji Quan*:[326] "Quanto você acha que a gente deveria cobrar por estas fotografias?" Em outra ocasião, em uma aula de *Tui Sou*

---

324. Atual Instituto Shiao Lin.

325. Como o coordenado por E.A. na Igreja Presbiteriana de Pinheiros ou o de L.H. no Centro de Convivência de Sumaré.

326. Incluídas no capítulo 6 de minha tese de doutorado, mas omitidas do livro, por motivos técnicos.

no parque Ibirapuera, A.M. me perguntou: "Que tipo de antropólogo é este? Cadê a sua câmera e o seu gravador? Assim você vai acabar virando taoísta antes de concluir sua pesquisa!"

Em resumo, o desvelamento gradual, ainda que descontínuo, que é característico da experiência de descoberta da diferença, vem acompanhado de componentes subjetivos inevitáveis. A abertura para o diálogo veio da participação intensiva nas atividades coletivas que estabeleceu um vínculo de amizade com alguns dos membros do grupo e me inscreveu duplamente como praticante e pesquisador. Neste contexto, um elemento importante é que esta abertura veio de experiências compartilhadas nos treinos – não confundir com vivências idênticas –, que levaram a questões e em seguida a narração de outras experiências, sem as quais muitas categorias comuns no discurso cotidiano são demasiado vagas e abstratas.

Pessoalmente, recuso uma abordagem essencializante da alteridade, que pressupõe a impossibilidade da existência de experiências partilhadas, em decorrência de definições reificadas de pesquisador e pesquisado, normalmente com o antropólogo representando a *epistème* ocidental e o "nativo" definido como "outro" genérico, ocupando aquilo que Trouillot (1991) denominou o "nicho do selvagem". Reconhecer a diferença não é incoerente com o caminho inverso:

> [...] o reconhecimento de que sociedades, também, partilham muitas características e que estas similaridades, como as diferenças sociais, são passíveis de serem sentidas no corpo (Leavitt, 1996:524).

Isto é, que a tarefa do etnógrafo implica confrontar tanto diferenças irredutíveis quanto semelhanças, tanto estranhamento quanto aproximação. Assim, discordo da afirmação abaixo:

> "Os antropólogos deveriam saber que nós não partilhamos outras culturas tanto quanto as imaginamos *in situ* (Kohn, T., 1994:25).

Diante de enunciados como este, emblemático de formulações escritas na primeira pessoal do plural por outros antropólogos europeus e norte-americanos, só me resta perguntar, um pouco cinicamente, em virtude da fragmentação da teoria antropológica e da estrutura institucional da disciplina, do próprio mundo contemporâneo e do aumento do número de antropólogos que se confundem com a definição ocidental de "nativo", "objeto" de etnografia: "afinal, quem somos nós?!"

Reconheço que a distinção entre o "mesmo" e o "outro" é um dilema constitutivo de uma disciplina voltada ao estudo da diferença. Percebo também que, ao escrever, eu próprio faço inferências sobre o leitor, imagino um horizonte dialógico, um espaço de interseção em que a comunicação é possível. Contudo, é necessário cautela ao se posicionar em um debate sobre a natureza no mínimo problemática do que é este "nós" da disciplina. Será que como antropólogo brasileiro posso imaginar que ocupo a mesma posição epistêmica de meus colegas do Primeiro Mundo? Será que ao sintetizar a prática de técnicas corporais e de antropologia da experiência posso me identificar com o "nós" da comunidade antropológica brasileira?

Ao contrário do que pensam alguns antropólogos, para os taoístas – ou ao menos para a escola que estudei –, a própria possibilidade de partilhar o mesmo tipo de experiência é a porta de entrada, ou o "Portão do Mistério" (*Xuán Mén*), para a via que não pode ser trilhada, o Grande *Tao*. Ao definirem sua condição valendo-se do engajamento diário no treinamento, os taoístas desessencializam sua identidade. Uma explicação que me parece aceitável é que certas experiências podem ser partilhadas por serem típicas (Abrahams, 1986). São típicas por ocorrerem dentro de molduras (*frames*) definidas, em um contexto de intensificação da consciência, ou de "transporte", durante o momento performático da prática corporal estruturada no treinamento. Trata-se então do domínio da experiência coletiva. As técnicas simultaneamente induzem estados psicossomáticos e contextualizam sua interpretação, de modo que a sensação corporal como forma de conhecimento não depende de uma mera introspecção do sujeito individual, como no modelo proposto pela metafísica ocidental, mas de uma situação de *performance* que o envolve em todas as suas instâncias.

Por fim, gostaria de enfatizar que a pesquisa de campo não é possível sem alguma cooperação dos membros da cultura pesquisada. Sem o estabelecimento de vínculos afetivos iniciados no espaço partilhado dos treinamentos, minha pesquisa não seria viável, talvez não tivesse atravessado o nível superficial das versões oficiais para pessoas "de fora", que só é contradito pelo vivido se podemos ter acesso à experiência social. O antropólogo não pode depender exclusivamente de seus poderes de observação! Até mesmo ao utilizar recursos audiovisuais para "coleta de dados" dependemos também dos comentários intertextuais de nossos "nativos", e mais ainda do estabelecimento de relações baseadas em atividades comuns, em convivência e sobretudo em confiança:

> [...] relações fundadas no reconhecimento da *mutualidade* (como oposto da *diferença*) forncecem tanto condições sob as quais os pesquisadores de campo são capazes de existir como seres sociais reais em seus locais de trabalho de campo, quanto a fonte de muito do que consideramos dados (Ridler, 1996:247-8).

De modo que participar da vida social no campo, de tarefas mundanas, de atividades corporais – desvalorizadas no ocidente em relação aos sofisticados produtos da alta cultura –, são meios fundamentais para a compreensão antropológica, informam uma compreensão incorporada da experiência do outro e, quando partilhadas, são o terreno para o florescimento de relações empáticas, para a constituição de vínculos emocionais. A compreensão antropológica é também aquisição de habilidades sociais e práticas (Jackson, 1989), uma compreensão empática (Jackson, 1989; Ridler, 1996).

Experiência, Empatia e Conhecimento Antropológico

Em seu artigo "Do Ponto de Vista dos Nativos", Geertz (1998) enuncia um projeto de antropologia baseado inteiramente na razão: "O truque é não se deixar envolver por nenhum tipo de empatia espiritual interna com seus informantes" (Geertz, 1998:88). Minha própria posição, sem ser irracionalista, está nos antípodas deste projeto. Reconheço que os aspectos intersubjetivo, subjetivo, emocional e sensorial são constitutivos do trabalho de campo e fundamentais para uma boa etnografia, justamente por determinarem a qualidade da experiência, mesmo quando não podem ser contidos na escrita etnográfica:

> O conteúdo da cultura, sobre o qual aprendemos por meio de nossas experiências com outros, é muito mais do que podemos confinar em textos – nosso aprendizado é muito mais do que uma interpretação textual (Kohn, T., 1994:21).

Geertz constrói, como seu adversário implícito, uma concepção, por assim dizer, mágica de trabalho de campo e do antropólogo como um tipo de sujeito dotado de uma sensibilidade especial. Mas, sem ignorar a necessidade de dominar teorias e convenções de método e discurso da disciplina, a afirmação do conhecimento antropológico como limitado apenas a resultado de um procedimento intelectual minimiza ou relega para um espaço informal de debate entre colegas o fato de que a qualidade da etnografia depende da conjunção de circunstâncias casuais e fortuitas, de vínculos interpessoais entre o antropólogo e seus "nativos" e do comprometimento existencial do antropólogo.

O próprio Geertz apontara de forma anedótica para este aspecto, em seu famoso artigo sobre a briga de galos balinesa (1989), que se inicia com o relato de como os aldeões de Tihingan, no sudeste de Bali, inviabilizavam a pesquisa de campo definitivamente ao recusarem qualquer tipo de interação com Geertz e sua esposa, no que me pareceu ser uma demonstração de um nível de maestria na técnica de livrar-se do forasteiro indesejável que faria inveja aos Nuer que conheceram Evans-Pritchard. Ele narra como a situação só se reverteu após um incidente ocorrido durante uma briga de galos, que alterou a relação da comunidade com os pesquisadores. Talvez porque compareceram à briga de galos, fugiram da polícia, esconderam-se em um galpão, tomaram chá com seu proprietário, foram defendidos por ele dos policiais, e mais tarde foram objetos do riso dos aldeões: "Em Bali ser caçoado é ser aceito" (idem:282). Quer dizer, como o próprio autor reconheceu foi uma situação inusitada que permitiu um certo tipo vantajoso de inscrição no campo: "Levou-me a uma aceitação súbita e total, não-habitual, numa sociedade extremamente avessa à penetração de estrangeiros" (ibid.). O que é insatisfatório ao ler comparativamente "um jogo absorvente" e "do ponto de vista dos nativos" é a maneira como o projeto etnográfico, que consiste em tratar a cultura como conjunto de textos que o antropólogo tenta ler por sobre os ombros do "nativo", sistematicamente silencia, talvez para resguardar a autoridade científica do antropólogo, sobre a fragilidade de semelhante empreendimento sem a cumplicidade do leitor a quem o texto originalmente se destina. Há várias estratégias para impossibilitar a compreensão do texto estranho sem sua colaboração: ele pode fechar o livro, virá-lo de cabeça para baixo, saltar páginas ou falsear a leitura propositalmente. E isso desconsiderando as dificuldades, por assim dizer, estruturais, de qualquer empreendimento de tradução cultural.

Mas o ponto é que, sem exagerar sua importância, a empatia faz parte das relações intersubjetivas na vida cotidiana e na situação, mais extraordinária, do trabalho de campo:

> Tal reconhecimento empático é parte da interação humana; a empatia acontece. O que posso argumentar é que tal empatia, embora perfeitamente real, não é um fim da compreensão, mas o começo da busca (Leavitt, 1996:530).

Enfim, experiências vividas são constitutivas do conhecimento etnográfico, proporcionam a matéria-prima e o ponto de referência para a interpretação, não o seu substituto. A própria interpretação, conforme o modelo de Dilthey, é um momento da experiência. Em particular, no caso do meu tema, experiências vividas com o corpo.

O campo, como a própria vida, é um terreno de imprevisto e improvisação, já que não há receita pronta para responder ao fluxo irrepetível dos eventos. O método oferece apenas as ferramentas básicas para confrontar o desconhecido, mas não decide o resultado do encontro. Precisa ser flexível e adaptável ao contexto. Mais do que método, é uma atitude antropológica que dota o antropólogo de uma perspectiva que define o seu modo de inserção. Além da ontologia subjacente ao tipo de teoria antropológica adotada pelo pesquisador, as circunstâncias fortuitas, fatores subjetivos e intersubjetivos, os encontros e desencontros interpessoais, as histórias de vida dos interlocutores e o nível de engajamento no diálogo determinam quais aspectos de uma cultura se tornarão acessíveis ao antropólogo e de que maneira se tornarão compreensíveis.

A proposta relativista, embora datada, pode ainda ser radicalizada, não para se chegar a um ceticismo absoluto, mas para reconhecer, no mundo do outro, o mesmo nível de realidade de nosso próprio. Isto demanda abrir mão da autoridade do cientista que faz concessões temporárias ao outro e tenta racionalizar e tornar inteligíveis aspectos incomensuráveis das outras culturas, que o são porque não aplicamos até as últimas conseqüências a percepção de que o mundo do cientista é tão construído quanto o do "nativo". Também na ciência, a naturalização de símbolos, representações e convenções impossibilitam um acesso verdadeiramente objetivo à realidade. Aquilo que é insólito e extraordinário pode, ainda assim, ser real, mesmo na ausência de uma explicação racional. Em outras palavras, falta-nos reconhecer na perspectiva de nossos outros o mesmo nível de veracidade da nossa própria. Em outras palavras, abrir mão de uma noção de monológica e unicamente racionalista de realidade.

O ofício do antropólogo não é apenas uma disciplina acadêmica; contêm dimensões de arte e de jogo. Neste sentido, o texto etnográfico pode ser a expressão estética de uma experiência formativa e transformativa, decorrente de um estilo de ser no mundo, que tem o potencial para nos construir como sujeitos multifacetados, fusão de próximo e distante. Ter e partilhar experiências, deixar-se afetar pelo estranho, é um elemento central do trabalho de campo e não significa necessariamente atribuir-lhes os mesmos sentidos ou imaginar que significam a mesma coisa para o pesquisador e seus interlocutores.

O antropólogo é um tipo de narrador, que faz mediação entre dois mundos. A narrativa de sua experiência deveria ser dotada de um potencial transformador de si próprio e de seus leitores. Para tanto, o desafio é encontrar formas de expressão que preservem algo da substância formadora e transformadora de uma experiência. Em certo sentido, o dilema é a transformação da *Erlebnis*, individual e incomunicável, em *Erfahrung*, narrável, transmissível, passível de tornar-se parte de um patrimônio ou repertório coletivo de experiências. Essa passagem percorre um trajeto artesanal e experimental, análogo a uma pesquisa artística.

O Caminho e a Arte da Etnografia

"...há muitas formas de pensar diferentes e legítimas" (Hall, E., 1976:9).

"A verdade está nas margens. É perdida quando é afirmada. Faz suas aparições momentaneamente, quando sistemas entram em colapso e dogmas são explodidos" (Jackson, 1989:187).

Na medida em que a cultura acadêmica, epítome do pensamento ocidental, descende do dualismo cartesiano, o taoísmo pode ser percebido posicionalmente como alteridade, mesmo quando praticado no mundo urbano. Duas cosmovisões antípodas, sem corpo e com corpo. Um neologismo, "cosmovivências", expressaria melhor o sentido da comparação, pois não se trata de uma questão de visão de mundo, mas de experiência do mundo.

Por tratar-se de um saber sobre a vida, o taoísmo é fundamentalmente valorativo e perspectivo, está em contexto, confronta dilemas concretos da existência humana: finitude, doença, sofrimento. É certo que os corpos estão imbuídos de cultura em qualquer grupo humano, mas algumas culturas em particular posicionaram a corporalidade em um local de destaque como caminho ao saber; investiram mais na sedimentação da tradição nos corpos de seus membros; elaboraram, mais do que a "cultura ocidental", a linguagem silenciosa dos corpos.

Tendo por tema a meditação, resisti à tentação de me aventurar a fazer uma "etnografia das paisagens mentais" de que fala Luiz Eduardo Soares (1994:231) em seu ensaio etnográfico sobre os efeitos da ayahuasca. Reconhecendo a unidade corpo-consciência pressuposta pelo taoísmo, optei por investigar a cultura como corpo e na experiência do corpo, a minha própria e de meus interlocutores.

Buscando ser fiel ao espírito de uma etnografia, baseei minhas interpretações sobre a tradição taoísta em minha experiência de campo com uma linhagem particular, encabeçada no Brasil pelo mestre Liu Pai Lin. Pelas mesmas razões, evitei, sempre que possível, interpretações sobre o taoísmo como uma entidade abstrata e atemporal. Utilizei a literatura sinológica disponível e as traduções de alguns textos clássicos em uma proporção mínima, se comparados ao que aprendi sobre esta versão do taoísmo por meio de suas práticas. Percebo que há uma distância considerável entre a exegese da tradição baseada em uma "transmissão viva" e as leituras eruditas resultantes de uma acurada crítica textual dos clássicos, fundamentada em estudos de história e filologia chinesa. Reconheço, contudo, alguma relação de continuidade entre meu estudo de caso específico e, por assim dizer, as formas clássicas do taoísmo da China, mais adequadas como tema de um estudo de história das religiões, o que permite considerá-los como representantes da mesma tradição a despeito de suas especificidades. A análise de Livia Kohn (1991) sobre a mística taoísta identifica, por exemplo, dois núcleos temáticos que também encontrei em minha etnografia: a) a ênfase na saúde perfeita e na longevidade, já que o corpo físico, como réplica da natureza, é o ponto de partida da prática taoísta; e b) a existência da personalidade (isto é, do eu pessoal) como obstáculo à realização do *Tao*.

Já percorrido este trecho do caminho, é possível traçar um mapa com base nos marcos que deixei, capítulo após capítulo. No princípio era a inquietude e a insatisfação teórica, o anseio de trilhar um caminho próprio. O primeiro marco, a cartografia anterior à viagem, situar o taoísmo na paisagem religiosa brasileira, varrendo para longe a miragem do "distante oriente místico". O segundo marco, o ancoradouro no horizonte da experiência de um grupo social concreto. O terceiro marco, retrato do taoísmo em seu álbum de família. O quarto marco, diálogos no mundo do corpo sobre o corpo do mundo. O quinto marco, a dimensão narrativa do taoísmo. Uma substituição de metáforas, do texto cultural ao corpo cultural. Sexto marco, interlúdio lúdico-poético em movimento. Sétimo marco, o universo da experiência taoísta. Ao final, conclusões provisórias.

Em poucas palavras, nos capítulos anteriores, procurei sublinhar a unidade de teoria e prática no taoísmo, valendo-me de uma noção corporificada de saber. Isto é, o conhecimento deve integrar-se ao cultivo de todos os aspectos do ser humano e ser expresso ostensivamente na vida. Acredito que esta sua característica específica pode inspirar reflexões sobre as múltiplas formas de conhecer e sobre o próprio ofício do antropólogo. Ser taoísta tem conseqüências existenciais concretas, manifestas nos próprios corpos dos praticantes. Também a antropologia, embora baseada em outras noções de conhecimento, poderia (ou deveria?) ser mais do que uma profissão acadêmica, mas um modo de ser mundo. Sua prática, um veículo de transformação pessoal (Carvalho, 1993) mediante o (re)conhecimento do outro. Neste contexto se situa a função terapêutica da etnografia (Tyler, 1987), ao reestruturar a experiência da alteridade por sua expressão na escrita, reintegrando o etnógrafo em seu mundo, como narrador que evoca sua experiência, poeticamente, para um leitor. A etnografia deve ser um texto dotado de eficácia. Um caminho para ser bem sucedido neste aspecto é incorporar o insólito e o existencial em sua narrativa, tendo como campo privilegiado o sagrado, o estético e o corpóreo.

Deve ter ficado claro para o leitor, portanto, que considero a etnografia como um tipo de gênero literário, misto de narrativa, descrição artística, história e reflexão filosófica, de modo que o projeto da etnografia diz respeito também a uma educação sentimental, oferecendo ao leitor: "um senso de modos possíveis de sentir, acessíveis ainda que distintos daqueles com os quais o leitor está acostumado" (Leavitt, 1996:531), mesmo quando seus temas específicos não sejam as emoções.

Como discurso sobre o outro, não se trata exatamente de tentar provar o caráter objetivo de suas verdades, mas de recusar a postura, no fundo etnocêntrica, da ciência ocidental, que consiste em reduzir o mundo do outro a algo "apenas simbólico" como uma forma de não se ver confrontado em suas certezas epistemológicas e ontológicas pelo encontro etnográfico. Ao realizar este procedimento de semiotização da vida, implicitamente o pensamento científico exclui-se da constatação que faz acerca das outras perspectivas, apresenta-se como discurso objetivo sobre o real, não se relativiza a si próprio.

O pressuposto básico de qualquer diálogo legítimo é o reconhecimento, sem condescendência, da credibilidade de nossos interlocutores. Isto não significa idealizar o diálogo como um momento igualitário e sem conflitos, malentendidos, nem dilemas, mas assumir uma atitude de abertura que é a sua condição necessária. Apesar de que tradicionalmente o *ethos* empírico da disciplina tenha feito da pesquisa de campo o sítio para o cultivo de novas teorias e para o teste de teorias já consagradas, até bem recentemente não foi palco de uma revisão de posturas existenciais.

Ao contrário da metafísica "ocidental" de caráter especulativo e dualista, o taoísmo é um tipo de filosofia calcada na experiência corporificada do mundo e nos estados supraconscientes alcançados por meio das técnicas de meditação.

No entanto, contrariando uma expectativa de senso comum em ciências humanas, meus interlocutores desta linhagem recusam-se tanto a classificá-la como religião quanto como misticismo. Como espero ter podido mostrar, não se trata de um empirismo pedestre, mas de uma resposta rica e complexa à questão das relações entre teoria/prática, consciência/corpo, experiência/conhecimento, eu/mundo, sujeito/objeto, que pode inspirar novas abordagens teóricas. Aqui se fecha um ciclo com relação ao que afirmei na introdução, a respeito da interface entre filosofia e teoria. Em vez de "ler os filósofos de uma outra maneira" como propõe Derrida (1971:243), optei por buscar inspiração em outras filosofias. Os estilos contemplativos de espiritualidade apresentam subsídios para uma postura simultaneamente posicionada e não-essencialista, questão central no debate teórico contemporâneo. E, por ocupar-se de transitar entre culturas, a antropologia está em uma situação potencialmente vantajosa, pois tem à sua disposição um acervo enorme de possibilidades de respostas aos dilemas filosóficos de nosso mundo complexo. Por que não reconhecer que todas as culturas possuem seus sábios, que podem oferecer contribuições aos nossos debates?

A ênfase da tradição taoísta em um certo tipo de técnicas corporais – ginásticas, meditações, artes marciais etc. – instaura em seus praticantes um projeto de recuperação do caráter cósmico do corpo humano. Delimita assim o horizonte de uma "comunidade de experiência", inscrita nos corpos pelos efeitos previsíveis da prática destas técnicas, resultantes de séculos de experimentação da civilização chinesa. A prática corporal contém em si própria o seu sentido, pelos efeitos concretos que produz, a curto e longo prazo, e do que ela permite realizar no mundo. Esse sentido não depende de um discurso, uma expressão verbal prévia, conforme assinalei ao discutir a experiência de R.F., no capítulo 7 ("Experiências do *Tao*"). Embora isso pareça pouco palpável ao ser dito, através do treinamento os praticantes passam a habitar de maneira similar o mundo da vida (*Lebenswelt*). Recordo ao leitor que, de acordo com a noção fenomenológica de mundo, o sentido aparece nas experiências do sujeito que se encontram com as experiências do outro, de modo que o mundo é formado pela unidade de subjetividade e intersubjetividade, de experiências passadas e presentes, isto é sua historicidade (Merleau-Ponty, 1996; Gadamer, 1997). Os praticantes são dotados, pela própria atividade da prática, da mesma linguagem corporal e da mesma "cosmovivência", integrando em termos sensoriais, cinestésicos e rítmicos os padrões cronotópicos de um cosmos ordenado de maneira cíclica e circular em torno de um eixo invisível, o *Tao*. A conseqüência interpretativa destas características é a constatação de que uma mudança de hábitos perceptivo-motores conduz a uma mudança de hábitos de pensamento (e vice-versa).

> Ser uma consciência, ou antes, *ser uma experiência*, é comunicar interiormente com o mundo, com o corpo e com os outros, ser com eles em lugar de estar ao lado deles (Merleau-Ponty, 1996:142).

Isso se torna possível com a combinação de duas vias: a) a prática diária das técnicas, que levam anos até serem plenamente incorporadas, fazendo parte dos padrões habituais de percepção, postura e movimento; b) ouvir o mestre que, como narrador, reconta de várias formas as mesmas histórias. Neste movimento narrativo espiral vão se introduzindo novos elementos e, de tanto ouvir e praticar, a compreensão vai se aprofundando, em termos da sedimentação dos conhecimentos como experiência vivida e por lampejos de entendimento intuitivo.

O que está em jogo é um tipo de experiência do mundo. Deste modo, pesquisar o taoísmo me conduziu a uma reflexão especular. Sua posição exotópica alimenta também algumas considerações sobre a cultura acadêmica e uma de suas grandes lacunas, a ausência do corpo.

Partindo da constatação óbvia de que cada cultura é um modo de ser no mundo caracterizado por uma abordagem particular de questões que lhe são próprias, e que é na diferença que reside a riqueza da comunicação intercultural, desejei capitalizar minha experiência, pesquisando o taoísmo como inspiração para uma reflexão sobre etnografia e cultura acadêmica. Neste sentido, estou convencido de que a educação do antropólogo, entendida em seu sentido mais amplo, não é feita só de provações acadêmicas, eficácia teórica ou habilidade retórica. O engajamento nas atividades práticas do campo e a comunicação entre os corpos são um instrumento poderoso de ampliação de horizontes. A chave para a compreensão intercultural está no vivido. O valor de todas as classificações está na sua manifestação no mundo da vida, em suas implicações existenciais.

Se imaginarmos que, graças à herança cartesiana, o projeto da educação formal que se recebe na maior parte dos departamentos das instituições de ensino superior trabalha com uma definição muito estreita de ser humano – exercitando apenas uma pequena porção de seu cérebro, o neocórtex –, o campo das práticas corporais – em particular as artes marciais, ensinadas como uma forma corporificada de filosofia – poderia ser fonte de um projeto complementar, formador e transformador da condição humana.

A respeito desta reflexão sobre a interface entre ciências humanas e artes marciais, vale mencionar um projeto experimental de emprego do Aikido como forma de educação liberal, aplicado ao ensino de ciências sociais (Levine, 1995), dado que o Aikido apresenta vários paralelos com a prática marcial do *Taiji Quan*, se não especificamente nas técnicas, nos princípios fundamentais – circularidade, suavidade, centro e eixo. Deste modo, a prática a dois é um exercício dialógico, desenvolve um tipo de escuta corporal e ao mesmo tempo sensibilidade interpessoal. Propondo discutir o lugar do treinamento de arte marciais em um programa de artes liberais, isto é, voltado para o cultivo da humanidade do praticante e não para o ensino utilitário de conhecimentos e técnicas, o artigo de Levine discute um experimento do próprio autor, incorporando arte marcial a um curso acadêmico, mais precisamente uma disciplina regular do departamento de sociologia da universidade de Chicago, "Teoria do Conflito e Aikido", combinando discussão de textos sociológicos e filosóficos a uma introdução ao Aikido sob a forma de sessões de laboratório, cada estudante mantendo notas sobre as lições aprendidas e questões suscitadas pelo treinamento. Os objetivos educativos da proposta são dignos de menção:

> A) [...] ao fazer os estudantes experienciarem atividade física regular como parte integral do trabalho de classe, tento superar a separação corpo-mente que tanto permeia a educação ocidental. Além de ler sobre temas envolvendo conflito humano, no tatame tínhamos uma oportunidade de experienciar emoções reais que acompanham a expressão da agressão física e as diferentes respostas, conflitivas e não-conflitivas, que se pode dar àquela agressão. Como um sociólogo, considero isto particularmente valioso já que minha disciplina acadêmica tende a operar em um nível alto de abstração e freqüentemente representa as relações humanas como se elas ocorressem fora de corpos humanos (Levine, 1995:218).
>
> B) fornecer uma base experimental para aprendizado intercultural. C) refinar as habilidades de pensar criticamente o conflito, descritiva e normativamente. D) aprender o princípio do *aiki*, integração harmoniosa das energias em contato (Levine, 1995).

Semelhante experimento pode soar ingênuo, ou datado, um fóssil da cultura *hippie*, mas tem algo a ensinar em um ambiente cultural cujos "habitantes" sofrem endemicamente de uma disjunção entre a sofisticação das capacidades intelectuais e a precariedade do esquema corporal.

Os intelectuais profissionais, de modo geral, tendem a habitar um mundo "desencarnado"[327] (Deshimaru & Ikemi, 1990; Novack, 1990; Stoller,

327. Utilizo este termo em um sentido bem preciso. Após a teoria foucauldiana das tecnologias do corpo, não há como não reconhecer que o biopoder inscreve todos os corpos, ainda que, no meu entender, haja formas mais limitadas de "encarnação".

1997), no sentido de uma ideologia da negação do corpo, tanto como *locus* de saber quanto de consciência. Mais do que apenas parte de seus hábitos e sua paisagem, a negação do corpo tornou-se um valor. Ser desajeitado, não praticar atividade física, orgulhar-se de ignorar o cultivo do corpo, são quase que expressões de prestígio intelectual.[328] No extremo oposto desta lógica dualista, a academia de ginástica, em suas manifestações extremas, investe exclusivamente no cultivo do corpo, entendido como desenvolvimento dos músculos (Goldenberg [org.], 2002; Le Breton, 2003). A noção de valor e saber do corpo no taoísmo opõe-se a estas duas orientações. O cultivo do corpo, visando a saúde e longevidade, expresso na graciosidade da postura e dos movimentos, e o cultivo do saber e da consciência complementam-se mutuamente.

Para o mundo acadêmico, constituído de interpretações e teorias, o mundo taoísta beira o intraduzível, porque baseado em práticas e pressupostos inaceitáveis pelo horizonte deste tipo de leitores. O grande dilema, então, é de que maneira evitar uma tradução que recrie o taoísmo de tal maneira que o torne irreconhecível para seus praticantes. O antropólogo, como um xamã, tem por tarefa, por vezes ingrata, fazer este tipo de ligação temporária entre mundos inconciliáveis. Trata-se do dilema clássico da expressão da experiência:

> O pintor e o escritor, ambos sabem que a essência de sua arte é fornecer ao leitor, ao ouvinte, ou ao espectador, dicas apropriadamente selecionadas que são não apenas congruentes com os eventos retratados, mas consistentes com a linguagem não-verbal e a cultura de sua audiência (Hall, E., 1966:80-81).

Em antropologia, esse problema tem sido mais usualmente tratado, pelo menos desde Geertz (1989), com base na metáfora da tradução. Em virtude de uma relação de congenialidade, de parentesco espiritual entre o que é descrito e a linguagem da descrição, conjurei em meu auxílio a antropologia da experiência e invoquei a presença de suas principais divindades tutelares, Merleau-Ponty e Dilthey.

Como bem lembra Jackson (1989), o uso da metáfora e da analogia é o modo de pensamento mais difundido transculturalmente – por isso, ainda que contradizendo as expectativas de objetividade da linguagem científica como forma de conhecimento, está em correspondência com a cosmologia dos povos

---

328. Ainda que talvez haja uma certa variação sobre o tema. No GT sobre corpo de que participei na Reunião Brasileira de Antropologia, em 2002, uma pesquisadora do Rio de Janeiro comentou, a título de exemplo, o fato de uma colega docente utilizar os serviços de um *personal trainer* – encontro (ainda) tido como improvável entre a academia de ciências e a academia de ginástica.

estudados pela antropologia. A lógica das semelhanças e das analogias é o princípio básico que ordena o mundo dos taoístas. Dissolve as separações entre ser humano e mundo, interior e exterior, eu e outro, sujeito e objeto, por meio da experiência da unidade entre corpo-consciência e mundo. Como vimos nos capítulos 3 ("Estilo de Espiritualidade Taoísta") e 4 ("Corpos Taoístas"), não se trata do universo concebido como corpo humano, mas do corpo humano concebido como pequeno universo, todas as paisagens do mundo contidas no ser humano. Se, como afirma Gadamer (1997:394): "todo compreender acaba sendo um compreender-se", o projeto terapêutico taoísta, que consiste em reintegrar as partes fragmentadas, pode sugerir possíveis antídotos à disjunção epistemológica e ontológica de que a academia padece a partir do cartesianismo.

Mas, retornando à tarefa do etnógrafo como tradutor, uma discussão recente destaca o seu caráter de co-autoria (Carvalho, 2000:8): "Somos intérpretes de um texto que nós mesmos ajudamos a construir". A idéia da etnografia como montagem de fragmentos significativos ressoa os estudos de Benjamin sobre a metrópole, a orquestração de múltiplas vozes (inclusive a do próprio etnógrafo), à maneira da polifonia bakhtiniana. Esta postura pressupõe o papel ativo do etnógrafo em suscitar associações simbólicas em seus interlocutores, mas, como também argumenta o autor, uma luta contra a censura, a abertura para as vozes subalternas silenciadas e, por fim, o reconhecimento de uma dívida de gratidão diante dos inúmeros colaboradores nativos sem os quais nenhuma etnografia seria possível.

A metáfora da tradução, no entanto, contém um inconveniente para que trate de meu próprio projeto etnográfico e do taoísmo como cultura. Por ser uma metáfora textual, enfatiza demasiadamente o diálogo verbal, deixando de lado, em alguma medida, o envolvimento na atividade prática, o aprendizado silencioso do mundo do outro por meio do corpo, as coisas significativas que constituem a diferença cultural mas de que não se fala, como já alertara o trabalho pioneiro de Edward Hall (1966, 1976, 1984).

Se, em um plano puramente verbal, a recriação de outra cultura, por seu caráter de inevitável seleção, exclui elementos incompatíveis ou inexpressáveis – especialmente na dimensão poética, da evocação de associações sensoriais ou afetivas que as palavras possuem para um falante nativo de uma língua –, esse problema se torna mais delicado quando se trata da tradução de aspectos que, embora suficientemente palpáveis para interferir de modo determinante nas interações intersubjetivas, não dependem completamente nem de sua expressão verbal nem da mediação da percepção consciente ou das faculdades racionais.

Adotar uma abordagem baseada na "compreensão empática" (Jackson, 1989) para compreender e descrever (este tip)o (de) taoísmo, é confrontar de novas maneiras as armadilhas do "paradoxo do relativismo", descrito por Segato (1992) como o conflito entre a pretensão da disciplina de traduzir o "ponto de vista nativo" em seus próprios termos e a existência de elementos inassimiláveis por contradizerem frontalmente a perspectiva do discurso racional. A resolução mais viável deste impasse foi recusar a censura do senso comum disciplinar e reconhecer à perspectiva taoísta uma posição de igualdade epistemológica no debate com a antropologia, mesmo quando implique romper com a familiaridade com relação à própria auto-representação disciplinar.

A problemática da escrita etnográfica toca diretamente a questão da experiência do outro. A reflexão e a ruptura com a familiaridade do mundo não são privilégio do pesquisador, mas prerrogativa da condição humana. Assim, o retorno aos fenômenos proposto por Merleau-Ponty (1996), grande inspirador da linha teórica que foi a minha maior referência neste estudo, é uma abertura para o caráter intersubjetivo do mundo e da própria etnografia.

Concluo este estudo com um paradoxo "indecidível" sobre o problema do outro no contexto do debate sobre a experiência. A perspectiva irredutível da antropologia é que a cultura de um modo ou de outro é o horizonte da experiência. Os estilos meditativos postulam a possibilidade de uma pura experiência, não-racional ou supra-racional, potencialmente universal, que transcende os limites da consciência ordinária do eu, do tempo e do espaço, e portanto do discurso. Mas, como pode ser ensinada, é paradoxalmente um tipo de cultura. Valendo-se do senso comum antropológico, sobretudo em suas linhagens de inspiração lingüística, estruturalista e pós-estruturalista, um estado de pura consciência é simplesmente impossível, toda experiência depende de um código. Negá-lo é ignorar tacitamente os próprios fundamentos de mais de um século de história da disciplina, os pressupostos que tornaram possível sua existência mesma, no mundo ocidental, como saber sobre a alteridade. As tradições espirituais meditativas reconhecem a relatividade do conhecimento racional e de todas as expressões verbais, mesmo as mitopoéticas, e postulam a incomensurabilidade das experiências que são o seu trajeto e sua meta. Negá-lo é ignorar séculos de história das técnicas de expansão de consciência e simultaneamente recusar ao outro a legitimidade do pressuposto mais fundamental que sustenta o seu mundo.

O mundo humano é caracterizado pela indeterminação e pela ambigüidade: "a ambigüidade do ser no mundo se traduz pela ambigüidade do corpo, e esta se compreende por aquela do tempo" (Merleau-Ponty, 1996:126). A obsessão por reduzir o mundo inteiro a classificações e explicações, a ferocidade de debates em torno dos pequenos fragmentos de uma verdade que nunca se encontra completamente, decididas pela retórica mais poderosa, pelo argumento mais demolidor, são males crônicos do pensamento ocidental que também podem afligir a etnografia.

Em caráter de epílogo, recordo do retrato irônico traçado por Zhuangzi sobre os intermináveis (e existencialmente inúteis) debates dos sofistas e moralistas de sua época:

> Suponha que você e eu entremos em discussão. E suponha que você me vença e que eu não possa vencê-lo. Será que isso significa que você está "certo" e que estou "errado"?
>
> Suponha, pelo contrário, que eu o vença e você não consiga me vencer. Será que isto significa que estou "certo" e você está "errado"? Será que quando estou "certo" é o caso de você estar "errado", e quando você está "certo", estou "errado"? Ou estamos ambos "certos" ou ambos "errados"? Não somos eu e você que vamos decidir. (Que tal pedir que outra pessoa julgue?) Mas as outras pessoas estão na mesma escuridão. A quem devemos pedir um julgamento justo? Suponha que nós deixemos que alguém, que concorda com você, julgue. Como poderia tal homem emitir um juízo correto, vendo que ele partilhava a mesma opinião com você desde o começo? Suponha que deixemos alguém que concorda comigo julgue. Como poderia ele emitir um juízo justo, vendo que, desde o começo, partilha comigo da mesma opinião?
>
> E se nós deixarmos que alguém que discorda de ambos julgue? Como tal homem poderia fazer um julgamento justo? (Ele simplesmente daria uma terceira opinião.) E se nós permitíssemos a alguém, que concorda com ambos, que julgasse? Mas, desde o princípio, ele partilha da mesma opinião com ambos de nós. Como este homem poderia fazer um julgamento justo? (Ele simplesmente diria que eu estou "certo", mas você também está "certo".)
>
> Destas considerações, nós podemos concluir que nem eu, nem você, nem a terceira pessoa pode saber (onde está a verdade). Deveríamos esperar que uma quarta pessoa apareça? (Zhuangzi apud Izutsu, 1983:325; Fung Yu-Lan [trad. & sel.], 1989:53-54).

Alheio às angústias do etnógrafo, o *Tao* não é fundamentalmente um problema lógico, e sim um tipo de experiência. De fato, é um grande paradoxo tentar traduzi-lo em uma linguagem racional enquanto os seus grandes mestres, desde Laozi, insistem que é inefável, indizível, que a única compreensão genuína é vivida, expressa ostensivamente. O que o taoísmo tem a oferecer, como uma das inúmeras formas de humanidade que a antropologia estuda, é um modo global de posicionar-se no mundo por meio de um centro simultaneamente existencial e corpóreo, gravitacional mesmo, que está embutido no projeto de cultivar "a raiz" (*Tai Yuan*). Como corpo e mente não são duas coisas distintas, a mudança na relação física com o mundo tem conseqüências concretas na forma de se relacionar com a vida. A relevância do taoísmo depende de que ele se torne um conhecimento prático (*praktognosis*)[329] para alguém, algo que se define por aquilo que se vive e que se pode realizar, não pelo que se pensa. A mera acumulação de informações é, do ponto de vista taoísta, apenas teoria vazia, já que neste caso seu portador não seria um exemplo, uma encarnação daquilo que julga conhecer.

---

329. Conceito de Merleau-Ponty (1996) que discuti no capítulo "Corpos Taoístas".

REFERÊNCIAS

I. BIBLIOGRÁFICAS

ABRAHAMS, Roger D. Ordinary and Extraordinary Experience. In: TURNER, Victor; BRUNER, Edward (eds.). *The Anthropology of Experience*. Urbana and Chicago: University of Illinois Press, 1986. p.45-72.

ACOSTA, Donald (ed.). *When Time Comes: Conversations with Acharya Chandranath Kumar*. San Germán: Inner World Publications, 1998.

AMARAL, Leila. Nova Era: um movimento de Caminhos Cruzados. In: *A Igreja Católica diante do Pluralismo Religioso no Brasil (III)*. São Paulo: Paulus, Estudos da CNBB, n.71, 1994. p.101-145.

AMARAL, Leila. *Carnaval da Alma*: comunidade, essência e sincretismo na Nova Era. Petrópolis: Vozes, 2000.

AUSTIN, Mary. *Acunpuncture Therapy: the Philosophy, Principles and Methods of Chinese Acunpuncture*. 2nd printing. Wellingborough /Northamptonshire: Turnstone Press, 1982.

BAKHTIN, Mikhail. *Marxismo e Filosofia da Linguagem*. São Paulo: Hucitec, 1986.

BAKHTIN, Mikhail. *Questões de Literatura e Estética*. São Paulo: Hucitec, 1988.

BAKHTIN, Mikhail. *Estética da Criação Verbal*. São Paulo: Martins Fontes, 1979/1992.

BAUMAN, Richard et al. *Verbal Art as Performance*. Austin: Waveland Press, 1977.

BAUMAN, Zygmunt. *Comunidade*: a busca por segurança no mundo atual. Rio de Janeiro: Zahar, 2003.

BÉHAGUE, Gerard (org.). *Performance Practice: Ethnomusicological Perspectives*. Westport/ London, Greenwood Press, 1984.

BENJAMIN, Walter. *Magia e Técnica, Arte e Política*: ensaios, literatura e história da cultura. São Paulo: Brasiliense, 1985, Obras Escolhidas, v.I.

BENJAMIN, Walter. The Task of the Translator. In: *Illuminations*. New York: Schocken Books, 1955/1988. p.69-82.

BEYER, Peter. Global Migration and the Selective Reimagining of Religions. *Horizontes Antropológicos: Religião*, Porto Alegre, URGS, ano 4, n.8, junho de 1998, pp12-31.

BI Yongsheng; SUN Hua; GUO Yi; CAO Zhenhua; ZHANG Mingqin; ZHANG Bohua. *Chinese Qigong*. Xangai: Publishing House of Shanghai College of Traditional Chinese Medicine, 1990.

BIZERRIL, José. O Território da Confluência: poética e antropologia. *Horizontes Antropológicos: Cultura Oral e Narrativas.* Porto Alegre, PPGAS/URGS, ano 5, n.12, dezembro de 1999, 103-132.

BIZERRIL, José. Dança e Dialogia. *Cadernos de Dança:* Revista de Estudos e Pesquisa em Antropologia da Dança e do Corpo, n. 1, Florianópolis, Mosaico Editora, outubro de 2003. p.15-34.

BIZERRIL, José. Taoístas: corpos e trajetórias. In: VRAM, GT 18 "Pessoa, Saúde e Corporalidade: Cruzamentos", disponível em: Comunidade Virtual de Antropologia, [http://www.antropologia.com.br/arti/arti13_vram_gt18.html], dezembro 2003.

BHABHA, Homi. *The Location of Culture.* London/New York: Routledge, 1994.

BLACKING, John (org.). *The Anthropology of the Body.* London: Academic Press, 1977.

BOLLE, Willi. *Fisiognomia da Metrópole Moderna:* representação da história em Walter Benjamin. São Paulo: USP/FAPESP, 1994.

BOURDIEU, Pierre. *A Economia das Trocas Simbólicas.* 3.ed. São Paulo: Perspectiva, 1992.

BRANDÃO, Carlos Rodrigues. A crise das Instituições Tradicionais Produtoras de Sentido. In: MOREIRA, Alberto; ZICMAN, Renée (orgs.). *Misticismo e Novas Religiões.* 2.ed. Petrópolis: Vozes, 1994. p.23-66.

BRUNER, Edward. Ethnography as Narrative. In: TURNER, Victor; BRUNER, Edward (eds.). *The Anthropology of Experience.* Urbana/ Chicago: University of Illinois Press, 1986, p.139-155.

BURKE, Peter. *A Cultura Popular na Idade Moderna.* São Paulo: Cia das Letras, 1989.

BYRON, Reginald (ed.). *Music, Culture, Experience: Selected Papers of John Blacking.* Chicago & London: The University of Chicago Press, 1995.

CAMPBELL, Collin. A Orientalização do Ocidente. *Religião e Sociedade,* RJ: ISER/CER, v.18, n.I, 1997. p.5-22.

CARVALHO, José Jorge. Características do Fenômeno Religioso na Sociedade Contemporânea. In: BINGEMER, Maria Clara (org.). *O Impacto da Modernidade Sobre a Religião.* São Paulo: Loyola, 1992. p.133-195.

CARVALHO, José Jorge. Antropologia: saber acadêmico e experiência iniciática. *Anuário Antropológico 90,* Rio de Janeiro, Tempo Brasileiro, 1993a. p.91-107.

CARVALHO, José Jorge. Aesthetics of Opacity and Transparence. Myth, Music and ritual in the Xangô Cult and in the Western Art Tradition. *Latin american Music Review,* v.14. n.2, 1993b. p.202-231.

CARVALHO, José Jorge. O Encontro de Novas e Velhas Religiões: esboço de um teoria dos estilos de espiritualidade. In: MOREIRA, Alberto; ZICMAN, Renée (orgs.). *Misticismo e Novas Religiões.* 2.ed. Petrópolis: Vozes, 1994a. p.67-98.

CARVALHO, José Jorge. Tendências Religiosas no Brasil Contemporâneo. In: *A Igreja Católica diante do Pluralismo Religioso no Brasil (III).* São Paulo: Paulus, Estudos da CNBB, nº 71, 1994b. p.21-36.

CARVALHO, José Jorge. Globalization, Traditions, and Simultaneity of Presences. In: SOARES, Luís Eduardo (org.). *Cultural Pluralism, Identity and Globalization.,* Rio de Janeiro: UNESCO/ISSC/EDUCAM, 1996.

CARVALHO, José Jorge. Religião, Mídia e os Predicamentos da Convivência Pluralista. *Série Antropologia*, 226. Brasília: DAN/UnB, 1997.

CARVALHO, José Jorge. Antropologia e Esoterismo: dois contradiscursos da modernidade. *Horizontes Antropológicos*: *Religião*, Porto Alegre, URGS, ano 4, n. 8, junho de 1998. p.53-71.

CARVALHO, José Jorge. O Olhar Etnográfico e a Voz Subalterna. *Série Antropologia*, 261. Brasília: DAN/UnB, 1999.

CARVALHO, José Jorge. Tradução e Co-autoria: os dilemas do poder na representação etnográfica, XXII Reunião da Associação Brasileira de Antropologia, Universidade de Brasília - UnB, julho 2000.

CERTEAU, Michel de. *A Escrita da História*. Rio de Janeiro: Forense Universitária, 1982.

CERTEAU, Michel de. Montaigne's 'of Cannibals': the Savage 'I'. In: *Heterologies: Discourse on the Other*. 12th printing. Minneapolis: University of Minnesota Press, 1989. p.67-79.

CERTEAU, Michel de. *A Invenção do Cotidiano*. Petrópolis: Vozes, 1994.

CHAN Wing-tsit. *A Source Book in Chinese Philosophy*. 4th edition. Princeton: Princeton University Press, 1973.

CHANG, Jerusha; LEAL, Lúcio (eds.). *Saúde Longevidade*. 3.ed. São Paulo: Espaço Luz, Caderno 1, 1994/1998.

CHANG Po-tuan. *The Inner Teachings of Taoism*. Boston /London: Shambhala, 1986 (comentários de Liu I-ming, tradução de Thomas Cleary).

CHENG Man-ch'ing. *Master Cheng's Thirteen Chapters on T'ai-Chi Ch'üan*. New York: Sweet Ch'i Press, 1946/1982 (tradução do chinês de Douglas Wile).

CHEONG W. C.; YANG C. P. *Synopsis of Chinese Acunpuncture*. Hong Kong: The Light Publising Co., 1978.

CHIH-HSU Ou-i. *The Buddhist I Ching*. Boston/London: Shambhala, 1987.

CHUANG TZU. *Wandering on the Way*. New York / Toronto / London / Sidney / Auckland: Bantam Books, 1994 (tradução de Victor Mair).

CLÉMENT, Catherine; KAKAR, Sudhir. *A Louca e o Santo*. Rio de Janeiro: Relume Dumará, 1994.

CLIFFORD, James. *A Experiência Etnográfica*: antropologia e literatura no século XX. Rio de Janeiro: Editora UFRJ, 1998.

CRAPANZANO, Vincent. Diálogo. *Anuário Antropológico 88*. Rio de Janeiro: Tempo Brasileiro/EdUnB, 1991. p.59-80.

DAVIS, Natalie. *Culturas do Povo*. Rio de Janeiro: Paz e Terra, 1990.

DE MAN, Paul. Conclusions: Walter Benjamin's The Task of the Translator. In: *The Resistance to Theory*. 5th printing. Minneapolis/London: University of Minnesota Press, 1986/1997. p.73-105.

DERRIDA, Jacques. A Estrutura, o Signo e o Jogo no Discurso das Ciências Humanas. In: *A Escritura e a Diferença*. São Paulo: Perspectiva, 1967/1971. p.227-249.

DERRIDA, Jacques.*Gramatologia*. 2.ed. São Paulo: Perspectiva, 1967/1999.

DERRIDA, Jacques. *Points* ... Stanford: Stanford University Press, 1992/1995.

DESHIMARU, Taisen. *The Zen Way to the Martial Arts*. London/Melbourne/Sydney/Auckland/Johannesburg: Anchor Press, 1983.

DESHIMARU, Taisen; IKEMI, Yujiro. *Zen y Autocontrol*. Barcelona: Kairós, 1985/1990.

DESPEUX, Catherine. *Tai-Chi Chuan*: arte marcial, técnica de longa vida. 4.ed. São Paulo: Pensamento, 1981/1994.

DONG, Paul; RAFFIL, Thomas. *Empty Force*. Shaftesbury/Boston/Melbourne: Element, 1996.

DOUGLAS, Mary. Do dogs laugh? A Cross-cultural approach to body symbolism. In: POLHEMUS, Ted (ed.). *Social Aspects of the Human Body*. Harmondsworth/New York/Ontario/Auckland: Penguin Books, 1978. p.295-301.

DOW, James. Universal Aspects of Symbolic Healing: A Theoretical Synthesis. *American Anthropologist*, Washington DC, v.88, n.1, march 1986. p.56-69.

ELIADE, Mircea. *O Sagrado e o Profano*. Lisboa: Edição Livros do Brasil, 1956, s/d a.

ELIADE, Mircea. *Le Chamanisme et les Techniques Archaïques de l'Extase*. 2eme edition. Paris: Payot, 1968.

ELIADE, Mircea. *Ferreiros e Alquimistas*. Lisboa: Relógio d'Água, 1976, s/d b. p.87-99.

ELIADE, Mircea. *História das Idéias e Crenças Religiosas*. 2.ed. Rio de Janeiro: Zahar, tomo II, v.1, 1978/1983. p.15-55.

ELIADE, Mircea. *El Yoga*: imortalidad y libertad. México: Fondo de Cultura Econômica, 1972/1991.

ELIADE, Mircea; COULIANO, Ioan P. *Dicionário das Religiões*. São Paulo: Martins Fontes, 1995.

EVANS-PRITCHARD, E.E. *Witchcraft, Oracles and Magic Among the Azande*. London: Oxford University Press, 1937/1972.

EVANS-PRITCHARD, E.E. Anthropology and History. In: *Essays in Social Anthropology*. London: Faber and Faber, 1962. p.46-65.

EVANS-PRITCHARD, E.E. Trabajo de Campo y Tradición Empírica. In: *Antropología Social*, Buenos Aires: Nueva Visión, 1957. p.56-75.

FABIAN, Johannes. Ethnographic Misunderstandings and the Perils of Context. In: *American Anthropologist*, Washington DC, v.97, n.1, março 1995. p.41-50.

FEATHERSTONE, Mike; HEPWORTH, Mike; TURNER, Brian S. (orgs.). *The Body: Social Process and Cultural Theory*. London / Thousandoaks / New Delhi: Sage Publications, 1995.

FOUCAULT, Michel. What is an Author? In: RABINOW, Paul (ed.). *The Foucault Reader*. New York: Pantheon books, 1984. p.101-120.

FOX, Richard. *Recapturing Anthropology*. Santa Fe: School of American Research Press, 1991.

FINNEGAN, Ruth. *Literacy and Orality: Studies in the Technology of Communication*. New York /Oxford: Basil Blackwell, 1988.

FREIRE, Marcos. *Automassagem e Medicina Chinesa*. Brasília: Vila Velasco, 1996.

FUNG Yu-lan (sel. & trad.). *Chuang-Tzu: a Taoist Classic*. Beijing: Foreign Language Press, 1931/1989.

GADAMER, Hans-Georg. *Verdad y Método*. Salamanca: Ediciones Sígueme, 1977.

GADAMER, Hans-Georg. *Verdad y Método II*. Salamanca: Ediciones Sígueme, 1992.

GADAMER, Hans-Georg. *Estética y Hermenéutica*. Madrid: Editorial Tecnos, 1996.

GADAMER, Hans-Georg. *Verdade e Método*. Petrópolis: Vozes, 1986/1997.

GAGNEBIN, Jeanne Marie. *História e Narração em Walter Benjamin*. São Paulo: FAPESP / Ed. Unicamp / Perspectiva, 1994.

GEERTZ, Clifford. *A Interpretação das Culturas*. Rio de Janeiro: Guanabara, 1989.

GEERTZ, Clifford. Anti Anti-relativism. *American Anthropologist*, Washington DC, v.86, n.2, junho 1984. p.263-278.

GEERTZ, Clifford. *O Saber Local*. Petrópolis: Vozes, 1998.

GOLDENBERG, M. (org.). *Nu & vestido*: dez antropólogos revelam a cultura do corpo carioca. Rio de Janeiro/São Paulo: Record, 2002.

GÓMEZ RODRÍGUEZ, Luis. Psicología, Religión y Poder: el problema de la religión individual. In: *Coloquio Internacional: Religión y Símbolo en el Fin del Milenio*. La Trinidad: La Sociedad Mexicana para el Estudio de las Religiones, 1999. não pag.

GONZÁLEZ REY, F. *O Social na Psicologia e a Psicologia Social*: a emergência do sujeito. Petrópolis: Vozes, 2004.

GOULET, J.G.; YOUNG, D.E. (eds.). *Being Changed: the Anthropology of Extraordinary Experience*. Ontario: Broadview press, 1994.

GRANET, Marcel. *La Religion des Chinois*. Paris: Gauthier-Villars et Cie, 1922.

GRANET, Marcel. *O Pensamento Chinês*. Rio de Janeiro: Contraponto, 1968/1997.

HALL, Edward. *The Silent Language*. New York: Premier Books, 1959/1966.

HALL, Edward. *The Hidden Dimension*. Garden City: Anchor Books, 1966/1982.

HALL, Edward. *Beyond Culture*. Garden City: Anchor Books, 1976.

HALL, Edward. *The Dance of Life*. Garden City: Anchor Books, 1984.

HALL, Stuart. Encoding, Decoding. In: DURING, Simon (ed.). *The Cultural Studies Reader*. Routledge: London, 1993. p.90-103.

HALL, Stuart. Identidade Cultural e Diáspora. *Revista do Patrimônio*, 1996, v.24. p.68-75.

HALL, Stuart. Identidades Culturais na Pós-modernidade. Rio de Janeiro: DP&A, 1997.

HALL, Stuart. *Da Diáspora*: identidades e mediações culturais. Belo Horizonte: Editora UFMG/ Brasília: Unesco, 2003.

HASTRUP, Kirsten. Anthropological Knowledge Incorporated. In: HASTRUP, Kirsten; HERVIK, Peter (eds.). *Social Experience and Anthropological Knowledge*, London, Routeledge, 1994. p.225-40.

HATCH, Elvin. The Good Side of Relativism. In: *Journal of Anthropological Research*, Albuquerque: The University of New Mexico, v.53, n.3, autumn 1997.

HEMSI, Albert Roger. *Taiji Quan e Educação*: trajetórias de alunos-professores da Escola Pai Lin. Tese de Doutorado. São Paulo: USP, Faculdade de Educação, 2000.

HERRIGEL, Eugen. *The Method of Zen*. 3rd printing. London/Henley: Routledge & Kegan Paul, 1979.

HERVIK, Peter. Shared Reasoning in the Field; Reflexivity beyond the Author. In: HASTRUP, Kirsten; HERVIK, Peter (eds.). *Social Experience and Anthropological Knowledge*, London, Routeledge, 1994. p.78-100.

HOLQUIST, Michael. *Dialogism: Bakhtin and his world*. London / New York: Routledge. 1990.

HIRAI Tomio. *Zen and The Mind: Scientific Aproach to Zen Practice*. Tokyo / Elmsford / San Francisco: Japan Publications, 1978.

HUIZINGA, Johan. *Homo Ludens*. 2.ed. São Paulo: Perspectiva, 1938/1980.

IVY, Marilyn. *Discourses on the Vanishing*. Chicago: The University of Chicago Press, 1995.

IZUTSU, Toshihiko. *Sufism and Taoism: a Comparative Study of Key Philosophical Concepts*. Berkeley/Los Angeles/London: University of California Press, 1983.

JACKSON, Michael. *Paths towards a Clearing: Radical Empiricism and Ethnographic Inquiry*. Bloomington/Indianapolis: Indiana University Press, 1989.

JACKSON, Michael (ed.). *Things as they are: New Directions in Phenomenological Anthropology*. Bloomington/Indianapolis: Indiana University Press, 1996.

JOBIM E SOUZA, Solange. Mikhail Bakhtin e Walter Benjamin: polifonia, alegoria e o conceito de verdade no discurso da ciência contemporânea. In: BRAIT, Beth (org.). *Bakhtin, Dialogismo e Construção do Sentido*. Campinas: Ed. Unicamp, 1997. p.331-346.

JOU Tsung Hwa. *The Tao of Tai Chi Chuan*. Vermont: Charles E. Tuttle, 1980.

JUNG, Carl Gustav. *Sincronicidade*. Petrópolis: Vozes, Obras Completas, v.8/3, 1971/1988.

KOHN, Livia. *Taoist Mystical Philosophy: The Scripture of Western Ascension*. Albany: State University of New York Press, 1968/1991.

KOHN, Tamara. Incomers and Fieldworkers: A comparative study of Social Experience. In: HASTRUP, Kirsten; HERVIK, Peter (eds.). *Social Experience and Anthropological Knowledge*. London: Routeledge, 1994, p.14-27.

LAM Kam Chuen. *O Caminho da Energia*. São Paulo: Manole, 1991/2000.

LAO TSE. *Tao Te Ching*. 5.ed. Rio de Janeiro: Mauad, 2003 (tradução do chinês de Wu Jyh Cherng).

LAO TZU. *Tao Te King*. São Paulo: Pensamento, 1991 (tradução para o alemão e comentário de Richard Wilhelm).

LAO TZU. *Tao Te King*. 2.ed. São Paulo: Attar Editorial, 1995.

LAO TZU.*Tao Te Ching*. Tokyo-Boston: Charles Tuttle Co., 1995 (tradução de Ray Grigg).

LAO TZU. (*The Tao of) Tao Te Ching*. New York: State University of New York Press, 1992 (tradução e comentário de Michael LaFargue).

LATOUCHE, Serge. *A Ocidentalização do Mundo*: ensaio sobre a significação, o alcance e os limites da uniformização planetária. Petrópolis: Vozes, 1994.

LEAVITT, John. Meaning and Feeling in the Anthropology of Emotions. *American Ethnologist*, v.23(3). p.514-539, 1996.

LE BRETON, David. *Adeus ao Corpo*: antropologia e sociedade. Campinas: Papirus, 1999/2003.

LEGOFF, Jacques. *Os Intelectuais na Idade Média*. 2.ed. São Paulo: Brasiliense, 1985/1989.

LÉVI-STRAUSS, Claude. *Antropologia Estrutural*. Rio de Janeiro: Tempo Brasileiro, 1975.

LÉVI-STRAUSS, Claude. *O Pensamento Selvagem*. 2.ed. Campinas: Papirus, 1962/1997.

LEVINE, Donald. Martial Arts as a Resource for Liberal Education: the Case of Aikido. In: FEATHERSTONE, Mike; HEPWORTH, Mike; TURNER, Brian S. (eds.). *The Body: Social Process and Cultural Theory*. London / Thousandoaks / New Delhi: Sage Publications, 1995. p.209-224.

LINDSAY, Shawn. Hand Drumming: an Essay in Practical Knowledge. In: JACKSON, Michael (ed.). *Things as they are: New Directions in Phenomenological Anthropology*. Bloomington/Indianapolis: Indiana University Press, 1996. p.196-212.

LIU Hua-yang. *Hui-Ming Ching*: o método correto de cultivar e manter a energia da vida. São Paulo: Cultrix, 1998/1999 (tradução do chinês para o inglês e comentários de Eva Wong).

LIU I-ming. *The Taoist I-Ching*. Boston/London: Shambhala Publications, 1968 (tradução de Thomas Cleary).

LIU Chih Ming. *Os Treinamentos Secretos para a Longevidade dos Seres Iluminados Taoístas*. São Paulo: CEMETRAC, apostilas 1-5, 8-13, 19, s/d.

LIU Pai Lin. Tai Chi: A dança da natureza no círculo do homem (entrevista). *Revista Transe*. São Paulo: Transe Editorial, n.10, maio 1982. p.54-58.

LIU Pai Lin. *Palestras sobre Tai Chi, Tui Ná, Tao in e I Ching proferidas na Argentina*. São Paulo: Instituto Pai de Ciência e Cultura Oriental, 1987.

LIU Pai Lin. *A ética e o taoísmo*. São Paulo: mimeo. 17/10/1992.

LIU Pai Lin. *O Segredo da Longevidade Taoísta*. São Paulo: Instituto Pai Lin de Cultura e Ciência Oriental, apostilas 1-15, s/d.

LOCK, Margaret. Cultivating the Body: Anthropology and Epistemologies of Bodily Practice and Knowledge. In: *Annual Review of Anthropology*, 1993, v.22. p.133-155.

LORD, Albert. *The Singer of Tales*. 4th printing. Cambridge & London: Harvard University Press, 1981.

MAGNANI, José Guilherme. *Mystica Urbe*. São Paulo: Studio Nobel, 1999.

MALINOWSKI, Bronislaw. *Argonautas do Pacífico Ocidental*. Coleção Os Pensadores. São Paulo: Abril Cultural, 1978.

MARCUS, George. O que vem (logo) depois do "Pós": o Caso da Etnografia. *Revista de Antropologia, São Paulo*. USP, 1994, v.37. p.7-34.

MARCUS, George; CLIFFORD, James (orgs.). *Writing Culture: the Poetics and Politics of Anthropology*. Berkeley/Los Angeles: University of California Press, 1986.

MARCUS, George; CUSHMAN, Dick E. Las Etnografías como Textos. 2ª edición. In: REYNOSO, Carlos (org.). *El Surgimiento de La Antropología Posmoderna*. Barcelona: Gedisa Editorial, 1992. p.171-213.

MAUSS, Marcel. *Sociologie et Anthropologie*. 4ème edition. Paris: Presses Universitaires de France, 1968 (introdução por Claude Lévi-Strauss).

MAUSS, Marcel. *Essais de Sociologie*. Paris: Seuil, 1971.

MERLEAU-PONTY, Maurice. *Fenomenologia da Percepção*. 2ª tiragem. São Paulo: Martins Fontes, 1945/1996.

MERLEAU-PONTY, Maurice. *A Natureza*. São Paulo: Martins Fontes, 1995/2000.

MERTON, Thomas. *A Via de Chuang Tzu*. 9.ed. Petrópolis: Vozes, 1965/1999.

MORLEY, David; CHEN Kuan-hsing (eds.). *Stuart Hall*. Routledge: London, 1996.

MORRIS, Pan (ed.). The Bakhtin Reader. London: Edward Arnold, 1994.

NARANJO, Claudio. *Psicologia da Meditação*. São Paulo: Instituto Thame, 1970/1991.

NASR, S.H. *Knowledge and the Sacred*. Albany / New York: State University of New York Press, 1989.

NOVACK, Cynthia J. *Sharing the Dance: Contact Improvisation and American Culture*. London/Madison: University of Wisconsin Press, 1990.

ONG, Walter. *Orality and Literacy: the Technologing of the Word*. New York: Methuen, 1982.

PAYNE, Peter. *Martial Arts: The Spiritual Dimension*. London: Thames and Hudson, 1981.

PEIRANO, Mariza. *A Favor da Etnografia*. Rio de Janeiro: Relume Dumará, 1995. p.31-57.

POLHEMUS, Ted (ed.). *Social Aspects of the Human Body*. Harmondsworth / New York / Ontario / Auckland: Penguin Books, 1978.

PRINCE, Raymond; OSIS, Karlis; BOKERT, Edwin; CARLSON, Mary Lou; WEIL, Pierre; COUTO, Luiz Flávio; DA CUNHA, Suzana E. *Medida da Consciência Cósmica*. Pequeno Tratado de Psicologia Transpessoal. Petrópolis: Vozes, v.5, 1978.

REID, Daniel. *The Complete Book of Chinese Health and Healing*. Boston: Shambhala, 1994.

REINELT, Janelle G.; ROACH, Joseph R. *Critical Theory and Performance*. Michigan: The University of Michigan Press, 1992.

RIDLER, Keith. If not the words: Shared Practical Activity and Friendship in the Fieldwork, In: JACKSON, Michael. (ed.). *Things as they are: New Directions in Phenomenological Anthropology*. Bloomington/Indianapolis: Indiana University Press, 1996.. p.238-58.

RUDIE, Ingrid. Making Sense of New Experience. In: HASTRUP, Kirsten; HERVIK, Peter (orgs.). *Social Experience and Anthropological Knowledge*. London: Routeledge, 1994. p.28-44.

SAHLINS, Marshall. *Ilhas de História*. Rio de Janeiro: Zahar, 1990.

SAHLINS, Marshall. Cosmologias do Capitalismo. *Religião e Sociedade*, Rio de Janeiro: ISER, v.16, n.1-2, novembro de 1992. p.8-25.

SAID, Edward. *Orientalismo*: o oriente como invenção do ocidente. São Paulo: Cia. das Letras, 1978/1990.

SARDAR, Z. *Postmodernism and the Other*. Chicago/Illinois: Pluto Press, 1988.

SCHECHNER, Richard. *Between Theather and Anthropology*. Philadelphia, University of Pensilvania Press, 1985.

SCHIPPER, Kristofer. *Le Corps Taoïste*: corps physique – corps social. 4eme edition. Paris: Fayard, 1982/1997.

SEGATO, Rita Laura. Um Paradoxo do Relativismo: o discurso racional da antropologia frente ao sagrado. *Religião e Sociedade*, Rio de Janeiro: ISER, 1992, v.16(1). p.114-135.

SEGATO, Rita Laura. Religião e Sociedade: a vocação missionária da antropologia? *Anuário Antropológico 90*, Rio de Janeiro: Tempo Brasileiro, 1993. p.83-90.

SEGATO, Rita Laura. *Santos e Daimones: O Politeísmo Afro-Brasileiro e a Tradição arquetipal*, Brasília: EdUnB, 1995.

SEGATO, Rita Laura. Formações de Diversidade: Nação e Opções Religiosas no Contexto da Globalização. In: ORO, Pedro Ari; STEIL, Carlos Alberto (orgs.). *Globalização e Religião*. Vozes: Petrópolis, 1998, 213-248.

SEGATO, Rita Laura; ALVARSSON, Jan Åke (eds.). Religions in Transition: Changing Religious Adhesions in a Merging World: An Introduction. In: *Religions In Transition: Mobility, Merging and Globalization in Contemporary Religious Adhesions*. Uppsala: The University of Uppsala Press, 2003.

SEKIDA, Katsuki. *Zen Training: Methods and Philosophy*. 4th printing. New York / Tokyo: Weatherhill, 1975/1977.

SMALL, Cristopher. *Musicking: The meanings of Performing and Listening*. Hanover/London: Wesleyan University Press, 1998.

SOARES, Luís Eduardo. *O Rigor da Indisciplina*. Rio de Janeiro: Relume Dumará, 1994.

STOLLER, Paul. *The Taste of Ethnographic Things: The senses in anthropology*. Philadelphia: University of Pennsylvania Press, 1989a.

STOLLER, Paul. *Fusion of the Worlds: An Ethnography of Possession among the Songhay of Niger*. Chicago/London: The University of Chicago Press, 1989b.

STOLLER, Paul. *Embodying Colonial Memories: Spirit Possession, Power and the Hauka in West Africa*. New York / London: Routledge, 1995.

STOLLER, Paul. *Sensous Scholarship*. Philadelphia: University of Pensylvania Press, 1997.

STOLLER, Paul; OLKES, Cherryl. *In sorcery's Shadow*. Chicago/London: University of Chicago Press, 1987.

STRATHERN, Andrew. *Body Thoughts*. Michigan: The University of Michigan Press, 1996.

STRATHERN, Marylin. *Partial Connections*. Lanham: Savage, Rowman & Littlefield, 1991.

TAUSSSIG, Michael. *Mimesis and Alterity*. London / New York: Routledge, 1993.

TEDLOCK, Dennis. Preguntas Concernientes a la Antropología Dialógica. In: REYNOSO, Carlos (org.). *El Surgimiento de La Antropología Posmoderna*. 2ª edición. Barcelona: Gedisa Editorial, 1992. p.275-288.

TOM Sintam Wen. *Acupuntura Clássica Chinesa*. 5.ed. São Paulo: Cultrix, 1997.

TOSTA, Lena Tatiana Dias. *Uma Abordagem Antropológica da Epistemologia Sufi*. Dissertação de mestrado, UnB, PPGAS, abril 2000.

TROUILLOT, Michel-Ralph. Anthropology and the Savage Slot. In: FOX, Richard (ed.). *Recapturing Anthropology*. Santa Fé: School of American Research Press, 1991. p.17-44.

TURNER, Brian. *Recent Developments in the Theory of the Body*. In: FEATHERSTONE, Mike; HEPWORTH, Mike; TURNER, Brian S. (orgs.). *The Body: Social Process and Cultural Theory*. London/Thousandoaks/New Delhi: Sage Publications, 1995. p.1-31.

TURNER, Edith; BLODGETT, William; KAHONA, Singleton; BENWA, Fideli. *Experiencing Ritual: A New Interpretation of African Healing*. Philadelphia: University of Pensilvania Press, 1992.

TURNER, Victor. *The Forest of Symbols*. Ithaca: Cornell University Press, 1967.

TURNER, Victor. *From Ritual to Theatre: The Human Seriousness of Play*. 2nd printing. New York: Performing Ars Journal Publications, 1982.

TURNER, Victor. *On The Edge of The Bush: Anthropology as Experience*. Tucson: The University of Arizona Press, 1985 (ed. Edith Turner).

TURNER, Victor. *Blazing the Trail: Way Marks in the Exploration of Symbols*. Tucson/London: The University of Arizona Press, 1992 (ed. Edith Turner).

TURNER, Victor. *Dramas, Fields and Metaphors: Symbolic Action in Human Society*. 7th edition. New York: Cornell University Press, 1994.

TURNER, Victor. Dewey, Dilthey and Drama: an Essay in the Anthropology of Experience. In: TURNER, Victor; BRUNER, Edward (eds.). *The Anthropology of Experience*. Urbana/Chicago: University of Illinois Press, 1986. p.33-44.

TYLER, Stephen.*The Unspeakable: Discourse, Dialogue, and Rhetoric in the Postmodern World*. Madison: University of Wisconsin Press, 1987.

VANSINA, Jan. *Oral Tradition as History*. Madison: University of Wisconsin Press, 1984.

VEITH, Ilza (trans. & ed.). *The Yellow Emperor Classic of Internal Medicine*. Berkeley / Los Angeles / London: University of California Press, 1949/1972.

VELHO, Otávio. *Besta-Fera*: recriação do mundo. Rio de Janeiro: Relume Dumará, 1995.

WANG Xuanjie. *Dachengquan*. Hong Kong: Hai Feng Publishing Co., 1988.

WANG Xuanjie; MOFFETT, J.P.C. *Traditional Therapeutic Exercises: Standing Pole*. Beijing: Foreign Languages Press, 1994.

WATSON, Burton (org.). *Chuang Tzu*: escritos básicos. São Paulo, Cultrix, 1964/1992.

WEIL, Pierre. *A Consciência Cósmica*: introdução à psicologia transpessoal. Petrópolis: Vozes, 1976.

WEIL, Pierre; DEIKMAN, Arthur; RING, Kenneth. *Cartografia da Consciência Humana*. Pequeno Tratado de Psicologia Transpessoal. Petrópolis: Vozes, v.1, 1978.

WEIL, Pierre; SUTICH, Anthony; TART, Charles; GOLEMAN, Daniel; LESHAN Lawrence. *Mística e Ciência*. Pequeno Tratado de Psicologia Transpessoal. Petrópolis: Vozes, v.2, 1978.

WEIL, Pierre; WALLACE, Robert; BENSON, Herbert; MULHOLLAND, Thomas; KASAMATSU, A.; HIRAI, Tomio; PAHNKE, Walter; HOPKINS, John; RICHARDS, William. *Psicofisiologia da Consciência Cósmica*. Pequeno Tratado de Psicologia Transpessoal. Petrópolis: Vozes, v.3, 1978.

WAPNICK, Kenneth; PRINCE, Raymond; SAVAGE, Charles; GROF, Stanislav; ASSAGIOLI, Roberto; SOUZA, Denizard. *Experiência Cósmica e Psicose*. Pequeno Tratado de Psicologia Transpessoal. Petrópolis: Vozes, v.4, 1978.

WILE, Douglas (trad. and ed.). *T'ai-chi Touchstones: Yang Family Secret Transmissions*. 2nd printing. New York: Sweet Ch'i Press, 1983/1984.

WILHELM, Richard (trad. & org.). *I Ching*: o livro das mutações. 11.ed. São Paulo: Pensamento, 1956/1991 (prefácio C.G. Jung).

WONG, Eva. *Taoism*. Boston-London: Shambhala, 1997.

WU Jyh Cherng. *Tai Chi Chuan*: alquimia do movimento. 4.ed. revista e ampliada. Rio de Janeiro: Mauad, 1998.

YANG Jwing-ming. *Advanced Yang Style Tai Chi Chuan: Taiji Theory and Taiji Jing*. 3rd printing. Massachussets: YMAA Publication Center, 1989, v.I.

YANG Jwing-ming. *The Essence of Tai Chi Ch'i Kung: Health and Martial Arts*. Massachussets: YMAA Publication Center, 1990.

YANG Jwing-ming. *Muscle/Tendon Changing and Marrow/Brain Washing Qigong: The Secret of Youth*. 2nd printing. Jamaka Plain: YMAA Publications, 1991.

YANG Jwing-ming. *The Root of Chinese Ch'i Kung: The Secrets of Ch'i Kung Training*. Jamaka Plain: YMAA Publications, 1994.

YOGANANDA, Paramahansa. *Autobiografia de um Iogue*. São Paulo: Summus, 1946/1981.

YOUNG, Allan. Some Implications of Medical Beliefs and Practices for Social Anthropology. *American Anthropologist*, Washington DC, v.78, n.1, março 1976. p.5-24.

YU Gong Bao. *Wushu Exercise for Life Enhancement*. Beijing: Foreign Language Press, 1991.

ZHANG Mingwu; SUN Xingyuan (comp.). *Chinese Qigong Therapy*. Jinan: Shandong Science and Technology Press, 1985.

ZUMTHOR, Paul. *Oral Poetry: an Introduction*. Minneapolis: University of Minesota Press, 1990.

II. VIDEOGRÁFICAS.

CENTRO DE ESTUDOS DE MEDICINA TRADICIONAL CHINESA (CEMETRAC). *Arte Marcial Taoísta dos Mestres Liu Pai Lin e Liu Chih Ming*. São Paulo: Avalon Imagem, s/d.

FUTEMMA, Olga; YAKHNI, Sarah. *Tai Chi Chuan*: movimento, saúde, longevidade. São Paulo: Tapiri Vídeo, 1987.

RAMALHO, Elza . *Anotações Eletrônicas do Curso de Formação Taoísta em Saúde e Longevidade com o mestre Liu Pai Lin*. Brasília: Elza Ramalho/CPCE, 1994.

RAMALHO, Elza. *Tai Chi Pai Lin*. Brasília: CPCE, 1996.

ROUCH, Jean. *Eu, um Negro & Os Mestres Loucos*. Coleção Videofilmes. Rio de Janeiro: Videofilmes, 1957/2006.

TURNER, Bettina; ROIZENBLIT, Sérgio. *Espada Tai Ji*. São Paulo: Associação Vida em Harmonia, 1994.

III. CINEMATOGRÁFICAS.

COUTINHO, Eduardo. *Santo Forte*. Rio de Janeiro: Rio Filme e Decine-Funarte, 1999.

DIAS, Ricardo. *Fé*. São Paulo: Cinematográfica Super Filmes, 1999.

Este livro foi composto em Scala, texto 10,5/13,8; Nexus Mix nos títulos e impresso pela gráfica Palas Athena em papel chamoix book 80 gr. para a Attar Editorial em setembro de 2007.